U0613496

徐行可研究論集

湖北省圖書館 編

國家圖書館出版社

圖書在版編目（CIP）數據

徐行可研究論集 / 湖北省圖書館編 . — 北京 : 國家
圖書馆出版社, 2022.12
　ISBN 978-7-5013-7610-0

　Ⅰ.①徐…　Ⅱ.①湖…　Ⅲ.①藏書—文集　Ⅳ.
①G253-53

　中國版本圖書館 CIP 數據核字（2022）第 198598 號

書　　　名　徐行可研究論集
著　　　者　湖北省圖書館　編
責任編輯　許海燕
助理編輯　閆　悦
封面設計　邢　毅

出版發行　國家圖書館出版社（北京市西城區文津街 7 號　　100034）
　　　　　　（原書目文獻出版社　北京圖書館出版社）
　　　　　　010-66114536　63802249　nlcpress@nlc.cn（郵購）
網　　　址　http://www.nlcpress.com
排　　　版　北京九章文化有限公司
印　　　裝　北京武英文博科技有限公司
版次印次　2022 年 12 月第 1 版　2022 年 12 月第 1 次印刷

開　　　本　710×1000　1/16
印　　　張　31.75
字　　　數　450 千字

書　　　號　ISBN 978-7-5013-7610-0
定　　　價　128.00 圓

序

劉偉成（湖北省圖書館）

一

中華文明博大精深，源自汗牛充棟的典籍傳承有序。得益於官府和私家收藏，典籍雖屢經磨難而延綿不絕。自有清中葉至於民國末年，國步維艱，救亡圖存，迫在眉睫。凡是國人，皆思奮起。有識之士雖行事不一，但拳拳之心無二。七七事變之後，作爲收藏家的徐行可，殷憂無已，其致書陳乃乾言："吾儕未能執干戈衛鄉土，惟冀筆耒墨耕之餘，不與烟埃俱滅而已。"顯然，徐行可報效國家的方式，是選擇"筆耒墨耕"。

徐行可是湖北現代著名藏書家，倫明《辛亥以來藏書紀事詩》、王謇《續補藏書紀事詩》和吳則虞《續藏書紀事詩》均歌咏其人其事。徐行可將畢生心血付諸收藏事業，確實值得大書特書。然而，因不輕言著述，徐行可傳世文字不多，其生平細節隱晦不彰。知人論世，實有必要率先揭示徐行可一生行事之犖犖大端者，我館員工鈎稽徐行可生平如下：

清光緒十六年（1890），出生。生母早逝，教養以至成立，均賴繼母魏太夫人。

清光緒三十三年（1907），留學日本，次年因弟喪歸國。

民國四年（1915），侍劉鳳章師游泰山。

民國八年（1919），黃侃教授於武昌，徐行可與之訂交。至民國十五年

（1926），黄侃離漢。八年之間，二人過從甚密。

民國十年（1921），至北京、上海拜友訪書近半年。

民國十六年（1927），執教於文華圖書專科學校，講授版本學。

民國十八年（1929），爲繼母魏太夫人操辦六十大壽。

民國二十年（1931），春夏間在南潯嘉業堂藏書樓讀書四月有奇，秋日應輔仁大學之聘，年底辭職。是年張宗祥任職漢上，至民國二十七年（1938）離漢，數年間二人相聚頗樂。

民國二十六年（1937），繼母魏太夫人逝世，以戚友賻金悉數寄與中國學會以助刊典籍。

民國二十七年（1938）至三十四年（1945），武漢淪喪於日寇鐵騎之下。先業蕩盡，家累甚重，備歷艱辛，甚至一度被日寇囚禁十日之久。

民國三十五年（1946），應教育部清理戰時文物損失委員會之聘，任湘鄂區代表。

1951年、1954年，兩度至北京訪書，後一次旅京長達半年之久。

1954年，轉讓《水經注疏》鈔本等書籍於中國科學院。

1956年，捐贈書籍五百箱於中國科學院武漢分院圖書館。

1957年，至上海、杭州訪書探友。

1959年，逝世，子女秉承遺訓，再次捐贈圖書約二百箱於湖北省圖書館、文物七千餘件於湖北省博物館。

二

湖北省圖書館作爲徐行可捐贈古籍的受益單位，一直致力於整理研究館藏古籍，尤其拳拳於表彰包括徐行可在內的衆多捐贈者。無論是整理私家舊藏、表彰捐贈者、研究地方名流，徐行可均是我們首選，是爲我館做出卓越貢獻的優秀代表。

正爲此故，2010年2月，湖北省文化廳主持開展了徐行可先生捐贈古籍文物五十周年系列活動，相關領導、專家和徐氏後人出席座談會，徐氏舊藏文物和古籍分別在湖北省博物館和我館隆重展出，同時發布《不爲一家之蓄，俟諸三代之英——徐行可先生捐贈古籍文物五十周年紀念集》。2016年5月，我館建成徐行可紀念圖書館并對外開放，該紀念館以圖文并茂的方式，深情禮贊和謳歌徐行可光輝的一生。近六年來，我館斥資仿真影印出版徐行可舊藏《方元長印譜》《南宋四家律選》《經雅》《識字瑣言》及其手稿《童蒙訓輯佚》共計五種；自拍賣市場競購徐行可致陳乃乾信札十三通、致盧弼信札五通；多次派員前往北京、上海、浙江等省市查詢與徐行可先生相關的資料。

在整理和揭示徐行可舊藏過程中，我們深感基礎研究的重要性，故携手兄弟單位湖北省博物館，共同致力於徐行可其人其事以及舊藏的研究。徐行可個人留存文字，僅爲見於《制言》等刊物的寥寥數篇，其高深的學問，往往隱藏於舊藏古籍的字裏行間。鈎稽其行事，董理其文字，雖爲平淡之舉，實爲重中之重。我館組織人員編纂出版《徐行可舊藏善本圖録》，鼓勵員工從事徐行可年譜和文集的鈎稽，而湖北省博物館則完成《徐行可捐贈湖北省博物館書畫金石碑帖》的編纂。

據我們有限之瞭解，徐行可長於交游，訪書會友，是其精彩人生之大端。借助於友朋記載和徐行可舊藏古籍、文物題跋，我們得以大體瞭解徐行可之出游、訪書、交友。然而，徐行可舊藏，除湖北之大宗收藏外，世界各地尤其是國内各大收藏單位亦有庋藏。同時，郵簡往還是徐行可及其友朋交往的重要方式之一，徐行可手札定然散布於國内各處。徐行可勤於收藏，長於交友，其舊藏之散布、交游之廣泛、往來信札之繁富，遠遠超越我們的想象。對於徐行可研究而言，僅僅依靠湖北省博物館和我館，缺憾是顯而易見的。

2021年，時值徐行可捐贈古籍文物六十周年，我們再次組織專家學者以及徐氏後人召開座談會，共同緬懷徐行可先生的卓越貢獻，表彰其化私爲公的崇高品質，同時推出《鄂圖藏珍——徐行可先生捐贈古籍文物六十周年精品展》，除展出徐行可舊藏古籍和文物外，總結我館近年研究成果，推出徐行可個人大事記。

藉舉辦徐行可捐贈古籍文物六十周年紀念活動之機，我們遍邀全國學人，共同深入推進徐行可藏書與學術的研究。湖北省博物館和我館聯袂邀請復旦大學吳格教授、徐行可之孫女徐力文研究館員主持約稿事宜。蒙吳格教授之不弃，承力文女士之慨諾，賴全國各地學人之鼎力支持，數十篇錦繡文章得以裒輯。年屆七旬之吳格教授，親自徵集廿四篇大作并完成編校，徐力文女士完成十二篇大作之徵集。

現在展現給您的，便是本次約稿集錦。我們深信，本論文集的出版是全國更多學人關注徐行可及其藏書研究的起點，是大家長期愛護和支持湖北省圖書館的延續。

研究徐行可及其藏書，是我們珍視館藏、致敬前輩的一貫做法，也是我館同仁努力鑽研業務之冰山一角。今日湖北省圖書館的豐富館藏，是近乎百二十年來本館前輩努力搜求、社會各界慷慨捐贈的結果。劉傳瑩、王家璧、皮錫瑞、柯逢時、楊守敬、劉心源、黃侃等湖湘賢達舊藏或手稿，均爲其家人贈與我館。民國間鄂籍旅京賢達所創之楚學精廬，廣收鄉邦文獻，主事者劉契園、石榮璋傾盡藏書贈與我館，石榮璋私藏亦慷慨贈出。張國淦贈書兩千餘冊之後，更將所藏方志惠讓我館。

因此，我們不僅僅懷念徐行可及其高風亮節。藉此方寸之地，重溫《徐行可先生捐贈古籍文物五十周年紀念集》後記所言：我們緬懷所有曾爲湖北省文化事業做出貢獻的逝去前輩，我們感謝所有一直關心湖北省文化建設的社會各界人士。

2022 年 3 月

在徐行可捐贈古籍文物六十周年
學術研討會上的講話

馮天瑜（武漢大學）

中國是一個文化的古國、書籍的古國，藏書非常豐富，但又是一個戰亂頻繁的國家，加以社會的、自然的灾難，導致藏書有多次重大的損失，因此歷史上有所謂的“書厄”之説。在歷史長河中，無論對國家，還是對文化人而言，收藏并保存古籍，對古籍進行研究與發揚，對文化的延續和發展都是至關重要的事情，是中國文化發展中非常重要的部分。值得慶幸的是，中國自古以來就有很多藏書家，近代又出現了一批重要的藏書家，其中就有徐行可先生。

徐行可先生極爲熱愛中國古籍，傾其畢生的精力與財力，旁搜遠紹，收集流散在各地的古籍，儲於漢上。徐行可先生不僅是我們湖北，也是中國近代最大、最重要的藏書家之一。我認爲，先生對圖書事業所做出的貢獻，集中在三個方面，可稱“三大義舉”。

一是藏書。即徐先生的廣藏、精藏，這是他用終身的財力和心力以成就的事業。先生一生收藏了大量的中國古籍，除了刊本以外，又包括許多的手抄本、精校本，其中不乏孤本。先生的藏書量大、質高，不僅涉及經、史、子、集四部，還包括大量叢書。同爲近代藏書家的倫明，稱道徐行可爲“家有餘財志不紛，宋雕元槧漫云云。自標一幟黄汪外，天下英雄獨使君”。“黄汪”指的是清代中期的大藏書家黄丕烈和汪士鐘。全詩贊揚徐行可的古籍收藏，不汲汲於宋元版本，而是注重學者常用書及未刊的稿抄本，可謂獨樹一幟。他的藏書不僅質高、量大、成系統，并且保存完整。

　　二是助學。徐先生的藏書有明確的目的，不是爲藏而藏，而是爲治學服務，這個"助"指的是爲學者提供幫助。徐先生不僅是一位藏書家，同時也是一位學者，對目錄學、版本學都很有研究。同時，他終生廣交書友，和近代許多重要學者都是莫逆之交，他以藏書爲這些學者的研究工作提供服務，互相之間結下深厚的友誼。徐先生交往的大學者，早期有楊守敬、章太炎、黃季剛等先生（季剛先生也是我父親的老師），稍晚有楊樹達、馬一浮、熊十力、張元濟、余嘉錫、蔡尚思、張舜徽等先生。我父親從20世紀30至50年代，與徐先生也有很深的交往，是很好的朋友。關於助學，可舉兩個例子。一是張元濟先生，他是中國最重要的出版機構——商務印書館的領導人之一。張先生主持商務印書館期間，有一項重要的出版成果，即編纂影印《四部叢刊》，此書至今仍廣爲學界重視，是著名的古籍珍本集成。張先生與徐行可亦有交往，在編纂《四部叢刊》時，也使用了徐先生的藏書。再如黃季剛先生，即黃侃，學問做得很深，他有句名言是"五十歲以前不著書"，結果季剛先生去世時尚無專著結集，他的學問及研究心得，不少都保存在經他點校、批注的古籍中，而黃先生批注所用的底本，許多采用了徐行可先生的藏書。近年武漢大學整理黃季剛先生遺著，所利用的文本就包含了徐先生原來提供的底本。徐先生從事藏書，對版本的選擇非常下功夫，在底本上做了很多深入的、基礎性的工作。徐先生藏書的一大特點是助學，助學就是助天下的讀書人，特別是那些學界精英，徐先生的藏書爲他們的學術研究提供了重要的基礎。如蔡尚思、張舜徽先生都説起，他們做學問曾利用徐氏藏書。正如徐先生所説"願孤傳種子化天下，惠及天下學人"，寶貴的文化遺產得以弘揚，很多研究成果受惠於徐氏藏書。我本人撰寫《晚清經世實學》，也得益於利用徐氏藏書《皇明經世文編》，沒有徐氏藏書，不可能進行這項研究。

　　三是捐藏。徐先生將畢生的精力、財力都奉獻給了藏書事業，對於這些藏書，他沒有據爲私有，而是化私藏爲公器，晚年將所藏毫無保留地捐獻出來。從50年代起，他就多次捐獻所藏，包括書籍、文物、字畫，身後又由子女悉數捐爲公藏。徐先生對此有句遺訓，叫作"不爲一家之蓄，俟諸三代之英"，這種精神，正是徐先生偉大的地方。特別值得一提的是，徐氏三代都從事了這一事業。從徐行可先生，到他的子嗣孝宓先生及諸兄弟姊妹，再到孝宓先生的女公子力文女士，都不懈地推進其事業，這成爲我們中國學術界的佳話，其貢獻足以彪炳史册，徐氏藏書事業值得我們繼承并弘揚。

目前，徐行可先生捐贈的藏書主要集中在湖北省圖書館，捐贈的文物集中在湖北省博物館。徐氏藏書對湖北省圖書館古籍典藏的貢獻，即前面説的質高、量大并形成系統。十萬册左右古籍進入湖北省圖書館，成爲湖北省圖書館藏書中的重要部分，其中如經常提到的明刻《黃鶴樓集》等海内孤本，尤其是湖北省圖書館的重要典藏。我們今天的圖書館是爲大衆服務，古籍則主要爲專門學者的研究服務，我們應發揚徐先生的精神，繼續提供專門服務，這和爲大衆服務不矛盾。令人欣慰的是，徐氏藏書在湖北省圖書館得到了很好的保護和使用，表現在以下幾個方面。

一是專藏。經過多方推動和努力，2016年，徐行可紀念圖書館作爲專業特色館在湖北省圖書館建成開放，此爲湖北古籍保護工作的一件大事。徐行可紀念圖書館以省圖書館爲依托，以徐氏藏書爲文獻基礎，着重開展以徐氏藏書爲特色的古籍研究，同時兼有公共圖書館的讀者服務功能。

二是專研。湖北省圖書館近年來持續圍繞徐氏藏書開展整理與研究，如在建立專館的基礎上，編輯紀念專集，整理善本圖録，影印徐氏舊藏等，取得較多的成績，進一步挖掘了徐氏舊藏價值，弘揚了徐行可先生化私爲公、嘉惠學林的高尚精神。

三是專題活動。湖北省圖書館與湖北省博物館聯合，分別於2010年舉行徐行可先生捐贈古籍、文物五十周年紀念活動，又於2021年舉行六十周年紀念活動，取得了積極的效果。

湖北作爲荆楚文化的發祥地，擁有卷帙浩繁的古籍和琳琅滿目的文物，是荆楚文化的寶貴遺産，保護好、研究好、利用好古籍文物，在講好湖北故事、弘揚湖北文化的今天具有重要的意義，對徐氏捐藏所進行的工作正是其中一個鮮明典型。對於徐氏捐藏的保護、研究工作進行有年，成績卓然，但仍然還有需要加強的餘地，我在此建議建立相應的研究中心，以便有組織、有計劃地朝着專藏、專館、專研、專集等"四個專"的方向持續推進和完善工作。最後，我希望湖北省圖書館、湖北省博物館及全省古籍文物保護界，能夠繼續弘揚徐氏義舉精神，在已有成績基礎上，繼往開來，薪火相傳，再創佳績。

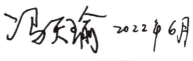 2022年6月

徐行可先生傳略

徐孝宓（湖北省圖書館）

徐行可（1890—1959），名恕，號彊邨，武昌人。1959年以胃疾逝世，終年七十。是現代大藏書家之一。

先生好學篤行，博洽貫通，爲時所推許。1907年，游學日本。翌年，因弟喪回國。此後，學無常師，絕意仕宦名利，以讀書聚書爲樂。自名書齋爲"箕志堂""藏棱庵""知論物齋"。交游遍海内，與章炳麟、黄侃、陳漢章、徐森玉、傅增湘、楊樹達、高步瀛、馬一浮、熊十力、張元濟、余嘉錫等皆爲摯友。其治學嚴謹，廣業甄微，不囿古，不泥今，不墨守一家之言，實事求是，精於經史考證、録略、金石之學，而不輕易立説。其研究成果，除少數幾篇發表於《制言》等刊物外，餘皆書寫於其藏書之中。

倫明《辛亥以來藏書紀事詩》記徐氏藏書事云："家有餘財志不紛，宋雕元槧漫云云。自標一幟黄（丕烈）汪（士鐘）外，天下英雄獨使君。"先生藏書雖多，但不爲一家之蓄。遠近學者，有所假借，從不吝拒，故海内學人多有借徐氏藏書者。黄侃嘗客先生家，朝夕論學，讀所藏書。民國十四年將去武昌題徐氏研曰："南來七載屢交君，又作征蓬慘欲分。此研好爲吾輩識，相從終得似龍雲。"楊守敬與其門人熊會貞合纂《水經注疏》，書未及刻成而楊先生逝世。熊會貞繼其業，二十餘年，多所增補，得先生之助爲多。熊先生在《水經注疏》稿本中題識曰："友人徐恕行可，博學多聞，嗜書成癖，尤好是編。每得秘笈，必持送以供考證，益我良多，永矢弗諼。"蔡尚思教授在其《自傳》中云："永春鄭翹松、武漢徐恕（行可）等藏書家，都是我在這方面的恩人。"

先生藏書皆治學要籍，復多稿本、精校本，謀求付印，以廣流傳。所藏黃侃評本《爾雅正名》，章氏國學講習會爲之校印，名曰《爾雅正名評》。章炳麟先生題識曰："《爾雅正名評》則徐行可所得者，其間精核之語不少。行可將舉以付刻，余先爲登之《制言》。蓋所謂遺著者，今人亦不必遜於昔儒也。"因愛重陳伯弢先生之德行學問，爲之補刻《綴學堂叢稿》數種。張元濟先生印《四部叢刊》，曾選用徐氏舊藏。王大隆輯印乙亥、丙子、丁丑《叢編》，假之以稿本、抄本，并出資襄助。徐氏所珍藏之善本，1949年後已影印出版者有傳抄本《水經注疏》、明崇禎刊本《明經世文編》。明萬曆刻本《黃鶴樓集》，爲海内僅存之孤本，配合黃鶴樓之重建，由湖北人民出版社影印出版。武漢大學紀念黃侃先生誕辰一百周年，復從省圖書館借去先生手批《爾雅正名》影印出版。

武昌徐氏藏書全部捐獻國家，歸湖北省圖書館庋藏。箱數逾千，册近十萬。其中明清善本、抄本、稿本、批校本近萬册。所藏文物亦全部捐獻國家，現藏湖北省博物館，有元、明、清人畫卷、册頁、扇面、楹聯、手札、金石拓片、銅鏡、刀幣、瓦當、封泥、印章，宋及明、清碑帖拓本等，共計七千七百餘件。

湖北近代藏書家本不多，沔陽盧靖、盧弼，蒲圻張國淦，則寄居他省（張國淦藏地方志後歸省館）。在湖北者，藏書亦皆散出。其歷經兵燹，仍完整無缺留存湖北，且爲學術界所珍視者，獨徐氏一家之藏書，可謂有功於鄉邦文化建設者。

（原載杜建國主編《不爲一家之蓄，俟諸三代之英——徐行可先生捐贈古籍文物五十周年紀念集》，武漢：武漢出版社，2010年）

目　録

從兩封書信談徐行可與孫毓修的交往

樂怡（復旦大學）

　　馬驥先生所編《孫毓修友朋手札》近日由國家圖書館出版社出版，其中有徐恕致孫毓修函兩通。本文擬以這兩封書信爲主，結合相關資料，對徐氏與孫氏的交往略作探討。

一

　　徐行可（1890—1959），名恕，以字行，號彊諓，室名"知論物齊""箕志堂"等，湖北武昌人。早年師從劉鳳章，博學，通經史諸子，精金石學及版本目錄。富藏書，多稿本及精校本。生前已將所藏六萬册古籍捐贈中國科學院武漢分院，後撥歸湖北省圖書館。徐氏身故後，其子女又將近四萬册古籍及七千餘件書畫、古器物等歸公。

　　孫毓修（1871—1923），一名學修，字星如、恂如、恂儒，號留庵、小綠天主人[①]，筆名有東吳舊孫、綠天翁等，江蘇無錫縣西郊孫巷人。清末廩貢生。曾任蘇州中西學院教習，後任商務印書館高級編譯。孫氏於清光緒三十三年（1907）進入上海商務印書館編譯所，至其去世，任職商務印書館十六年。其間擔任編譯所高級編譯，曾編譯外國文學作品數種，并擔任雜志編輯。清宣統二年（1910），孫氏開始參與《四部叢刊》[②]的影印編輯工作，

---

① "小綠天"亦常署作"小淥天"。
② 初名《四部舉要》。

商務印書館同期影印出版的《涵芬樓祕笈》《續古逸叢書》等，孫氏皆擔任主要編輯。

《孫毓修友朋手札》中收錄徐行可函兩通，原文如下[①]：

函一

星如先生撰席

辱惠書，示及《鮚埼亭外集》校本、《蔡中郎集》宗文堂本，藝風故物，尚存書肆，未審直各若干，幸示。前過寧僅留三日，一至圖書館，勘得嘉業堂所鈔校本《蔡集》，即自館中所藏羅鏡泉校本迻錄。歸家未浹旬，即值省垣兵變，敝宅處城西北隅，幸未罹劫。鑒於時局亂方未艾，鄂處天下之中，爲南北所必爭，當局不能保境衛民，於兹事變已可概見，遂不得不在漢口租界覓屋，爲移家之計。月來收拾圖籍，屛當家具，致無暇校錄各書，兼疏槭候，甚罪。兹將校畢元槧《冷齋夜話》先寄呈，乞代還之菊老，并乞申謝叚書之惠。滕寄弘治沈頡刊本《賈子新書》（缺三、四二卷）奉貽，以《藝風藏書記》中有此本，以歸鄴架，可就近景補，俾成完書也。前在京滬所得書，以苗先麓手稿本《説文聲讀考》爲最，書凡八册，如貴館能付景印，當勝墨版萬萬，惟原書行字甚密（行字同《聲類表》），未能縮景入《涵芬廔祕笈》，宜別印單行。如菊老有意付印，當以原書郵呈。匆復，即候著安，不宣。菊老前未有函叩，乞致拳拳。弟徐恕頓首。六月十二日。

函二

星如先生大鑒

近兩奉來翰，審校本《謝山外集》已歸鄴架，它日少閒當移書相叚。桐城蕭敬孚文稿，有嚴評全集跋二篇，恕匧中適有蕭集福本，便以奉貽，

---

① 原文載馬驥《宗舜年、徐乃昌、徐恕致孫毓修信札》（《歷史文獻》2014年第十八輯），今用馬驥編《孫毓修友朋手札》（國家圖書館出版社2020年9月版）核對并過錄，標點略有改動。

乞哂存。前寄殘弘治本《新書》，以《藝風藏書記》卷二載有此本，恐必流入書肆，故以轉贈，可就近借鈔成完書也。《蔡集》徐刻第九卷第二頁左半板模糊，疑藝風所藏或是初印，故向陳氏索閱。尊友藏本是頁字亦不可辨，謹由郵局寄繳，乞詧入。承作介，并謝。敬候起居，不宣。六月二十七日徐恕頓首上。

按，函一提及"藝風故物"，藝風即繆荃孫，知此信當寫於繆氏身故之後，繆氏去世於民國八年（1919）十二月。信中又及"歸家未浹旬，即值省垣兵變"，按徐氏居於湖北，此處兵變當指發生在民國九年至十年（1920—1921）的"武宜兵變"[1]。信末署"六月十二日"，知此函當寫於民國十年（1921）。函二所述內容緊接函一，故亦應爲同一年所寫。

徐氏兩信內提及《鮚埼亭外集》等諸書校勘、版本異同、搜討珍本之事，經查考相關資料，可知與上海商務印書館早期古籍影印業務，以及孫、徐二位就自身藏書所做的版本目錄學交流探討相關，下文將對此略做分析。

二

從現存資料來看，徐行可與孫毓修的交往，似始於張元濟先生的介紹。上海商務印書館早期影印古籍叢書過程中，按當時的編輯方針，需要備眾本，精校勘，孫氏擔任主要編輯之職，常受張元濟先生委託，與各方聯絡。《張元濟書信》中要求孫毓修與徐行可聯絡者，目前所見最早在民國九年（1920）十二月三十日[2]：

---

[1] 張超《民國時期湖北"武宜兵變"研究（1920—1921）》（2017年華中師範大學碩士論文）有述：轟動全國的武宜兵變，時間範圍限定在1920年至1921年。該事件共涉及三次兵變，其中第一次宜昌兵變發生於1920年11月29日；第二次宜昌兵變發生於1921年6月4日；武昌兵變發生於6月7日。

[2] 《張元濟全集（第一卷）·張元濟書信》，北京：商務印書館，2007年，第553頁。

前請撰《四庫全書》意見，需用甚急，請速復。又徐行可復信亦祈代擬（前日送去），費神感感。此上

星如吾兄　弟張元濟頓首　九年十二月卅日

徐氏致孫氏兩函所提及《鮚埼亭外集》《新書》，以及《説文聲讀考》，則直接與《四部叢刊》編纂及商務印書館早期其他影印工作相關，以下分別述之。

（一）《鮚埼亭外集》影印相關

徐氏的函一，是對孫氏來函的回覆，其中提到《鮚埼亭外集》爲藝風故物，今查《藝風藏書記》[①]，未見著録。徐氏函二中又提及"審校本《謝山外集》已歸鄴架，它日少閑當移書相段"，按《謝山外集》應即《鮚埼亭外編》，此處仍接前函，繼續與孫氏討論這一文集。

《鮚埼亭集》是清代全祖望的詩文集，當時張元濟先生正考慮將其影印入《四部叢刊》初編，商務印書館已有一部刻本，徐行可先生曾爲他們借來另一部鈔本，以供版本比勘。張元濟曾致信孫毓修，詢問其意見[②]：

第三期《四部叢刊》單張目録，乞付下一紙。又《書録》已脱稿者乞先擲下一閲，爲期不及，時日恐來不及，奈何奈何。前徐行可借來抄本《鮚埼亭集》比刻本如何？有佳處否？現有人持來求售，乞示進止。

孫星如先生

張元濟　十年五月廿八日

而今雖未見孫氏回覆張元濟先生和徐行可先生的信函，然可以確定者，

---

①　繆荃孫：《藝風藏書記》，上海：上海古籍出版社，2019年。

②　《張元濟全集（第一卷）·張元濟書信》，北京：商務印書館，2007年，第555頁。

上海商務印書館所出版的《四部叢刊》初編中同時收録了《鮚埼亭集》的刻本及鈔本，且鈔本爲孫氏提供的自家藏書。孫氏爲之撰寫書録如下^①：

> 鮚埼亭集三十八卷經史問答十卷鮚埼亭集外編五十卷　三十二册　上海涵芬樓藏原刊本
>
> 清全祖望撰。
>
> 謝山著述，《經史問答》傳刻最先（阮文達序當是後增）。嘉慶甲子，餘姚史夢蛟得《鮚埼亭文集》定本刻之，并購得《經史問答》舊板，合印以廣其傳。《外編》則乾隆四十年，門人董少鈍手鈔於那地州判官署者。目録後有刻書跋，不著姓氏，嚴悔菴謂出蕭山汪繼培手。
>
> 鮚埼亭詩集十卷　三册　無錫孫氏小緑天藏舊鈔本
>
> 清全祖望撰。
>
> 謝山遺稿悉存同縣抱經樓盧氏，此即盧氏鈔本，可云遠有端緒。卷一《書帶草堂》至《阿育王山晋松歌》十二首，爲《句餘唱和集》刻本所闕，刻本又闕《雙湖竹枝詞》《再疊雙湖竹枝詞》二題。

孫氏所藏除上述《鮚埼亭詩集》十卷本以外，另有《鮚埼亭外集》五十卷^②，在其爲平日經眼圖籍所作的《留菴讀書記》^③中，也記録有一部《全謝山先生鮚埼亭集》，原文如下：

> 全謝山先生鮚埼亭集三十九卷
>
> 抄校本

---

① 孫毓修：《四部叢刊書録》，民國十一年（1922）鉛印本，復旦大學圖書館藏。
② 見孫毓修：《小緑天藏書目》，稿本，上海圖書館藏，以及《小淥天孫氏鑒藏善本書目》，民國鉛印本。
③ 孫毓修：《留菴讀書記》，稿本，上海圖書館藏，所記爲其日常經眼圖籍或讀書札記，始自民國九年（1920）前，至民國十一年（1922）止。

鈔有而刻無者二首。卷六"明淮揚監軍道簽事鄞王公神道碑銘"（見刻本外集）。卷卅四，題"三山野録"（即思文六紀）。刻有而抄無者一首。卷卅三"鸎脰山房詩集序"。

孫氏此處所記極有可能爲上文張元濟函提及徐氏所借之鈔本。當時就《鮚埼亭集》的收録與校勘、衆本异同，孫、徐二人曾有多次書信往來討論，而最終呈現在讀者面前的，則是經過討論後，較爲穩妥和成熟的方案，徐氏這兩封書信可以爲我們還原彼時的場景提供一點綫索。

（二）賈誼《新書》影印底本的綫索相關

徐氏致孫氏的第一通書信中，提到：

膝寄弘治沈頡刊本《賈子新書》（缺三、四二卷）奉貽，亦《藝風藏書記》中有此本，以歸鄴架，可就近景補，俾成完書也。

在第二通書信中，又補充説明道：

前寄殘弘治本《新書》，以《藝風藏書記》卷二載有此本，恐必流入書肆，故以轉贈，可就近借鈔成完書也。

按上述兩處所述，徐氏應將自己所藏的僅存第三、四卷的明弘治刻本《新書》贈予孫毓修，以便其爲商務影印作參考，幷提示繆荃孫舊藏中應有此書全本，可能已流入書肆，可以找來借鈔成完書。

按《新書》爲漢朝賈誼作品，查《藝風藏書記》卷二，載有兩部賈誼《新書》[①]：

---

① 繆荃孫：《藝風藏書記》卷二，第27頁。

賈誼新書十卷

明刊本。此書宋程漕使梓於潭州，淳熙辛丑潭州州學教授胡价跋。正德
乙亥吉府重刊，有右長史楊節跋。每半葉八行，每行十八字，黑口。收
藏有"古潭州袁氏臥雪廬收藏"白文方印。

賈誼新書八卷

明弘治刊本。目錄後識云："凡物久漸弊，弊久漸新。《新書》之行尚矣，
轉相摩刻，不知幾家。字經三寫，誤謬滋多，所謂久則弊也。頡謹將各
本與他本往復參校，尚有傳疑，其亦弊則漸新。若好古君子，更得善本
考正，則此書之弊盡革而永新矣。弘治乙丑句吳沈頡志。"收藏有"海寧
楊芸士藏書之印"朱文方印。

徐氏在信中所提到的，應是第二部，明弘治刊本。從繆氏提要中可知，
其所藏者爲全本。《四部叢刊》初編所收《新書》，爲江南圖書館藏明正德刻
本，孫毓修爲之撰寫書録如下：

新書十卷　二册　江南圖書館藏明正德乙亥吉藩刊本

漢賈誼撰

正德九年，長沙守陸相得宋淳熙辛丑提學漕使程公舊版於故櫝中，補刻
成書。此正德十年吉府重刻陸相本也。每葉十六行，行十八字。葉數均
排長號，中縫不記卷第，但記葉數。（有知聖道齋圖記）

爲《新書》影印底本的選擇，孫毓修曾到訪江南圖書館，并曾將館中
所藏衆本悉數調出閱覽，在其所撰《江南閱書記》①中，記録了三種不同的
版本：

---

①　孫毓修：《江南閱書記》，稿本，上海圖書館藏。

新書二卷一册

盧氏以宋陳八郎本、吳玄恭本、毛斧季校宋本合校。盧氏跋云："乾隆丙子春三月，盧文弨以程榮本校。"又云："己亥以宋本改，然亦多訛。"又記云："宋本作'新雕賈誼新書卷第一'，下放此，今不必依。經刪改者乃宋本也，又以《賈子》本校其异同，則云'一作某'，已別之。"

新書 二册

明刊本

正德九年長沙黃寶序，後有闕名跋、楊節跋，皆正德中人。宋胡价序，闕前頁。半葉八行，行十八字。字大刻精，版心以卷數爲頁數。

（地脚小注：此書館中亦有，不如此之完善。）

賈太傅新書十卷 二册

明何燕泉刊本

正德十五年南園老人張志淳序、何孟春序，華亭①周廷用叙。

孫氏自己也收藏有一部《新書》，十卷，盧抱經校本②。從徐氏給孫氏的兩函中都提到《新書》可以推測，孫氏應曾向徐氏求助，請其提供賈誼《新書》較早或較完整底本的綫索，徐氏剛好自藏有一部明弘治刻本殘卷，遂很慷慨地贈予孫氏，又提供了繆荃孫先生曾藏完本的綫索。

（三）《説文聲讀考》的推薦影印

徐行可先生以愛書著稱，常常往來於各地訪書。他在給孫毓修的第一封書信中，分享了自己在京滬訪書所得：

前在京滬所得書，以苗先麓手稿本《説文聲讀考》爲最，書凡八册，如

---

① 孫氏此處"華亭"應爲"華容"筆誤。
② 見孫毓修：《小綠天藏書目》，稿本，上海圖書館藏。

貴館能付景印，當勝墨版萬萬。惟原書行字甚密（行字同《聲類表》），未能縮景入《涵芬廔祕笈》，宜別印單行。如菊老有意付印，當以原書郵呈。

苗先麓即苗夔，清末肅寧人，精小學，《清儒學案》卷一百七有傳。上海商務印書館早期影印古籍中，未見《說文聲讀考》者，僅見《叢書集成初編》①有影印《天壤閣叢書》本《說文聲讀表》。

三

徐行可致孫毓修函中，除上文與商務印書館影印古籍工作相關的內容外，更多者是基於同樣喜好藏書的學者身份，對書籍版本的探討和交流。

（一）《蔡中郎集》相關

徐行可致孫毓修兩函中，都提到《蔡中郎集》，從其內容看，應是徐氏收藏有《蔡集》，在各地訪書過程中，特別關注《蔡集》的各種版本，進行比勘校對，并希望獲得其他不同的版本。函一中提到的"前過寧僅留三日，一至圖書館，勘得嘉業堂所鈔校本《蔡集》，即自館中所藏羅鏡泉②校本迻錄"，即指此。

另，孫氏曾爲徐氏借得友人的《蔡集》徐刻本，供其比對，徐氏經校對後得出結論，繆荃孫舊藏或爲初印本，并提醒孫氏注意，其函二中"《蔡集》徐刻③第九卷第二頁左半板模糊，疑藝風所藏或是初印，故向陳氏索閱。尊友藏本是頁字亦不可辨，謹由郵局寄繳，乞簪入。承作介，并謝"，即指此。

---

① 民國二十四年至二十六年（1935—1937）上海商務印書館鉛印影印本。
② 羅鏡泉，即羅以智（1788—1860），號學博，新登人。工古詩文。富藏書。
③ "徐刻"即明徐子器刻本。

按孫毓修自己也收藏有兩部《蔡中郎集》，其《小緑天藏書志》①中曾有相關著録：

蔡中郎集十卷外傳一卷　二册
校明本
此明徐子器刻本。予於庚戌六月，以士禮居校葉石君本校。辛亥十一月，以影宋本校。"別風淮雨"四字，仍未校正也。卷五四葉，以蘭雪堂活字本補。
臨顧氏手跋云：此下先去第二葉，《表太尉董公可相國》無下半篇，《讓尚書乞閑冗》無上半篇，目録可證。各本改其行款不缺，究莫如此爲最善。戊辰十二月，思適居士記。
臨黄氏手跋云：此舊鈔《蔡中郎集》，無序有目，通十卷，以《外傳》終焉。藏水月亭周香嚴家。前有"樸學齋"圖章，蓋葉君故物也。予收得神廟時徐子器本，亦出葉氏舊藏，而刻本遠不逮鈔，因取校於刻本上。同時又見錢塘何夢華氏活字本，頗勝徐刻，然較鈔本爲遜，已影鈔一本，手校鈔本异同於影鈔本上。其周本因字迹潦草，未及影鈔而還之矣。頃得惠松厓閲本，係《百三名家》本，而所校字多非舊鈔、活字兩本所有，其《太尉橋公廟碑》中"臨淄令賂財贓多罪"，惠校云"案《謝承書》，臨淄令路芝"，余覆檢活字本云"臨淄令賂之，贓多罪止正"；舊鈔本云"臨淄令路之，贓多財正"，今就惠校核之，是惟舊鈔爲近。蓋"路"本未誤，"之"僅脱草頭，若活字本已訛"路"爲"賂"矣。由此以推，非舊鈔爲最勝乎。遂倩友仍影鈔一本，於字迹潦草處，纖悉影橅，以存其真云。丁卯秋九月九日燈下勘畢，復翁。
又云：共計一百十七頁。照樣行書影寫。照墨筆，勿依紅筆。墨筆適有模糊之處，須依樣畫葫蘆，不可誤改爲囑。

---

① 孫毓修：《小緑天藏書志》，稿本，上海圖書館藏。

又顧氏手跋云：《蔡集》以宋人所編十卷本爲最佳。而所見十卷本，又以此爲最佳，但未知宋槧可補八卷第二頁之缺否。前者復翁因僕言，次第訪得鈔刻各種，今識數語於此，冀再訪得宋槧云。戊辰十二月，思適居士。收藏有"柯溪藏書"、"小李山房圖籍"、"子孫永保"、"何氏家藏"、"靜深何子"諸印記。

蘭雪堂銅活字本蔡中郎集十卷外傳一卷　二冊

顧千里曰，漢魏人集猶是宋人所編者，今惟存《蔡中郎》而已。《蔡中郎》以有歐靜序十卷本爲最古。此蘭雪堂活本，爲後來翻刻之祖。目後有大字兩行云"正德乙亥春三月錫山蘭雪堂華堅允剛活字銅版印"二行，《外傳》末亦有兩行云"錫山蘭雪堂華堅允剛活字銅版印"。題皆大字單行，文皆小字雙行。此本初印精善，猶存明初書籤。收藏有"四明盧氏抱經樓藏書印"白文方印。

徐行可所提到的繆荃孫藏本，《藝風藏書記》[①]中有著録：

新刻蔡中郎伯喈文集十卷

明嘉靖甲申宗文堂鄭氏刊。本集十卷，外傳一卷，詩集二卷，《獨斷》二卷。宋天聖癸亥歐靜序，序後有木牌子兩行云"嘉靖甲申孟冬月宗文堂鄭氏新刻"十四字。目録後又有"此書原係正德乙亥春三月錫山蘭雪堂華堅允剛活字銅板印行今鄭氏得之繡梓重刊"兩行。《獨斷》後有淳熙庚子江都呂宗孟跋。又弘治癸亥劉遜後序，華本所無也。《蔡集》以十卷本爲最，尚是宋人編次舊第。黃蕘圃、顧澗薲盛推華本。此取華本重刻，僅後華氏十年。卷五《漢太尉楊賜碑》"別風淮雨"作"別風維而"。卷六《被收時表》有"反名仇怨奉公"句前後脱二十九字，均與海源閣所據鈔本合。他書目未著録。收藏有"葉氏敦夙好齋藏書一印"朱文長

———————————

① 繆荃孫：《藝風藏書記》卷六，第126頁。

印、"葉名澧潤臣印"白文方印，又有"孫從龍印"、"廬江世家"兩白文方印。

繆氏提到卷五《漢太尉楊賜碑》"別風淮雨"作"別風維而"，庶幾可以解孫毓修在其《藏書志》中提到明徐子器刻本"別風淮雨"四字仍未校正之惑。可見，徐、孫二人藏有不同版本的《蔡中郎集》，并對衆本比勘進行了探討和切磋。

（二）書籍互借

徐行可在函一中提到曾向孫氏和張元濟借得《冷齋夜話》爲自己的藏書進行校勘之事：

茲將校畢元槧《冷齋夜話》先寄呈，乞代還之菊老，并乞申謝叚書之惠。

又在函二中向孫毓修提供自己的藏書蕭敬孚文稿，似是對孫氏來函所詢的回應：

桐城蕭敬孚文稿有嚴評全集跋二篇，恕医中適有蕭集福本，便以奉貽，乞哂存。

按孫毓修《小綠天藏書志》[①]中著録有影元鈔本《冷齋夜話》：

冷齋夜話十卷　二册
影元抄本

---

① 孫毓修：《小綠天藏書志》，稿本，上海圖書館藏。

點畫悉照元本，又假元本校過，凡原本顯然有誤者，此已改正。半葉
九行，行十七字。元本缺第五卷第六葉，此却不闕。辛亥冬，繆小山
假去與舊鈔對勘，云此本好處極多。九卷"開井法禁蛇方"，祇存末數
語，似缺一葉。取校元刊，則號數聯接，與此本同，不可能也。若它
本，則已去之矣。繆云目録係坊肆妄作。元刊有菟圃手跋，兹亦録之
如左：
《冷齋夜話》所見本，此爲最古矣。惜是坊刻，故多訛舛。余先蓄一本，
係殘帙，後嘉禾處借得補全，以備藏弆。項書賈獲一全本，中所缺失錯
亂，復賴前本抄寫更正，亦一快事。壬申中秋後十日記。復翁。

同爲《冷齋夜話》的收藏者，其與徐行可應曾就各本异同進行過交流。
孫氏《小渌天孫氏鑒藏善本書目》中著録有蕭穆集[①]，亦可證徐氏向其提供自
己所收藏的另一版本，以供校勘的緣由。

徐行可致孫毓修的兩封書信，寥寥數百字，已可約略揭示和還原二人在
上海商務印書館早期古籍影印事業中的合作關係，以及同樣作爲古籍收藏愛
好者和版本目録學者，互相間的交流與切磋。從這兩封信中，也透露出徐行
可先生在書籍藏用關係中，更傾向於"書爲人用"的主張，以及他的慷慨和
無私。雖然信中所及僅數本書籍，但可以想象他對上海商務印書館古籍影印
事業的熱心、對於同好學者的支持。
　　徐氏與孫氏的往來書札當不止於此，目前所見僅此二通，多賴馬驥先生
的慷慨分享，他將自己的收藏影印出版，纔使我們得以看到，也是一段書林
佳話。

---

① 民國鉛印本《小渌天孫氏鑒藏善本書目》:《敬孚類藁》，（清）蕭穆撰，四册。

【參考文獻】

［1］孫毓修：《小緑天藏書目》不分卷，民國間稿本，上海圖書館藏。

［2］孫毓修：《小緑天藏書志》不分卷，民國間稿本，上海圖書館藏。

［3］孫毓修：《江南閱書記》不分卷，民國間稿本，上海圖書館藏。

［4］孫毓修：《留菴讀書記》不分卷，民國間稿本，上海圖書館藏。

［5］孫毓修：《四部叢刊書録》不分卷，民國十一年（1922）鉛印本，復旦大學圖書館藏。

［6］《小渌天孫氏鑒藏善本書目》不分卷，民國鉛印本。

［7］張元濟：《張元濟全集（第一卷）‧張元濟書信》，北京：商務印書館，2007年。

［8］柳和城：《孫毓修評傳》，上海：上海人民出版社，2011年。

［9］繆荃孫：《藝風藏書記》，上海：上海古籍出版社，2019年。

［10］馬驥：《孫毓修友朋手札》，北京：國家圖書館出版社，2020年。

［11］《歷史文獻》第十八輯，上海：上海古籍出版社，2014年。

［12］張超：《民國時期湖北“武宜兵變”研究（1920—1921）》，湖北：華中師範大學學位論文，2017年。

嚶嚶其鳴，求其友聲

——徐行可、倫哲如二先生交游考論

李福標（中山大學）

民國間湖北武漢藏書家徐行可先生（1890—1959）之所以能成其大，根本在他自身的勤奮與專注。然而與他的廣交外緣也大有關係。其人所交者多有藏書界和學術界的名流，周旋其間，聲氣相通，不但增廣見聞，互通有無，而且長養學問，涵咏性情。他的嗜書如命，他的與人爲善，二者是密不可分的。在他的師友譜系中，有一位廣東東莞籍的倫哲如先生（1875—1944），因地緣之阻隔，雖來往或不頻繁，但無疑占有重要的位置。而在倫先生的朋友圈中，徐氏亦相當的突出。倫先生撰《辛亥以來藏書紀事詩》，詩中屢屢親切地稱徐行可"吾友"，并爲之單立詩傳，擢爲湖北、湖南二省藏書家之首，甚至公然許爲能在黃丕烈、汪士鐘二先賢之外別開生面的"英雄"。所謂情見乎辭，正可深見二人之惺惺相惜。

一、徐行可與倫哲如交往的基本事迹

倫先生明，字哲如，別字哲儒。清光緒元年（1875）生，長徐先生十五歲。其人生經歷較複雜，而長期供職於學界和政界，集藏書家、版本目録學家、大學教授於一身，終生以"續書"爲志，以訪書爲事。倫氏《續書樓藏書記》有云："余游迹所至，上海、天津爲南北通衢，經過最頻。次則開封，前後至者十餘次。南京、武昌，至者二次。蘇州、杭州，至各一次。居河南三歲，游懷慶、衛輝、清化，俱有所獲。在清化所得有極罕見者，毛尚書昶熙家物也。語云：'伯樂一過而馬群空。' 余於書有似之焉。"① 徐、倫二人殆在南北訪書過程中相識。徐先生曾向倫先生學習過版本目錄學知識，執弟子禮。二人師友情分如此之洽，必多有書信的來往，但已難以踪迹矣。其交往留下的直接記載不多，即使間接的綫索也少。今泛覽各家之説，惜乎僅得二人相關聯之資料數枚，亦有未確實二人在何地、何時相交者：

（一）倫氏或借觀徐行可藏湖北地方文獻

倫氏撰《續書樓讀書記》，原載民國十七年（1928）《燕京學報》第三期，今收入《倫明全集》。其中録有湖北洪良品《古文尚書商是》一書，提要末云："余録此篇畢，從友人處得閲是書原稿，除與楊定甫侍御一書，餘皆與寳竹坡辯論之書，題目與此小异。"②

按，徐行可與倫哲如的交往必早於民國十七年。《續書樓讀書記》中著録洪良品書多種。又有吳光耀《古文尚書正辭》，光耀亦湖北江夏人；又有清陳士珂《孔子家語疏證》，陳氏湖北蘄水人。此數人書，既屬湖北地方文獻，倫先生且觀得其原稿，則當與湖北藏書家有一次集中的往還商討。雖倫氏所謂"友人"未可遽定爲徐行可，然與徐行可之交於湖北藏書家中爲最密，其人藏書最富，至少或致書信以徵詢徐氏意見以提供綫索。惜徐氏藏書目無從得見，不知其人果藏洪良品《古文尚書商是》等書否。

（二）某年徐行可、倫哲如與陳垣之交往

《倫明全集·倫哲如詩稿六》之《陳援庵新得白沙草書手卷屬題。款署石齋，白沙別號也》詩云："合浦還珠事豈殊，漢皋解珮感何如。詩情字法無非學，閩粵同名兩大儒。"詩末注云："是卷先爲吾友徐行可所得，旋歸援

---

① 《倫明全集》，廣州：廣東人民出版社，2017年，第二册第58頁。
② 《倫明全集》，第二册第32頁。

庵。行可寓漢皋，故以解佩擬之。漳浦黃忠端公亦號石齋，理學、文章、書法并重千古。"①

按，民國十九年（1930）余嘉錫慕徐行可目錄學學識，聘其北上，代執教於北京輔仁大學、中國大學等校。徐氏得白沙手卷，後轉歸陳垣，事當在其供職北平期間，具體何時未可知。時徐、倫、陳三人或均在場而共欣賞，或爲倫氏得於徐、陳一方之聞見。

（三）民國二十二年（1933）倫氏南京遇徐行可，論及文氏藏書

《辛亥以來藏書紀事詩草稿》之《文廷式》云："非關貶謫到長沙，學士遺書散外家。秘册短篇驚未見，翰林鈔出墨橫斜。"注："萍鄉文道希學士廷式有外婦，即王益吾侄女，而番禺梁按察之夫人也。……學士亦以此不理於衆口，晚年失意侘傺，倚梁夫人以居。身殁，梁夫人盡得其所有。余曾見抄《永樂大典》多册，學士物也。歲癸酉（1933）游南京，遇徐行可，云得學士輯錄稿五十餘册，大抵皆取《永樂大典》者，允以目見示。"②

按，文廷式藏書處爲思簡樓、雲起軒及知過軒，曾輯有《知過軒目錄》。文氏殁後，藏書傳至其子永譽，永譽卒於民國二十一年（1932），其南昌藏書或已零散。倫氏得睹文氏藏《永樂大典》、徐行可得購文氏輯錄稿，未知在何地。或與倫氏所睹《永樂大典》爲同一物，故徐氏允倫氏目驗其目錄。

（四）民國二十二年（1933）徐行可、倫哲如與余嘉錫之交往

湖北省圖書館所藏徐行可捐贈古籍中，夾余嘉錫民國二十二年（1933）十月八日致徐行可書信一封，信中有云："方氏書錄，倫哲如欲借去傳鈔。俟其鈔畢（旁注：弟亦擬鈔錄一通），當編次案上也。"③

---

① 《倫明全集》，第一册第59頁。
② 《倫明全集》，第一册第149頁。
③ 馬志立：《余嘉錫致徐行可書信考釋》，《圖書情報論壇》2010年第2期，第59—61頁。

按，余氏此信可與其《巴陵方氏藏書志序》"余友徐行可恕假上虞羅子經振常藏本過錄，以兩本并寄北平，乞余校讎序次之。余諾之而未暇以爲。會友人倫哲如明過余，見之，携原本去，屬書手錄爲二通，以其一歸余"云云①，互相印證。此則當未面交也。

（五）民國二十二年（1933）倫氏與觀徐行可所得李亦元題跋册

《辛亥以來藏書紀事詩》第三十六章"李希聖"詩云："巴陵藏目渺無存，書跋徒留李亦元。多少琳琅經手去，更因獻納博粗官。"注云："吾友徐行可近得無名氏題跋一册，斷爲李亦元所作，書皆巴陵方氏碧琳琅館所有也。余見日人島田翰《皕宋樓藏書源流考》，有王式通題辭，中一首云：'巴陵方與歸安陸，一樣書林厄運過。雁影齋空題跋在，流傳精槧已無多。'注云：'亦元遺著，有《雁影齋題跋》，所見多巴陵方氏藏書，庚子後，大半散失。'據此，則行可之言有證矣。"②

按，《辛亥以來藏書紀事詩序》云："余之得見李亦元題跋也在癸酉（1933），則不得不復記於此矣。"③可見於此次與徐行可之交流印象之深刻。

（六）某年倫氏以王惺齋書質諸徐行可等

民國二十六年（1937）正月初四徐行可致陳乃乾信云："王惺齋書并上卷亦未寓目，數年前倫哲如先生曾以王氏撰述多種質諸戚友，余季豫兄許不記中有此書否？惺齋書，恕僅有《祗平居士集》《讀韓記疑》《校正朝邑志》《惺齋論文》及廣雅刻《史記正訛》二種、食舊堂刻《讀歐記疑》數種。其《周易講義》一卷、《祭法記疑》二卷曾見印本，《叢書目錄》云未刻者，誤也。其人學無本柢，以繆藝風列其書於《書目答問》，遂爲世所重，實則《祗

---

① 《北平圖書館館刊》，民國二十三年（1934）十二月。

② 《倫明全集》，第一册第86—87頁。

③ 天津《正風》雜志，民國二十四年（1935）第1卷第20期，第92—96頁。

平集》中無好題目，《讀韓記疑》中□多□中氣，無足取也。"①

按，王惺齋（1714—1786），名元啓，浙江嘉興人。信中云"數年前"，未知確爲何年，或即民國二十二年（1933）也？待考。又，今檢倫氏《續書樓藏書記》及《續四庫全書總目提要》稿，僅録王氏《四書講義》一種，亦多所詆評。

（七）某年徐氏或請倫氏代抄《愛日精廬文抄》

董馥榮《倫明所藏抄本述略》一文披露：在《愛日精廬文抄》書内夾有一紙書札，使用"桐風廎"緑格稿紙，内容是關於該書抄本首葉内所缺文字的討論。書云："題目'冕'上當有'釋'字，第一句權當作'冕者俛也'四字，然不敢定。第二行引《左桓》二年疏，疏引宋仲子云：'冕，冠之有旒者'，此云宋衷注是也。然闕文無法臆測。第三行第二字是'位'字，第一字難定。第四行小注闕'矜'字，應補。《釋冕》《釋弁》二篇敬求飭書手代鈔一份，須費若干即當奉繳。拜托拜托。此上哲如先生。弟菊仕頓首。三月卅一日。"倫明抄本即依信中所言，將所闕字以朱筆填寫，并加眉批曰："二行以意補之也耳，疏云作宋仲子，不作宋衷，蓋亦非抄原文也。"②

按，桐風廎爲徐恕藏書室名，所用便箋當爲自用，而非他人借用。則徐恕又有別號"菊仕"歟？待考。

（八）民國二十五年（1936）倫氏將徐行可録入《辛亥以來藏書紀事詩》

倫氏著《辛亥以來藏書紀事詩》第一五〇章爲"徐恕"詩紀事："家有

① 虞坤林整理：《徐恕致陳乃乾信札十八通》，《文獻》2007年第3期，第155—165頁。此信或寫於1935年5月4日，參馬志立《〈徐恕致陳乃乾信札十八通〉編年》，《圖書情報論壇》2014年第4期，第71—76頁。

② 原載國家圖書館古籍館年刊《文津學志》2017年，收入東莞圖書館編《倫明研究》第一册，廣東人民出版社，2020年，第286—287頁。

餘財志不紛，宋雕元槧漫云云。自標一幟黃汪外，天下英雄獨使君。"注云："武昌徐行可恕，所儲皆士用書，大多稿本、精校本。嘗舍南潯劉翰怡家，二歲盡讀其所藏。南北諸書店每得一善本，爭致之。君暇則出游，志不在山水名勝，而在訪書。聞某家有一未見書，必展轉錄得其副而後已。一切仕宦聲利，悉謝不顧，日汲汲於故紙。版不問宋元，人不問古近，一掃向來藏書家痼習，與余所抱之旨，殆不謀而相合也。"①

按，此詩最初發表於民國二十五年（1936）天津《正風》雜志第二卷第五期，同時發表者共五章，羅列湖北、湖南籍藏書家徐行可、方覺慧、周銑詒、葉德輝、王禮培、郭宗熙（王、郭合一首），其湖北籍藏書家以徐行可爲首。《辛亥以來藏書紀事詩》儘管是一家之言，但畢竟能反映海內藏書界之情實，具有全國性的影響。徐行可之名爲長輩學者倫氏所鼓吹，且許與黃丕烈、汪士鐘之流並美，不可不算一件殊榮。近十年後的民國三十二年（1943），蓮只撰《書林臆語·憶獵書家徐行可氏》亦云："湖北在中國藏書史中，並無地位。葉昌熾《藏書紀事詩》中所列舉者，祇安陸江氏、江陵田氏數家，時代邈遠，雖湖北人亦不詳其事迹。唯湖北有二事，與藏書大有關係，堪足一述者，即宜都楊守敬惺吾之在東瀛訪求古書，收羅遺逸，將善本多種，輦歸中土，倭人常引爲一代之憾（今所傳《古逸叢書》，即楊氏活動之結果）。而武昌文華大學首創公書林，開中國新式圖書館之先河，並訓練圖書館學專材，推動全國之圖書館教育是也。……湖北藏書家中諸老輩大都作古，唯在武漢尚有一人可以一紀者，即徐恕行可先生是。徐氏卜居漢口法租界，藏書雖不多，而孤本秘本善本尚稱不少。聞其日常生活，均以獵書爲事。""徐氏寓中，觸目是書籍，且大都爲名貴之本。余前往觀光時，渠隨意自架上抽出若干部，某也爲黃丕烈蕘圃之故物，某也爲北宋遺留至今之孤本，誠琳琅滿目，不可殫記。"②這或許能稱得上是倫氏詩的一個回響。

---

① 天津《正風》雜志，民國二十五年（1936）第2卷第5期，第74頁。
② 《今文月刊》，民國三十二年（1943）第2卷第1期，第49—51頁。

二、二人相交之形迹："破倫"與"徐書箱"及"黄汪"之喻

（一）"破倫"與"徐書箱"

倫、徐二人皆嗜書如命。倫氏購書、藏書的目的非常明確。自民國十三年（1924）以還，他一直懷抱續修《四庫全書》之猛志，甚至獨力以之，典衣縮食而在所不辭。民國十五年（1926），《廣東七十二行商報》刊載倫氏致莫伯驥書信，言及"欲以個人之力，成《續修四庫全書提要》。已着手兩載，成二百數十篇"①。民國十七年（1928），倫氏在《燕京學報》上發表《續書樓讀書記》，也提及"余擬修四庫書提要"，并成"尚書"類若干篇②。此外，倫氏詩稿中《丁卯（1927）五日吟稿》其三"余擬續修四庫書提要，從事三載，成稿寥寥，元日秉筆感而作"等，也都記錄了倫氏撰寫提要之事③。倫氏回到廣東後，雖然已不再爲東方文化事業委員會撰寫提要，但續修四庫的工作仍未停止。孫殿起回憶道："1942年秋耀卿三游廣州……先生謂耀卿言'吾近數年撰提要稿，於學問尤見進益，至其群經傳授源流支派無不洞悉，近年在粤有所聞見，輒筆書之，積稿盈篋'云云。"④可見，倫先生晚年仍不輟"續書"之志，而在做最後的努力。爲成此志，其人傾力投入購書之事，且專注於收購清乾隆以後書，以讀未見書爲樂，署室號"讀未見書齋"，并闢"續書樓"以儲。其《續書樓藏書記》云：

　　續書樓者，余鈔書所自署也。余居京師二十年，貧無一椽之樓，而好聚

---

① 《倫明全集》，第二册第404頁。
② 倫明：《續書樓讀書記》，《燕京學報》，1928年3期，第457頁。
③ 《倫明全集》，第一册第18頁。
④ 孫殿起口述、雷夢水整理：《記倫哲如先生》，載人民日報出版社1988年版《書林瑣記》，第91—92頁。

書。聚既多，室不足以容，則思構樓以貯之。其所聚書，尤詳於近代，意謂書至近代始可讀。自乾隆朝命儒臣纂《四庫書》，撰提要，裒然大觀矣。由今視之，皆糟粕耳。則思爲書以續之，此續書樓所由名。然而樓未成也，書亦不備，志之云爾。①

其他如《賦呈叔海夫子七律四首并乞削正》之四詩亦云：“群籍叢殘不可論，廿年摭拾費辛勤。布衣未食官廚米，鐵網先搜赤水珍。聞説庇材營廣廈，自憐檥棹阻通津。删修幸侍尼山席，筆削微言倘許聞。”詩中原注：“明嘗擬以獨力續修四庫書提要，搜儲遺籍萬數千種，多人間罕見本。”②爲購書而節衣縮食，乃至不修邊幅，友朋謔稱其人爲“破倫”（蓋比拿破侖缺一“拿”字歟）。

徐行可也是毫無疑義的“書癡”。民國間學者閔孝吉稱：

徐君自奉甚儉，家人衣著無華彩，每年必出游四方，搜取書籍，聞有未刊行者，則繕寫以歸，國内藏書之家，莫不與通聲氣。以此某家之藏書珍本、善本與夫流傳之經過，口述不遺。蓄木工、銅工、漆工各一人，日資各予銀元一枚，專製書箱，自繪圖樣，終年不歇。寫書根者一人，以字計值。謔者乃背稱之爲“徐書箱”云。③

（二）“黄汪”之喻

一“破倫”，一“徐書箱”，可見倫、徐二人自奉甚儉而於書籍尊若君親，迹近迂誕，既爲南北藏書圈所謔談，即二人邂逅於坊肆，亦必相視莞爾，較之他人爲更親切而有生意焉。倘以此反觀倫氏《辛亥以來藏書紀事詩》

① 文載《輔仁學志》，民國十八年（1929）第1卷第2期。
② 《倫明全集》，第一册第169頁。
③ 參陽海清：《自標一幟黄汪外，天下英雄獨使君——紀念徐行可先生向湖北省圖書館捐贈古籍50周年》，《圖書情報論壇》2012年第2期，第63—71頁。

"徐恕"詩中"黄、汪"之喻，其深意乃見。

清乾嘉間黄丕烈（1763—1825），藏書將近四十年，"無聲色犬馬之好，惟以收書爲喜以藏書爲樂"，自稱"書魔""癡絶""惜書不惜錢"，每年終且開祭書之儀。葉昌熾《藏書紀事詩》"黄丕烈"詩即稱之："翁不死時書不死，似魔似佞又如癡。"其藏書於經、史、子、集無不涉及，不僅重視未曾經眼之奇書，更重視收集同一古書的多種版本，富擁宋元古槧，以"佞宋"聞名。不但能藏之，更能讀之。嘗云："余喜蓄未見書，故向以'讀未見書'名其齋，而自後所獲亦未見者多。""凡書之未見者，非真未見也。或當時有之而後世無傳焉，或某家有之而行世實鮮焉，此皆可以'未見'目之。"并據此命其書室爲"讀未見書齋"，刻"讀未見書齋""讀未見書齋收藏"等藏書印①。

蘇州汪士鐘（1786—？），字閬源。家以開益美聯社布號而饒於資，闢有藝芸書舍以藏書。早年遍讀父藏四部書，蓄志搜羅宋元舊刻及《四庫全書》未收之書。顧廣圻《藝芸書舍宋元本書目·序》謂其藏書甚富，"嗜好所至，專一在兹，仰取俯拾，兼收并蓄，揮斥多金，曾靡厭倦。以故郡中傳流有名秘笈，搜求略徧，遠地聞風，挾册趨門，朝夕相繼"。汪氏於黄丕烈爲後學晚輩，交誼匪淺。黄丕烈并爲之延譽，於《郡齋讀書志序》稱："閬源英年力學，讀其尊甫厚齋先生所藏四部之書，以爲猶是尋常習見之本，必廣搜宋元舊刻以及《四庫》未采者。於是厚價收書，不一二年，藏弄日富。"後黄丕烈藏書多歸入汪氏。周星詒《自題行篋藏書目》云："復翁以百宋一廛諸刻本售與山塘益美布商汪閬源，雖殘帙十數葉，亦有至十數金者。閬源購書，有復翁跋，雖一行數字，亦必重價收之。以故吳中書賈於舊刻舊抄雖僅一二卷，倘有復翁藏印，索價必倍。若題識數行，價輒至十數金矣。"②

① 以上所引，參葉昌熾《藏書紀事詩（附補正）》，上海：上海古籍出版社，1999年，第575頁。

② 以上所引，參葉昌熾《藏書紀事詩（附補正）》，第616頁。

從上目之，可知黄、汪均爲書癡，并爲之着魔，摒絕聲色名利，一切不顧。且二人相爲友，互通有無，不但能藏，且能讀之，概以讀未見書、《四庫》未收書爲特色。倫明撰《徐恕》詩，詩中"黄、汪"字裏，不正有倫、徐二人自己之叠影歟。倫、徐二人一生甘作書奴，亦相爲友，亦以讀未見書、《四庫》以外書爲職志，亦以商人而藏書，不計聲色名利。不正在"黄汪"之外，更有一"黄汪"乎？二人行走於民族危亡之人間世，人嘲爲"破倫"，戲稱"徐書箱"，而我竟自許爲"天下英雄"，以"英雄所見略同"而得意洋洋。此不較黄蕘圃一年一度設"祭書"之儀、汪閬源"雖一行數字，亦必重價收之"之匪夷所思，更令人爲之潸然、爲之起敬乎？

三、二人相交之心志：《辛亥以來藏書紀事詩》之辨二則

前述倫、徐二人相交之事，又略點出二人行爲之相近矣。倫氏《辛亥以來藏書紀事詩》以考核藏書之掌故與風習，爲學林所推而幾無异詞；就其中"徐恕"一章而言，實可目爲二人相交之宣言，亦可作其人藏書主張之公告，其心其志，灼然可睹，故不得不尤爲之鄭重肅然。以下就拈出與倫詩相關之大小二端，略申一己之臆見。

（一）《徐恕》詩注"士用書"爲"有用書"之誤辨

倫氏《辛亥以來藏書紀事詩》"徐恕"條前已具引之矣。自民國二十五年（1936）在《正風》雜志發表以來，及以後的各種單行版本，其詩注均稱徐氏"所儲皆士用書"。何爲"士用書"？迄無人對此術語給出令人信服的解釋。有論者爲之說云：

孫式老曾對本人說："徐行可藏書，特講收藏標準本。他不收藏宋元版本，因爲費用太大，而用途不及標準本大。"倫哲如先生說："（徐行可）所儲皆士用書。"這"標準本"、"士用書"聽起來似乎說法不一，其實

指的都是張之洞所強調的清人"精校精注本"。在那時凡治傳統文化者，鮮有不爲那位張香帥《書目答問》帶出來的徒弟。這裏須得説清楚一點，這些"士用書"基本上指的是治樸學之士所用書，謂其用途大也罷，有用之書也罷，主要指的皆是樸學領域。古代中華經典文獻，經過清代以及近世樸學大師（或曰國學大師）們的精校精注，訛誤降到了最小，注解更爲精準，是最可信賴的標準本。這些標準本價格不是最貴的，内容却是最可靠的。這種收藏取向，構成了徐氏藏書最大的特點。[①]

大意謂"士用書"以學爲主，不求版本之珍秘。然而，中國傳統文化經歷辛亥革命和"五四"運動的洗禮後，哪裏還有什麽士、農、工、商"四民"之分？此時流行的倒有"工農兵學商，一起來救亡"之説。即以舊時代眼光測之，則無論普通書、珍秘書，何種不是"士用書"？"士"人所讀之書，與農民、商人、郎中、官僚所讀書，可不都是綫裝書？有何不同哉！所以"士用書"一説，頗有莫名其妙者。

　　因該詩發表時是編輯根據倫氏手稿來排印的，或因字跡帶草書體，故有誤認，而後又没有覆校。今按此詩中"嘗舍南潯劉翰怡家"之"劉"即因未辨識草書而顯誤植爲"到"字，後來的版本纔有給予改正者。而此"士"字，會不會也是某字之誤呢？答案是：此"士"字實亦甲骨文"有"字之誤。以"有"之甲骨文爲"屮"字形，極易與"士"字寫法相混故。此則或是《正風》編輯的誤認，而更有可能是早在徐、倫二人書信來往中，徐氏寫爲"屮用書"，而倫先生本人率認爲"士用書"了。試想：倫先生一個投稿的作者，字跡或有潦草，草書"劉"字被編輯人員誤認爲"到"情有可原，但即使再有學問的大學者教授，都不太可能在投往雜志的稿件上有意賣弄數千年前的甲骨文的。

　　爲什麽徐行可却可能會在私下的通信裏這麽寫呢？殆因其人平常言行就

---

① 童恩翼：《徐行可學行述略》，《圖書情報論壇》2010年第4期，第3—7頁。

有些古怪、傲誕，又與黃侃等人相交日深，薰染日久，自然對古文字頗有涉獵研究。自名藏書樓"箕志堂""臧棱庵""知論物齋""徐氏文房""桐風廎"等，刻藏書印"小字六一""行可珍秘""自恣荆楚""用儒雅文字章句之業取天下先""不爲一家之蓄俟諸三代之英""學以七略爲宗""爲刊目録散黃金""有窮遐方絶域盡天下古文奇字之志""江夏徐氏藏本"等數十枚鈐於書卷。其中單"有窮遐方絶域盡天下古文奇字之志"一印，即可以覘其古文字之癖。另者，徐行可殆本以爲倫先生與其同鄉古文字學家容希白（庚）相友，亦應頗熟稔於甲骨文字，孰知倫先生却并未加深究。他平日即非常反感學術圈中"古籍一字之异，動色相矜；近儒全璧之珍，熟視無睹"的貴族氣，[①]却恰好在這裹因"一字"而摔了跟頭。平心而論，在私人通信中，能用奇字，非但不是不尊重師友，無故意炫耀或設套之嫌，而恰恰反證倫、徐二人交往隨和，情深無間，且有那麼點狡黠的小情趣，正所謂"人無癖不可交，以其無深情也；人無疵不可交，以其無真氣也"。而倫先生錯認之後，徐氏亦不即更正，將錯就錯，此亦見前賢爲人之厚道。今發此論，不計當否，蓋不爲唐突前賢，而僅供閑人飯後添一談資耳。

其實，"有用書"爲古人習語。清李光地《榕村語録續集》卷七云："《漢書》中精核明備，居然可用以治天下。《左傳》《漢書》真有用書，人能講貫明白，研究精熟，有王者起，便可佐命。《史記》却不可以治天下。"清李塨《恕谷後集》卷十三《李子恕谷墓志》云："讀書猶漢唐訓詁遺習，惟擇經史有用書讀之，餘不盡究，以蹈玩物喪志也。"清陳瑚《確庵文稿》卷八《重朗歌爲顧樊村志喜兼贈何藏之醫士》詩有云："讀書必讀有用書，五經六藝究終始。"清法式善《存素堂詩初集録存》卷十一《贈孫少白琪布衣》有云："湘南雄杰才，十人我識九。……飽讀有用書，上與古人友。"清鄧顯鶴《南村草堂文鈔》卷九《與楊通侯論年譜書》："至於文案，俚言俗字當一一改正。執事幼讀有用書，肆志經史及古雜家言，爲文浩瀚無涯涘。"道

① 倫明：《續修〈四庫全書〉芻議》，收入《倫明全集》，第二册第202頁。

光《濟南府志》卷五十四"成兆振"條載："嘗自書座右云：'如饑食渴飲，是白日青天。'又云：'宜作道學事，勿作道學腔。'又云：'讀有用書，戒無益事。'可以想見其爲人。"清方東樹《漢學商兑》："宋公（即宋庠）在嘉祐中藏書最富，又精小學，其言如此。則謂小學有用書，亡於南宋，由空談性命之過，不亦誣乎。"清道光間韓應陛署書室爲"讀有用書齋"。此類不勝枚舉。可見"有用書"，即有用於世、有用於學之書，人人可得而讀，非必所謂"士"也。賦詩講求化用故典，强調"無一字無來處"。《辛亥以來藏書紀事詩》之類雖滿眼經典，而形同堆砌，本已造語生硬，無意象可言，倘再自鑄新詞，則幾幾乎不可卒讀矣。"士用書"云者，雖是"徐恕"這一章詩中的原注，兼於解釋"今事"，然無論古典今事，未聞有此説也。

徐氏以購書爲業，儲書十餘萬卷，無論宋元明清古槧，還是民國筆記小説，凡有益於治學之著，或手抄，或點勘，必探討源流收之而後快。其中善本、批校、抄稿本近萬册，重點在經史考證、清人文集、近代史料、文字詁訓、金石碑帖、地方文獻等。這和當時藏書家祗重元明舊槧的陋習，大相徑庭。然其購書的指向殆爲治學也。民國之初，他就參加了胡樸安等人在上海持志大學發起的以國學研究爲主的"中國學會"，當時知名學者及其藏書家八十餘人，與陳乃乾等人在《時事新報》開闢有"國學周刊"以爲研究國學的園地。民國十八年（1929）左右歸楚之後，更廣泛而極力購藏名家經典之作，精於金石考證、經史諸子、版本與目錄志略等學。雖學富五車，而不輕易著書立説。於經學有深研，寫有《詩義申難録序》《詩疏楬問序》《毛詩通度類目》等文，偶有詩文散見於《制言》等雜志中。今拈出徐氏《詩義申難録序》一文，有云：

非徒説《詩》爾也。國之治亂係於一人之心志，持風化而見之事爲。生斯世，長斯土，今何時，志何事，何用愚賤如余者之嘵嘵乎。然詩以言志，志以見義，詩義之廣大美備，固亘古今而不蔽，彌宙合而無間者。用詩之道，拔拂今日中國之難，以生以致升平之治，綽乎其有餘，而斯意無人知者，故不可以不言。抑今日之世，何足容余言，必假事以成之，言以足志。兹於説詩，纂修前緒，不欲迎合風習，掃弃舊文，蒙蝕經誼，假以致余志焉已耳。若曰是宣達詩人之志於天下後世，則余豈敢。①

此論殆即徐氏儲"有用書"最深沉之注脚。其"拔難致治"之志，與倫氏治學主張無不相通，即與天下有志之士之主張，又何不相通？惟稍嫌矜持耳。

（二）詩録"漢奸輩"辨

雷夢水氏稱《辛亥以來藏書紀事詩》云："此書頗具資料價值，很大一部分爲《續藏書紀事詩》所引用。唯所録藏書家，亦多重見於他書。……作者由於受歷史局限，所録人物，亦有漢奸輩厠雜其間。"②雷氏爲書林前輩，其持論也，貌似平實，實則暗藏玄機。若云前之"有用書"誤爲"士用書"，僅爲一小小者，可置不論。而此直指倫氏雜録"漢奸輩"入詩且加以表彰，則關乎其人生大節，不得不爲之呼號也。

按葉昌熾《藏書紀事詩》凡七卷，詩416首，記自五代至清末藏書家739人。《辛亥以來藏書紀事詩》詩155首，收藏書家150人。與葉昌熾重在爲藏家立傳不同，倫氏"非呱呱於輯録史料，爲藏家留影"，③其序云：

且廿餘年來，爲變甚劇。掠書之賈，始河南北、山東西，漸推及川陝閩粵，極於滇桂，挨家而索，等於竭澤。百數十年之積蓄，盡於一旦；萬數里之輸運，集於一隅。猶未已也，涵芬樓靡於非意料之烈彈，海源閣劫於無意識之狂匪，猶可委曰天灾時勢，無可如何。乃一家奴耳，能罄丁持静之全；一鼠竊耳，能分范天一之半，是則人謀之不臧矣。其他，

---

① 蘇州《制言》半月刊，民國二十五年（1936）第22期，第1—2頁。
② 倫明：《辛亥以來藏書紀事詩》（附校補），上海：上海古籍出版社，1999年，第1—2頁。
③ 翟朋：《藏書紀事詩研究》，天津南開大學2010年博士論文，第29頁。

則書價之忽貴忽賤也。……今之人朝聚而夕散者何其多也，聚而無不散者，何其不期而合也。尤可异者，昔之聚散，如西家賣田，東家置産，不有所廢，其何以興？今也不然，試歷數二十餘年來，散者接踵不絶，聚者屈指幾何？散者之有出無入，一如國家帑藏之外溢也，是不可以尋恒聚散視之也。自學校興，而需新書多，需舊書者少；自大圖書館興，即需舊書者多，而購書者少。校倡廢經，人號□古，以淺俗白話代粹美之文學，用新式符號讀深奧之古書。斯則學術之患，世道之憂，所係尤巨，知而不述，人且忽之。與菉書异者，菉書但紀私家，此則凡屬於書者，無所不紀，所重在書之聚散。書之聚散，公私無别，且今後藏書之事，將屬於公，而不屬於私，今已萌兆之矣。①

倫氏以二十餘年國内藏書格局發生激變，掠書之賈有横掃海内之勢，於是乎有聚散存亡之憂，而"散者接踵不絶"，"一如國家帑藏之外溢"，故其詩"凡屬於書者，無所不紀，所重在書之聚散"，且"在默察時變、深究風習，既存學術故實，且憂世道人心。其意旨深沉，非限於藏書一事"。今檢倫氏詩，其中確録有楊鍾羲、董康、梁鴻志、王叔魯、張岱杉、李贊侯等後人稱爲"漢奸"者。然此詩最早連載於天津《正風》半月刊民國二十四年（1935）第一卷二十至二十四期，民國二十五年（1936）第二卷一至三、五期，因該刊停刊故尚有續作四十餘首未刊出。除以上已發已作者之外，倫氏再未有續作或董理之。民國二十六年（1937）七月倫氏因家事返粤，旋因七七蘆溝橋事變，交通阻隔，乃留居廣州，曾任廣州市立中山圖書館副館長，兼任嶺南大學教授。未幾因患腦溢血，致全身癱瘓。直至民國三十三年（1944）於東莞故里病逝，再也没有續做《紀事詩》了。既作詩時抗戰尚未全面爆發，何得預見董康等人將爲"漢奸"而擯斥之？雷氏無乃厚責倫氏若是也？

不但其詩中咏及淪陷後方現"漢奸"相的三五人而爲雷氏所責，即倫

---

① 天津《正風》雜志，民國二十四年（1935）第1卷第20期，第92—96頁。

氏其人亦復遭今人質疑。近有論者説："1940年5月，日僞廣東省和廣州市政府成立。不久，日僞廣州市政府將原來的廣州市立中山圖書館和市立博物館合并，成立'廣州市立圖書博物館'，任命鄭渭中爲館長，倫明爲副館長兼圖書部主任。關於倫明任日僞'廣州市立圖書博物館'副館長兼圖書部主任一事，很少有學者提及，就是提及者也持客觀介紹的立場，而没有給予任何指責或批判，……這關乎民族大義。"然而，爲什麽倫氏任職不到一年就因"年老多病"被免職，而不久"又受聘於日僞廣東大學任歷史系教授兼主任"呢？既言"也許由於生活所迫"，後又稱"爲了實現續修《四庫全書》的願望，……在任廣東大學歷史系主任和教授期間，教學之餘，他主要從事訪書、藏書、校書和編纂《續修四庫全書總目提要》的工作"，真是咄咄怪事！這中間的蹊蹺，此後生不稍加追問，反又引用他人的回憶資料，故作高深之論，説：很多年紀較大的高級知識份子迫於生計而進入僞廣東大學教書，"有些人明確剖白不與日僞相謀的心迹，如理學家任元熙在應聘僞廣東大學教授時説：'古時王猛當秦苻堅的宰相，許衡出任异族，做元朝的官吏均是不得已之事。我來大學，祇教我的書，所有開會、演講和政治有關的事情，我決不參加。這是我首先聲明的。''徐信符當時表示可以應聘爲圖書館長，但是要易名爲徐成，和祇能在港遥領。'但從目前所發現的資料看，倫明没有發表過類似聲明"云云①。此論頗不講邏輯，而下語較之來俊臣之判案爲尤酷也。

其實，一定要深刻求之倫先生的態度，則早在《辛亥以來藏書紀事詩》中就表白無遺了。其第三十三"汪兆鏞"詩云："早歲歸依陳太丘，晚歲纂録晋陽秋。在山盡有同源水，涇自清流渭濁流。"注云："番禺汪憬吾兆鏞，陳東塾先生入室弟子也。近爲東塾先生編年譜，又刊其詩詞。嘗積數十年之力，著《晋會要》，不知已寫定否？憬吾，汪精衛之兄也。"此詩發表於民國

① 此段所引之文，具見劉平《倫明〈辛亥以來藏書紀事詩〉研究》，廣州：世界圖書出版廣東有限公司，2017年，第39—41頁。

二十四年（1935），是《辛亥以來藏書紀事詩》最早面世的一部分①。時汪精衛亦未發表艷電而賣國，且其抗日決心比之蔣介石更堅定。然詩中明確指出汪兆鏞與汪精衛兄弟二人之"涇清渭濁"、道不同不相爲謀也。既表彰汪兆鏞，則暗諷汪精衛的態度豈不昭昭然？後汪兆鏞宣布與汪精衛決裂，倫氏作爲一個不愛做官不愛錢、以"續書"爲職志、愛書愛國的老病知識份子，會選擇站在哪一方，殆不必問，亦必不再加"聲明"矣。

世間事真可謂無獨有偶。倫先生在家鄉利用圖書館副館長和學校教職之便，不顧老病，依舊大量收購圖書，使不致流散，乃遭數十年後之人之指責；而更有甚者，江漢徐行可氏在當時即遭遇"漢奸"之誣陷。四顧狼烟，國且不保，藏書談何容易。武漢淪陷後，徐氏藏書分藏於漢口和武昌，都曾在日軍控制的軍事禁區內。他爲不使這些藏書爲日軍所毀掠，不惜生命，毅然入日軍司令部交涉斡旋，最後將武昌古籍搬運至漢口法租界一帶，却爲此被逮。據閔孝吉回憶："……余既至重慶，聞其以漢奸嫌疑，被逮捕，爲之愕然。即馳書友人問狀，旋知爲事起於某巨公，欲索其所藏書之某種，渠不應，以其通日語也，又嘗與日人之嗜漢學者往還，遂借事以陷之，書既出，徐君乃返華實里。豪奪巧取，至不惜以人之生命爲機括，毒辣哉。"②

像徐行可先生這種本領出衆、特立獨行的高人，平日即不爲俗物所喜，在特殊時期爲人誣陷是很自然的事。蓮只寫於民國三十二年（1943）的《書林臆語·憶獵書家徐行可氏》云："武漢舊書店老闆，頗不熟識其人，唯對之均無好感。蓋版本較爲可貴者，多爲其以低價購去，迨發覺時又不勝後悔，以後凡經徐氏揀擇之書，唯恐上當，無不漫天開價，然徐氏又能揣知書賈心理，故弄玄虛，使貴賤顛倒其值，反影響其營業，故對徐氏終感莫可如何。徐氏與黃侃爲兒女親家，其疏狂孤傲，一如黃氏。舊學尚有相當根底，尤精

---

① 天津《正風》雜志，民國二十四年（1935）第1卷第20期，第92—96頁。
② 以上參李玉安《高風亮節藏家風範　芸編飄香後世景仰——著名藏書家徐恕逝世50周年紀念》，《圖書情報論壇》2009年第4期，第3—6頁。

於版本之學。曾一度任文華圖書館專科學校目録學教授，聞其一學期中所講者不過四庫總目中第一條《子夏易傳》而已。其怪誕有如此者，然亦可反證其對於古書版本研究之精到也。""聞徐氏每年必跑上海數次，每次不過携此類書十餘種即可作一筆大生意。此氏之所以生活優裕，能專心從事此種風雅勾當也。在武漢我軍撤守後，未聞徐氏走動，依余揣測，當時徐氏或以法租界可保安全，迨國際局勢轉變，又以年老力衰，不敢任長途跋涉之勞。猶有一最大原因，即不忍見歷年心血，化爲烏有也。"①

又，據金毓黻《静晤室日記》民國三十五年（1946）六月十三日膽録復徐行可書云："先生於炮火飛彈之下抱持所藏，死守不去，因而存書幸少亡失，不愧爲吾道干城。昧者不知，猥以印書微事横加訾謷，何足論也。"按，此所謂"印書微事"，乃指徐行可所藏文廷式著《純常子枝語》四十卷，經汪精衛、陳人鶴二氏借以鋟木事。見金毓黻《静晤室日記》民國三十五年五月十六日日記。此借書付印之事當發生於汪僞政府成立之前，雖未爲世人明指爲漢奸行迹，然亦授人以柄，必不免物議。然金氏辨以徐氏抱殘守闕、傳播文明之功爲大，至於借何人之手傳播，則爲微末。此亦肝膽相照之論。徐行可逝後，金氏1960年2月25日記中仍於徐氏古貌古心之人品及慷慨借書之事迹稱道不置，云："余於二十年前與先生未謀一面，但知其藏書有可收入《遼海叢書》者，遠道郵寄商借，即絶不吝惜，立予借用。此與其他藏書家祕惜不肯出借者絶异，亦可稱道之一端也。……此其樂於傳播罕見之書，亦可與羅貞松媲美矣。"②

徐、倫二人所處之世同，所遭之事亦絶相類，其心、其志、其聲氣，亦何嘗不相同而相通？倘二人僅爲藏書之富且珍而相識，而人品不高，不能爲對方所激賞，則不惟不能相爲友，適足以成損己之敵也。亞聖云："一鄉之

---

① 重慶《今文月刊》，民國三十二年（1943）第2卷第1期，第49—51頁。
② 金毓黻：《静晤室日記》，轉引自吳格《金毓黻與徐行可交往事迹鈎沉——〈静晤室日記〉輯抄》（未刊）。

善士，斯友一鄉之善士；一國之善士，斯友一國之善士；天下之善士，斯友天下之善士。……以友天下之善士爲未足，又尚論古之人。頌其詩，讀其書，不知其人，可乎？是以論其世也，是尚友也。"倫、徐二人既友愛若此，如果後人不瞭解那個時代，而站在另一個時代推論前賢，能夢見"友"之一字乎？刻舟求劍，劍去遠矣。金毓黻《静晤室日記》民國三十五年（1946）六月十三日謄録徐行可來書云："此間淪陷士夫，尟能持高節者。言念在昔，先生違難去國，携家南奔，兩相持較，欽企尤深。恕屢遭劫迫，終未降辱，惟舊居夷爲平地，先業所遺市屋僅餘一椽。家人都十九口，戚屬來相依者又復二人，衣飾長物，斥賣已盡，租入不足以自活。性復婞直，未能隨俗俯仰。守正以自安，固士君子之分也。斯時斯際，無拳無勇，無以相抗拒，否則藏書難全其有矣。重有見於今世學子，鄙弃古籍，國脉已斬，疇持正論，故加述而申儆之。迂濶之懷，固不辭好辯之譏也。"此自家心迹之剖白也。或有不信，則《静晤室日記》民國三十五年（1946）六月七日金毓黻記云："行可藏書遭亂死守，曾無少亡失，今當爲海内藏書家第一人矣。"又，民國三十六年（1947）三月四日："居嘗語人：吾華抱殘守闕之士，如漢經師之苦心孤詣，不以晦明風雨而易其操，祇武昌徐君一人。設有人於徐君而致詆諆之辭，使其無以自存，則吾華讀書種子絕矣。"[1]此生平友好之贊譽也。或又有不信，即以上署名"蓮只"所云"爲書本所累，不忍見歷年心血，化爲烏有"語，正在抗戰時代所發，此爲陌生旁觀者平實之論。當時人説當時話，既可爲徐行可作注，又可藉以爲倫哲如先生作一不平之鳴。

倫氏一生藏書，在他去世之後即歸之公藏。據魏隱儒《藏書家倫哲如》稱："倫氏卒後，將廣州藏書全部讓於廣東省圖書館。北京所藏部分，於1947年全部歸北京圖書館。"[2]《倫明全集》書首王餘光、鄭麗芬《倫明生平

---

① 金毓黻：《静晤室日記》，轉引自吳格《金毓黻與徐行可交往事迹鈎沉——〈静晤室日記〉輯抄》（未刊）。

② 章長柄等：《耆年話滄桑》，上海：上海書店出版社，1993年，第157頁。

（代序）》稱："續書樓所藏善本秘笈近百萬册，倫明病重期間，曾貽書居北京的同鄉張伯楨，囑以將自己的藏書捐於北平圖書館。……但張氏於1946年去世，捐書一事直到1947年纔得以實現。藏書家歷經一生搜集尋訪之成果，而最終歸之於公，這又是何等的胸懷和遠見！"①而據有關徐行可研究種種紀念文章及資料表明：1956年9月，向中國科學院武漢分院捐贈了500箱6萬餘册書，其中大部分是綫裝古籍，多有稿本、精校本。接受捐贈後，該院獎勵徐行可兩萬元。徐行可坦言："我是捐書，不是賣書。"乃用這筆獎金在北京古籍書店購得《武英殿聚珍版叢書》631册後，再次全部捐至中科院武漢分院。1959年，徐行可因病去世。其子女承其遺志，聯名致函湖北省圖書館，將餘藏4萬册古籍予以捐贈。與此同時，所藏7700餘件宋、明、清畫卷、册頁、扇面、手札、楹聯、金石片、銅鏡、刀幣、瓦當、封泥、印章、拓本碑帖等珍貴文物悉數捐至成立不久的湖北省博物館。1961年，中科院武漢分院受贈古籍歸藏至省圖書館。至此，徐行可收藏的10萬件古籍完成"合璧"。徐氏捐藏數量之大、價值之高在1949年後湖北的收藏家中是唯一的。②徐氏此舉，可不就是對其師長倫哲如《辛亥以來藏書紀事詩》序"今後藏書之事，將屬於公，而不屬於私，今已萌兆之矣"之預言以及其捐書義舉的積極回應？既如此，以上"漢奸"之辯亦不消辯得，正可謂事實勝於雄辯者。

附識：此題乃春上應義烏吳致之（格）師命，爲紀念漢皋先賢徐行可氏藏書之功而作者。拙稿將結尾，又得致之師朱批教正，多所啓發；并賜讀未刊鴻篇《金毓黻與徐行可交往事迹鈎沉——〈静晤室日記〉輯抄》，且許"雖未發表，若有所需，聽君采用"云。師資遙頒，布裙荊釵，於是綴以珠光，感愧何似。庚子大雪後一日，湘南村民李福標敬書於嶺外。

---

① 《倫明全集》，第一册第7—8頁。
② 參馮天瑜《徐行可先生捐藏祭》，載《圖書館情報論壇》2010年第3期，第6頁轉35頁；彭餘焕《收藏大家徐行可：十萬古籍奠基藏，化私爲公世人仰》，載《檔案記憶》2019年第3期，第27—29頁。

《徐乃昌日記》所記與徐恕交往

南江濤（首都師範大學）

　　徐乃昌（1869—1943）[1]，字積餘，號隨庵，室號"積學齋"，安徽南陵人。他是近現代藏書大家。吳則虞《續藏書紀事詩》卷八有詩云："秋江如練月如霜，水驛燈初送夜航。記得矇矓樹影裏，估人爲指讀書堂。"[2]徐氏藏書極豐，多達數萬卷，搜集的宋元版本、明清精善版本、稿本、抄本聞名海内。徐乃昌更是一位刻書大家。他獨立校刻古書250種560餘卷，是近代以來以一己之力校刻圖書最多的出版家之一。徐乃昌認真校勘、輯佚，采諸説，辨真偽，并附例言札記。不少善本乃至海内孤本賴徐藏刻而免於泯滅。他單刊的《玉臺新咏》和《徐公文集》更是近代佳槧，在當今古籍拍場備受追捧。徐乃昌藏書富美，刻書用心，著書也是毫不遜色。他於民國三年（1914）主修《南陵縣志》，後又參與編纂《安徽通志》《上海通志》等。他著有《南陵建制沿革表》《金石古物考》《續方言又補》《漢書儒林傳補遺》等，均已刊行。在目録學方面，徐氏編有《積學齋藏書記》《隨庵吉金圖録》《小檀欒室鏡影》《鏡影樓鈎影》《積餘齋金石拓片目録》等等，雖然這些著作均未刊行，但是有着較高史料價值。所以，徐乃昌也是近現代較有成就的目録學家。此外，徐氏尚有别集《錦瑟集》《欠弦詞》等，并且有三十餘册《日記》存世。

---

① 考證詳楊成凱《南陵徐乃昌的墓表和墓志銘》（《文獻》2006年第3期）、《徐乃昌卒年補説》（《文獻》2004年第1期）和陳福康《徐乃昌卒年再補説》（《文獻》2004年第3期）。

② 吳則虞：《續藏書紀事詩》，北京：國家圖書館出版社，2016年，第339頁。

同爲近代藏書大家，徐乃昌與徐恕訂交於 1921 年 4 月。《徐乃昌日記》1921 年三月十八日（4 月 25 日）載：“晚，赴李振唐都益處（座中晤徐行可恕，武昌人，雅好古書）、史文甫一枝香之約。”記錄了徐乃昌第一次見到徐恕的時間和處所，并小字記下了其字號、籍貫和興趣。在隨後十餘年的《日記》中，徐恕成爲徐乃昌經常提及的人，而姚虞琴是二人之間的重要媒介。從内容來看，二人之間交往比較廣泛，涉及層次較深，包括書信往來，面談雅聚，書籍及金石拓本互借、校勘、互贈、交易等等生活和收藏著述的各個方面。

下面依照《日記》時間，將二人來往輯出如下，有其他資料佐證者，略作補充，供研究者參考：

1924 年

五月初二日（6 月 3 日）

徐行可交王錫生帶來批校本《玉臺新咏》兩部（一程際盛本，一紀容舒本。六月五日交王錫生寄還。行可住武昌府署後街十四號，五月三十日答覆）。

廿九日（6 月 30 日）

前徐行可寄示紀文達評本（過評）《玉臺新咏》（吳注，程删補本）屬爲仿海鹽張氏刻《查初日詩評》例寫刻。閱後羅子經跋語（己未季冬）始知紀批原本僅存九、十兩卷（手批鈔本）與行可藏本同（僅缺文達手跋）。復假徐藏，亦過錄吳注本，他日再向子經索紀手批九、十兩卷一閱也。

三十日（7 月 1 日）

覆徐行可書（答論《玉臺新咏校記》）。

六月初五日（7 月 6 日）

將徐行可藏《玉臺新咏》箋注本、考异本交王錫生（禧延）轉寄。

廿四日（7 月 25 日）

陳乃乾交：羅子經借徐行可藏宋登科録二種，又校《經考》，乃乾過録

《紹興十八年同年小録》（一明刻本，一乾隆己酉鈔本）。

七月初七日（8月7日）

陳乃乾來，留徐行可藏濰縣辨蟬居高氏（翰生，多蓄异書）寫本戴東原《經考》五卷，又以李南澗原本校過（李本在北京翰文齋韓子元鋪），又校拙刻《鄌齋叢書》一本，另還前假《雕菰樓集》。

十一月廿二日（12月18日）

致徐行可書（寄還舊鈔、新校《經考》各二本，又舊鈔《紹興同年録》二册，留假明刻《紹興同年録》以校新刻。附贈影宋《法華經》四册，又《六朝墓志菁華》十六册。交羅子經，寄武昌府署後街十四號）。致羅子經書（寄徐行可書，又祝枝農《羅湖野録》交還，附郵費一元）。

十二月初二日（12月27日）

徐行可來書，前函收到，今寄舊鈔《雲仙散記》一册假校。

十二日（1月6日）

徐行可寄舊鈔《雲仙雜記》十卷，出自明新安黃正位校刻本，爲翰林院藏書也，次序與宋本不類。《藝海珠塵》本雖一卷，次第大致相同。黃本卷六全缺，而以卷十接續之，各卷中黃本亦多出若干條，今以《珠塵》本校記於左：

卷一（多夢裁錦一條）

卷二（多烟姿玉骨、日精、火筯如兩儀、羔羊揮淚）

卷五（多待闕鴛鴦社）

卷六（《珠塵》本全缺，誤以卷十接續之，今録黃本全目：讀書數真珠以記、竹粉湯、蜀中厚樸、碎錦坊、百年歌、夢青龍吐棋經、白眼蜂、安石榴、嗜鴨臘壬癸席、斂諸妓釵鈿以記意、沈秘景符、沙上玩味成詩、吟詩落齒、綠牝鞍、鳳眼、巨栗殼爲杯、眉分九聚、洞天瓶、賜成象殿茶果、冰雪至夏價等金璧、蛙臺、弃官求道、携琴就松風澗響之間、出游必携圍棋短具、墨難減者萬金不換、收茶三等、笏囊笏架、徐峰善棋、瞬碧侯、錢龍宴、王武子好馬、鸞手校尉、剪刀面月兒羹、玄禄、大雅之文、二儀餅、槐

膠彈子、酒神、九芒珠、石緑鏡臺、自課庵、淵明拜火、筆封九錫、墨封九錫、紙封九錫、硯封九錫、爲花樹洗瘡止痛）

卷七（多藏盤筵於水底）

卷九（多鷗蚌、厘掃、螳蜋搏輪、金磯玉階、通神錢）

卷十（多冰山、粲花）

宋開禧本（郭應祥刻，一卷，名"散録"）三百六十七條，稽古堂本（刻十卷，名"雜記"）、《珠塵》本（刻一卷，名"散録"）均四百十六條。稽古本次第同開禧本（前八卷同，後二卷引用《五代史補》《北夢瑣言》《南部新書》，皆唐以後書，似後人所續，誤并爲一耳）。《珠塵》本次序顛倒，大致同於黄正位本，佚其第六卷，而以第十卷接續第五卷末也（《珠塵》云馮贄仕履無考，舊本標爲唐人，并有《南部烟花記》，亦稱贄著成，以爲宋王銍所僞托）。向年所覆宋本，係稽古堂本訂正訛字作札記耳。

十三日（1月7日）

覆徐行可書（寄還瓶花齋藏舊鈔《雲仙雜記》十卷一册，贈《隨庵叢書》正續編，竹紙印本）。

1925年

二月初九日（3月3日）

徐行可寄贈書三種：《雲仙雜記》十卷（唐馮贄，瓶花齋吳氏鈔明黄正位校本，有翰林院印）《古韵通説》廿卷（龍啓瑞，鈔本）《劉向新序》十卷（日本長沼武井驥纂注，日本刻本）。

三月初四日（3月27日）

覆徐行可書（贈宣紙印《徐公文集》、六吉棉連《玉臺新咏》。借楊鐘本《説苑》，嚴鐵橋藏本，五册，劉蔥石刻書價目。謝贈書。行可有黄省曾《山水二經》，缺十八葉，覓鈔補。鈔示徐氏先德所著書目及詩文聯語，采《四庫書目》、《古詩紀》、《唐宋明詩紀事》、嚴氏《八代文》。巴縣向宗魯（承周）、江北陳季皋（模）分治《説苑》《新序》，爲斠證之事，取資他書，尋

檢略遍，斠文不睹善本，研核未周。寄還購《徐公文集》《玉臺新咏》書價
十元）。

四月初九日（5月1日）

致徐行可書（告瞿目有《新序》《説苑》校宋本，楊録有黃跋校語）。

閏四月初八日（5月29日）

徐行可來書，邀還嚴鐵橋校《説苑》五册。

五月十八日（7月8日）

覆徐行可書（謝贈影鈔明本《山窗餘稿》［餘干甘復］，鈔本《新阪土風》
［海寧陳鱣］，復贈《閨秀詞》《懷邠雜俎》）。

九月初九日（10月26日）

徐行可書來，以迻斠宋咸淳本《説苑》相貽（原書姚覲元校）。云向君
宗魯近爲《説苑校證》，尚未見經廠本（僅見南城李氏殘帙）暨楚藩何良俊
二本也。

十六日（11月2日）

覆徐行可書（謝贈校咸淳本《説苑》，贈《江都汪氏叢書》）。致羅子經
書（以《汪氏叢書》托寄徐行可，并詢《紹興同年録》明本是否願售）。

十月初四日（11月19日）

徐行可書來，贈漢吳郡周禄鏡、徐籀莊銘臂閣二拓本。

十三日（11月28日）

昨至羅子經處，商購徐行可藏《紹興十八年同年録》明刻本（子經審其
刻工，爲正德本），估價五十元，即請函告仲可（十一月議定七十元）。

十四日（11月29日）

至來青閣，取……《四庫書目》（五卷，兩江總督采進，爲明巡撫李顯刻
本。寒部五字、豪部五字、麻部十字前後錯亂，詳提要。徐行可有之，丙寅
二月假校）。

十八日（12月3日）

覆徐行可書（謝贈鏡臂閑拓本，復贈建安畫象磚、舍利塔磚、單于和親

磚、夫馬磚拓本）。

廿九日（12月14日）

羅子經來譚，商讓徐行可藏明本《紹興同年録》，作價七十元（羅先作五十元，徐初意售百元，今定此數。子經云，字是正德間刻，余疑宏治本。十一月十八日付價訖）。

1926年

一月廿五日（3月9日）

覆徐行可書（行可寄襄陽錢氏藏熹平鏡拓本，覆請商讓此鏡，價由行可評定。行可擬校《宋元科舉三録》，復以用明本、元本付刻，中有誤字，已略改正，從黄、顧刻宋本例也。現擬《説文篆韵譜》元刻本覆刻，請作校記）。

二月初十日（3月23日）

徐行可來書，漢熹平鏡錢氏寳若頭回未能居間作合。寄來明李顯刻《説文篆韵譜》五册（陳仲魚藏本），又《小學彙函》本二册假校。行可托購博古齋唐端甫（仁壽）校本《後漢書》（定價五十元，擬以三十元得之）。

十一日（3月24日）

覆徐行可書（收到明本《小學彙函》本《説文篆韵》本，將來請黄季剛校訂。唐校《後漢》五十元，不能貶值，告曾編錢警石《兩漢》校本，尚擬付刻。熹平鏡他日可商乞作緣，不敢吝值）。

四月初三日（5月14日）

致徐行可書（贈《宋元科舉三録》藍印本）。

按，《日記》内附一《宋元科舉三録》收貨贈出明細，有："收藍印羅紋紙《宋元科舉三録》（四十部）……徐行可（四月三日）。"可與之互證。

五月初八日（6月17日）

致徐行可書（襄陽錢氏熹平鏡出價一千元）。

六月初四日（7月13日）

昨徐行可來書，贈古匋拓本五十一種。

八月初十日（9月16日）

致徐行可書（問訊平安，附陶訊）。

1927年

三月初十日（4月11日）

覆徐行可書（行可去年九月來書，寄贈《永嘉四靈集》連史印本）。

六月初六日（7月4日）

覆徐行可書（寄贈新印《説文韵譜》，又《説文假借義證》廿四册。又繳還粤刻《説文韵譜》二册。謝贈萬蔚庭先生（希槐）《十三經證异》七十九卷計卅二册。明李顯刻《説文韵譜》及藏鏡拓本，俟妥便送上）。

十二月朔日（12月24日）

覆徐行可書（謝贈《白蘇齋集》《説文二徐箋异》，告熹平鏡在滬出售，索值千元）。

1928年

元月二十二日（2月13日）

致徐行可書（寄還前借明刻《説文篆韵譜》五册，并贈鏡銘拓本三十四種，内紀元三十種，名人三種，"五月五日"鏡一種）。

二月初七日（2月27日）

覆姚虞琴書（徐行可托鈔沈乙庵《澄清堂帖題跋》，又寄乙庵校《秦邊紀略》，劉劍白過録《畿輔叢書》本，并贈吳坤修刻本，請假乙庵手覽之本，出劉鈔外者補之。行可前得宋拓《澄堂帖》四、五兩卷，乙庵云施武子所作，別有考詳言之）。

廿四日（3月15日）

姚虞琴來譚，交徐行可書。行可贈吳太平二年三月廿四日所作鏡，中有傷損，亦可寶也（來書云壓倒余藏二建安鏡。行可索《讀史記十表》《隋張通妻陶志》。行可云熹平壓倒余建安二鏡，今細案之，蓋吳太平鏡也）。

廿五日（3月16日）

致沈慈護書（爲徐行可請鈔其尊人寐叟題《澄清堂帖》跋）。

廿八日（3月19日）

覆徐行可書（謝贈太平二年鏡。覆贈金石文拓本二百種、《讀史記十表》、《一亭考古雜記》。閏二月六日覆書收到）。

閏二月十八日（4月8日）

覆姚虞琴書（謝畫扇，并收徐行可訊及朱緒曾輯《曹子建集》鈔本三冊）。

三月十二日（5月1日）

覆徐行可書（寄還寫本朱述之《曹集考异》三冊）。

四月廿三日（6月10日）

致徐行可書（贈殘瓦十二方、南京永康磚二方、武丘殘磚一方）。

五月初六日（6月23日）

覆徐行可書（寄贈易均室鏡銘拓本廿種）。

十八日（7月5日）

徐行可來書，贈趙寒山字軸、王定甫楹聯。

六月初二日（7月18日）

覆徐行可書（謝贈趙凡夫篆書軸、王定甫書聯）。

八月初四日（9月17日）

蔡木孫來，未遇，交徐行可來書。

二十日（10月3日）

覆徐行可書（謝王福厂爲治"郵齋閑業"四字印，"閑業"用陶詩語。張菊生書印已轉送。代陳正有請王福厂治印四方，計十七字，墊付洋卅四元）。

十一月十一日（12月22日）

晚七時，張菊生約至一枝香，陪徐行可西餐。昨在中國書店晤徐行可，今往訪之，未遇，留贈何雪漁刻印。

十二日（12月23日）

約徐行可、趙蜀琴、胡朴庵、褚禮堂酒叙，宣古愚、張菊生、丁仲祜、羅子經、陳乃乾、姚虞琴未至，適劉健之來，遂留坐。

十二月二十日（1月30日）

覆徐行可書（徐行可母魏太夫人己巳人日六十壽，送綢幛、詩屏。寄還寐叟校《秦邊紀略》。行可在滬得顧千里校《輿地廣記》、孫伯淵輯《春秋長編》，欣喜來告）。

二十九日（2月8日）

記《説文解字篆韻譜》刻本源流：明巡撫李顯刻本（五卷，《四庫》著録爲兩江總督采進本。徐行可［恕］有此本，丙寅借閲，似出於元本，惟寒部、豪部次序訛誤耳）。

1929年

九月十六日（10月18日）

覆陳乃乾書（徐行可擬借印錢警石《兩漢書》校本，助印資二百金）。

按，徐恕有致陳乃乾書云："先生與徐積餘先生極稔，積老有連書錢警石先生《兩漢書》斠記，能供印否？如貴會中人以是書爲可付印，恕當附入銀迊餅作印資。"① 虞坤林將此信時間定爲"1929年5月以後"，據此日記，當可知具體時間當爲九月初前後。

關於錢氏《兩漢書》校本，《積學齋藏書記》有著録："《前漢書》一百三十卷，汲古閣刊本。嘉興錢警石先生（泰吉）過録何小山煌校本，又校殿本，以朱、墨二色別之（道光十年歲次庚寅五月二十四日點畢，錢泰吉記。/道光十二年歲次壬辰閏九月二十六日，依殿本校録畢，駕胡錢泰吉識於海昌學舍。/康熙乙未，借將西谷所得劉氏本校。孟公。/雍正元年癸卯中秋節之後一日，用小字宋殘本校。小字殘本缺紀一、二，列傳十六、十七、十八、又六十至六十四上，其脱失者更不在此數也。/此義門弟小山氏校本標識也。道光癸巳九月校録後書畢，又從汪小米遠孫假此手録，甲午六月朔

① 虞坤林：《徐恕致陳乃乾信札八通》，《文獻》2007年第3期，第157頁。

畢。泰吉記）。"① 又："《後漢書》百三十卷，汲古閣刊本。嘉興錢警石先生校本。後有過録何義門先生、李敬堂先生跋（何氏跋曰：康熙辛巳夏，於邵伯舟中閲完《續漢志》三十卷。毛氏《後漢書》所據之本遠不逮《班書》，舟行又無從假他書互校，姑俟南歸再閲云。焯識。/自二十三卷至此，得北宋殘本校。焯。/李氏跋曰：乾隆己卯冬日，從海鹽朱子笠亭借得義門先生點定《後漢書》，云從松江陸君子大得之。校閲一過，嘆其細意校勘，爲范史公臣。余旋有都門之役，次年六月南還，乃依其刊正及句讀之處點出之。笠亭云，義門《十三經》《二十一史》俱有勘本。先生聞某處有一宋元雕本，必輾轉假乞，藉以正訛袪謬，嗜好之篤如此。余往時記朱兄香溪云，有義門手勘《漁隱叢話》甚精，惜爲禾中盛氏借去未還。後在虎林孫廣文齋中見《前漢書》青、朱二筆，云中有義門手校。後孫歸魏塘，無緣借閲。今所見者，惟此書及《文選》，刻本則《困學記聞》而已。聞吳門汪君念貽盡得義門書塾善本，蓋先生門人沈丈冠雲下榻汪氏所留遺也。行將從其至契密請之。又余聞前輩云，經史校本以顧亭林先生手定爲第一，惜書歸三晉，不得見云。敬堂集并識。/道光辛卯錢泰吉録。/道光辛卯十月二十五日録畢。讀舊書生錢泰吉。/念三日校此二弓。小山。/道光癸巳六月十三日，泰吉録志三十卷畢，從汪孝廉遠孫處假校勘本録。/甲午春夏之交，假味根從孫聚仁所得諸草廬先生録義門評校本，又校一過。四月十一日泰吉記）。"②

十月初九日（11月9日）

致徐行可書（寄沈慈護鈔其尊人乙盦先生《澄清堂帖跋》）。

十二月十七日（1月16日）

覆徐行可書（十月來書，索鈔錢警石先生《兩漢書》校本，覆以明春屏絶諸務，從事整理，以成完書，就正陳季皋先生）。

---

① 徐乃昌撰，柳向春、南江濤整理：《積學齋藏書記》，上海：上海古籍出版社，2020年，第44—45頁。

② 同上，第47—48頁。

1930年

閏六月二十七日（8月21日）

致徐行可書（贈《藏拜經集》《朱子金石學》《張夕庵年譜》，又《摩利支天經》十卷）。

十二月十三日（1月31日）

訪徐行可，不遇，晤其子孟博（孝寬，年十七）譚。在中國書店晤行可譚，告我新得文道希師所著《伊尹事録》（晚在劉翰怡坐中出以相示）、《黃帝政教考》手稿各一册，未得者稿本百餘册，中有《純常子枝語》（又《口庵脞録》，中云擬爲《三代會要》），行可亦未見也（索價二百餘元）。行可訪明代《馬文升奏議》或文集。至曹怡大紙號，購建興仁記加魁連史四件，付洋五十二元八角，二十六日取出付鴻寶齋。行可言在南京見酈衡三藏有《六十家詞》（汲古本配鈔本）校本，秦敦夫舊藏。又以宋巾箱本《東坡制誥集》相示，甚佳（又《王陽明詩卷》亦佳）。晚六時，劉翰怡約酒叙，坐有徐行可、徐孟博喬梓、王福庵、董授經、李勤伯、羅子經、費、李紫東。

按，劉承幹1930年十二月十三日記："今晚宴徐行可，陪者費恕皆、王福庵先至，董授經、羅子敬、張芹伯、徐積餘、李紫東、徐孟博。"[1]

十四日（2月1日）

徐行可來譚，出示《黃石齋行書卷》（得價二百四十元）、葉東卿藏彝器拓本一百餘種（得價三百元），均佳。留午飯。

十五日（2月2日）

六時，赴徐行可一枝香西餐之約，行可以新得漢明鏡鏡見示，密行細字亦清晰，内層有吳郡陸□，亦异品也。徐行可藏有程易疇（瑶田）《儀禮經注》，又《周禮經疑直》殘稿二册。《疑直》原稿本十七卷，今存十二卷。汪鋼《大戴禮識語》原刻本。記此以備《安徽叢書》之選（現爲歙人吳檢齋承

---

[1] 劉承幹撰，陳誼整理：《嘉業堂藏書日記抄》，南京：鳳凰出版社，2016年，第609頁。

仕借去。吴在北平中國大學教書）。

十六日（2月3日）

晚，約徐行可、徐孟博喬梓、王福庵、姚虞琴、褚禮堂、宣愚公、鮑扶九、羅子經、劉十枝、陳乃乾、劉公魯酒叙。

十八日（2月5日）

訪徐行可，未晤，晤其公子孟博。

十九日（2月6日）

至中國書店，取《隨軒金石文字》四册（徐渭仁，道光間刻本，宣紙初印，徐行可藏書，洋二十六元。十二月廿八日付價訖）。

1931年

三月初二日（4月19日）

晤徐行可譚，遂邀至貞元會午餐（王叔用值會）。

訪徐行可，未晤。

初四日（4月21日）

徐行可來譚，贈湘潭羅正鈞纂《船山師友記》十七卷四册（光緒丁未刊本）。又以所校黃立猷《金石書目》假於宣愚公，并以文道希師《枝語》相示。行可借金藏乾隆修《江南通志》十四册（一百四十卷至一百五十七卷，一百六十二卷至一百七十六卷）。午刻，約徐行可、汪啓我、章叔淳一枝香西餐（用洋九元五角）。晚，同金頌清約徐行可、鮑扶九、王富晋、唐秉之、郭石麒金陵春酒叙（葉浩鑫、袁雲階未至）。

二十四日（5月11日）

覆徐行可書（寄示《論收書方法書》。程易疇《禮經疑直》已函吳檢齋寫定付郵。松岑所著《元史紀事本末》，俟來滬再爲商借）。

二十六日（5月13日）

宣愚公來譚，還前假各縣金石志七種，并以徐行可校補黃立猷《金石書目》借之，又贈翁書《金剛經》《金剛經塔》。

四月三十日（6月15日）

覆徐行可書（程易疇《儀禮疑直》，行可意先由吳承仕編入雜志，後再爲校勘。附鈔送《安徽叢書》編印處十三種，請其按目審定去取。嘉業堂藏書中如遇有可刻者，幸爲隨時留意，録目見告）。

五月十一日（6月26日）

徐行可來譚，以《七誦·壽劉翰怡》稿相示。

十八日（7月3日）

致徐行可書（散原病癒，不來滬，已約壽丞去潯）。致劉公魯書（告徐行可贈“公魯審定”舊白壽山石印，又福厂筆潤）。

六月十八日（8月1日）

致徐行可書（收到寄還《江南通志》十四册）。覆李拔可書（交徐行可送公魯印章）。

十九日（8月2日）

覆李拔可書（以徐行可贈劉公魯印章交黃藹農轉致，記重）。

七月十三日（8月26日）

趙斐雲來，同訪劉晦之，觀藏書：宋本《文苑英華》十卷，北宋江西刻本，宋印；《東坡別誥集》（徐行可藏，巾箱本，北宋本，宋印）。

十二月十七日（1月24日）

徐行可、鮑扶九來譚，交還行可前假黃立猷《金石書目》二册。答拜徐行可，拜高吹萬，均未晤。

十八日（1月25日）

六時，約惲季申、高吹萬、徐行可、姚虞琴、鮑承良、顧鼎梅、高君定、程演生、陳乃乾、鮑扶九酒叙。

二十一日（1月28日）

致程演生書（贈連史印《隨庵叢書》，料半印《宋元科舉三録》，附送徐行可交閱《國學叢編》中吳承仕《儀禮經注疑直輯本序録》。北平文楷齋刻書樣價目：普通宋字每百字洋六元）。

1932年

元月初十日（2月15日）

徐行可、劉烈卿先後來譚。

七月初五日（8月6日）

覆劉公魯書（……委托劉翰怡、劉聲木、陳乃乾、沈淇泉、孫伯恒、徐行可、來青閣各事，請直接商辦）。

1933年

正月十九日（2月13日）

覆劉公魯書（徐行可去正別後，一年未通音訊）。

六月十三日（8月4日）

致徐行可書（贈夾宣印本有套《小檀欒室鏡影》）。

七月初三日（8月23日）

致程演生書（徐行可贈演生《夢窗四稿》，付郵寄上，并告會中議贈行可之二期《叢書》一部及《儀禮經疑直》十部，亦由會寄鄂）。

初五日（8月25日）

覆徐行可書（贈《鏡影》，來書言謝，亦贈我吳寬仲《斡珠仙館詩》、張咏霓刻《夢窗四稿》，又漢吳郡張元功二鏡及吳郡周禄鏡、錢警石遺硯墨本。贈演生《夢窗四稿》已寄安慶。《儀禮經注疑直》已印成，前由會連同二期《叢書》寄上十部。錢警石先生《兩漢書》校本爲丁君妄加竄改，難以一時整理完善）。

按，徐恕致陳乃乾信有云："附寄《後漢書》拾陸册，違寫錢譽石校語未竟者，倘得先生與姚石子君商假所藏副墨轉鈔，即乞以兩本代付約翰大學王欣夫君，寄南潯嘉業樓施韵秋君付前書手録之，則全書可一律也，無任企懇。"[1]

---

[1] 虞坤林：《徐恕致陳乃乾信札十八通》，第161頁。

虞坤林將此信定爲1937年十二月廿，馬志立認爲當不晚於1935年[①]，依此條日記，馬志立所定更爲準確。

1934年

十二月初八日（1月12日）

姚虞琴來，未晤，留徐行可書，以建安廿四年鏡（微破）易余周仲吳胡陽里鏡。

十二日（1月16日）

答訪姚虞琴譚，以漢周仲吳胡陽里鏡乞其轉致福厂寄徐行可。覆徐行可書（收到漢建安廿一年鏡，擬易余藏周仲鏡，今交姚虞琴轉王福厂寄）。

1935年

一月二十一日（2月24日）

約陳器之來，拓徐行可建安鏡四紙，贈以《小檀欒室鏡影》（夾宣印本）。

二十二日（2月25日）

昨，姚虞琴函告，徐行可去歲函商，以建安廿一年鏡易余漢周仲鏡有悔意，今將建安二十一年鏡交虞琴轉還。

二十六日（3月1日）

羅子經交來徐行可書，附還漢周仲鏡。

二十七日（3月2日）

覆徐行可書（收到周仲鏡。建安鏡已於二十二日函交姚虞琴轉還）。覆羅子經書（附致徐行可）。

三月十六日（4月18日）

訪姚虞琴譚，交徐行可贈建安鏡，請其寄還。

---

① 馬志立：《〈徐恕致陳乃乾信札十八通〉編年》，載《圖書情報論壇》2014年第4期，第72頁。其於第十一、十六兩札的時間考訂爲與此同一年，也較爲科學。

二十一日（4月23日）

覆徐行可書（行可又由姚虞琴寄來建安鏡，仍謝之，交虞老轉還，寄贈《南陵先哲遺書》）。

十月廿二日（11月17日）

徐行可來譚。

廿三日（11月18日）

昨晚徐行可來談，今往答拜，取其抄讀《四庫提要類目》。

徐行可先生與黃季剛先生

戴建華（北京）

是1987年夏始春餘，業師李格非先生因病住院，我去探望，先生很高興。未及寒暄，就從枕邊拿出一本書要送給我。他坐起來題簽"建華仁仲參考。兄格非"。讓我從床頭櫃抽屜裏拿出印章印泥，說："我没有力氣，你自己蓋好。"我接過書，是《黃侃手批爾雅正名》。先生說："我寫的跋，你批評。"我還没來得及蓋印，就先拜讀跋語，先生曰："汪芸石先生著《爾雅正名》，黃季剛先生閱竟，手爲批識，評其得失，章太炎先生親爲作序。此書曾載於《制言》雜志，現已存書無多。今有湖北省圖書館副館長徐孝宓先生獻出珍藏的黃批手稿，委托武漢大學出版社正式出版，廣泛流傳，以饗讀者，這是一個義舉。"接下來詳細論述這部手批的學術價值和研究方法，但文末署"後學李格非、徐孝宓謹跋"。我笑了，就真"批評"起先生："您寫的跋，開頭表彰徐先生的'義舉'，末尾又和徐先生連署，這是您表揚，還是徐先生自我表揚？"先生也爽朗地笑了："當時倒没注意到這一層。徐先生獻出珍藏的手稿，當然是一個義舉。我說的話跟徐先生討論過，也應該同署。"

我不經意地問了一句："季剛先生的手稿，怎麼由徐先生珍藏？"先生說："孝宓先生的尊翁徐恕徐行可先生跟季剛先生交好，常借書給他看。批的作者當然是季剛先生，但書的主人却是行可先生。"我還是有點疑惑："既是行可先生的珍藏，這書怎麼鈐蓋'湖北省圖書館藏書'的印章？"先生說："看來你還不瞭解徐行可前輩。他是藏書大家，但都化私爲公了。我給你寫封介紹信，你去拜見孝宓先生，就知道了。"接着又鄭重其事地對我説："季剛先生在學術界是什麼地位，行可先生在藏書界就是同樣的地位。"這話不啻"如雷貫耳"。後來，我聽徐孝宓先生簡單説起徐氏一門獻書的數量、品質和過程，很是驚詫那些富敵石渠、價值連城的珍本秘笈，就那麼義無反顧，又輕而易舉地獻給了公家。孝宓先生那鬆快的語氣，還有那釋然的笑容，給我留下極深刻的印象。從那時起，我每聽到或讀到與行可先生孝宓先生有關的事情，都會特別注意，并肅然起敬。

黃季剛先生和他的老師章太炎先生是清代小學的殿軍，是最後的國學大師，世人把他們師弟開創的學術流派稱爲"章黃學派"，至今影響不絶。季剛先生學識淵博，博覽載籍。但他少孤，年輕時奔走革命，流亡异域，後以國事日非，遂淡出政治，一心治學。他自然也藏書，但屢屢"傷哉貧也"。他在《題所藏書目簿子上》題詩云："稚圭應記爲傭日，昭裔難忘發憤時。十載僅收三萬卷，何年方免借書癡？"得聚"三萬卷"，那還是他後來生活相對安定時的事。此前他讀書更多的靠借，借給他書最多最殷勤的是徐行可先生。這從季剛先生殘存的日記裏可以得到充分的證明。

季剛先生現存的日記，未見他和行可先生訂交的記録，但季剛先生作《徐母魏太夫人六十生日獻壽文》曰："歲在己未，侃自京師還教武昌，始得交徐行可氏。"己未是1919年，是年季剛先生34歲，行可先生29歲。季剛先生在文章裏説他和行可先生"書籍有無，互相通假。浸與論學術之細微，商文章之利鈍，如響斯應，罔弗余同"，贊嘆"唯吾行可，家富藏書，且購且讀。蓋自文字訓詁之垺，名物制度之瑣，書畫雕瑑之微，無不周悉，而又謙恭密栗，温厚近人，以是聲氣廣通，所交皆當世知名士，過武昌者，輒思訪行可而窺其所藏，顯譽日升，年華未艾，誠可貴也"。以是略知行可先生家世、收藏、品行、學識。1921年11月12日，季剛先生辭山西大學教職回到武昌，當天日記，記"徐行可來，未見"。自此數年，兩位先哲雖偶有來未見、訪不值之事，但三二日必見，不絶於書。關於書事，他們互通有無，但更多的是行可先生借書給季剛先生。觀察季剛先生日記書法，略有下列諸類

（僅以1922年日記爲例）：

一、示、留。就是行可先生拿書給季剛先生看，或是主動留書在季剛先生處。這是行可先生欲向季剛先生有所諮詢，或是請他批注校點。如3月2日，"行可來，久談，以楊星吾先生所輯《古詩存目》六冊（少三國一冊）見示"。季剛先生發現"楊書即據馮惟訥《古詩紀》爲底本，而疏其出處（亦不完全）"，因"勸行可據此以作《詩紀》校勘記，不必於馮著外更著一書。《詩紀》有遺，爲補苴而別成一編可也"。又如3月22日，行可先生"復留《絕妙好詞箋》附《續抄》四冊余所，囑余圈點"。季剛先生有些批點就是這樣由行可先生珍藏的。此外，"留"書也可以是行可先生自己認爲季剛先生可能有用，未經請求而主動相借。如3月1日，"行可留蔣彤編《李申耆年譜》三卷、《小德錄》一卷（彤字丹稜）共一冊（劉嘉業堂刊）借余閱"，就是這種情形。

二、借、假。就是季剛先生向行可先生借書。如1月13日，"借得岱南閣本孫星衍《周易集解》十冊，《鄭氏佚書》（袁鈞輯）《易注》一冊，吳汝綸《深州風土記》六冊"。4月13日，"昨夕行可來，假我《孟子音義》（二卷，《通志堂經解》本，與宋蔡模《孟子集疏》卷八以下合冊），錢獻之《十經文字通正書》（十四卷，二冊），《車制考》（一卷）、《詩音表》（一卷）、《爾雅釋地四篇注》（一卷，以上合冊），此《錢氏四種》本，其餘一種曰《論語後錄》，凡書四冊。《詩音表》真是奇書，當細紬繹之也。"4月23日，"從行可處借得《四庫提要》經部、《駢雅訓纂》、《莊子集釋》"。9月26日，"至行可家，借得《洪北江集》十本、《錢竹汀集》一單本（卷卅三至卅七）、戴氏《經考》五卷二冊（南陵徐氏刻）、《誠齋全集》廿本（乾隆甲寅吉水楊祠刻）"。這種情況太多，不勝枚舉。季剛先生都詳載書名、卷數、冊數、版本等，可謂鄭重其事。

三、贈、貽。行可先生送書給季剛先生。1月22日，行可先生"云將上年余手點之《樊南文集補編》贈余"。次日"徐行可來"，果"以《樊南文集補編詳注》贈余"。3月2日，行可先生"并言當贈余《玉臺新咏》（近日刊成）一册"，次日"贈余所校《畿輔叢書》本《玉臺新咏考异》（紀容舒撰，十卷）"。3月22日"行可以《絶妙好詞箋》貽余"。

四、求、乞。季剛先生知有某書，但無力致之，他就懇請行可先生購買，自己借閲。如4月13日，"行可言陸慈《切韵》，近日敦煌石室出書有其殘本，王國維曾影印之。余頗欲行可致書王君求之也"。9月22日，"又聞《鳴沙石室古籍叢殘》卅卷中（羅振玉印，六册，三十元）有唐永隆寫本《文選》卷二，又唐寫本，又卷第二十五，又隋寫本，凡《文選》四種，擬乞行可買之，以供校讎"。

我們驚奇地發現，上述各種情形，居然能在同一天發生。如9月22日，季剛先生"擬乞行可"先生購買鳴沙石室《文選》四種之前，記"夕，行可來，以《籑喜廬叢書》（德清傅雲龍戀元刻）景日本延喜本《文選》第五殘卷、又《常州先哲遺書》（盛宣懷刻）尤本《文選考异》一卷見示，又以徐乃昌刻自著《續方言又補》二卷、陳卓人先生著《説文諧聲孳生述》兩册見假，又貽余慎自愛軒刻（黄梅梅雨田）《字鑒》一册、《佩觿》一册"。行可先生"見示"的《文選考异》，季剛先生"略一展視，疑即尤本之所出，他日當假來校核"。

當是時，季剛先生設帳武昌高師，與行可先生相見爲便。兩位先哲交往頻繁，相得益彰，彼此都獲益匪淺。1922年2月18日，"行可詢余以爲學之要，余遜謝而告之，謂宜及此盛年，家又非窶，專治一學，上可攀汪小米輩，下亦不失爲鈕玉樵，因論及治經之術"。足見季剛先生對行可先生期許之高。自然，他們也飲酒賦詩，甚至"手談"（賭戲，不過文士雅玩而已）。1922年9月25日，季剛先生"爲行可撰一聯"曰：

有聞必行，請師仲氏；

無物不可，試詰莊生。

聯嵌"行可"二字，意思亦佳，是用心之作，可以想見風雅。由於季剛先生日記缺失，有一些重要的記錄沒有保存下來，但從季剛先生的文集裏可以窺見消息。在《量守廬文鈔》裏，有一篇《跋徐行可所藏劉先生手校文子注本》，文曰：

> 壬戌六月十七日，行可持是本見示，展視"筐當"上校語，乃先師儀徵劉君手迹。所據諸書，皆其幽居白雲觀時，見之《道藏》中者也。幸歸行可，使侃今者猶得捧玩欷歔。劉君没時，其書皆散。蔡元培諸人，始欲藏其書於大學。知君未没前，曾以未成書之稿數種付侃，來書督索，不可少稽緩。繼而爲德不卒，舉君書悉付其族人。天津書店遂往往見君手批書籍，此亦命也。才高運屯，所遭逢不若其家子駿、光伯遠甚，已足傷心，矧此殘編，復何足道？君卒於己未歲九月廿七日，心喪之制，倏已盈期，追憶平生，宛然心目。循摩是册，不知泪之何從也。

這也是行可先生以所珍藏"見示"季剛先生，季剛先生於是寫下這篇文情并茂的跋語。

後來，季剛先生移硯南京中央大學，和行可先生見少散多，仍通函往復。行可先生還是一如既往地寄書給季剛先生，他最後出現在季剛先生日記裏，是1935年8月4日："徐恕忽貽予新出版《説文諧聲譜稿本》十二册。"從一"忽"字可知，這也是行可先生自己判斷季剛先生可能有用，主動贈予的。此時，距季剛先生猝然去世祇有兩個月時間了。

由於季剛先生日記保存不全，他和行可先生分別後的有些情況，也祇能從季剛先生的詩文中找到綫索了。

在《量守廬詩鈔》裏，有一首《題行可研 乙丑》：

> 南來七載塵交君，又作征蓬慘欲分。
> 此研好爲吾輩識，相從終得似龍雲。

這在季剛先生有"臨別贈言"的意思。"塵交君""慘欲分",依依惜别,不可看輕。

季剛先生給行可先生的書信,在《量守廬文鈔》裏收錄了四通。這裏引用其一:

> 行可姻家老弟大人閣下:舍侄焞(建案:黃焞先生字耀先)還自漢上,詢知興居稠適,至慰,至慰。承惠假劉氏印龜書一部,尤覺欣昇。昔與閣下同居武昌,首尾八載,知予貧窶,每值人間秘笈,無不借觀。塗污不以爲慍,久假不以爲嫌,即此一層,交誼已厚如山岳矣。近日閑居,深念平生雖好鈔書,而於數百年所出之古文字,所見未宏。夫山川鼎彝,汲長所信,徒執木版傳刻之篆書以爲足以羽翼《説文》,抑何隘耶!然處今日而爲此學,有較古爲易,亦有較古爲難者。石印法行,一日頓見無數真迹,此易之説也。一書之值,幾可傾家,此難之説也。侃居此每月差有所餘,盡以購書,數月來非有篆文之書不購,節儉衣食尚有不能致者,其若之何?以告閣下,必爲之一嘆耳。向見黃丕烈藏書題跋,有以五十元易一《魚玄機集》之事,尚自稱豪。又見陳簠齋尺牘,其所收古金石,亦絕無驚人之價,彼何生之優渥哉?閣下近日研討何書?新得何籍?有如去年所得孫氏《春秋長編》者比否?焉得趁舟西上,住宿清齋,盡見閣下所新得者耶?暇希草示數行,以慰懷想。手此,即頌侍安。(行款依印本)

讀札,不難體會,季剛先生對"同居武昌,首尾八載","交誼""厚如山岳"的懷念,對行可先生"人間秘笈,無不借觀"的感激,還有"趁舟西上,住宿清齋,盡見閣下所新得者"的神往。這封信裏,還有一個重要的學術消息。世人盡知章太炎先生不相信甲骨文,季剛先生作爲他的得意弟子,見譽爲"天王",不好公開表示反對,但實際上,季剛先生很早就認識到甲骨文、金文對文字學的意義和價值,所以纔有"承惠假劉氏印龜書一部,尤覺欣昇"

的表達，在給行可先生另一通信札中還説："近世洹上，發得古龜，斷缺之餘，亦有瑰寶。"至於"山川鼎彝，洨長所信"，金文就更不會懷疑。季剛先生收集了不少這方面的材料，其中亦有行可先生的奉獻。可惜天不假年，没有來得及做進一步的研究。

徐行可先生呵護載籍的功業，化私爲公的義舉，很多圖書館、文博學界的專家學者精研有素，知之甚深，發爲文章，必富啓發。我僅能從行可先生與黃季剛先生的交往方面，側聞長者之風。孔子説過"視其所以，觀其所由，察其所安"，從這個側面也能體會行可先生的學行。我相信先師李格非先生的話："季剛先生在學術界是什麼地位，行可先生在藏書界就是同樣的地位。"

【參考文獻】

［1］黃侃:《黃侃文集·黃侃日記》，北京：中華書局，2007年。

［2］黃侃:《黃侃文集·黃季剛詩文集》，北京：中華書局，2016年。

張元濟與徐恕的交往

柳和城（上海）

張元濟（1867—1959），號菊生，浙江海鹽人。清光緒壬辰進士，曾任總理各國事務衙門章京，參加戊戌變法。後投身民營出版界，任上海商務印書館編譯所長、經理、監理和董事長。

徐恕（1890—1959），字行可，湖北武昌人。留學日本，就讀於大阪鴻文學院。回國後，絕意仕途，先後執教於武昌圖書館專科學校、北京輔仁大學和中國大學。一生惟喜聚書，精通版本目錄，室名"箕志堂""藏棱庵"等。

書籍架起橋梁，書緣乃是紐帶。張、徐兩人的交往前後三十餘年，對歷史文獻的共同喜好與他們在古籍整理中的真誠合作，留下了一批通信，其中張元濟致徐恕十二封，徐恕致張元濟二封。另外，張元濟在給其他友人的通信或撰寫的古籍題跋里，也多次提及徐恕與他的藏書。張、徐二位的交往，約始於1920年商務印書館印行《越縵堂日記》之際。

一

《越縵堂日記》的作者是清代紹興著名學者李慈銘。李的日記洋洋數百萬言，學術價值極高。不僅記載了清咸豐到光緒四十年間的朝野見聞、友朋往還和人物評述，而且涉及山川民俗、文物古迹與書畫鑒賞等内容，對於研究者來説極有參考價值。李慈銘又是一位藏書家，他的日記記有大量讀書筆記，向來受到學人的青睞。《越縵堂日記》凡七十二册，分爲八函，另存半册。李慈銘生前已有少量日記借出在友人間傳觀，且有抄本流傳，繼而在一些期刊上節登。辛亥後繆荃孫等曾計劃出版，但沒有成功，直到民國八、九年（1919、1920）由蔡元培聯絡浙江友人，以北京浙江公會名義委托商務印書館影印出版。

　　蔡元培是李慈銘同鄉晚輩，光緒十六年（1890）與光緒十八年（1892），蔡進京會試、復試，都曾拜訪李慈銘，李對這位新科進士留有深刻印象。甲午五月（1894年6月），蔡應李慈銘之聘請充塾師，課李子承侯①。同年李慈銘去世，遺囑關照後人，如印日記必須先印同治二年至光緒十五年的部分，即日記第二函至第七函，共六函，凡五十一册。蔡元培與張元濟同爲壬辰科進士，志同道合，關係密切。他們出版《越縵堂日記》正是遵循李的遺願進行的。《張元濟日記》有多處記載：

　　民國八年（1919）六月三十日"印刷"欄記："晤李璧臣，交《越縵堂日記》八册。"②李璧臣，李慈銘侄。

　　八月三十日"印刷"欄記："晨訪鶴廎於密采里，交出《越縵堂日記》六函，又李越縵照相一張，交劍丞保存。"③鶴廎，蔡元培。劍丞，夏敬觀，商務印書館總務處成員。

　　民國九年（1920）一月三十日"編譯"欄記："鶴廎回信，《越縵堂日記緣起》可照改。"④

　　三月六日"發行"欄記："鶴廎來信，言江西許季黻購《越縵堂日記》二十部。即復。知照交通部，轉告定書櫃發券二十張，寄南昌分館代交領款。"⑤許壽裳，字季黻。

　　七月二十日"印刷"欄又記："約謝燕堂、翟孟舉、季臣。告知《越縵堂

① 王世儒編撰：《蔡元培先生年譜（上册）》，北京：北京大學出版社，1998年，第16、19、21頁。
② 《張元濟全集》第7卷，北京：商務印書館，2008年，第88頁。
③ 同上，第117頁。
④ 同上，第182頁。
⑤ 同上，第192頁。

日記》無庸修潤，惟與原書不符者，稍加修飾。"① 謝、翟等，商務職員。以上略見該書交稿、預售、編印諸事之經過，張元濟自始至終參與決策。

徐恕一生藏書達十萬餘冊，版不問宋元，人不問古近，一掃向來藏書家求古佞宋之痼疾。② 他銳意搜集明清善本、抄本、稿本與批校本，其中就有抄本《越縵堂日記》一部。前已所述，李的日記生前已有借出，被人抄錄并流傳於世。徐恕得知整理出版《越縵堂日記》消息後，告訴蔡元培，表示願意捐出己藏抄本，供蔡元培等參考。蔡即告知張元濟。張於民國九年（1920）五月四日覆信蔡元培，說："前奉四月十六日復示，祗悉徐行可抄本《越縵堂日記》如能相贈，酌酬抄費，或贈石印《日記》一，二部，已請王雪岑兄轉商，尚未得復。《越縵日記》預約五月一號業已滿期，上海門市售出肆拾壹部，又許季紱兄定去拾貳部，分館報告已到者共售玖拾部，兩共計實售壹佰肆拾三部。浙江省公署預認之壹佰部，僅據馮仲賢兄交來洋捌佰元（作四十部），究竟能售去若干部，已去信催詢，尚難決定。"③ 王雪岑，即王秉恩，字雪岑、雪澄，四川華陽人，藏書家，清末曾任廣東按察使、廣雅書局提調。從此信可知，張對於徐氏所藏《越縵堂日記》抄本已請友人相商并在考慮報酬問題了。幾天後他再次致信蔡元培：

> 鶴廎吾兄同年：五月四日曾上一緘，諒邀大詧。徐君行可抄本《越縵堂日記》事，頃又得王雪岑兄來函，附有鄂函，錄副附上。徐君如攜《越縵日記》抄本來京，請即審閱，酌量辦理。《越縵》預約，各分館報告續又售出三十二部，連前計一百七十五部。馮仲賢兄代售之預約，昨又去函催詢矣。知注并陳。耑此，祗頌台綏。弟張元濟謹啟
> （1920年）五月十三日④

---

① 《張元濟全集》第7卷，第220頁。
② 范鳳書：《中國私家藏書史》，鄭州：大象出版社，2001年7月，第518頁。
③ 原件。蔡英多藏。
④ 同上。

徐恕允諾携《越縵堂日記》抄本到京交蔡元培審定。後抄本是否歸商務印書館，現暫無史料證明，即使歸商務所有，恐怕也與涵芬樓藏書一起毀於"一·二八"之役了。然而張、徐二位環繞《越縵堂日記》印行發生的這件往事，開啓了他二人交往的歷程。

《越縵堂日記》成書頗爲曲折。1920年12月出版的僅爲日記第二至第七函，共五十一册。此後，日記稿本由國立北平圖書館收藏，經王重民、袁同禮等努力，1936年仍由商務印書館影印出版《越縵堂日記補》，凡十三册，即補印了原手稿本第一函，起咸豐四年甲寅三月十四日迄同治二年癸亥三月三十日，與1920年版相銜接。以往學術界咸知《越縵堂日記》共六十四册，即這兩次石印本的合計。至於日記第八函八册，則是至近年始發現并影印的。此是後話。

二

出版家跟藏書家之間的友誼，從來就是通過書籍這一媒介進行。如果説，印行《越縵堂日記》時張元濟與徐恕是經過蔡元培等友人間接的交往，那麼，此後商務《四部叢刊》的出版中，他們已開始直接通信聯繫。徐恕多次向張元濟提供底本或校勘筆記，張也不時向徐寄去印行計劃和書目，商討版本。

《四部叢刊》是商務印書館出版的一套大型古籍叢書。從1919年開始出書，1923年印成，集合經、史、子、集之書三百二十三種、八千五百四十八卷，裝訂成二千一百册。張元濟是該叢書的策劃者和總主編，孫毓修作爲張的重要助手，擔任編目、選書、校勘輯佚等工作。徐恕於1921年初曾借到一部清代學者全祖望的《鮚埼亭集》抄本，寄給商務，1921年5月28日，張元濟在一封致孫毓修的一封信中，問孫"前徐行可借來抄本《鮚埼亭集》比刻本如何？有佳處否？現有人持來求售，乞示進止"①。顯然張頗看好徐恕借來

---

① 《張元濟全集》第1卷，北京：商務印書館，2007年，第555頁。

的抄本，讓孫毓修查對，并就涵芬樓是否收購徵求意見。最後，《四部叢刊》中的《鮚埼亭集》據孫氏小綠天藏抱經樓抄本影印，即孫毓修的藏書，沒有用徐恕借來的抄本爲底本，然而孫毓修必定經過比對，徐氏的書起過作用。後來收於《四部叢刊續編》里的《茗齋集》，張元濟則以徐恕原藏稿本爲主而印行，并給予高度評價。

青年時代的張元濟除攻讀儒家經典外，銳意研讀、搜求鄉邑先輩著述，對於海鹽彭孫遹（羨門）、彭孫貽（仲謀）的詩文尤其嚮往。他曾回憶説："始余居鄉時，初讀彭羨門《松桂堂集》，諸父老爲余言其從兄茗齋先生之爲人，并稱其所爲詩遠出羨門右。"①彭孫貽是明清之際著名詩人、學者。父親出仕南明朝廷，清軍破城時殉國。明朝滅亡後，彭孫貽杜門侍母，終身布衣蔬食。當道有重其才，勸其出仕，謝絶勿應。自負文名，亦節義自許，不妄交游，人皆服其品格。張元濟從朱笠亭《明人詩鈔》，知先生所著有《史論》《流寇志》《亡臣表》《方士外紀》《彭氏舊聞録》《客舍偶聞》《茗齋雜記》《歷代詩鈔》《五言妙境》《茗齋四韻合編》，及纂輯天文、地理、陰陽、佛老、稗官、野乘等書，凡數十種。可惜大都散失。張氏族祖春溪公所刊《茗齋詩初集》一卷，但"傳寫訛奪，不可卒讀"。惟族祖所撰後序，提及茗齋先生"手鈔定本，尚在人間"，激發起張元濟"續成全集之願"②。經過多年搜討，張元濟先後收集到彭氏手稿若干種，及他人傳抄茗齋詩四巨册，但所缺仍甚多。

1927年2月，徐恕知道張有志印行彭孫貽《茗齋集》，即將自己收藏彭氏手稿送至上海。張元濟以六百元代價購入，成爲其涉園藏書的一種。1934年10月，張元濟以徐恕原藏的彭氏手稿爲主，配以平湖葛氏等多家所藏的茗齋詩刻本、抄本，輯成《茗齋集》（附《明詩鈔》），共二函三十四册。張元濟撰寫了長篇跋文，介紹作者著述情況與此書編印的曲折經歷，其中提及徐恕

---

① 張元濟：《影印手稿本配刻本、鈔本〈茗齋集〉跋》，《張元濟全集》第9卷，商務印書館，2010年，第241頁。
② 同上。

讓書的故事："武昌徐行可友余有年，喜蓄書，聞余欲輯先生詩，乃以其手稿十二巨冊至，則正余族祖所欲借鈔而不得者。行可語余，是由海寧羊復禮攜至鄂中，輾轉歸於其家。余久識先生書，信為真迹，喜可償續成全集之願。請於行可。行可亦以余志為可與也，以其書歸於余。"[1] 他在寄給徐恕樣書的附信中寫道："敝邑彭茗齋先生遺稿，前承割愛見讓，感不能忘。弟又輯得若干卷，仍不免小有殘闕。頃列入《四部叢刊》續編出版，謹呈一部，伏乞莞存。茗齋先生行誼卓絕，其詩詞尤極美富，賴賢者護持，得不湮没。倘蒙賜序，尤得闡揚。"[2] 再次稱贊了徐氏"護持"之功。

1941年夏，張元濟將自己的涉園藏書捐贈合衆圖書館前，又在手稿本《茗齋集》上寫下一篇跋文，深情地回顧了此稿本的來歷與輯編經過，全文如下：

> 茗齋先生博學能文，於學無所不窺，著述甚夥，然多不傳。即以詩論，睹此巨帙，洵足驚人。嘉慶間，余族祖春溪公官甘肅時，刊先生幼年詩十卷，聞同邑某氏藏先生手鈔定本全部，思續刊，求之不可得。余欲踵成公志，先後收得先生手稿如干種，暨他人傳鈔先生詩四巨冊，然所闕猶多。鄂友徐君行可喜蓄書，知余欲刻先生詩，語余有是稿。余請攜至海上，展視則即先生手鈔定本也。行可謂得自宦游鄂中海寧羊復禮許。余請以六百金為酬，行可許之。顧猶未全，補以余先所得傳鈔本猶不足，則借余親家葛君詞蔚所藏先生詩十餘冊，按年輯補，又得詩四百餘首。雖云未備，然所闕當無多矣。至是彙輯先生詩詞、雜文，凡得二十三卷，因印入《四部叢刊續編》中，今已通行海內，亦可稍償吾春溪公未竟之願矣。彭氏族人今多賈於海上者，余既印先生全集，訪其後嗣，欲與商弆藏先生遺稿事，顧意甚落寞，一似不知其家世者。數典忘祖，可勝浩

---

① 《張元濟全集》第9卷，第241頁。
② 張元濟1934年12月29日致徐恕信，《張元濟全集》第3卷，第66頁。

嘆！是稿凡十二冊，皆出先生手筆。卷面記"此作第幾卷"者，即編入《四部叢刊》之次第，其第十三本則爲輯自葛氏藏本之詩，凡四百有一首，新抄本也。葛氏藏書盡毀於此次兵火，此書亦必無存矣，傷哉！民國紀元三十年八月六日，張元濟識。[①]

張元濟感嘆三百年後彭氏族人已不知其家世，數典忘祖，然而像張、徐這樣的知音者大有人在。隨着《茗齋集》的印行，更多的學人通過其書瞭解彭氏，瞭解他那個大變革時代。

<h2 style="text-align:center">三</h2>

徐恕喜歡游歷，足迹遍布南北，但他志不在山水名勝，而在於訪書。1931年前後，徐恕曾多次造訪浙江南潯劉承幹嘉業堂藏書樓。期間，他雇抄手抄録了《華陽陶隱居集》《喻林》等善本、批校本，與劉承幹等藏書家交流讀書、校書心得，收穫頗豐。劉承幹在他的日記中曾記載徐恕到嘉業堂的訪書活動。辛未三月初六日（1931年4月13日）記："施韵秋自滬回，述及徐行可已在滬，准乘立興班於明晨抵潯。"次日又記："徐行可來此借校書籍，此來擬長住也。出與略談，即邀其宴於宋四史齋。行可帶一學生來，以供鈔寫，姓成號棣仙，興國州人，亦邀入坐。"[②]經上海抵南潯前，徐恕拜訪了張元濟，不久收到張的來信與購書優惠券。於是，徐覆信告訴張他在南潯訪書的進展和新近所得之書。曰：

菊生先生賜鑒：別後辱書，并損惠書券，極謝。來潯，主人優禮，施君

---

① 張元濟：《手稿本〈茗齋集〉跋》，《張元濟全集》第10卷，北京：商務印書館，2010年，第58頁。

② 劉承幹著，陳誼整理：《嘉業堂藏書日記（下）》，南京：鳳凰出版社，2018年，第615頁。

韵秋主書藏事，方爲張咏霓斠編《四明叢書》，勘訂精審，刻者促迫，嚴期竣事。恕籀書此間，勞其尋檢，爲覷寫生，惠我良多，撫己增慚矣。到此浹旬，塵校三卷本《菰中隨筆》，與行極副墨本互有短長。近看贛州本《六臣文選》，與貴館《叢刊》本無多同异。又略繕短書數種，尚未及明代史乘。景光飄忽，去日不及，纂鈔繁難，賅備匪易。先生通人，何以教我。近爲武昌一學校主者所䁥，命題綴文。題爲《論收藏古書方法》。兹事前牒已用，不欲生説，因草一箋，以厭其請。文中舉《容齋四筆》前五卷事，詳爲敷析，蒙先生視我舊本，脱兹一厄（制題强人屬詞，題既不合，文遂難工，非厄而何？）留稿呈覽，并睎教削，兼申謝忱。謹白。敬承動定，臨啓馳企不賜。三月十七日，徐恕頓首拜手上。

去歲夏五以兒女昏事奉侂，仍乞長者時復厝意及之。恕再拜又白。

近得魏雪竇（耕）《今詩粹》七册，存前十二卷，少五、七絶句二體。貴館倘有完書，乞以尾册（自十三卷訖末）見寄，爲懇。[1]

所署三月十七日，當爲農曆日期，西曆即1931年5月4日。施韵秋，嘉業堂管家。張咏霓，即張壽鏞，浙江鄞縣人，藏書家，民國後任浙江省財政廳長、國民政府財政部次長、光華大學校長等職。《菰中隨筆》，清代學者顧炎武著。《六臣文選》，即《六臣注文選》，爲眾多南朝梁代蕭統編纂的《文選》注本中最有代表性的一種。《容齋四筆》，即宋洪邁《容齋隨筆》之一，徐恕撰文引用了張元濟出示舊本中的材料。魏雪竇，名耕，浙江山陰人，明末遺民，清初秘密反清團體"驚濤詩社"成員。信中提到"去歲夏五以兒女昏事奉侂"，可見張、徐二位私交之一斑。同年5月8日張元濟覆信徐恕，云：

行可先生斠席：三月十七日損箋捧悉。伏承搜秘潯溪，東南有美，至慰拳跂。頒示講稿，羅舉精博，非讀破萬卷、强識絶人者，不能道隻字，

---

① 徐恕1931年3月17日致張元濟信，《張元濟全集》第3卷，第64頁。

三復驚嘆。公子因緣，謹當留意。魏氏向知有《息賢堂集》，《今詩粹》
未之見也，頃遍索館目不得，負命深愧。明清之際，作者如林，自遭禁
網，湮沒已多，端賴有心人及時掇拾，以彌一代文獻放失之闕耳。復候
道履不一。張元濟　二十年五月八日①

對徐氏所得魏耕《今詩粹》，張元濟查了涵芬樓書目，"未之見"，由此引出
一番感慨，搶救歷史文獻，免遭散失，二位的心是相通的。

徐恕繼續在嘉業堂看書，仍集中閱觀明清之際的歷史文獻，不斷有新的
發現。他告訴張元濟："恕來此逄書，清儒未刊遺稿已日不暇給，明代史乘
略鈔其卷帙不繁、傳刻較少者，餘則精力、財力兩俱不辦也。頃於行極檢出
《鮚埼亭集遺文校記》一紙，前忘面呈，今以奉鑒。"②

張收到徐恕寄到的全祖望《鮚埼亭集遺文校記》，覆信云："附示鮚埼校
文，捧讀至佩。謹當輯附遺文之後，以彰嘉惠。康熙刻《寒支》向入《違礙
書目》，非真讀書者安能留意及此耶。清儒未刻遺稿及明代史乘罹於清初禁
網而湮滅不彰者，俱為異日重修明史之要材，亦非先生莫能抉剔。其卷帙繁
重者，似不妨錄目備考，俟諸異日。"③他充分肯定徐恕的校勘與輯佚工作。

"一·二八"之役，商務印書館遭劫難。經過公司上下艱苦卓絕的努力，
不僅很快復業，而且恢復古籍影印。1934年，張元濟正忙於《四部叢刊續編》
《四庫珍本》與《百衲本二十四史》的輯印，他向徐恕寄去《四部叢刊續編
緣起》與目錄、《四庫全書珍本初集樣本》各二冊，并在書信中說："如尊藏
善本精槧，更許為發棠之請，餉以一鴟，則亦流通古書之盛意，非止嘉惠藝
林已也。"④徐恕很快托人送來宋刻《拙齋集》二卷一冊，并告以可代借孫伯
淵先生《春秋集證》，又有殘宋本《隋書》可以商借，供張選用。《衲史》曾

---

① 張元濟1931年5月8日復徐恕信，《張元濟全集》第3卷，第64頁。
② 徐恕1931年6月6日致張元濟信，《張元濟全集》第3卷，第65頁。
③ 張元濟1931年6月11日復徐恕信，同上。
④ 張元濟1934年2月13日致徐恕信，同上。

計劃用柯劭忞的《新元史》，徐詢問結果；徐又代友人商借《永樂大典·水經注》校樣，等等，張元濟回信一一加以答覆。特別對徐恕提供《四部叢刊續編》選用的幾種書，張元濟說："宋刻《拙齋集》二卷亦收到。容將尊旨轉達敝公司在事諸君，再奉復。書一冊暫留。孫伯淵先生《春秋集證》未知是否手稿，抑係謄寫之正本？可否乞將首尾兩冊寄示一閱，再決進止。""《叢刊續編目》僅就見存之書或照存書片編入，掛漏甚多，有應增應減者，務祈賜教為幸。"[1]

宋本《拙耕集》，作者待考，徐恕擬請涵芬樓購入。孫伯淵，即孫星衍（淵如），江蘇武進人，清代著名藏書家、目錄學家與經學家。《春秋集證》為其著作之一。張元濟看了徐恕托人送來的這兩種書，回復說："宋本《拙齋集》二卷，洵稱秘笈。屬為易書，商之主者，以為涵芬樓既遭浩劫，無力再收善本。代詢書肆，亦無收購之意。"孫著也不適宜印行，故一并通過商務分館繳還[2]。因非泛泛之交，他們的合作是真誠的，坦誠相見，能辦的事即辦，不能辦的事婉言而辭。這就是他們這幾代文化人的高尚的道德風範。

四

徐恕一向認為，藏書不為一家之蓄，旨在資助治學者。黃侃曾客徐恕家，讀所藏書。楊守敬跟其門人熊會貞合纂《水經注疏》，就得到徐氏幫助甚多。1935年深秋的一天，徐恕拜訪張元濟，為友人熊會貞商借正在印行中的《永樂大典·水經注》。不巧，張這天外出，未遇，歸途中不期而遇。張知道了徐的來意，次日致函徐恕，寫道："昨承枉顧失迎，途遇未獲暢談，甚歉甚歉。《大典》本《水經注》比已印成，尚未裝本。熊君急欲先睹，謹取毛樣一部呈上，即乞轉交熊君檢閱，閱後不必見還，此書即請歸鄴架。能請熊君

---

① 張元濟1934年3月11日復徐恕信，《張元濟全集》第3卷，第65—66頁。

② 張元濟1934年4月6日復徐恕信，《張元濟全集》第3卷，第66頁。

賜一跋文，評定是書聲價，尤爲感幸。"①張、徐對《水經注》研究學者的幫助令人感動。此後，徐氏不斷寄來罕見的版本或校勘本，供張元濟選用。内有《法帖釋文考异》原刊本、《三輔黄圖》校勘本，張閲後甚爲讚賞，前者攝照，"擬加入《叢刊》三編"，後者"亦擬留讀"②。

抗戰時期，日軍轟炸武漢。徐恕擔心武昌箕志堂藏書有失，將數萬册古籍裝箱，往返於長江兩岸，用船運至漢口租界。1944年日軍轟炸漢口，空襲地點距藏書處僅咫尺之遥，家人鄰里勸其躲避，徐恕堅决不從，誓與書樓共存亡。即使在如此嚴酷的環境下，他依然不斷向張元濟及商務印書館提供名人手稿與其他書籍。時值商務出版《元明善本叢書》，内有《今獻彙言》一種。明高鳴鳳所輯，收明初至中葉各家瑣言、雜考、隨筆、野史等著述。其中野史十一種，可作研究明史參考。1938年初，徐氏寄來《明賢彙語》四册，可補《今獻彙語》之闕。張即安排館方照存備用，覆信説："賜寄珍藏《名賢彙語》四册。察閲版本，實足補《今獻彙言》之闕。然前書既已印成，且原書序目不可得見，即加此七種，亦未敢認爲完璧。故不擬補入。其中《寓圃雜記》《绿雪亭雜言》《近峰聞略》《三餘贅筆》四種，或不見於他叢書，或已采刊而有异同，已擅爲照存。异日如有印行機緣，再當刊布，以副盛意。再去歲承寄示名人手稿多種，總思覓一刊行機會，故遲遲未曾寄繳。戰釁既開，一切停頓，兹已檢齊，另附清單，敬祈察核。郵寄恐有不妥，即日有便人經行香港乘飛機到漢口，當托帶上，敬乞檢收，并謝雅意。"③由於商務印書館戰爭中受損奇重，這批書均未能印出，照存印件也不知流落何方……

張元濟在上海"孤島"時期，就將自己涉園藏書捐贈給由他與葉景葵等人創建的合衆圖書館。徐恕曾説："不以貨財遺子孫，古人之修德，書非貨財，自當化私爲公，歸之國家。"④20世紀50年代，他即慨然將五百箱六萬册

---

① 張元濟1935年11月21日致徐恕信，《張元濟全集》第3卷，第67頁。
② 張元濟1936年初致徐恕信，《張元濟全集》第3卷，第67頁。
③ 張元濟1938年3月22日復徐恕信，《張元濟全集》第3卷，第67頁。
④ 轉引自范鳳書著《中國私家藏書史》第518頁。

藏書捐贈給中國科學院武漢分院。當時張元濟因年事已高又癱瘓在床，收到
徐恕來信極爲興奮，覆信中除回憶兩人當年印行《茗齋集》的合作等往事
外，談到歷史文獻的歸屬，彼此的心是相通的。曰：

> 行可先生通鑒：曩者日寇肆虐，抗戰軍興，宇内擾攘，音問遂絶。新國
> 肇建，弟曾至京一行，稍貢芻議。歸後未久，即患偏中，左肢不仁，舉
> 動需人扶掖，纏綿床席，殆將三年。然每展閲《彭茗齋集》，未嘗不眷
> 懷左右也。近奉上月十九日大函，并蒙惠賜華文祺譯《死之研究》，至
> 深感謝。舊籍消沈，散失無數。先生勸公家收購至萬餘斤之鉅，保存文
> 物過掩胔埋胳之仁，此誠爲儒家盛舉，欣佩之至。宋不全本《宛陵先生
> 集》、毛抄《稼軒詞》景印有年，莫由寄奉。今承齒及，謹各檢呈一部，
> 《梅集》六册，《辛詞》三册，奉呈清覽，即希粲存。鄧廣銘似係時人。
> 其注本未得寓目，無以應命，慚歉之至。大作《壽蠋叟詩》，刻意推崇，
> 足徵宗尚，審爲底稿，讀過仍以繳還。倚枕作答，倩人代書，至祈鑒宥。
> 敬頌
> 著祺，不備。
>
> 一九五二年十一月六日發[1]

"先生勸公家收購至萬餘斤之鉅"，是徐恕當時的努力和取得的成績。宋殘本
《宛陵先生文集》與毛抄《稼軒詞》，都是1940年"孤島"時期張元濟輯印完
成的古籍善本。信中提到徐氏《壽蠋叟詩》稿，不知如今尚存否。張的信稿
地址欄内注"漢口黃興路華實里三號"，應該爲徐恕的住址，附上一筆，聊
存史實。

　　1959年，徐恕不幸去世，享年70歲。其子女遵其遺志，又將箕志堂所
餘之二百箱四萬册藏書全部捐贈給湖北省圖書館，還將包括書畫、碑帖、印

---

[1]　張元濟1952年11月6日致徐恕信，《張元濟全集》第3卷，第67—68頁。

章、封泥、錢幣等7700餘件文物捐贈湖北省博物館，實現了徐恕生前“化私爲公，歸之國家”的心願。這一年，張元濟也走完了他93年的人生之路，回歸自然。二位以書緣爲精神紐帶相連接的友誼永世長存！他們之間由互相借書、輯書、印書而發生的故事，將永遠銘刻在後人的心間！

2020年8月於上海浦東明豐花園北窗下

徐恕與嘉業堂

王茜（常州大學）

　　徐恕（1890—1959），字行可，號彊邨，以字行，湖北武昌人，民國藏書家、版本目錄學家。徐氏一生不涉仕途，以聚書校書爲樂，收藏圖書近千箱十萬餘册。倫明（字哲如）《辛亥以來藏書紀事詩》第一五〇條述徐氏藏書云：“家有餘財志不紛，宋雕元槧漫云云。自標一帙黃（丕烈）汪（士鐘）外，天下英雄獨使君。”小注云：“武昌徐行可恕，所儲皆士用書，大多稿本、精校本。嘗舍南潯劉翰怡家，二歲盡讀其所藏。南北諸書店，每得一善本，爭致之。君暇則出游，志不在山水名勝，而在訪書。聞某家有一未見書，必展轉錄得其副而後已。一切仕宦聲利，悉謝不顧，日汲汲於故紙。版不問宋元，人不問古近，一掃向來藏書家痼習。”[1] 據王謇《續補藏書紀事詩》，徐恕“與徐積餘、倫哲如交好，并皆以目錄學名於時。”[2] 故後世論及徐氏藏書旨趣與學術淵源，多以倫明詩紀爲據，其中“嘗舍南潯劉翰怡家，二歲盡讀其所藏”更常爲學者引用，以示徐氏博覽群籍，學識深厚。

　　劉翰怡（1882—1963），湖州南潯嘉業堂藏書樓主人，名承幹，字貞一，號翰怡、求恕居士。清末民初，劉家富甲一方，爲南潯“四象”之首。因伯父早逝無後，承幹兼祧長房香火，年紀尚輕即承繼祖業，坐擁萬貫資産。劉家崇尚讀書仕進，承幹繼父劉安瀾，精通詩詞，輯有《國朝詩萃》，未成而

① 倫明：《辛亥以來藏書紀事詩（附校補）》，上海：上海古籍出版社，1999年，第115頁。
② 王謇：《續補藏書紀事詩》，北京：書目文獻出版社，1987年，第44頁。

殁；生父劉錦藻進士出身，編有《清續文獻通考》四百卷。承幹浸淫其中，耳濡目染，幼年就讀潯溪書院，清光緒三十一年（1905）考取秀才。自謂“弱冠即喜治乙部之書”，1910年前後，開始有志聚書。辛亥後寓居滬上，結交繆荃孫、葉昌熾等諸多老輩學者，他們或爲其鑒定版本，或以藏書讓售，使其多獲善本。歷經二十餘載，藏書總量達二十萬册六十萬卷，同時刊刻書籍三千餘卷，并於家鄉建樓貯書，名嘉業堂。劉氏自撰《嘉業堂藏書樓記》述建樓原委：“竊慕華林創墅之風，思廣毋昭惠學之意，乃歸鷓鴣溪畔，築室爲藏書計。糜金十二萬，拓地二十畝。經營庚申之冬，斷手甲子之歲。”①

書樓建成，聲聞南北，名士學人紛至沓來，劉承幹自云：“其時四方學者，衡至繽帉，治具留賓，樂與晨夕。”②司職嘉業堂八年的周子美先生晚年回憶：“江蘇省立國學圖書館館長柳詒徵先生曾到藏書樓參觀，見到抄本《明實錄》，大喜過望，立即派人前來傳抄一部。北京圖書館館長袁同禮，亦來藏書樓參觀，贊賞不已。湖北學者徐行可，爲了抄書，在樓中一住數月，連膳宿都由藏書樓免費供應。”③倫明得知徐恕在嘉業堂，亦欲前往，致函劉承幹奉懇：“比聞董授經、徐行可兩先生俱在府上纂修藏目，不禁神往。端節後擬南游，扁舟訪戴，面聆雅教，便窺美富，未審能見允否？”④然因故未能如願，其自述：“銅山非富富瑯函，兩過門閭未許探。”⑤由上可知，徐恕於嘉業堂訪書，倫明與周子美皆爲知情人，對徐氏居留時日，二人所記却不相同，一曰：“二歲盡讀其所藏”；一曰：“一住數月”。研究者多采倫明“二歲”之説。然1924年藏書樓建成，周子美即應劉承幹之邀任編目部主任，直至

① 劉承幹：《嘉業藏書樓記》，吳格整理點校《嘉業堂藏書志》附二，上海：復旦大學出版社，1997年，第1406頁。

② 劉承幹：《嘉業老人八十自叙》，《嘉業堂藏書志》附二，第1410頁。

③ 周子美：《嘉業堂的書海》，《周子美學述》，上海：華東師範大學出版社，2000年，第15頁。

④ 沈麗全整理：《求恕齋友朋手札》（上），《歷史文獻》第十六輯，上海：上海古籍出版社，2012年，第262頁。

⑤ 倫明：《辛亥以來藏書紀事詩（附校補）》第六〇劉承幹條，第45頁。

1932年，徐恕來訪正在此期間，故其閱書情形，周氏應知甚詳，其言似更可信。又據周子美回憶，當時嘉業堂對學者并非完全開放，來訪者需與主人相識或有人介紹。徐恕因何能登藏書樓；其與樓主劉承幹交往如何；在書樓居住"二歲"抑或"數月"；查閱抄寫哪些書籍，以上問題均未見有相關研究。本文擬據劉承幹《求恕齋日記》①（下文簡稱《日記》）與其他文獻史料，對此略作考察。以期爲徐恕生平與學術研究提供參考。

一

徐恕與劉承幹結交，始於藏書家李之鼎（振唐）之宴請。民國十年辛酉（1921）三月十八日《日記》：

> 晚至都益處應李振唐之招，同坐者鄭蘇戡、朱古微、徐積餘、徐行可、蔣孟蘋、姚虞琴（名景瀛。杭州人，此地公茂鹽棧之經理）、李柯生（振唐胞弟）。席間閱吳柳堂吏部可讀之《罔極編》手卷，虞琴得後裝爲手卷，徵求名人題咏，散後即歸。

又同月二十二日《日記》：

> 至振華旅館應高欣木、孟蘋之招，同坐者徐行可（名恕，武昌人，亦講究收藏書籍之人）、劉佐泉（杭州人，前福建知縣。辛亥後在申行醫）、丁輔之、姚虞琴、王子松（杭州人，銀行業中之人），金鞏伯，仲廉、季言昆仲。散後徐行可出示新近在京滬所得各書。十時候返家。

又同月三十日《日記》：

---

① 劉承幹：《求恕齋日記》，北京：國家圖書館出版社，2016年。

晚至陶樂居應徐行可之招。同席者鄭蘇戡、鄒景叔、姚虞琴、丁輔之、高欣木、孟蘋、鞏伯、仲廉、季言，散後即歸。

由以上日記推知，徐恕外出訪書，由京及滬。在滬上與多位學者與藏書家相見，其中有故友，也有新交。劉氏日記書寫習慣：初識者於姓字下以小字注其名、籍貫、科舉年次、仕履等，此後再記則直書其姓字。據此可知，十八日爲徐劉二人初見。蓋席間并無交流，席散即歸，故劉氏祇知徐氏姓字；數日後再見，宴罷，徐氏展示於京滬所購圖書，期間二人應有交談，劉氏方知徐氏大名與籍貫，并以"亦講究收藏書籍之人"引爲同好。三十日，蓋爲徐恕離開上海前的答謝宴，劉承幹受邀出席，可見二人彼此看重。

民國十九年庚午（1930）十二月十一日，徐恕與劉承幹再次相見。當日《日記》：

徐行可來談，李紫東陪來。行可（江夏人，頗好學）贈予書三種，并攜來《慈雲樓藏書志》首冊，勸予石印，謂此書是周中孚所著。予閱其書有"上海李筠嘉筍香編次"字樣，殆中孚館於其家爲之捉刀，而名從主人歟。此書有七十餘冊，從前李振唐攜來求售，予未購，後歸行可。

隔日《日記》：

今晚宴徐行可，陪者費恕皆、王福庵（名褆，杭州人，同伯之子，善篆刻，曾在北京金鞏伯處與予相見）先至，董授經、羅子敬、張芹伯、徐積餘、李紫東、徐孟博（行可長子，年十七，治目録及三傳之學，席間出其所著窗課，皆其師密圈細改）。行可出示王陽明手寫詩稿，字大徑數寸，行可收得時祇百餘元，現在日本人還過千元云。

十一日日記，劉承幹又注徐恕籍貫，可見九年間，二人未有往來。陪同徐氏前來的李紫東，乃忠厚書莊主人。以精於鑒別宋元善本書著稱於世。李氏接物待人熱情，藏書家都樂於與之爲友。劉承幹與李紫東交情匪淺，除圖書買賣外，李氏曾從中牽綫，幫助劉氏借到李盛鐸所藏宋本前後《漢書》；李氏亦受劉氏之托，爲續寫《嘉業堂藏書志》一事，與董康協議。徐恕登門拜訪，特意邀李氏陪同，應是有要事與劉承幹相商。劉承幹贊賞徐氏"頗好學"，并設晚宴款待徐氏父子，邀滬上名士好友坐陪，可見對徐氏頗有好感。三個月後，徐恕前往嘉業堂，蓋登樓訪書之事，即於此時談定。

民國二十年辛未（1931）三月初七，徐恕由上海乘船抵達南潯，劉承幹當時正在南潯，晚於藏書樓設宴招待。當日《日記》：

> 徐行可來此，爲借校書籍，此來擬長住也。出與略談，即邀其宴於宋四史齋。行可帶一學生來，以供抄寫（姓成號棣仙，興國州人），亦邀入坐。

此後，徐恕每日忙於查書抄書。五月初，徐氏專程赴滬，祝賀劉承幹五十壽誕，停留數日，返回南潯繼續抄書。七月初八，他再次赴滬，劉氏當日《日記》：

> 夜，徐行可自潯至，伊明日回鄂，轉車北上，因近膺北京輔仁大學之聘也。

徐恕曾任教武昌文華圖書館學專科學校，講授"四庫提要類目"。校長毛氏以其所授講稿提綱寄余嘉錫。余氏閱之贊佩，遂舉薦徐氏執教輔仁大學，并催促其北上。於是徐恕離開南潯向劉承幹辭別。赴京任教後，徐恕常利用學校假期，到上海訪書晤友。1932年正月，兩次拜訪劉承幹，均未得見。

1957年八月初七，二人再次相見，也是最後一次。時徐恕67歲，劉承幹75歲。當日《日記》：

> 夜，徐行可來，闊別廿六年矣，幾不相識。今年六十八，髭鬚已長。談次知其近在作書賈，爲湖北文史館館員，薪津五十元。又爲中央研究院

采訪員，薪金一百五十元。余以書事久疏，且精神疲倦，而渠健談，刺刺不休。見余案頭所置《碑傳集》三十四本，力勸余出讓。余因索價三千餘金，渠言未滿千金，相差過巨，囑再斟酌，緩日再來議定云云，遂去。此書余目前無力付印，如其能溢出千金，當願讓去也。

二十六年間，時代巨變，滄海桑田，二人境遇都與之前大不相同。1951年，嘉業堂藏書樓收歸國家，劉承幹靠出售滬寓藏書及微薄房租過活，生計艱難。1956年，徐恕將六萬冊藏書捐獻國家，之後仍往來京滬等處收書。徐氏此次登門大概爲劉氏藏書而來。經過幾次大規模售書，劉氏身邊餘書已不多，有價值的更少。《碑傳集》乃劉氏多年來時常查閱的案頭之書，劉氏自視珍貴，欲得重金，二人心理價位相差甚大，協商不成，約改日再議。劉氏爲此接連數日請周子美來整理《碑傳集》，然徐氏并未再登門，書也未售成。兩年後，二人相繼去世。

由上可知，徐恕1931年3月到南潯，同年7月離開，之後再未去過，其在嘉業堂前後四個月，而非兩年，倫明所言有誤。

二

嘉業堂幾十萬卷藏書，插架琳瑯，短短數月，必不能盡讀，故徐恕訪書，有備而來。他不僅自携抄手，還"帶來許多珍籍"。由此可見，抄寫秘籍、比對版本是其主要目的。考查徐恕抄閱嘉業堂何種書籍，於研究其治學方法與學術思想大有裨益。然此種活動，劉承幹《日記》無任何記錄。翻檢史料，僅能從徐恕與同時代學者往來信函中窺見一二，兹將經眼文獻摘録描述如下。

（一）《張元濟全集》[①]收録"致徐恕（行可）"信函14件，其中4件與徐恕抄閱嘉業堂藏書有關：

---

① 《張元濟全集》第3卷，北京：商務印書館，2007年。

菊生先生賜鑒：別後辱書，并損惠書券，極謝。來潯，主人優禮。施君韵秋主書藏事，方爲張咏霓斠編《四明叢書》，勘訂精審，刻者促迫，嚴期竣事。恕籀書此間，勞其尋檢，爲覘寫生，惠我良多，撫己增慚矣。到此浹旬，廑校三卷本《菰中隨筆》，與行極副墨本互有短長。近看贛州本《六臣文選》，與貴館《叢刊》本無多同异。又略繕短書數種，尚未及明代史乘。景光飄忽，去日不及，纂鈔繁難，賅備匪易。先生通人，何以教我。……三月十七日　徐恕頓首拜手上

張元濟答函云：

行可先生斠席：三月十七日損箋捧悉。伏承搜秘潯溪，東南有美，至慰拳跂。……明清之際，作者如林，自遭禁網，湮没已多，端賴有心人及時掇拾，以彌一代文獻放失之闕耳。復候道履不一。張元濟　二十年五月八日

以上兩封信函作於 1931 年。徐恕到南潯不久，即致函張元濟，談及三事：1.受嘉業堂主人禮遇，獲書樓職員相助。施韵秋，名維藩，時任藏書樓編目員，周子美去職後，繼任編目部主任。徐恕查書、抄書得其幫助甚多，徐氏離開南潯後，二人仍時有聯繫。2.取嘉業堂所藏《菰中隨筆》《六臣文選》，與自携之本及通行本比對异同。《菰中隨筆》，清顧炎武撰。傳世有一卷本和三卷本。一卷本流傳較廣，民國間由商務印書館收入《叢書集成初編》。三卷本因有追懷明朝先帝、鄙夷滿清等違禁內容，清代僅在江南藏書家之間私下傳抄。嘉業堂所藏爲三卷本，乃嘉慶十六年（1811）朗山氏手抄。現存浙江圖書館，卷首有"吳興劉氏嘉業堂藏書記"與"徐恕讀過"兩款印章。現今所見三卷本還有：乾隆五十九年（1794）黃丕烈抄本，民國爲傅增湘收藏，後贈予山西省圖書館；咸豐三年（1853）潘道根抄本，後歸吳縣潘氏寶山樓；常熟趙氏舊山樓藏抄本。後兩種現存上海圖書館。徐氏信中所云"廑校三卷

本《菰中隨筆》，與行極副墨本互有短長"，未知其"副墨本"爲以上哪種版本。六臣注《文選》有贛州本和秀州本兩個系統，嘉業堂所藏宋贛州本，購自繆荃孫與書商柳蓉村，現存臺北"國家圖書館"，有"劉承幹字貞一號翰怡""吳興劉氏嘉業堂藏書印""徐恕讀過"等印章。《四部叢刊》所收爲宋建州本，乃涵芬樓所藏。二者同屬贛州本系統，故徐氏對校後，云"無多同異"。1937年，徐恕在與陳乃乾信函中談及此次對校，并以秀州本相詢："覆秀州本《文選》視《四部叢刊》本何如？直若干？恕在南潯，曾命人以贛州本校於《叢刊》本上。"①3.感嘆時間緊迫，纂抄不易。從二人信函往復中，可推知閱抄嘉業堂藏明代文獻，爲徐恕此行主要目的之一。嘉業堂所藏兩千部明刊本，被鄭振鐸贊爲"奇秘之寶藏也"②，云："如得劉物，則欲纂輯'明史長編'必可成功。"③蓋因其中多有不見載於《千頃堂書目》《明史·藝文志》《四庫全書總目》的孤本及罕見本，許多關於明代政治、經濟、文化乃至邊防的文獻資料，可用來補《明史》之疏漏。而600餘種明人別集中，被列入清禁書目的，據《嘉業堂藏書志》所錄，約有40種，這些藏書家們競相追逐的秘籍，亦爲徐恕看重。來南潯前，徐恕應與張元濟談過抄閱計劃。來後則深感史料繁雜，纂抄不易，時間有限，難以完備，向張元濟討教辦法。張氏用"以彌一代文獻放失之闕耳"勉勵之。兩月後，二人又通信進一步討論此事。徐恕去函云：

> 菊生先生大鑒：客居已逾四旬，比維動定清勝爲頌。恕來此迄書，清儒未刊遺稿已日不暇給，明代史乘，略抄其卷帙不繁、傳刻較少者，餘則精力、財力兩俱不辦也。徐恕再拜謹上　六月六日

---

① 虞坤林整理：《徐恕致陳乃乾信札十八通》，《文獻》，2007年7月第3期，第164頁。

② 鄭振鐸致張壽鏞函，（庚辰）1940年五月一日，劉哲民、陳政文編：《搶救祖國文獻的珍貴記錄——鄭振鐸先生書信集》，上海：學林出版社，1992年，第79頁。

③ 鄭振鐸致張壽鏞函，（辛巳）1941年一月十七日，第187頁。

張元濟答函云：

> 行可先生有道：康熙刻《寒支》，向入《違礙書目》，非真讀書者安能留
> 意及此耶。清儒未刻遺稿，及明代史乘罹於清初禁網而湮滅不彰者，俱
> 爲异日重修明史之要材，亦非先生莫能抉剔。其卷帙繁重者，似不妨錄
> 目備考，俟諸异日。南林爲吾浙勝地，嘉業所藏敻絕今古。未審先生能
> 留滯消夏否也？去冬假閱各書，如世兄已經閱畢，甚盼早日寄還。漸暑，
> 惟爲道衛重萬萬。不具。二十年六月十一日

由上可知，徐恕原擬就嘉業堂所藏，多閱、多抄清儒未刊遺稿及明代史乘。
爲盡快迻録書籍，徐氏除自帶抄手外，還出資請嘉業堂工作人員幫助抄寫。
因卷帙繁多，祇能"略抄其卷帙不繁、傳刻較少者，餘則精力、財力兩俱不
辦也"。張元濟則再次稱贊徐氏訪書抄書之意義，云此事若成，可爲來日重
修明史之重要史料，此與鄭振鐸之想法不謀而合。并據徐氏前封信函所言苦
惱："去日不及，纂鈔繁難，賅備匪易"，提出建議："其卷帙繁重者，似不
妨録目備考，俟諸异日。"張元濟與徐恕，年紀相差二十多歲，二人以書會
友，爲挽救典籍之亡佚、擴大圖書之流傳，切磋砥礪，其志可感，其行可
佩。

（二）徐恕與陳乃乾信函中亦有提到嘉業堂藏書。徐恕愛好搜訪名家批
校題跋本，"遇友好藏有名校鈔本，必商借録副"[1]。曾過録嘉業堂藏錢泰吉
校《後漢書》，可惜校記不全。後得知姚石子藏有錢氏校記全本，遂函請陳
乃乾代借："去冬以傳録嘉業堂本《後漢書》全帙寄上，敬托代假姚君藏本
補其未完具者。如蒙借到，求并前寄之書，統付欣夫兄轉寄南潯書手謄寫。"[2]
因未得到回復，徐氏同年十二月再次致函陳乃乾云："并附寄《後漢書》拾

---

① 倫明：《辛亥以來藏書紀事詩附校補》，第115頁。
② 《徐恕致陳乃乾信札十八通》，第160頁。

陸册,逐寫錢警石校語未竟者,倘得先生與姚石子君商假所藏副墨轉抄,即
乞以兩本代付約翰大學王欣夫君,寄南潯嘉業樓施韵秋君付前書手録之,則
全書可一律也,無任企懇。"[①] 仍未獲回復,於是轉托高吹萬,終於借成。爲
補全《後漢書》校記,歷時兩年,輾轉相托求借,必得之而後已。還要將借
得之書,托人轉交原來抄録此書的嘉業堂工作人員,以求過録本全書筆迹一
致。徐氏求書之執着,爲學之嚴謹,可見一斑。

(三)臺北"國家圖書館"藏書中,有九部同時鈐有"吳興劉氏嘉業堂
藏書印"與"徐恕讀過"印章,除上文提及的《文選》外,還有《楊氏易傳》
《易經静藴》《周易義叢》《周易會通》《像抄》《易參》《周易會通》等,同時
鈐有二家印章者,還有香港大學馮平山圖書館藏方實孫撰《讀周易》。以上
圖書,應均經徐恕翻閱,是否皆抄録則不得而知。囿於筆者經眼文獻有限,
徐恕在嘉業堂還抄閱、對校了哪些圖書,留待日後進一步研究。

三

徐恕抄閱嘉業堂藏書,所獲頗豐,而其携來的書籍,亦使時任編目部主
任的周子美先生獲益良多。據周氏晚年回憶:

> 1931年的春天,武昌徐行可先生至藏書樓來參觀,帶來許多珍籍,内中
> 有《慈雲樓藏書志》稿本數十册。余無意中發現其爲吾邑周中孚手迹,
> 即取《鄭堂讀書記》對校,乃知兩書實爲一書。於是作《慈雲樓藏書志
> 考》一文,約六萬字。[②]

《鄭堂讀書記》爲清代目録學家周中孚(1768—1831)所撰,仿《四庫全書

---

① 《徐恕致陳乃乾信札十八通》,第161頁。
② 周子美:《撰慈雲樓藏書志考》,《周子美學述》,第18頁。

總目提要》，收書四千餘種，近十萬言。周氏殁後，書稿歸朱爲弼。輾轉流傳，後歸劉承幹，民國十年（1921）刻入《吳興叢書》。《慈雲樓藏書志》乃上海藏書家李筠嘉之藏書志，因從未刊行，世所罕知，惟見於李之鼎《書目舉要》①：“《慈雲樓書目》，李筠嘉，原稿本。書藏武昌徐行可許，宜秋館録有副本，計六十四册。”《書目舉要》同時也著録有《鄭堂讀書記》，蓋時人以此爲兩部不同的書籍。據《日記》，《慈雲樓藏書志》先由李之鼎求售與劉承幹，其事未果，後歸徐恕。1930年徐恕拜訪劉承幹時，曾携該書首册，云是周中孚所著，勸劉氏石印。劉氏見書上有“上海李筠嘉筍香編次”字樣，認爲該書爲周中孚館於李家時代主人所作。

周子美經過仔細比對，認爲二者確實爲一書，均出自周中孚之手：“鄭堂既爲李氏撰《慈雲樓藏書志》，其草稿别録出，改名《鄭堂讀書記》，雖增减其字句，而大體什同八九。”②周老所撰《慈雲樓藏書志考》，民國二十一年（1932）發表於《圖書館學季刊》，其説爲同時及後世研究者廣泛認同。晚年，周子美憶及撰寫該文經過云：“李氏既亡，藏書即散，《慈雲樓藏書志》稿本入武昌徐行可處，後歸劉氏嘉業堂。”③查其所編《嘉業堂抄校本目録》，確有該書：“《慈雲樓藏書志》，六十卷，清李筠嘉著，舊抄稿本，四十六册。”④又查《藏書紀事詩》“李筠嘉修林”條，王欣夫先生《補正》云：“别有《慈雲樓藏書志》全本清稿，由武昌徐氏歸葉丈揆初。商務印書館以劉刻重印，而據葉藏補逸，姑爲全本，惜未用李氏原名。”⑤又查《中國古籍善本書目》⑥，上海圖書館藏有《慈雲樓藏書志》六十五册，書上鈐有“徐恕讀過”“曾歸

① 周貞亮、李之鼎編：《書目舉要》，上海圖書館藏，民國九年（1920）刻本。

② 周子美：《慈雲樓藏書志考》，《圖書館學季刊》第六卷第四期，民國二十一年（1932），第478頁。

③ 周子美：《撰慈雲樓藏書志考》，《周子美學述》，第18頁。

④ 周子美：《嘉業堂鈔校本目録》，上海：華東師範大學出版社，2000年，第37頁。

⑤ 葉昌熾，王欣夫補正，徐鵬輯：《藏書紀事詩附補正》，上海：上海古籍出版社，1989年，第631頁。

⑥ 顧廷龍主編，上海：上海古籍出版社，1992年。

徐氏彊迻""武林葉氏藏書印""景葵所得善本""合衆圖書館藏書印"等印章，并無嘉業堂藏印。綜上可知，徐恕將此書讓售與葉景葵而非劉承幹，葉氏後將其捐與合衆圖書館。20世紀50年代圖書館合并，該書最終歸入上海圖書館。《嘉業堂抄校本目錄》所載《慈雲樓藏書志》四十六册，曾經浙江圖書館陳誼先生目驗。據云書上有李之鼎宜秋館題記，若干卷末有抄手題記，并有李氏藏印及嘉業堂兩方藏印，證明此書確曾爲劉氏購藏（或爲李氏贈劉）。劉氏藏書散出後，此書曾輾轉傳至臺灣，21世紀初又爲國內學者購回。

四

劉承幹慨允徐恕久居嘉業堂抄閱圖書，免費提供食宿，甚至准許徐氏於已閱圖書上鈐蓋印章，爲近代藏書史不可多見的一段佳話。相識三十載，見面甚少，書信往來也寥寥，却能聲氣相投，實因二人皆執着於對傳統文化的維護與堅守，着力於對古典文獻的保藏與流傳。

二人有相近的藏書旨趣，重實用，輕版本。徐恕幼年師從黃陂劉鳳章，成年後則學無常師，全憑購書自學，故其藏書多爲治學之用，不以宋元版本爲求，所儲明清善本、抄本、稿本、批校本近萬册，多清人文集。鄭振鐸評價劉承幹藏書"着重在史料與實用，而版本書則爲附帶收下者"[1]。這與劉氏購書原則大有關係，他多次談及收書是爲使用："鄙意欲多收明刻、國朝人集部，以備瀏覽。此種書籍價不甚昂，倘一失之，即恐不可復得。"[2] "侄素於宋槧不甚經意，蓋所癖在書以備翻閱，并非癖其精槧以誇鄴架之珍。"[3] 故嘉業堂藏書亦多稿抄校本、明清人詩文集。

二人藏書不以自矜賞玩爲目的，意在流通古籍，嘉惠學林。徐恕云："不

---

[1] 劉承幹致張壽鏞函：（庚辰）1940年九月一日，《搶救祖國文獻的珍貴記錄——鄭振鐸先生書信集》，第141頁。

[2] 劉承幹致繆荃孫函：（癸丑）1913年九月廿四，《求恕齋函稿》，上海圖書館藏稿本。

[3] 劉承幹致陸純伯函：（壬子）1912年五月廿七，《求恕齋函稿》。

爲一家之蓄，俟諸三代之英"。劉承幹云："承幹生平嗜書，與世俗之珠玉貨財同。顧珠玉貨財祇可藏於己，不能公諸人，而書則可爲千百化身，以公諸天下後世，此其所以异也。"① 學者如有需要，二人皆不吝惜所藏，或供人借閱，或恣人録副。熊會貞修纂《水經注疏》，徐氏送所藏宋本《水經注》供其校勘；楊鍾羲編撰《雪橋詩話》，皆利用劉氏所藏清人文集。張元濟輯印叢刊，二人出珍藏以供影印。《四部叢刊》中《容齋隨筆》之《隨筆》《續筆》殘宋本，《敬業堂集》之原刊本、《續編》中《茗齋集》之詩集稿本，均係徐氏舊藏；嘉業堂藏《竇氏聯珠集》《漢丞相諸葛忠武侯傳》《重校鶴山先生大全文集》等亦被收入《四部叢刊》與《續古逸叢書》。王欣夫輯印《八年叢編》，二人不僅提供書籍刊印，更慷慨出資相助。類似情形，不一而足。

二人藏書最終化爲公有，澤被後人。1956年，徐恕先生將所藏六萬册古籍捐贈與中科院武漢分院。去世後，其子女承其遺志，將餘藏四萬册古籍全部捐贈。徐氏十萬册藏書現統歸於湖北省圖書館。20世紀30年代，劉承幹因經濟狀况滑坡，開始出售藏書，40至50年代，滬寓所藏精華俱去。1951年，藏書樓捐獻國家。嘉業堂藏書如今分藏於中國國家圖書館、臺北"國家圖書館"、澳門圖書館、復旦大學圖書館、浙江大學圖書館、香港大學馮平山圖書館、臺北"中央研究院"及美國普林斯頓大學圖書館等海内外圖書館與研究機構。

徐恕"不以貨財遺子孫"，將畢生所藏"化私爲公，歸之國家"；劉承幹"其一志爲古人續命，而無絲毫秘惜之心，求之古今藏書家，實罕其偶"②。兩位藏書家爲維護傳統文化所做的努力與貢獻，值得後世紀念。

---

① 劉承幹：《嘉業堂叢書序》，《嘉業堂叢書》，揚州：廣陵書社，2015年。
② 王欣夫：《嘉業堂群書序跋序》，《嘉業堂藏書志》附一，第1228頁。

徐行可與中國科學院圖書館[①]

鄭誠（中國科學院自然科學史研究所）

引　言

　　1951年2月，中國科學院圖書管理處改組，成立中國科學院圖書館（以下簡稱"科圖"）。中國科學院副院長、社會學家陶孟和（1887—1960）兼任圖書館館長[②]。中國科學院創建之初，設有哲學社會科學部，并非僅限於科學技術事業。科學院圖書館在收集科學技術文獻的同時，也入藏了大批中文古籍[③]。1954—1958年，中國科學院歷史研究所第二所研究員、原南京圖書館館長賀昌群（1903—1973）兼任科學院圖書館副館長，領導文獻徵集

① 本研究承蒙中國科學院圖書館楊福平先生、莫曉霞女生熱心襄助，復旦大學吳格先生多予指導，謹此致謝。

② 按1956年中國科學院院長爲郭沫若，副院長六人：陳伯達、李四光、張勁夫、陶孟和、竺可楨、吳有訓。參見《中國科學院1956年院本部組織機構》，中國科學院辦公廳編印《中國科學院年報1956》，第189頁。

③ 科圖大宗古籍，包括建館時期接收之原東方文化事業總委員會舊藏，後續獲得之原海關舊藏地方志，張鴻來舊藏字書、韵書，鄧之誠舊藏清初詩文別集，民初編輯《晚晴簃詩匯》（《清詩匯》）所用底本等等。"文革"之前十年間，科圖搜藏古籍二十餘萬冊，合舊藏總約近四十七萬冊。參見崔建英《中國科學院圖書館的中文古籍收藏》，《崔建英版本目錄學文集》，南京：鳳凰出版社，2012年，第359—361頁。

工作[1]。

1956年11月，賀昌群代表科圖，與武漢藏書家徐行可（1890—1959）簽定捐書協議。徐行可將藏書五百餘箱讓與中國科學院，交由武漢分院圖書館保存。1961年，這批圖書又自武漢分院圖書館轉歸湖北省圖書館。關於徐行可藏書捐獻科圖始末，各種已刊資料記述簡略，間有出入，來龍去脉究竟如何，莫得其詳。

中國科學院檔案館見存《圖書館1956—1958年有關徐行可先生捐書的函件》案卷，包括1956—1958年間徐行可致賀昌群、中國科學院圖書館信札八通，捐書協議原件，賀昌群及科圖致徐行可信札底稿，以及科學院內部通信、報告、備忘錄等等，凡31件[2]。檔案本身并不完整，往復書札間有缺失。存檔底稿與實寄函件內容有無重要出入，亦乏旁證。儘管如此，這批珍貴的檔案仍然提供了前所未有的豐富信息。

本文主要根據科學院圖書館檔案，結合已刊文獻，勾勒徐行可讓書科圖始末及後續事件。除引言、餘論，正文主體分爲五個部分：捐書緣起與轉讓協議、意外變故、藏書的移交與清查、《水經注疏》抄售問題、續捐圖書與借款風波。

一、捐書緣起與轉讓協議

1956年12月，《中國科學院圖書館通訊》本館簡訊欄目刊發一則新聞：

---

[1]　1953年12月30日，中國科學院任命賀昌群爲科圖副館長（編制在歷史研究所）；1958年，賀昌群因心臟病頻發，辭去科圖副館長職務，仍在歷史二所任研究員。參見《賀昌群（藏雲）生平及著作年表》，賀昌群《賀昌群文集》第三卷，北京：商務印書館，2003年，第672、675頁。關於1956年7月賀昌群赴大連調查“滿鐵”機構遺存文獻事，參見莫曉霞《訪書舊事——兼談近代三個侵華文化機構藏書的流散》，《國家圖書館學刊》2017年第3期，第102—108頁。

[2]　中國科學院檔案，編號A007–00512。按A007爲中國科學院圖書館檔案全宗編號。案卷512下分20號，實含33件。同一文件有手書草稿與打字稿者合計一件，則共有31件。

兩湖藏書家徐行可將其藏書捐獻科學院——徐行可先生是兩湖著名的藏書家，精於版本目録之學，五十年來搜集我國古籍六七萬册，其中不少有價值的稿本、抄本和名家批校本。尤以清代文集最爲豐富。徐先生爲了使他的藏書能爲學術界所利用，最近決定將其藏書捐獻中國科學院，由科學院武漢分院圖書館永遠典藏。科學院圖書館撥款二萬元爲徐先生生活補助。這批圖書對武漢分院即將成立的哲學社會科學研究所研究工作將大有幫助。現在武漢分院圖書館正積極準備接收，不久將印行書目提供有關方面參考。①

《中國科學院圖書館1956年工作總結》（1957年3月）"采訪工作"項下寫道："［1956年］我館賀副館長親往漢口與徐行可先生協商，接受其捐獻藏書80,000餘册，其中不少珍貴的抄本稿本及罕見的書籍。"②《中國科學院圖書館第一個五年計劃期間工作總結》（1958年6月）則謂："1956年，我館以20,000元報酬，購得了漢口徐行可藏書500餘箱，已撥交武漢分院圖書館。"③

葉賢恩《愛國學者、著名藏書家——徐行可》（2010）一文有云：

解放初期，董必武副主席在北京接見湖北知名人士，徐行可有感於新中國的變化，曾向董老表達捐贈古籍之意。回漢以後，意猶未盡，又專門給董老寫了一封長信，表達自己多年的夙願。後於1956年，徐行可向中國科學院武漢分院圖書館捐贈了五百箱六萬册古籍。爲感謝徐行可的義

① 《中國科學院圖書館通訊》1956年第11—12期，1956年12月，第23—24頁。按本刊介紹，中國科學院"武漢分院圖書館於今夏開始籌備，因武漢地區房屋缺乏，一時覓不到館址，暫借武昌中華路40號湖北省農業銀行三樓爲辦公地址"。
② 中國科學院辦公廳編：《中國科學院年報1956》，中國科學院辦公廳出版，1957年，鉛印本，第148頁。
③ 《中國科學院圖書館通訊》，1958年第7期，1958年7月25日，第1—2頁。

舉，當時武漢分院受書後，給他二萬元獎金。徐行可説："我是捐書，不是賣書。"隨後將獎金從北京古籍書店購歸一套善本《武英殿聚珍版叢書》631冊郵給科學院。1961年科學院所藏徐氏典籍亦悉數歸藏湖北省圖書館。[①]

陽海清《紀念徐行可先生向湖北省圖書館捐贈古籍50周年》（2010）談及：

半個世紀以前，武昌著名藏書家徐行可先生及其子女將一生苦心搜聚徐氏箕志堂全部古籍捐贈湖北省圖書館。先是，先生生前於1956年將其所藏五分之三捐贈中科院武漢分院；先生辭世後，其子女繼將餘下藏書及全部箱櫃捐贈湖北省圖書館。後在學界呼籲、本館爭取、省裏協調下，將捐給科學院之書移交本館庋藏，徐氏藏書終成完璧。[②]

按，1956年徐行可轉讓藏書類型、數量，以上諸家有八萬餘冊圖書、六七萬冊古籍、六萬冊古籍之别。捐贈五百箱，報酬兩萬元的説法則較爲一致。

徐行可與中國科學院的淵源，至少可以追溯到1954年。本年科學院圖書館購入徐氏所藏楊守敬（1839—1915）、熊會貞（1859—1936）遺著《水經注疏》抄本，以及楊守敬《古詩存目》稿本[③]。據1937年即參與《水經注疏》遺稿校補工作的李子魁稱，1954年徐氏將《水經注疏》抄本一部，以一萬六千元的價格賣給中國科學院圖書館[④]。1957年12月，科學出版社影印

---

① 杜建國主編：《不爲一家之蓄，俟諸三代之英——徐可行先生捐贈古籍文物50周年紀念集》，武漢：武漢出版社，2010年，第10頁。
② 杜建國主編：《不爲一家之蓄，俟諸三代之英——徐可行先生捐贈古籍文物50周年紀念集》，第122頁。
③ 賀昌群：《影印水經注疏的説明》，楊守敬纂疏，熊會貞參疏《水經注疏》，北京：科學出版社，1957年，第6頁。
④ 郗志群：《〈水經注疏〉版本考》，《中國史研究》2002第2期，第147頁。

出版徐行可舊藏《水經注疏》抄本，賀昌群撰有影印説明，落款時間爲1955年7月。不過在1956年之前，徐行可與賀昌群似乎并不相識，尚未建立通信聯繫。

早在1950年，徐行可即設法轉讓藏書，最初屬意的接收方乃是武漢大學。按科圖檔案内1956年12月22日徐行可致賀昌群書，追述讓書緣起，稱1950年欲將藏書贈與武漢大學，爲徐懋庸（時任武漢大學黨組書記）所拒。1954年，再申此議，邀請江橒（時任武漢大學黨總支書記）面談，後者態度消極，事遂寢[1]。信中徐氏以武漢大學藏書情形不佳，責備武大校長李達（1890—1966）難辭其咎。

1956年春季，徐行可設法接觸科學院，聯繫讓書之事，輾轉結識賀昌群。前引12月22日徐行可致賀昌群函云：“迨至今春，得見《光明日報》載貴院將在武漢設立分院，恕乃以獻書用心，白之方欣安局長，蒙爲代稟中共省委。逾時數閲月，省委諸公入京，得面先生，始辱惠箋，云樂予收受。”按，方壯猷（1902—1970），字欣安，歷史學家，時任湖北省文化局局長。徐行可始終希望向武漢本地學術機關轉讓藏書。

科圖檔案現存徐行可、賀昌群二人通信，時間最早者爲1956年7月18日徐行可致賀昌群書，係徐氏覆函。此前書札今俱不存。7月18日函中，徐行可告知洽談進展，介紹藏書特色，提出讓書條件：

> 昨晨，桂君質柏來傲舍，未得見，乃於新華書店外文門市部邂逅相遇。桂君乃以省委謝秘書所云出錢意相告。恕答以原無賣書意，一以鄂中乃父母之邦，學風僿野，出所藏弃，庶得有所開益。一以父祖檢誨之恩，垂意甚殷，而恕年近七十，未能承先人素業，無可報稱，敬以書獻，俾不肖之罪稍可末減。此四百櫥，無一宋元舊槧，而清代藝文略備。甲部

① 徐懋庸、江橒職位，據《武漢大學解放以後歷任黨委主要負責人一覽表》，參見吳貽穀主編《武漢大學校史（1893—1993）》，武漢：武漢大學出版社，1993年，第492頁。

書不爲今時所重，暫留篋衍。子史文集叢刻，較武漢大學、湖北省圖書館冊數自遠弗逮，而善本、要籍二者則過之。（如王重民編《清代文集篇目分類索引》[①]所收四百四十種，怨有其百分之八十。省館似不及五之一。大學則於寇難失其大半。）惟冀得備員分院，於所獻書許其就讀，以終餘年，實爲深幸。（按，行間加筆：桂君許以顧問，甚愜鄙懷。）

徐行可提出四項具體要求：本人備員武漢分院，擔任圖書館顧問；需三千元修繕武昌一處舊宅，擬用此宅存書二百櫥，自辦一圖書館名"文史參稽社"；推薦友人黃焯（1902—1984）、姻親黃清若[②]調入武漢分院工作。

按，桂質柏（1900—1979）時任武漢分院圖書館館長。"省委謝秘書"當指謝文生（1915—？），1956年7月時任湖北省委宣傳部秘書長，後出任武漢分院臨時黨組副書記、黨委書記，與徐氏藏書轉讓之事關係密切（後詳）。

8月15日，賀昌群方由大連返京不久，覆徐行可7月18日函（手書底稿），於捐贈事極表歡迎，告知科學院必出資酬謝；徐氏所提要求，皆可商量；對於徐氏擬自留之經部書，希望一并轉讓。賀氏轉述之具體條件又與徐氏前函略有出入，特別是多出闢紀念室一事，或出自7月18日之前徐氏佚簡。賀昌群覆函略云：

先生藏書乃數十年心力所寄，兩湖典籍淵藪。海源閣、鐵琴銅劍樓往矣，而尊藏則在宋元舊槧之外，又獨樹一幟，古今私家藏書未有［中略］先生願以家藏捐獻於科學院武漢分院圖書館，其事不僅有益於鄉邦，而功在國家也。科學院必有報酬［中略］尊函所提數事，如闢紀念室，入館

---

① 參見國立北平圖書館索引組編輯：《清代文集篇目分類索引》，北平：國立北平圖書館，1935年。

② 函內稱黃清若爲"舅婿"。或云黃清若爲徐行可妹夫，參見徐明庭：《老武漢叢談》，武漢：崇文書局，2013年，第245頁。

為研究員整理尊藏書□，介紹黃焞先生入圖書館參加工作。凡此三事，昌群個人以為皆可商量。分院圖書館負責同事，諒亦願尊重。

11月4日，賀昌群啓程前往武漢，與徐行可面談。檔案中保存了11月13日存檔之中國科學院編譯出版委員備忘錄，附有1956年11月8日徐行可與賀昌群簽署的藏書捐獻協定原件。備忘錄略云：

關於漢口徐行可將藏書五百餘箱獻給科學院事，説了很久，一直沒有解決。近來聞有書商到徐處活動，徐亦有獻書無門之嘆。若不迅速解決，很有分散的可能。因此我館賀昌群副館長於十一月四日啓程前往武漢。赴漢之前，曾將處理方針（給二萬元，書留武漢□）向郭院長（按，郭沫若）請示，郭院長同意，又曾在編譯出版委員會主任會議上討論過，也無異議。賀副館長到漢口後，經與徐行可先生談判，於十一月八日簽定了獻書協定，兹將協定附呈，請予備案。①

捐書協議凡六條，藍色打字稿一頁，末署賀昌群、徐行可二人毛筆簽名。全文如下：

一、徐行可（恕）先生願將漢口華實里三號藏書及武昌自由路藏書大小約五百餘箱捐獻於科學院。科學院對於徐行可先生捐獻其藏書之至意，願意接受，并表示感謝。

二、徐行可先生捐獻藏書時，聲明將保留一部分書②，以備平時參考。當

①　按1953年12月12日鄧之誠日記中提及"大雅（堂）李估來……在漢口，見徐行可藏書五百箱。"又1959年7月27日記云"同舍（按，聶崇岐）來，言：徐邢可（按，原文如此）已逝。即前數年來此，自言不作狗腿者也。"參見鄧之誠著，鄧瑞整理：《鄧之誠文史札記（修訂本）》，南京：鳳凰出版社，2012年，第766頁，第1170頁。

②　一部分書，手書補"一"字。

另列一目録，以備檢查。

三、徐行可先生捐獻之藏書，中國科學院交由科學院武漢分院圖書館永遠典藏，闢專室以爲其父祖紀念。科學院武漢分院圖書館應在兩個月後解決貯藏此批圖書之房屋問題。

四、中國科學院圖書館聘任徐行可先生爲該館研究員，月薪百五十元，并聘黄清若爲助理員，就地整理此批書籍，編製目録，另由圖書館調助手一人襄理之[①]。

五、中國科學院圖書館撥貳萬元以酬謝徐行可先生數十年聚書之勞，由徐行可先生自由支配。

六、徐行可先生參加科學院圖書館工作，自1957年1月起，徐先生整理工作亦（冈）[同] 時開始。一俟分院圖書館選定房屋，此批藏書即遷出徐先生住宅，徐先生工作或在家或在館。均可。

中國科學院圖書館　賀昌群[②]

徐行可　徐行可[③]

1956.11.8.

協議寫明徐行可捐獻藏書五百餘箱與科學院，由武漢分院開闢紀念室保存。科圖聘用徐行可爲研究員（月薪一百五十元），黄清若爲助理員，負責爲捐獻之書編目。科圖給與徐氏酬金兩萬元。徐氏并非捐獻全部藏書，有選擇保留之權，自存之書需另行編目，供科圖備查。按，條款未涉及具體選目，五百箱極爲籠統，捐書種類、數量（種數、部數、册數），皆未明確，留待編目後再行解決。至於黄焯加入科學院的提議顯然未獲成功。

金毓黻（1887—1962）與徐行可爲故交，其《静晤室日記》對徐氏捐書

---

① 另由圖書館，手書補 "另" 字。

② 賀昌群，墨筆簽字。

③ 徐行可，墨筆簽字。

科圖事亦有記載。1956 年 11 月 25 日，日記謂："接徐行可先生漢口長函，并托轉致賀君昌群一函，爲售讓藏書於科學院圖書館事。"11 月 27 日，金毓黻日記抄録覆徐行可書："致賀君書已送達，惟未晤面，聞出讓書籍及推薦黃君二事均已決定，榮君孟源知之甚詳。［中略］科學院在百家爭鳴政策中，搜求賢逸，方面頗廣，殊爲佳象，但延聘之程式頗簡，君子隨時卷舒，請勿拘於形式。"①

按，1942 年賀昌群受聘四川三台東北大學歷史系，與金毓黻一度同事。1952 年，金毓黻調任中國科學院歷史研究所第三所（後改名近代史研究所）研究員，又與賀昌群同在科學院工作。徐行可托付金毓黻轉交賀昌群之函當作於 11 月 15 日前後，今科圖檔案内無存。

捐獻協議簽定約四十天後，1956 年 12 月 22 日，徐行可致信賀昌群，請求四事：

（一）兩萬元尚未收訖，催促匯款。謂除三千元用於"完葺私宅工事，俾家人有所棲托"，不願更受一錢。計畫使用餘款一萬七千元補購未備書册，繼續捐贈。

（二）提出赴滬杭蘇寧四地，遍訪圖書館，雇人選抄善本，一并捐贈科圖。請科學院代爲開具公函，助其訪書。

（三）建議武漢分院藏書館舍選址珞珈山麓，方便徐氏本人及其學友利用資料。介紹六位友人，唐長孺、劉弘度、席魯思、劉博平、黃耀先（即黃焯）、張舜徽，多在武漢大學及華中師範學院任教，書存珞珈山最爲近便。

（四）再次推薦黃清若，稱非此君之助不能整理捐獻書目，希望分院禮聘，否則黃氏不敢辭去現任工作。

該信附有 1956 年 11 月 18 日孫實君覆徐行可札（用上海古籍書店信箋）。孫實君稱贊徐氏獻書國家，告以上海旅店均需預定，推薦漢口路東方旅社，請其示知來滬日期，"再來片所要之書已轉交郵購組矣"。按，孫實君原爲修

_____

① 金毓黻：《静晤室日記》卷一六一，第 10 册，瀋陽：遼瀋書社，1993 年，第 7313、7315 頁。

文堂主人，在滬經營古書業多年，公私合營後擔任上海古籍書店副經理。可知徐氏前信已爲上海古籍書店開具擬購書單，并知會赴滬訪書計畫。徐行可又在孫實君原信上附白數行，告知賀昌群擬自購製牙章一枚，并摹畫"科學研究院／武漢分院藏"陽文長印，詢問印章用字、大小是否得宜。

　　1956年12月23日，徐行可寄賀昌群明信片一枚，稱劉西孟（武漢分院圖書館副館長）來談，分院已在武大山麓僦舍爲藏書之所；劉西孟又隨其同訪黃清若。此兩事既有着落，前信所提匯款、出游訪書，皆可待移書事了，再作打算。徐氏通信地址，署作"漢口，江岸區，華實里三號"。

二、意外變故

　　捐贈協定簽署後不到兩個月，這宗藏書轉讓悄然發生變故，幾有夭折之虞。按1956年12月17日中國科學院編譯出版委員會備忘録（打字件）：

> 關於我院圖書館副館長賀昌群與漢口徐行可簽定獻書協議一事，我會曾於12月12日以編委會第91號函報院部請予備查。現據武漢分院謝文生同志彙報及武漢王云风（按，原文如此）給郭院長來信反映，徐行可係一書商，且個人品質極劣，原協定除允許其仍保留一部分藏書（但未列種類和數量）係一漏洞外，所定"闢專室以爲其父祖紀念"及"聘任徐行可爲院圖書館研究員，月薪百五十元"等款亦欠妥當。

"爲此經我會主任委員工作會議覆議後"，主要采取下列措施：
（一）12月13日打電報給武漢分院，原定將書搬出後，先付一萬元，今暫緩支付。長途電話告知謝文生決定精神。（二）科圖派出兩人赴武漢，協助分院清查徐氏書，根據調查報告決定兩萬元酬價是否恰當。（三）前述協議內兩項條款，"因與國家政策精神不盡相符，院不予批准"，"如在不闢專室、不聘爲研究員、酬價需要減少的條件下，徐行可不再捐獻或出售，此事即作罷論"①。

按，1956年11月，謝文生由湖北省委宣傳部秘書長出任中國科學院武漢分院臨時黨組副書記（黨組書記爲李達）；1958年1月任武漢分院籌備委員會副主任委員。同年6月，武漢分院正式成立，李達任院長，謝文生任黨委書記、副院長②。約在1956年12月初，謝文生向科學院彙報（原件未見），對徐行可捐書協定條款提出異議。

科圖總館早期與各分院、研究所圖書館爲領導關係；1956年6月底，院內宣布改爲業務指導關係③。換言之，本年6月開始籌建的武漢分院圖書館，也由武漢分院與科圖總館雙重領導，轉換爲受武漢分院單獨領導。捐書接收單位既爲分院圖書館，分院領導的意見相當重要。

備忘録打字件繁簡字體混用，原文"王云风"當爲"王雲凡"之訛。王雲凡（1909—1978），四川天全人，日本早稻田大學畢業；民國時期曾任記者、四川省政府秘書、重慶衛戍司令部主任秘書、西康省政府顧問，後爲民盟成員，1954年加入武漢市文史研究館；徐行可則於1953年加入該館④。科圖檔案中存有1957年7月30日中宣部轉來同年7月16日武漢市史料編纂委員會王雲凡舉報信一封（轉抄件），由科學院院部交與賀昌群代擬覆信。王雲凡函中斥責郭沫若委任徐行可爲科學院研究員，支給月薪一百五十元；稱徐行可爲"老書賈、奸商"，且文化水平低劣，反對科學院招其爲研究員。

---

① 按1956年中國科學院編譯出版委員會成員：主任委員陶孟和，副主任委員楊鍾健、尹達、周太玄、朱務善。委員有王竹溪、劉大年等十九人。參見《中國科學院1956年院本部組織機構》，中國科學院辦公廳編印《中國科學院年報1956》，第191頁。
② 中共湖北省委組織部、中共湖北省委黨史資料徵集編研委員會編：《中國共産黨湖北省組織史資料》第2卷，武漢：湖北人民出版社，1996年，第793—794頁。
③ 中國科學院圖書館編印：《十年來中國科學院的圖書館工作（1949—1959）》，1959年，第1—2頁。中國科學院文獻情報中心編印：《中國科學院文獻情報中心40周年（1950—1990）》，1990年，第34頁。
④ 武漢市政協文史資料委員會、武漢市文史研究館編：《武漢文史資料》第53輯《紀念武漢市文史研究館建館四十周年專輯》，武漢：武漢市政協文史資料委員會，1993年，第170—171頁。

據1957年11月17日賀昌群處理王雲凡來信情況的報告：王雲凡另有一函致郭沫若（檔案內無存）。按，此件當即前引1956年12月17日編譯委員會備忘錄所謂"武漢王云風給郭院長來信"。1957年9月，賀昌群在武漢解決徐行可捐書的遺留問題之時，派科圖館員楊承祺造訪漢口王雲凡宅，當面溝通。談話中，王雲凡羅列徐行可在日偽時期曾爲漢奸，待人不善，品質惡劣等事[①]；自稱對科學院給與徐氏讓書酬金兩萬元并無意見，但對徐氏獲得科學院月薪及研究員稱號表示异議。王雲凡又檢舉1957年1月徐氏私自通過武漢益善古籍書店出售幾部善本。賀昌群在報告中寫道，簽訂捐書協議之時，已與徐行可言明以後不得再行買賣藏書，故又尋訪武漢當地新華書店瞭解此事。調查證明，王雲凡所謂徐氏私自售書之說并不真實。賀昌群的報告還提及，從側面瞭解，王雲凡檢舉徐行可係個人私怨。王雲凡本人曾申請加入中國科學院，未獲科學院幹部局批准，故藉機發難，上書指責郭沫若。

因武漢方面謝文生、王雲凡二人提出异議，編譯出版委員會否決協議兩項條款，近乎要求毀約。這一意外變故，給北京的科圖總館與武漢分院圖書館帶來許多麻煩。

1956年12月16日，科圖中文采訪組組長武作成奉派到達武漢分院，參與接收徐氏藏書。按12月19日武作成致科圖辦公室主任蔡國銘函，此時協議變故仍屬保密，武漢分館知情者限於謝文生主任，正副館長桂質柏、劉西孟。

12月17日，劉西孟與蔡國銘通信，提出此前賀昌群所簽協議基本上已得到院的同意，協議"當場宣布過。如毀約，必須特別慎重"。并請蔡國銘告知領導意圖。

---

① 按閔孝吉《苣齋隨筆》記載，抗戰時期，忽聞徐行可在漢口以漢奸嫌疑被逮捕，爲之愕然。"即馳書友人問狀，旋知爲事起於某巨公，欲索其所藏書之某種，渠不應。以其通日語也，又嘗與日人之嗜漢學者往還，遂借事以陷之。書既出，徐君乃返華實里。"參見李南暉《森鹿三與京都大學藏鈔本〈水經注疏〉》，《中山大學學報（社會科學版）》2012年第4期，第33—42頁，第40頁。所謂徐氏爲"漢奸"之說，或源於此次構陷。

12月22日，蔡國銘覆函劉西孟，轉達科學院副院長、科圖館長陶孟和的指示：

陶副院長來電話指示，要我告訴您，武作成帶去的指示暫緩執行。現在光作兩件事，一方面瞭解書的情況，瞭解後由武作成徵求分院同志意見後，寫一書面報告；一方面請您向市①瞭解徐行可的爲人，并徵求省委、市委有關同志的意見，并綜合分院研究後的意見，寫一書面意見，然後院根據此兩文件討論後再作決定。後一條請考慮到給予"研究員"名義在地方發生的影響與"毀約"的影響作比較，這種利害的比較在北京是無法作得正確的。

舉報事件發生後，陶孟和作爲中國科學院編譯出版委員會主任委員，應當參與了該會主任委員工作會議，決定不批准協議兩項條款。由上述指示看來，陶氏并不贊成毀約，試圖轉圜。陶孟和對政治風向敏感，行事謹慎，有多方面的考量。

從藏書轉讓後續進展看來，兩萬元照數匯撥，未受影響；徐行可的武漢分院圖書館研究員名義也并沒有取消，然此"研究員"屬編外聘用，僅有月薪，并無正式編制；至於開闢紀念室、聘用黃清若入館編目均未見下文，似乎未能執行。

1957年3月29日，武漢分院圖書館致函賀昌群，告知接徐行可先生來信，急需漢口二曜路公費醫療證明，請示如何辦理，并附徐行可函一件（該件檔案內無存）。同年4月18日，科學院圖書館覆徐行可函（據底稿），謂酬金兩萬元，分院來函告知已結清。詢其藏書移交多少，是否告一段落，擬交五百箱是否清點完畢。公費醫療問題，告以因徐氏不屬於武漢分院編制，故分院不能發給醫療證；又因其身在武漢，無法在北京取得公費醫療證明。

---

① 市，原文如此。

三、藏書的移交與清查

徐氏藏書移交時斷時續，長達一年之久。自1956年12月開始分批移運，至1957年9月總計輸送四百零六箱。9月賀昌群赴武漢清查已運圖籍，10月4日撰成長達兩千字的調查報告。剩餘一百箱，雙方約定在農曆年內（即早於1958年2月18日，戊戌年正月初一）完成移交。

1956年12月17日，劉西孟致信蔡國銘，謂因徐行可生病入院，書籍僅運來一卡車，約五十餘箱，其餘均未運。12月19日，武作成致蔡國銘函，稱徐行可藏書僅運來平裝本及普通綫裝書，十分之九仍在徐家；徐行可挑選自留之書何時完成，亦無定數。

1957年1月9日，劉西孟致蔡國銘函，告知分館已派數人抄出徐行可藏書全部書目，請其標識捐贈之書；武作成所編善本書目，請總館寄一副本。1月12日，武漢分院圖書館致函陶孟和，報告徐行可藏書已整理出草目一部，"現正請徐先生圈定，決定捐獻之部分。同時徐先生也有部分西文書，因用途不大，故未列入。""草目一部另寄"。函件天頭有1月23日科圖采訪部主任趙燕生批語："陶老指示回一封信，説明目録已收到，目録請武作成同志看看。好書是否都在內。"按，所謂數人抄出之徐氏藏書草目，以及武作成編善本書目，皆未收入科圖檔案，科圖藏書內亦未查得，今不詳在何許。

1957年2月22日，徐行可致函賀昌群，告知移交進展："行可於舊年十二月下旬，即將獻納之書匯齊，都五百零五箱。外加面呈謝秘書長《明經世文編》《春秋集證》二箱。又散書拾餘冊（夏石農同志須參稽者）。"又云新購之內府本《武英殿聚珍版叢書》、李元陽刊《十三經疏》已續贈武漢分院。"行可年將七十，重以衰病，未能任事。"既收訖1957年一、二兩月科圖寄送薪資每月一百五十元，"此後乞勿更寄"。感謝"公家酬金二萬"。徐氏提出，"分院任事者於書目分類未當及善本鑒別未審者，自當竭其所知，效其綿薄也"。最後請求借用已捐贈之孫星衍《春秋集證》稿本，求許先校，俾可早日印行。

　　按，徐行可依照協議領取1957年頭兩月薪金（共三百元），繼而辭受三月以後匯款，原因不明。或許他對科學院方面的變故有所耳聞，或因自身未能按協議要求着手編製書目，故辭薪以示捐書不爲求財。

　　1957年3月8日，賀昌群代科學院圖書館擬復徐行可函，謂"所捐書籍五百餘箱已交齊，此事當從此結束"，因賀氏事忙、疾病，請徐氏改與武漢分院接洽後續事宜。按，1956年12月初，賀昌群代表科圖所簽協議爲科學院編譯出版委員會覆議否決，處境窘迫。賀昌群不再與徐行可通信，當屬避嫌。

　　此時藏書移交工作實際遠未完成。1957年3月11日，賀昌群致函桂質柏、張西孟（據底稿），詢問徐氏書已移運多少，徐行可提出什麼問題，接收有何困難需要幫助解決。3月16日，武漢分院圖書館覆函賀昌群，報告徐行可捐書進展：1956年12月12日開始運書來分院，迄今共收到二百三十九箱。箱子大小與裝五十條香烟紙箱相似。徐可行數月來身體屢次不適，至今未能交全藏書。已運來之書，五分之二爲西文、日文書及中文平裝書。目前争取從漢口再運百餘箱，從武昌運一百餘箱，總數應占全部藏書六分之五強，能否順利完成移運，尚難預料。

　　1957年3月20日之前某日，徐行可致賀昌群函，再次求借孫星衍（1753—1818）《春秋集證》。札云："買書五十餘年，惟此書與陳子龍《明經世文編》堪稱絶品"，"若孫氏之書，篋中尚有初稿殘書，亟應補鈔闕卷，俾成完書。即足本歸之分院者，尚慮中有脱簽，亦宜加勘對。"附寄長男徐孝寬手錄吳承仕（1884—1939，字絾齋）《大唐郊祀錄》校本二册。"聞齊公燕銘等念師門之誼，據輯絾翁撰著。董理之者爲陸君穎民，不審尚住前青廠否？門牌幾號乞示。將由貴院印布，故以郵呈，伏乞妥交。"拜托賀昌群將此過錄本轉交陸宗達（1905—1988，字穎民），爲編輯出版吳氏著作之助[1]。徐行可爲黃

---

[1]　按《吳承仕研究資料目録索引》列有《大唐郊祀錄箋識》（撰寫年月未詳）。參見莊華峰編纂《吳承仕研究資料集》，合肥：黃山書社，1990年，第282頁。

侃故交，陸宗達爲黃門弟子。黃侃與吳承仕同出章太炎（1869—1936）門下。齊燕銘（1907—1978）又爲吳承仕弟子，淵源在焉。

1957年3月22日，科學院圖書館辦公室致函徐行可（據底稿）：徐行可寄賀昌群副館長函并匯票一百五十元已由賀氏交辦公室，囑辦公室代覆。徐行可既退還三月匯款，辭受月薪，本館同意即不再寄送，并已通知分院圖書館。孫星衍《春秋集證》將交由出版機關印行，不便假借。

1957年9月，賀昌群偕科圖館員楊承祺再往武漢，清查已移交武漢分院圖書館的徐行可藏書。10月4日完成正式報告，信息相當豐富，全文如下：

關於徐行可移交武漢分院圖書的調查報告

從9月12日開始，我和楊承祺同志差不多每天都到珞珈山麓曹家花園檢閱徐行可移交武漢分院圖書館的書籍，特別是徐行可所謂善本書的一部分。到19日止，將善本書檢閱完畢。普通書正由分院圖書館幹部三人整理登錄，普通書登錄的全部工作，已進行五分之三，其餘五分之二約半年可以完成。今將檢閱徐書情況彙報於後。

徐行可已經移交分院圖書館的書，大小四百零六箱（尚有一百箱約定農曆年内交齊），共計五萬七千冊，其中英日文書約一萬七千餘冊，全是舊書。英文書中，古典文學書占大部分，各種詞典約八（萬）［百］二十餘冊，此外還有一些過時的舊科學技術書。

五萬七千冊書中，綫裝書約占三萬八千冊（連年内應交的一百箱當有五萬冊），已經登記整理的有一萬二千九百六十七冊，一千零四十四部（這裏面祇包括經史子集，叢書還未開始登記）。徐行可指定的所謂善本書全部一百九十八種，一千五百七十六冊。

徐書的普通書部分數量雖然不多，現在僅整理了五分之三。單就這五分之三看來，不論善本和普通書，都有相當高的資料價值，却沒有宋元板的書。除正經正史外，有下列幾點可以述説：

（一）清人詩文集最多，徐行可告訴我，他所藏清人詩文集的數量，占王重民編的《清代文集論文索引》的百分之八十。他移交的這批書中，清人詩文集雖比較多，但一定不是他所藏的全部清人詩文集。他究竟保留了多少，那要看清代文集論文索引所收的文集多少，他移交的全部清人文集有多少，現在都無法作統計。

（二）近代史的資料多，如《襄陽兵事略》、《武昌紀事》、《播變紀事》、《洗海近事》等，是與太平天國、貴州苗族戰事等有關的文獻。又如《洋防說略》、《初使泰西紀事》、《海島逸事》等，則與咸同間洋務有關，徐書中這類書不少，現在市面上很難見到。

（三）就現在移交的書刊，晚清西學東漸中有關數學的書亦不少，如光緒黃慶澄編的《算學報》，道光陳傑編的《演算法大成》，同治學海堂編的《數學精華》，資致堂編的《格物通》，以及明末清初耶穌會士艾儒略的《三山論學記》等，都是自然科學史研究的好資料。

（四）明刻類書如《山堂考索》《文苑英華》，以及彙編書如《皇明經世文編》、《紀錄彙編》等，都是好書。此外，明人稀有文集較多，如陳繼儒、徐渭、孫太初、朱賡等的文集都是比較難得的。

（五）徐行可的藏書中，以傳抄本、批校本、過錄本最為知名，亦正是徐行可以此冒充收藏家之名而其實乃十足的書賈市儈。他可以用各種手段設法把別人的稿本、抄本、批校本借來，用廉價雇人抄寫過錄，而以重價出賣。例如，他設法從熊會貞那裏把楊守敬的《水經注疏》原稿以廉價同時抄錄二部，抗戰前重價售與前中央研究院歷史語言研究所一部，解放後又以重價售與中國科學院圖書館一部。他的抄錄[①]日本人著的《世説（新語）音釋》，抄錄張穆未刊稿《北魏延昌地形志》，顧亭林未刊稿《蒜中隨筆》，沈欽韓未刊稿《水經注疏證》，都出於同一動機。這類書，他是絕不肯多捐贈的。他這次捐贈武漢分院圖書館的書中，也有一些稿本抄本，但僅有幾部。他自己説是做做樣子的，不然太不好看。

---

① 原文如此，當作"他抄録的"。

其中有孫星衍的未刊稿《春秋集證》確可珍貴，將來應當整理刊行。此外如咸豐時張曾撰的《歸綏識略》（稿本）、雍正時陳倫炯撰的《天下沿海形勢錄》（抄本）、丁晏的《山陽詩徵》（稿本）等亦是好書，但部數不多。徐行可并不肯多捐贈，他保留了不少的這類抄本、批校本的書。

現在徐行可已交了大小四百零六箱書，按照簽約，他還要再交一百箱書。他答應農曆年內交齊，看來他是不肯把他的好書包括在內的。這一百箱書如果交齊了，他所捐贈的綫裝書當有五萬冊，科學院給他兩萬元的補助費，無論如何是值得的。據徐行可自己說，這兩萬元，除三千元修繕武昌房屋外，餘一萬七千元他還將繼續買書捐贈分院，現在已買的《武英殿聚珍板叢書》及《平苗紀略》二種，共一千六百元，已從上海郵寄分院收管。對於徐行可自願以其餘一萬七千元繼續購書捐贈分院，我曾與分院諸負責同志討論，當聽其自便。

剩下的問題是徐行可的編制問題，徐本人現在并未列入科學院圖書館編制內，僅按月補貼他一百五十元，要他對這批書分類編目，作善本提要。這一年來，他因病并未照辦，但他要求公費醫療，這就涉及到正式編制。他們勸他，如果從此後不再對他的藏書繼續發生買賣行為的話是可以給他公費醫療證的，因為作為一個國家工作幹部，絕不能容許有買賣行為的存在。他說，在他這一百箱書未移交的期限內，他不出售他的書籍。如這一百箱移交清楚，他便可自由行動。我們堅決不同意他的這個意見。我們認為，如果他此後確實對他的藏書發生買賣行為，當加以警告一次二次之後，便停止按月付給一百五十元，在付給期間，他有隨時承當科學院圖書館所指派的工作的義務，如果他拒絕接受，亦須停止。

徐行可所藏抄本、稿本中有些是應當影印（或排印）流傳的。全國各大小圖書館所藏明清以來有價值的從未刊行的抄本稿本不在少數，建議應當由文化部出版管理局會同文化部社管局及古籍出版社、北京圖書館、科學院圖書館等進行會商，有計畫的整理印行。現在還缺乏這樣一個計畫。在這個計畫還未成立之前，建議首先由科學出版社將孫星衍的稿本

《春秋集證》整理印行。

以上各節，所陳是否有當，請指正。

賀昌群

1957年10月4日

由此可知，截至1957年9月19日，武漢分院圖書館實際接收徐行可藏書406箱，總計57000冊，包括中文、英文、日文舊書約17000餘冊[①]，綫裝書約38000冊。徐行可指定的善本書凡198種，1576冊。加上約定農曆年内交齊之100箱，綫裝書總量預計可達50000冊。

徐行可舊藏善本中，《水經注疏》（科學出版社，1957）、《明經世文編》（中華書局，1962）、《黃鶴樓集》（湖北人民出版社，1984）等書先後影印。20世紀90年代以降，《續修四庫全書》《四庫全書存目叢書》《四庫禁毀書叢刊》《四庫未收書輯刊》等四庫系列叢書問世，影印底本選用湖北省圖書館見存徐行可藏書一百餘種[②]。至於孫星衍《春秋集證》稿本，今藏湖北省圖書館，猶未印行流布。

四、《水經注疏》抄售問題

楊守敬、熊會貞合撰之《水經注疏》乃是《水經注》研究的集大成之作，長期受到學界關注。前引1957年10月4日賀昌群調查報告，稱徐行可將"《水經注疏》原稿以廉價同時抄録二部，抗戰前重價售與前中央研究院歷史語言研究所一部，解放後又以重價售與中國科學院圖書館一部"。1957年12

---

① 按賀昌群報告云"其中英日文書約一萬七千餘冊"。是否涵蓋中文書，表述模糊。前引3月16日武漢分院圖書館覆賀昌群函，謂運達之書五分之二爲西文、日文書及中文平裝書。可知"一萬七千餘冊"應包含西式裝幀的中文書。

② 杜建國主編《不爲一家之蓄，俟諸三代之英：徐可行先生捐贈古籍文物50周年紀念集》，第126頁。

月，科學出版社影印出版《水經注疏》，賀昌群在書前影印説明（署1955年7月，定稿或在1957年）中寫道：

> 現在影印的《水經注疏》稿本，是一九五四年中國科學院圖書館從武漢藏書家徐行可處購得的。徐氏説，抗戰期中武漢淪陷時，日人多方搜求此稿，向徐氏加以壓力，他百計回避，保全了此稿未落於日人之手，言下感慨系之，不禁泫然。這部稿本是熊會貞生前寫訂的，同一書手，同一時期抄録兩部，一部爲前中央研究院所得，曾擬交商務印書館校印，因抗戰停頓，書稿今被國民黨反動派劫運臺灣，另一部即此稿。①

按，賀昌群之説存在誤解，實際情況較爲複雜。以下綜合郗志群（2002）、李南暉（2012）對《水經注疏》版本問題的考證，略加辨析②。

按《水經注疏》今存抄本三部，一臺北本，一北京本，一京都本。

臺北本，今在臺北"國家圖書館"，來自楊守敬後人。該本用楊守敬家專門稿紙，1935年秋謄録完畢，作爲工作稿本歸熊會貞使用。抄録底本已失傳。熊會貞（1936年5月去世）生前將工作稿本轉交楊家，托付設法印行。1938年7月，楊守敬之孫楊勉之通過傅斯年將該本售與中央研究院，協議由商務印書館出版，後因戰事未果。此本輾轉運至臺灣，1971年臺北中華書局影印出版，題名《楊熊合撰水經注疏》。臺北本曾經熊會貞批校，是現存最完善的《水經注疏》抄本。徐行可從未擁有此本，更未將其售與中研院。

北京本，今存科圖，即1957年科學出版社影印之徐行可舊藏。徐行可與熊會貞友善，在1934年下半年到1935年初之間傭工抄成《水經注疏》副本一

---

① 賀昌群：《影印水經注疏的説明》，楊守敬纂疏，熊會貞參疏：《水經注疏》，北京：科學出版社，1957年，第6頁。

② 參見郗志群《〈水經注疏〉版本考》，《中國史研究》2002第2期，第133—150頁；李南暉《森鹿三與京都大學藏鈔本〈水經注疏〉》，《中山大學學報（社會科學版）》2012年第4期，第33—42頁。

部，謄録使用自印專門稿紙，書手筆迹亦與臺北本有別。徐氏又曾參考熊會貞批校本（臺北本），校訂自藏本第二十一卷。1954年，徐行可將自藏本售與中國科學院圖書館。賀昌群的影印説明稱"同一書手，同一時期，抄録兩部"。實際爲1934—1935年間，不同抄手録成兩部。1936年之際，楊勉之（熊會貞贈與）、徐行可二人各有一部，後分別出售。

京都本，今在日本京都大學人文科學研究所，係前任所長森鹿三（1906—1980）贈送。1943年夏秋間到1944年，歷史學者森鹿三先受華北綜合調查研究所指派在華調查，後負責主編"滿鐵"主持之《中國歷代地理志彙編》，向徐行可求索《水經注疏》。徐行可家居漢口，身處淪陷區，無法拒絶日方要求，乃雇傭抄手依自藏本（北京本）過録一部，售與森鹿三，是爲京都本。由於道德和政治壓力，戰後買賣雙方均諱言此事。

總而言之，賀昌群不明内情，誤認臺北、北京兩部《水經注疏》皆爲徐行可傭工抄成，先後售賣。賀氏未見臺北本原書，以爲與北京本出自同一書手。與此同時，賀昌群也并不知道，1943—1944年間徐行可曾據北京本録副，售與森鹿三，以應求索。

五、續捐圖書與借款風波

1958年10月11日，徐行可致信科學院圖書館辦公室，告知補助費兩萬元使用問題：修房三千元外，餘款一萬七千元，已爲武漢分院圖書館續購圖書若干種；街道政府要求借款八千元，拒之不獲已。

月餘前，江岸區車站路街政府知行可受取貴院酬金二萬元，尚有八千元未用，欲借分此款，作民辦工廠經費。行可告以此二萬元，僅受三千元，以副貴院厚意。餘萬七千元，既不容辭，願爲武漢分院續買書册，續以捐贈。去冬在上海古籍書店，選購清内府聚珍本《武英殿叢書》，價一千八百元。又在友人姚虞琴先生處，買得錢儀吉、繆荃孫正續《碑傳集》，價六十元。兩書由古籍書店裝箱徑寄分院。又在上海來青閣書店，買得明李元陽刊《十三經注疏》（原缺《孟子注疏》），價一百八十元。行可歸後，親送分院。賀館長昌群來武昌，曾以告之。此第一次續捐書始末也。別有續交小品書數種，不備述。

由此可知，徐行可自上海古籍書店郵購《武英殿聚珍版叢書》，自上海友人姚虞琴（1867—1961）購得《碑傳集》《續碑傳集》，又從上海來青閣書店購得《十三經注疏》李元陽刊本①，贈與武漢分院圖書館。前引賀昌群報告言及徐氏續捐之書尚有《平苗紀略》，當即徐行可所謂 "續交小品書數種" 之一②。

剩餘款項帶來了大麻煩。面對轄區街道借款八千元的要求，徐氏提出：

所餘八千元，當視爲公款，定明用途，未便以私意相借。街政府乃命行可作書與貴館，詢此款可否相借。行可乃作長函與之。以來商借時，曾同至武漢市政治協商委員會，會中錢文光組長及劉組長，亦勸行可借之。故函面寫明由街政府及市協商委員會轉寄（轉寄亦遵街政府意），諒已徹覽。

昨夜，街政府總委書記鄭君景亮命行可晤談，云以支援鋼鐵，仍欲借取此八千元。如貴院收回此款，由該政府所轄之第一紅旗人民公社償還。願立合同爲據。行可以前欲借此款辦工廠，其事緩，還款又在滿一年後，

---

① 按，《十三經注疏》嘉靖福建刻本，傳統上多以李元陽刻本稱之。該本實爲嘉靖十四至十七年間（1535—1538）福建提學僉事江以林校刻。參見李振聚：《嘉靖閩刻〈十三經注疏〉非成於李元陽考——以〈毛詩注疏〉爲例》，《閩學研究》2020年第3期。

② 此處有一問題，徐行可函中提及的大部頭典籍，款項合計二千零四十元，外加其他小品，總價姑且按三千元計，則擬用於購書之一萬七千元尚有一萬四千元，與八千元相差較遠。如自姚虞琴所購正續《碑傳集》 "價六十元" 實謂六千元（十與千筆劃近似），則餘款恰近八千元。然正續《碑傳集》乃當時通行之光緒宣統間刻本，市價絕不會高至六千元。存疑待考。

其期久。行可衰病日久，自知昏庸老朽，故前辭月薪。前函復請貴院收回此款。其已用之款，當將續購之書，續捐分院，以了此未受爲己有之一萬七千元之前訂諾言。故以前函相白。今則美、蔣兩寇，朋比思逞，兵禍當前，鋼鐵爲軍事所先，刻不容緩，其事急。街政府又訂明合同，由所轄第一紅旗人民公社償還，不致背約，其言必信。行可寓居此公社中，當受鄭總委書記領導，故以此八千元借與之。特此奉白，伏乞鑒察。

1958年8—9月間，徐行可試圖拒絕街道借款要求。徐行可時爲武漢市政協委員，故有前往政協之舉，但未能得到市政協同人支持，遂致信科圖求助，請其收回未用款項（檔案內無此信）。10月10日，街道領導面談借款，以支持“大煉鋼鐵運動”、響應國家號召名義施壓，徐氏已無力相爭。次日致信科圖，詳述用款借款始末，更有立此存照之意。按1956年讓書協議及1957年賀昌群報告書，科學院方面給與酬金兩萬元，供徐氏自由使用，并無附加條件。科圖方面恐怕不會認可“公款”之說，愛莫能助。

1958年10月11日的這封書信也是檔案卷宗中時間最晚的一件。九個月後，1959年7月9日，徐行可在武漢去世①。

餘　論

20世紀50年代是中國藏書史上的重要轉折時期，一大批重要的私家藏書化爲公藏。這一時期劇烈的社會變革，直接影響到徐行可藏書的轉移。檔案中態度、語言的變化，也可感受到強烈的時代氣息。從雙百方針、反右運動，到人民公社、大煉鋼鐵，1956—1958年間的一系列政治事件在文本背後時隱

---

① 李玉安：《高風亮節藏家風範　芸編飄香後世景仰——著名藏書家徐恕逝世50周年紀念》，杜建國主編《不爲一家之蓄，俟諸三代之英：徐可行先生捐贈古籍文物50周年紀念集》，第142頁。

時現。在高度政治化的環境下，初期進展順利的藏書捐獻，忽生變故，已簽署的捐書協議部分條款遭到否定，人事糾葛，觀念衝突，橫亘其間。最終經科圖方面努力，協議核心部分照舊執行，徐行可的大部分藏書完成轉讓，移送武漢分院圖書館。1958年的街道借款事件，則留下一道陰影。至於1961年武漢分院圖書館藏徐氏書轉歸湖北省圖書館始末，目前材料不足，研究有待將來。

2020年10月28日初稿

2022年2月24日修訂

　　補記：1980年3月30日，夏鼐致函《中國史研究動態》編輯部，對該刊1980年第3期發表之賀昌群傳（喬象鍾撰）提出修訂意見。夏鼐談及傳略遺漏賀昌群兼任中國科學院圖書館副館長時期的貢獻；賀昌群經手爲科圖購入鄧之誠、徐行可藏書，"但是他枉費心力，反而受到'不學無術'的人的批評，說他資產階級知識分子思想濃厚，說他以巨資購進徐氏藏書是浪費公帑。賀同志憤而辭掉副館長之職"。參見《中國史研究動態》1980年第6期，第33—34頁。

金毓黻與徐行可交往事迹鈎沉[*]

——《静晤室日記》輯抄

吴格（復旦大學）

　　近代史學家及文獻學家、東北史奠基者金毓黻先生，仿李慈銘《越縵堂日記》而撰《静晤室日記》（下簡稱《日記》），跨度四十載（1920—1960），字數五百萬，兼記學術與交游，保留大量個人及同時師友活動踪迹，其中記録與武昌徐行可之交往史料，足以引人重視。

　　金毓黻（1887—1962），字謹庵、靖庵，室名静晤室、千華山館等，遼寧遼陽人。1907年畢業於遼陽啓化高等小學，繼升讀奉天省立中學堂。1913年考入北京大學文科，1916年畢業，返遼寧任奉天省立第一中學、瀋陽文學專門學校等校教員十年。此後從政，歷任奉天省議會秘書（1925），國民政府東北政務委員會秘書（1929），遼寧省政府秘書長（1930），東北大學大學委員會委員、遼寧省政府委員兼教育廳廳長（1931）。"九一八"事變後，爲日軍拘捕，後經保釋，歷任僞滿奉天公署參事、奉天圖書館副館長（1932），"日滿文化協會"理事兼《滿洲學報》主編（1933），奉天通志館總纂兼東北大學史地系教授（1934）。1935年1月、1936年4月，兩度赴日本。1936年7月，化名返國赴上海。後經蔡元培介紹，任南京中央大學史學系教授兼行政

　　*本文係上海市哲學社會科學規劃一般課題"《江南閲書記》整理與研究"資助（課題批准號：2019BWY004）。

院參議。1937年4月，任安徽省政府委員兼秘書長。"七七"抗戰後，11月辭職赴重慶（入川經漢口時與徐恕正式締交）。抗戰期間，在川歷任中央大學史學系教授兼主任（1938）、東北大學東北史地經濟研究室（1939）、東北大學史學教授兼文科研究所主任（1941），後與李濟、傅斯年發起組織中國史學會，兼三民主義青年團中央幹部學校教授（1943），中央大學文學院院長（1944），國民政府監察院監察委員，仍任中央大學教職（1945）。抗戰後隨東北視察團前往東北，兼任教育部輔導委員會委員、清理戰時文物損失委員會東北區代表，視察東北文物（1946），改任國史館纂修、瀋陽博物館籌委會主任、國史館北平辦事處主任，兼任東北大學史學系教授（1947）。1949年1月，國史館駐平辦事處并入北京大學，任北大文科研究所教授，并至輔仁大學兼課。1952年9月，調任中國科學院歷史研究所第三所（近代史所）研究員。1962年於北京逝世。

徐恕（1890—1959），字行可，以字行。號彊誃、彊簃等，室名"箕志堂""桐風廎""臧棱庵"等，武昌人，近代學人及藏書家。近代湖北以學者兼藏書家而著稱者，首推宜都楊守敬及武昌徐行可。民國學人倫明《辛亥以來藏書紀事詩》列"徐恕"條，有詩文記曰：

家有餘財志不紛，宋雕元槧漫云云。自標一幟黃（丕烈）汪（士鐘）外，天下英雄獨使君。

武昌徐行可恕，所儲皆士用書，大多稿本、精校本。嘗舍南潯劉翰怡家二歲，盡讀其所藏。南北諸書店每得一善本，爭致之君。暇則出游，志不在山水名勝而在訪書。聞某家有一未見書，必展轉録得其副而後已。一切仕宦聲利，悉謝不顧，日汲汲於故紙。版不問宋元，人不問古近，一掃向來藏書家痼習，與余所抱之旨殆不謀而相合也。①

① 倫明：《辛亥以來藏書紀事詩》，上海：上海古籍出版社，1990年，第115頁。

當代學人馮天瑜先生述徐行可云：

> 與楊氏訪書東瀛相比配，徐行可則集五十年之力，傾其家財，嘔心瀝
> 血，窮搜遠紹，所謂"不爲一家之蓄，俟諸三代之英"。宋代雕板本、
> 元刻本，以及種種秘笈、善本皆入其搜訪範域。徐氏藏書以清人文集和
> 清代學者研究文字、音韻、訓詁、金石、目錄以及考訂經史百家的論著
> 爲特色。其中經部15000餘冊、史部25000萬餘冊、子部13000餘冊、集
> 部19000餘冊、叢部21000餘冊，含古籍善本、批校本、抄稿本近萬冊，
> 内有海内孤本、清代禁書、傳抄本、手批本，精金美玉，皆得於行可先
> 生終生不懈的訪求，顯示行可先生慧眼識珠的學術功力。行可先生的至
> 論是："不以貨財遺子孫，古人之休德。書非貨財，自當化私爲公，歸
> 之國家。"行可先生生前，曾將500餘箱60000冊圖書捐贈中國科學院
> 武漢分院（後撥歸湖北省圖書館），1959年辭世後，其子嗣又將餘藏
> 40000冊藏書捐贈湖北省圖書館，古器物、書畫、印章等7800餘件文
> 物捐贈湖北省博物館，變家藏爲國藏，發揮天下之公器的不朽功能。①

1949年前，金毓黻曾以學者身份參政，晚年則仍歸於史學研究。觀其
所著《中國史》《東北通史》《中國史學史》《宋遼金史》及所編《東北文獻
徵略》《渤海國志長編》《奉天通志》《遼海叢書》及《遼海叢書總目提要》、
《明清内閣大庫史料》（第一輯）、《文溯閣四庫全書書前提要》等，可知先生
之學術貢獻，主要在宋遼金史及東北地方史研究領域。披讀《日記》，又可
知先生雖由20世紀初新制教育出身，其學術志趣及著述仍與傳統學問聯繫密
切，故前人多稱其爲歷史學家兼文獻學家。因其重視文獻，故與藏書家兼學
者武昌徐行可長期交往。茲據1993年遼瀋書社排印本《靜晤室日記》，輯抄
金氏與徐氏交往事迹如次。

---

① 馮天瑜：《徐行可先生捐藏祭》，載杜建國主編：《不爲一家之蓄，俟諸三代之英——徐行
可先生捐贈古籍文物五十周年紀念集》，武漢：武漢出版社，2010年。

一

金毓黻與徐行可結交，始於其北大授業師蘄春黃季剛（侃）之介紹，民國十六年（1927）十一月七日《日記》：

不見季剛師已十一年矣，今日往謁於東北大學，相見之下，歡若平生。蓋先生頗賞余治學能謹守繩尺，本師説以爲學而不爲外物所圍。余亦以先生爲當代大師負有專門絕學，而不能與俗諧者也。……又謂漢口徐行可（恕）藏有林佶（字吉人）撰遼東故事之書，搜羅頗備，忘其書名，又係抄本，宜去函商借，如果得請，則所得之材料必不少。①

《遼海叢書》十集八十餘種，係金毓黻於民國二十年至二十三年（1931—1934）編成之東北史地叢書。叢書廣收歷代東北史地文獻，爲金氏中年用力湛深之作。較諸清代各省刊刻之地方文獻叢書，東北地方叢書之編纂較晚。白山黑水間歷代文獻彙於一編，即自金氏此編始。金氏爲編纂此書，網羅遺佚，徵書南北，公私收藏，窮搜遠討，同時師友，皆予關注，黃侃介紹武昌徐行可藏有清人林佶有關遼東故實之作，即爲一例。因黃侃介紹，遠在關外之金氏，與地處江漢之徐氏，由此開始長達數十年之交往。金氏最初通過夏蔓園向徐氏詢問江南藏書及刻書情況，民國二十一年（1932）六月十六日《日記》：

前托夏君蔓園購《南唐書注》，并詢《宋會要》已否付梓。夏君介徐行可恕先生以詢。頃得行可復夏君，《宋會要》未付梓，《南唐書注》亦無存本，自檢篋存之一部見貽。其厚意可感也，宜作復書謝之。②

① 《静晤室日記》卷四六，瀋陽：遼瀋書社，1993年，第3冊，第1963頁。
② 《静晤室日記》卷六六，第4冊，第2832頁。

《南唐書注》十八卷《附録》一卷，清周在浚撰，有民國四年（1915）吳興劉氏嘉業堂刻本；《宋會要》四百六十卷（有闕卷），清徐松輯本，亦爲劉氏嘉業堂所藏，曾經劉承幹重編，原有付刻計畫，後有民國二十五年（1936）國立北平圖書館影印《宋會要輯稿》傳世。金氏以研究所關，關注兩書出版，而徐氏與嘉業堂主人夙有交往，故能介紹兩書之出版狀況。值得注意者，"《宋會要》未付梓，《南唐書注》亦無存本，自檢篋存之一部見貽"，反映徐氏不僅諳熟圖書出版現狀，又能急人所急，忍痛割愛，以書爲贄，慨然以自藏本贈人之特性。

　　徐氏早歲留學東瀛，中年執教北京，俱爲時未久，平生居處大致未離華中，而每歲外出訪書，足迹徧於東南。徐氏因與嘉業堂主人同調，承劉承幹慨允，曾數度自滬前往湖州南潯鎮，登嘉業藏書樓而閱抄圖書，并與書樓管理員結交。劉氏《求恕齋日記》等記徐氏南下江浙訪書活動，已多經相關學人輯集。令人意外者，金氏亦有關於徐行可訪書嘉業堂之側面記錄，民國二十四年（1935）六月七日《日記》：

　　徐行可《即事次沈剛甫韵》云：
　　淫雨成川澤，炎歊有伏陰。芒芒真宰意，疊疊式微吟。北里驂湯社，南風仰舜琴。雅聲今不作，何以發天心。
　　澹薔無善政，况乃未休兵。在野蜚鴻迹，當關虎豹聲。今誰寬白著，念不到蒼生。袖手凝眸意，危心萬象橫。
　　大地山河動，金風滿意吹。禁書嬴肆虐，去籍孟興悲。傳沓如羹沸，晏安甘鴆糜。遷流終有極，持志視春時。
　　楚丘興衛後，好善紀干旄。叢桂王孫意，嘉魚君子情。循環成敗迹，泯息舊新爭。肉食難爲計，菟裘卹管城。
　　不盡興亡感，悠悠千載情。闕文尋孔論，足故擬班生。欲極三長蘊，非誇一坐驚。北裏容自矢，白水此心盟。
　　又一首云：

分難叨魯服，榮敢竊齊吹。素業寧晞志，凋顏詎減悲。程功勞樸斲，效
績等沙麋。擿埴非吾意，索涂當及時（注云：次前詩"麋"字韵，先得
四十字別爲一章，用申盉各之義）。

按，此爲徐氏前五六年之作，蓋爲江漢大水而發，語頗沉痛。後寫寄夏
君蔓圍，蔓圍又以示我。今者蔓圍墓草已宿，謹録此詩，以示嚮往云。[①]

按沈剛甫爲湖州南潯人，長期任嘉業堂主人之記室，恂恂温厚，嫻於筆
墨，流傳後世之嘉業堂鈔本，不少即出於沈氏傳抄。徐行可數度訪書嘉業堂，
除自帶助手抄書外，也有委托嘉業堂代抄者，故而與沈氏有交往，賦詩次
韵，足見彼此之惺惺相惜。

民國二十五年（1936）七月，金毓黻自日本返國，旋任教南京中央大學，
活動空間移至東南。八月二十八日夜參加同人餐叙，席間談及徐行可藏楊守
敬《水經注疏》，當晚《日記》：

晚，徐森玉、袁守和邀飯於泰豐樓，餚饌極精。座有朱逖先先生，談及
楊惺吾《水經注疏》八十卷已經其弟子熊會貞輯成，清稿存漢陽徐行可
手。此書亟應刊行而無人過問，何也？豈世無好事如劉翰怡之徒耶。近
年翰怡頗窘於資，不然早取而刊之矣。[②]

二

金毓黻與徐行可交游，初因《全遼備考》一書而起。金氏始聞其書於黄
侃，後獲徐氏以《全遼備考》抄本相贈，俾收入《遼海叢書》。其書雖未必
撰成於林佶之手，其事則爲金氏與徐氏訂交之緣由。署名林佶所撰之《全遼

---

① 《静晤室日記》卷八四，第5册，第3594頁。
② 《静晤室日記》卷九二，第5册，第3909頁。

備考》傳鈔本，係由滬上蟫隱廬主人羅振常代寄關外，金氏民國二十三年（1934）六月二十五日《日記》：

> 羅子經先生寄來書二種：一爲《古文辭通義》二十卷，羅田王葆心撰，鉛活字本；一爲《全遼備考》一册，不分卷，莆田林佶撰，傳鈔本。皆漢皋徐行可（恕）所寄贈也。余向聞黄師季剛言，行可有考遼東故實之書，久欲覓鈔而未即得，今春憶及此事，乃得致函行可借鈔，蓋欲收入《遼海叢書》也。兹忽介羅氏轉寄於余，且謂以原稿奉呈，而以《叢書》全部爲交換品，意至可感。
>
> 惟細檢《全遼備考》一書，乃《柳邊紀略》之别名，内容殊少異同，僅於每條之前加有標題，與原書不同，不知何故，易以新名，又以爲林氏所作，誠可怪也，豈書賈之作僞耶。按佶字吉人，號鹿原，侯官人，康熙進士，官中書，著《樸學齋集》，見《清朝耆獻類徵》百四十三，未言其著《全遼備考》也。此書前鈐四印，一曰"居巢李氏收藏"，一曰"桐風高緒虸疏録之書"，一曰"曾歸徐氏彊諉"，一曰"黄侃季剛"。據此，則又季剛師得之轉贈行可者也。……林氏，侯官人，而題作莆田者，或一爲原貫，一爲移居，否則有誤記耳。①

《全遼備考》初題清林佶撰，金氏得書後細閱，發現與清楊賓所撰《柳邊紀略》内容相似。此書撰者是否林佶，金氏起初存疑，後經比勘，因其内容與《柳邊紀略》略有異同，故仍收入《遼海叢書》第七集。由此書之辨證，金氏與徐氏往來信件見於記載，民國二十三年（1934）九月十二日《日記》：

> 徐行可先生來箋
>
> 靖庵先生譔席：前承手帖，郵路限絶，未由奉復。嘉業主人自丙寅後，

---

① 《静晤室日記》卷七九，第5册，第3358頁。

未刊一書。爾來家貲重有所耗，則尊意亦不必宣白也。春間讀某報，審有輯印《遼海叢書》之舉。五月中奉來薰閣轉到手教，以林吉人《全遼備考》擬爲縡刊，未得其書，徵及敝篋。即於其月十五日，以此書鈔本一册，寄羅子經丈代呈。以某報云"《叢書》所收《遼》、《金小史》即用子經丈藏本"，故以托之。此書多小注，移書費幾二十餅，此間鈔手又不易覓，故以原本奉鑑。書眉朱筆，爲季剛先生手寫。倘得刊布，不必見還。恕於東北史地素未究心，以收清代藝文，故此書乃歸插架。《叢書》何時可印，都若干册，定直幾何，統乞先示，《東北叢鐫》想必未續纂印。成美卿（蓉鏡）《切韵表仄聲》三卷，吳向之先生《唐方鎮年表》都未完，吳表有單行本否？成表有副墨否？恕於向之先生史表，僅得《唐方鎮表考證》二册、《兩宋經撫制撫表》四册，其最目能録示否？其已印者印於何地？均求示知，以便訪購。恕南歸三載，舊業益荒。先生生際斯世，尚復繫情翰墨，亂思遺老，逸志高躅，無任懷服。來箋布意，竚竢德音，恭訊著安。徐恕頓首上。七月十一日。[1]

此信有數節需略加説明：一是金毓黻於友朋往來書信之有關學術者，皆全文録入《日記》，以備查考，此法殊利於保存文獻；二則金氏最初致函徐行可，及徐氏郵書關外，均通過滬上蟫隱廬轉達，此爲民國間京滬著名書肆固有之讀者服務内容；三則徐氏所寄之《全遼備考》，因傳鈔需"費幾二十餅"，抄手又難覓，遂以原本奉贈。徐氏對此書雖不求償價，而十分關注《遼海叢書》之何時印成、定價幾何，《東北叢鐫》（雜志）是否續刊，已刊者是否有單行本等信息，蓋即金氏所謂"以《叢書》全部爲交換品"之意。民間藏書家聚書不易，方法多途，以書易書，最稱便捷。

金氏發現所謂林佶《全遼備考》，"實則楊大瓢《柳邊紀略》之易名，不過每節加標題爲不同耳"，雖未免失望，而對於黄侃之推薦、徐氏之贈書，

---

[1] 《静晤室日記》卷八〇，第5册，第3418頁。

實心存感激，民國二十三年（1934）九月十二日《日記》：

> 余前聞行可先生藏林吉人之未刊書，内詳遼事，疑爲著録八千卷樓之
> 《遼載》，故倩人覓求之。嗣經轉寄到《全遼備考》一册，署名林佶，實
> 則楊大瓢《柳邊紀略》之易名，不過每節加標題爲不同耳，余得之殊失
> 所望。續得此箋，詢問備至。人事倥偬，久未作覆，疏懶爲何如也。季
> 剛先生題識於《全遼備考》之内，此則極可珍重，且早聞先生言，始知
> 徐氏有此書，淵源所自，不可忘也。[①]

最後，金毓黻撰《全遼備考叙》以小結此題，民國二十四年（1935）四月七
日《日記》：

《全遼備考叙》

曩歲蘄春黃先生語余曰，武昌徐氏藏有林吉人談遼東故實之書，宜向其
借録，非遠不可致者。余聞斯語忽忽已十年矣。去歲遼海同人議刊叢書，
始浼滬上蟬隱廬主人展轉向其商借。一日，主人以赫蹏一卷遠道郵致。
啓緘視之，乃知徐氏以精鈔原本見假，署曰《全遼備考》，凡二卷，亦
即黃先生所見之本也。按《清耆獻類徵》謂，吉人名佶，一字鹿原，福
建閩侯人，康熙五十一年進士，官内閣中書，工楷法，文師汪堯峰，詩
師陳午亭、王漁洋，三氏之集皆其手寫付雕，世稱善本。所著曰《樸學
齋集》，而未言有此作。卷首題“莆田林佶”。莆田舊爲福建興化府治，
與閩縣爲二地，此豈其本貫歟？余考此書之内容，即爲楊大瓢之《柳邊
紀略》而小有异同，吉人賢者，詎能攘人之美以爲己作？此誠著述界之
一疑案已。以余所知，現行《柳邊紀略》有三種本，其一著録於《昭代
叢書》，其二著録於《小方壺齋輿地叢書》，皆不分卷。《方壺齋》本更

---

① 《静晦室日記》卷八〇，第5册，第3418—3419頁。

有節删，凡《昭代》本之分注，悉不之載。又如明代遼鎮邊外諸鎮之名，《昭代》本列舉最晰，船廠西之《金完顔婁石碑》，尤有關於史迹，且胥爲正文，而《方壺齋》本亦刈去之，此以求簡而陋，雖刻猶不刻也。近年又見《仰視千七百二十九鶴齋叢書》著録《柳邊紀略》五卷，其前四卷悉同《昭代》，惟第五卷則爲楊氏客遼東時所撰之詩，每與前四卷相映發，慨當以慷，聲情激越，爲吳漢槎《秋笳集》之倫類。語云“後來居上”，此之謂矣。徐氏所藏，既不异於楊作，惟將其先後次第，時爲易置割裂，冠以篇目。如諸本之論柳條邊者，此本分標三目，一曰“邊塞”，二曰“邊門”，三曰“邊官”。又如諸本之論東北疆域者，此本亦分標三目，一曰“邊地理”，二曰“地界”，三曰“盛京界”。又以前數行合於“邊官”一目，其所標“地界”、“盛京界”等字，皆自原文摘出，必連續讀之方可成章。其他如“廟”及“風土”各目，更不能包舉内容，尤多可笑。然書中數稱“余父”，又有“孔元昭挾私怨以陷余父”之語，此即指大瓠之父友聲先生被陷遣戍之事，若吉人有意作僞，何不將此等處加以删易？意者吉人凤喜鈔書，見楊氏之稿本，遂録而藏之，以其無篇題也，名曰《全遼備考》，下署“莆田林佶”，乃鈔者之自署，後來遂誤以爲作者之名，而幾同攘竊矣。如此説而不得實，則爲書賈之作僞，既易新名，又别署作者，更竄易前後，增入篇目，藉此以給閲者，理或有之，然而吉人賢者，必不肯出此也。余讀吉林英煦齋《卜魁城賦》，其自注凡九引林佶《全遼備考》，而皆出於《柳邊紀略》，是煦齋所見并同此本，而丁氏《八千卷樓書目》著録此書，亦題曰《全遼備考》。然則竄易改題，外間傳寫，其由來者久矣。且此書所紀，亦有爲《紀略》所無者，其叙述之詳略、字句之异同，更不可一二數。煦齋雖達官，亦自博雅，猶肯引用，是其面目尚可保存，故取與《紀略》并印，以與世人共見焉。方余未見是書時，以爲即林本裕之《遼載》，或黄先生誤記爲吉人之作也。本裕字益長，清遼東人，不詳其世，有《遼載》二十一卷《遼載前集》二卷，稿本未刊，著録於丁氏《八千卷樓書目》。丁氏之書後入江南圖書館，而檢其現目，乃無此種。及得見徐氏所藏，始知是二而非一，然不意其爲《柳邊紀略》之改題也。武昌徐氏名恕，字行可，其藏書之齋曰"彊簃"，與黃先生爲同省雅故。原書前鈐二小印，一曰"桐風高繡舒疏録之書"，一曰"居巢李氏收藏"，書眉有黃先生之批校。徐氏因蟬隱廬主人之托，肯以藏本千里見假，蓋以由黃先生豫爲道地之故，是尤可感也夫。[1]

三

抗戰之初，金毓黻離皖入川，途經武昌，滯留旬餘，與神交已久之徐行可初次晤面，并多所過從。金氏民國二十六年（1937）十二月二日《日記》：

徐君行可（恕）爲武昌藏書家第一，亦爲季剛先生之至戚畏友，余於十年前已知其爲人。所居在漢口華實里四號，午間往拜。初見如素識，坐談之頃，出所藏書及近作，恣余窺覽，可謂古貌古心，學道之君子矣。楊惺吾先生《水經注疏》爲畢生精力所萃，迄未成書，其門人熊會貞補成之，寫成定本，凡四十卷（楊氏自稱八十卷者誇詞也）。徐氏録副藏於家，今日出以視余。君謂日人曾出千金購其稿，而不之予。又有孫淵如《春秋長編》傳鈔本，亦極罕見。余行旅中，不暇一一詢覽，茲不過嘗鼎一臠耳。君告我陳伯弢先生撰《遼史索引》八卷，在其所著書中已刊。日人某撰《遼史索引》頗便尋檢，此可爲治遼史之助。君又出李鐵君墨迹一幀貽余，以其爲遼東先正也。君文典麗淵雅，取徑淵如、稚存，持論嚴，陳義高，不隨俗爲取舍，故落落寡合。有郎七人、女數人，皆令沈潛古籍，不入學校。長郎治禮尤有聲，此亦足見其所守。余遭變離，向牽於世網，未能竄身無人之鄉，壹志讀書，今晤君不覺自愧，又翻然

---

[1] 《静晤室日記》卷八四，第5册，第3554—3556頁。

悟其已往之失計也。徐君導余渡江至武昌坡，先造其故宅，在府後街
十五號，謂居此已三十餘年矣。又至架子坡六號訪劉博平、孫鷹若，皆
以外出不值，悵然而返。過江北至漢安里十七號李印泉寓，詢鷹若尚未
至，乃返徐寓。午餐之後，徐君又介陳醫勉公爲余醫面疤，旋別去。今
日君殷殷款余，過於所期，殊可感也。①

國難當前，滿目亂離中，金、徐二老，竟有此意外相逢。徐行可時年四十八
歲，金毓黻則年逾知命。金氏眼中之徐行可，乃一"古貌古心，學道之君
子"，嗜書如命，并樂與同好者分享，友朋自遠道來訪，雖爲初見，亦殷勤
周洽，熱誠款待，令人賓至如歸。金氏候船西行之滯留期間，仍時至徐宅閱
書。借書傳抄，往來頻頻。民國二十六年（1937）十二月三日《日記》：

向徐君行可假《遼史索隱》二册，期以數日内閱畢。午間仍飯於徐寓。②

越數日，金氏民國二十六年（1937）十二月八日《日記》：

兩至徐可行先生寓小坐，所藏有足本《問經堂叢書》凡三十餘種，爲繆
小山先生舊藏，向所未見，誠可寶也。又有孫馮翼集，忘其名，凡録文
二十餘首。君言倫哲儒藏有孫氏詩集，當名《灌木莊初集》，與陳某之
集合刊，稱曰《孫陳二先生集》是也。君欲借鈔余所藏《遼金正史綱
目》，即取付之。君有友人張氏名宗祥，字閬聲，別號冷僧，海寧人，
寄居漢口，喜鈔書，運筆如飛，日書萬餘字，皆蠅頭細書。徐君引余至
其家，以外出不晤。檢所鈔書數十種，多假之徐君者，中有《新唐書·
藝文志注》五册，原爲傅沅叔藏，余君嘉錫鈔以貽行可者，而張氏又自

---

① 《靜晤室日記》卷九四，第6册，第4044—4045頁。
② 《靜晤室日記》卷九四，第6册，第4045頁。

徐氏假鈔焉。據余氏序稱，係繆筱珊未刊稿，雖著墨不多，亦至可貴。又有陳仲魚所注《禮記》，未經付刊。又《續四部叢刊》所收查伊璜《東山樂府》，亦張氏鈔自行可者也。此書原出嘉業堂劉氏，行可鈔得之，以假之張氏。今檢卷首題"據海寧張氏傳鈔本"，而未注出自劉、徐二氏，是不免有攘善之譏矣。今日於故籍頗有所獲，光陰爲不虛度。①

金氏所述"足本《問經堂叢書》凡三十餘種"，確乎稀見，《中國古籍總目》所著錄者，僅初印八種本及二十七種本；而"又有孫馮翼集忘其名，凡錄文二十餘首"者，孫氏字鳳卿，即《問經堂叢書》編者，其《灌沐莊初稿》不分卷，清嘉慶間刻本，現除國圖藏本外，未見他館著錄。又近代學人、浙江圖書館前館長張宗祥先生夙以勤於抄書著稱，抗戰爆發時正寓居漢口。《日記》對於張氏客居期間與徐行可一瓶往還、借書傳鈔之記載，保留了可貴的目擊史料。

相聚數日後，金毓黻溯江西上，匆匆往徐宅告別而未遇，爲此依依惜別，再次稱道徐氏爲"真今之古人也"。民國二十六年（1937）十二月十日《日記》：

> 余定於今夜離漢西上，往別徐行可，不值，而有無限之感。蓋與君非素識而歡若平生，萍水相逢而能肝膽相照，真今之古人也，遂不勝其惜別之意。設余能留此，必與君時時過從，而從其受教。乃相處不過旬日，匆匆別去，其感慨爲何如哉。②

金毓黻西行至宜昌，又復滯留十餘日，其間曾致函徐行可，介紹旅行狀況，民國二十六年（1937）十二月二十五日《日記》：

---

① 《静晤室日記》卷九四，第6冊，第4047—4048頁。
② 《静晤室日記》卷九四，第6冊，第4048—4049頁。

致徐行可箋

行可先生道席：一昨轉徙到武漢，本擬近依光采，爲閉户讀書之計，乃以環境太劣，生計迫人，不憚遠行，倉皇西上。言念君子，於邑如何。十一日由漢啓碇，十五日晚達宜昌，在此候輪赴渝者無慮萬人，旅舍充溢，無插足地，略如武漢。嘆我生之不辰，傷邦家之不造，桃源難覓，樂土焉求，來日茫茫，正不知税駕何所也。某之此行，擬由重慶轉至成都，登峨眉山，臨自流井，然後南入滇、黔，一觀點蒼、鷄足之勝。干戈漸息，道路稍通，再返渝城，重理故業。預計程途，非三閱月不能畢，豈意行未千里，而遽患濡滯乎。近日私心所不能釋然者：其一則妻孥八九口。半在匡廬，半在漢口，處境皆非甚安，今既孑身遠逝，脱然無累，亦姑置之；其二則行篋存書，多屬東北掌故，《遼寧志稿》亦在其内，訪鈔諸本，允多史料，徒以移置不早，付諸若存若亡，每一念之，至於廢餐忘寢，所謂謀之不臧，於人無尤者也。不識先生何以教之。某在宜三、四日後，約可成行。到渝之後，舍館有定，再行函達。拙藏《遼金正史綱目》計已鈔畢，小兒長佑現寓漢口，去尊寓甚近，已飭其趨請啓誨，并請以全帙付之，當可托人寄渝也。時際嚴冬，風雲日急，尚祈順時珍重，不盡欲言。晚學某拜上於宜昌旅次。[①]

抵川以後，金毓黻與徐行可仍聯絡不斷，民國二十七年（1938）二月十二日《日記》：

徐行可假去之《遼金正史綱目》已由振兒帶來。又明、清二代東北史料多已攜來。續撰《東北史》略有依據，亦可幸慰矣。[②]

民國二十七年（1938）三月九日《日記》：

---

① 《静晤室日記》卷九五，第6册，第4059—4060頁。
② 《静晤室日記》卷九六，第6册，第4096—4097頁。

（整理書籍，置於架上，以便尋檢。……又致漢口徐行可一箋。）

再致徐行可箋：

前在宜昌，寄奉一箋，略道旅途困狀，不知以何時得達。走在宜滯留十餘日，新曆年終，轉至萬縣。又留三日，再西航，一月四日始抵重慶。溯由漢皋出發，已將及一閱月矣。到渝未久，又轉赴自流井、成都、灌縣等處，一爲訪友，一爲游覽。又經廿餘日，仍返重慶，時當二月有半，亦舊曆正月初旬也。頃移居沙坪壩，既已屏絕百事，頗能溫理故書。第以此間圖書館藏書極少，各書肆亦絕少可購之書，每有易得必需之籍，多方求之而不能得，此最感困難者也。《遼金綱目》八卷，已由漢口寄到。首冊經先生點校而未終業，豈以時促之故耶？由尊處假來之《遼史索隱》二冊，此書未見他本，萬不獲已，僱手鈔寫，需二十餘金，再過半月，始能竣工，遇有妥人，乃可托寄，否則恐致遺失。走得一家函，由牯嶺至此，兩閱月乃寄到，其遲滯可想矣。近聞武漢大學已他遷，伯平能否同往。孫鷹若旅居武昌，殊非久計，未識已否他往，所携章氏遺稿，已著手整理否耶？走前撰《東北通史》，僅成三分之二，擬在蜀中續輯，暫就所能考得者録入，餘俟來日補訂。假以半年之力，當可成編，所慮干戈搶攘，未許從容命筆耳。知念附及。①

所幸上下江交通未斷，書信雖遲猶可抵達，金氏民國二十七年（1938）四月十九日《日記》：

前假徐行可之《遼史索引》二冊，已覓手抄竣，托卞宗孟帶往漢口，并行可托書之便面一并帶去，惟未及作函。②

———————

① 《静晤室日記》卷九六，第6冊，第4110—4012頁。
② 《静晤室日記》卷九六，第6冊，第4132頁。

未久，金毓黻又得徐行可漢口來書并所鈔孫鳳卿《鄭學齋文稿》。兵戈擾攘中，徐氏仍不忘爲金氏續編《遼海叢書》搜羅底本。民國二十七年（1938）四月二十三日《日記》：

> 得徐行可漢口書，并鈔寄孫鳳卿《鄭學齋文稿》一册，著録之文凡二十首：一、《許慎〈淮南子注〉序》附《序〈畢萬術〉》；二、《桓子〈新論〉序》；三、《魏文〈典論〉序》；四、《〈皇覽〉序》；五、《司馬彪〈莊子注〉序》（此皆見於《問經堂叢書》者也）；六、《重刻〈孫樵集〉序》；七、《家父介公廷試策跋》（皆向所未見）；八、《〈四庫全書輯永樂大典本書目〉序》（此余曾輯入《遼海叢書》者也）；九、《樂安孫氏〈譜略〉序》；十、《三雅考》；十一、《漢乙瑛碑跋》；十二、《漢碑穿文考》；十三、《吳天發神讖碑跋》；十四、《宋普生泉井闌刻字跋》；十五、《元趙孟頫書劉伶〈酒德頌〉真迹异同考》；十六、《〈京畿金石考〉序》；十七、《先公行述》；十八、《〈忠愍侯祠堂書目〉序》；十九、《記滇南諸苗》；二十、《記打戥》（亦爲余所未見）。徐氏曾得孫氏家刻本，去冬余在漢見之，商而抄得者也。鳳卿名馮翼，先世於明初居臨榆，後乃移居瀋陽。其父曰秉，以甲科累官貴州巡撫，久宦於江南。鳳卿隨父之任，遂流寓江南不歸。今其後裔若何，已不能悉。所集刻《問經堂叢書》最爲有名，聞其所著書曰《灌木莊初稿》四卷，與一陳姓合刻，稱《孫陳二先生集》，余求之多年不能得。今由徐氏得此本，題曰《鄭學齋文稿》，是否爲《灌木莊集》之一部，無由考定。然其爲吾鄉先正之遺籍，至可寶貴，則無待言者矣。余方思續刊《遼海叢書》，已搜得數種，合以此卷，更能爲之生色。所慮邦家多難，未遑安居，能否實現，尚未可必耳。①

---

① 《静晤室日記》卷九六，第6册，第4134頁。

金氏於同日《日記》附錄徐行可來函，獲聞徐氏困處淪陷區猶不廢讀書情景：

徐行可復箋（三月二十日寄自漢口）

承惠兩箋，闊然久不報，無任歉仄。審近復施教上庠，得此人師，爲學子慶。今時庠序，橫教所出，橫民所止，以教本師資，兩俱失之，國步斯頻，有由然矣。安得如先生者，化億萬身，隆德、隆智，二者兼進，則中國之亂庶有豸乎。別來既改歲，已復春中，恕荒落未理舊業，僅從一書賈假讀所收馮己蒼抄校《潛夫論》，其《述赦》篇云"孺子可令妲"，汪氏箋本誤仞爲"姐"，乃以《說文》"□"字釋之。各本皆作"妲"字。古人以此字入文者，如顏延年《庭誥》云"妲語以敵要義"，即其例也。韓文公《張徹志銘》語云"銘以貞之，不肖之呾"，音義并同。以此證之，汪氏爲鹵莽矣。楊陸榮《遼金正史綱目》，書名既不雅馴，"正史"二字尤謬，以史文勘之，復多違異。擬就張君冷僧鈔本斠錄，寄奉教定，俟之來日，惟期不吝施誨耳。《鄭學齋集》，移書寄贛。清閟孫氏手校《淮南子》，前以卌餅得之扈瀆，僅以《道藏》本校异文，別無考訂也。博平無西上意。鷹若校印《章氏文稿》來月可畢。恕戚友文君伯魯頗富藏書，在重慶華光廟街（又名都郵街）開貿同福春藥肆，儻以恕此書往就訪之，必蒙延接。率白。①

五月間，金毓黻回復徐行可來函及贈書，民國二十七年（1938）五月十九日《日記》：

（午間承黃耀先邀飯於沙坪。衡兒回城。作函復徐行可。）
復徐行可箋：
曩者敝眷入川，抵此月餘，始由衣簏中檢出尊札，及鈔贈孫鳳卿《鄭學

————————

① 《靜晤室日記》卷九六，第6冊，第4135—4136頁。

齋文稿》。發緘快讀，如晤對一庭，其樂爲何如也。往見楊惺吾先生《叢書舉要》，著録孫氏所著書，曰《灌木莊初稿》，而北平通學齋主人孫君所見之本亦然。訪求數年，迄未能得，不曉鄴架藏本，何以名"鄭學齋"？校其所録之文，凡二十有一首，中五首見《問經堂叢書》，一首見《遼海叢書》，餘十五首則向所未見。然孫氏之作，必不止此，文之外或又有詩，既不可驟得，此戔戔者亦當以瓌寶視之矣。嘗病并世藏書家，多閟惜珍本，不肯與世人共見，久之付諸兵燹劫灰，而世人亦終不可得而見，譬之埋寶窖金，其愚至於無等。獨有先生時時以所藏示人，且千里付郵，曾無吝色，此豈可望之於今人耶。感領之餘，彌用敬佩。頃因尊札啓示，得讀顏氏《庭誥》，尋其理致湛深，殊非黃門《家訓》可及，願寫一通，懸之户牖，藉以督教子弟，又與《柏廬格言》有雅俗之判矣。自念造文之粗鄙，由於喜誦常文，不究音訓，久而與之俱化，以致俗深入骨而不可醫。昌黎謂非三代兩漢之書不敢觀，實文家甘苦之言，非老於其事者不能喻也。近苦無書，如饑鷹待飼，重承紹介，即往拜文君，托其潤漑，已獲慨允。此後當有所采獲而可供一飽矣，謝謝。前在冷僧先生架上，得見繆氏《唐書藝文志考證》，雖著墨不多，寥寥可數，而其中必有可供研討者。且《隋志》以後，考證經籍、藝文者，除此書外，絶未一見，政自可珍，如荷將史部各條，覓書録寄，亦足以沾丐儉腹也。以此爲請，不敢過望。前托下君携還之《遼史索隱》及便面，想荷檢收。拙撰《史學考略》計分十章，約十餘萬言，撰稿已逾半，秋間乃能畢功，已爲檢出一份，覓便寄上。再，舊撰《東北通史》稿，僅得三分之二，餘俟時局安定再足成之，以其紛亂難理，容俟异日請正。國難日劇，敵氛益深，東望泗淮，莫名憂憤，試檢往史，摧毁文化最烈者，厥爲兵禍。吾儕於文化未能盡瘁，而深懼陸沈淪胥之禍。不識先生何以教之。所懷萬端，未能盡吐，復書奉訊，即惟珍重不宣。①

① 《静晤室日記》卷九七，第6册，第4155—4156頁。

金氏前過漢口，徐行可導游張宗祥寓所，獲見繆荃孫所撰《唐書藝文志考證》，因其書稀見，故托徐氏傳抄。未幾，徐行可托赴川之劉伯平帶到此書。民國二十七年（1938）六月二十一日《日記》：

> 劉伯平來自武昌，轉赴嘉定，未得晤。徐行可托其攜來《唐書藝文志注》四卷，爲傳鈔本，余前曾向其借鈔，故以全帙見寄，是可感也。①

又金毓黻在川獲見上海商務印書館出版之明陶宗儀編百卷本《説郛》（六百十六種），此書係張宗祥據涵芬樓藏明抄本彙校而成，而張氏即曾經徐行可介紹始與金氏相識者。民國二十七年（1938）七月十日《日記》：

> 商務館印交《説郛》一百卷，出於海寧張冷僧（宗祥），即余前在漢口經徐行可介紹所識者也。冷僧喜鈔藏秘笈，如查東山《罪惟録》、《東山國語》，皆爲其舊藏，張菊生取以入《四部叢刊》三編者。《説郛》原本則爲明抄，所據非一本，經時六年，乃成完書，此冷僧勤於鈔書所得之結果也。余嘗欲爲《説郛》撰考證，卒卒無暇。通行本《説郛》雖爲明刊，然以清代忌諱，多經抽換，故非廬山真面。余嘗細核兩書，不無异同，究以抄本爲佳，張氏之嘉惠來學，亦大矣哉。②

民國二十七年（1938）八月末，金氏又有致徐行可函。八月二十九日《日記》：

> 致曹素岑、徐行可各一箋。③

---

① 《静晤室日記》卷九七，第6冊，第4176頁。
② 《静晤室日記》卷九七，第6冊，第4185頁。
③ 《静晤室日記》卷九七，第6冊，第4206頁。

同年九月間，金氏於《制言》第五十三期獲見徐行可文，遂手録徐氏《與明照論治〈通鑑〉書》文，民國二十七年（1938）九月二十七日《日記》：

……入夏後，舅婿黄君清若約議同讀《通鑑》，間日一來寓舍，裁及廿卷，粗有甄明可舉似者，以《鑑》文雖極條理之功，而不無漏失。胡氏新注長於地理，而説輒昧其本訓。其墨守一往注例，於微辭繫事，因文定詁，即本書可見者，不加綜會，爲令備悉，而顧自謂其博反約未能。又不集群書衆體之長，別綴圖表，屬緝名彙，備論法制經變，以捄其中失，俾學子省兩讀之煩，收旁通之益，亦其一蔽。第以身丁喪亂，始爲廣注，既失初稿，重事定著，卒得復完，成斯大業，則拘墟偏爽之病，不得以議胡氏。宋室顛隮，尚餘此浙東一老，祖述家業（注叙云然），構會甄釋，以縣國史之緒於不墜，今也則亡。辛壬以來，政教失，治學交敝，而經制未盡革易，邪説未大昌披，古文典册猶未輟誦習也。近則推摧一切矣。不鑒往以資治，顧絶學以召亡，故曰不知《通鑑》，則不知自治之原、防亂之術。胡氏叙其《音注》云爾，今不其驗歟。大廈之將危，難支於一木；曲突之先識，終絀於爛焦。居今稽古而希效用於當世，執斯二喻，能近取譬已，第不爲無益，孰爲有益。胡氏兩爲音注，不以蒙兀兒之猾夏而中廢，以開迹於來兹。踐迹有作，則嚴永思氏當明末造，年逾四十，始肆力温公之書，佐以及門談子，歲星再周，《補鑑》以成。其變更舊文，雖未盡善，而翼贊之功，胡氏後一人也。若清儒陳少章、錢竹汀、趙琴士訂注之書，少者僅盈一卷，多者裁及四册，爲不備矣。江鄭堂有《通鑑訓纂》，阮伯元爲之叙，見《揅經堂集》，而其書不傳。程其功而不襲其迹，故擬《刊正通鑑定本指例》廿二事，以之發意。臣精銷亡，踵迹未能，述者之業，所賴吾子。《指例》類目如左：斠譌、指瑕、廣异、復貫、甄遺、述制、省微、申敝、博論、訂詁、演注、明詞、正讀、精語、喻言、綴圖、系表、釋名、最目、捃疑、竢質、匡俗。

擬增"括例"一目於"博論"前，"稱文"一目於"精語"前。"稱文"本《屈原傳》，"復貫"見顏籀訓義，不用孟康説。

右廿二目，就其題號，明其義類所存。或續厠注語當文之下，或殿卷尾，或附紀末，或別册騰本，書於注文，亦未敢有所竄削也。一目之中，有可因類附見者，即推義以分繫之。以有非兩字所可成言、所能達恉者，尚未別定子目，其區介自有封畛。心事怫鬱，不復備宣。足下深察名號，試隱度之，無俟恕詳説也。要之，廿有二目多循舊名，惟復貫、申敎二者，一究流失所極，傷刑政之苛，一以《鑑》文足徵，盡參會之致。前人於此罕所屬意，偶有發揮，徒多枝言，而不悉索本證。以胡、嚴二氏注補之勤，尚在所遺，賅而存焉，於吾子期之。

余於前年冬，始晤行可先生於漢口華實里，轉眴已將二年。兵亂阻隔，書問不通，頃於《制言》得讀此文，亟録出之，爲以讀治《通鑑》之準。所擬廿二例目，具見研幾之深。治《鑑》本爲專門之學，應與唐人治《漢書》、《文選》一例用力乃可。惜今人好奇騖新，多不措意於此耳。[1]

"支離東北風塵際，漂泊西南天地間"，身當民族危亡之秋，金毓黻與徐行可，一則執教上庠，一則陷身敵區，巴山蜀水，未阻音問，學問切磋，不負相知。金氏於川中獲見友人文字，遂亟亟過録，以當面談，其情其事，至今懷想，猶令人爲之神往。徐行可詩文結集有待，以上《與明照論治〈通鑑〉書》及其餘詩文題跋，均當一一掇拾，以期集腋成裘。

四

抗戰結束，金毓黻出川東返，職務所繫，往來南北。因負責接收戰時文物圖書，曾於南京參觀中央圖書館分館，睹物思人，念及徐行可。民國

---

[1] 《静晤室日記》卷一〇一，第6册，第4371—4373頁。

三十五年（1946）五月十六日《日記》：

> 文芸閣（廷式）著《純常子枝語》四十卷，稿藏徐行可手，經汪精衛、
> 陳人鶴二氏借以鋟木，訂成十六冊，亦爲可貴之珍籍。又得觀汪氏《雙
> 照樓詩詞》、梁衆异鴻志《爰居閣詩》，一爲朱印本，一爲藍印本，所刻
> 甚精，其版片均弃書庫內。諸人皆負罪於國家，而有此片羽之存留，蓋
> 亦《鈐山堂》、《咏懷堂》二集之亞也。[①]

文廷式爲晚清著名學人，所著《純常子枝語》稿本，經徐行可收藏并設法謀
刊，因在戰爭期間，其書流傳不廣。汪氏《雙照樓詩詞》、梁氏《爰居閣詩》
亦刊於汪僞時期，佳人做賊，不爲世人所重。諸本均屬雕版印刷圖書最後階
段之產品，抗戰後書版猶存，距今時將百年，金氏所見三書版片，未知尚能
踪迹否？戰後，金氏與徐行可恢復通郵，所述仍不離圖書借鈔及著作討論，
民國三十五年（1946）六月七日《日記》：

> 得徐行可先生兩函，爲前借《唐書藝文志注》。事久未復，今始作答，
> 語甚長，另録存於後幅。行可藏書遭亂死守，曾無少亡失，今當爲海內
> 藏書家第一人矣。[②]

一周後，金氏由滬北上，飛抵北平，行色倥偬間，仍不廢筆墨，當晚於燈下
過録徐行可來函及致徐氏函，民國三十五年（1946）六月十三日《日記》：

> 行可先生來書
> 静庵先生史席：兵事不得休息者八年，恕戢景偢舍，絶少與友朋通書
> 問，以鯷虜於西去簡牘訶察極嚴。函札往還徒作寒暄語，抑遲久不作答，

---

① 《静晤室日記》卷一三六，第8冊，第6048頁。
② 《静晤室日記》卷一三六，第8冊，第6078頁。

都非敝心所安，率直布白，容有無妄之禍及之，遂乃疏候起居。緘默之情，當蒙荃察。

此間淪陷士夫，尠能持高節者。言念在昔，先生違難去國，携家南奔，兩相持較，欽企尤深。恕屢遭劫迫，終未降辱，惟舊居夷爲平地，先業所遺市屋僅餘一椽。家人都十九口，戚屬來相依者又復二人，衣飾長物，斥賣已盡，租入不足以自活。性復婞直，未能隨俗俯仰。守正以自安，固士君子之分也。

三月杪，有賈客入蜀，曾以一書介白左右，托女夫文德陽轉收代呈，未奉清誨，豈爾時先生已返舊京耶？兵事前承手帖，從恕假讀繆藝風先生《唐書藝文志注》。適巴縣友人向君宗魯（承周）擬補正阮氏經疏斠記，從恕乞借多書，遂以繆氏《志注》鈔本八册托向君轉上，當已徹覽，想久迻録訖竟，求以厚楮密裹郵還。

昨於書肆邂逅吉林張君素，爲貴校高材生，爲道先生行止甚悉，藉審大著《史學史綱》、《遼東書徵》俱有印本，臨川李澄剛先生《易説》亦於蜀中墨版，統晞惠讀。恕雖庸劣，志學之念不減於疇昔，敢以爲請。

附呈拙草《論語》首章疏，爲奸人賺劫印布，本非定稿，自加補正者不下數十事，不及録上，意欲整齊傳訓，以教學子，語淺未足以達經旨，語深又未能以喻庸識。體裁當否，誼詁碻否，諸俟大雅有以教之。後語十餘葉，以明微志，斯時斯際，無拳無勇，無以相抗拒，否則藏書難全其有矣。重有見於今世學子，鄙弃古籍，國脉已斬，疇持正論，故加述而申微之。迂闊之懷，固不辭好辯之譏也。手訊教祺，恭竢德音。徐恕再拜敬白。[1]

復徐行可書

在渝由令坦文君轉到大箋，適值理裝待發，未及作答。到京後不知庋置何所，以致遲遲至今。昨敝鄉人張君素由漢到京，遞到先生二次致箋，

---

[1] 《静晤室日記》卷一三六，第8册，第6082—6083頁。

重承不弃，至於如此，中心感紉，真無可形容也。

前借繆著《唐書藝文志注》稿本，彼時即照抄一分。旋奉函囑，由趙翁少函轉交向宗魯先生家中，謂能設法轉致。或因戎馬搶攘，向先生未及轉寄即歸道山。此書當在向宅，可由文君設法查詢，必不致零落無存也。至某傳鈔之本尚在篋中，如果原本散亡，自當照鈔一帙寄上，以充鄴架。嘗謂海內藏書家肯以秘本珍籍借人傳鈔者，唯先生一人而已。他人則以孤本爲鴻寶，以謂如經人傳鈔即不能保其高值，所遇比比皆是。喪亂以還，蕩然無存者不知幾許，以無副本故，亦等於《廣陵散》，作者九原有知，必爲之痛哭失聲。以故先生不靳於傳鈔，某亦以刊行爲亟務，印一種即傳一種，故叢書尚焉。倘得償北歸之願，仍擬亟亟於此，尚望先生以秘本珍籍源源見假，則於表彰遺著、嘉惠來學，兩得之矣。

項自尹石公借得《純常子枝語》刊本十六冊，知其原稿藏先生所，且由尊處借鈔付印，此真盛德事。當代碌碌諸公，安知此事之宜亟？文道希先生讀書甚勤，所見亦博。某所注意者，文氏在清季翰林院中見《永樂大典》八百九十餘冊，較今日所存多至一倍以上。文公謂自輯《元經世大典》二十卷，不知此本曾經先生寓目否？又如宋人薛季宣《地理叢鈔》幽州一卷、《元太常集禮》一卷、《梓人遺制》四卷之摘録、《考古質疑》之佚簡，皆由《大典》輯出，亦俱載於《枝語》中，尤爲難得可貴。惟此書僅印數十部，版片雖存，而購求不易。某近日撮要録出若干事，尚覺美不勝收，苦難盡録，它日當設法別求全帙。此即先生表彰遺著、嘉惠來學之一端，某深愧弗如者也。

張君賚來大著《論語講疏》，細針密縷，無義不搜，雖爲一章，可窺全豹，佩服之至。附載十二絶句及告人讀書標準，語重心長，粹然有道之言。今日能知此希矣，奈何奈何。

先師季剛先生藏書與某舊藏，同於戰前送采石磯魯宅保存。其後魯宅家人僻寇他去，委弃於地上者三四載。迨主人歸來，稍爲收整，大半亡去，存者亦無一全帙，兩家之書皆然。某還京後，親往檢點，運回都門，尚存六七千册，劫灰之餘，堪供抱殘守闕之用。結局如此，爲之憮然三嘆。
先生於炮火飛彈之下抱持所藏，死守不去，因而存書幸少亡失，不愧爲
吾道干城。昧者不知，猥以印書微事橫加訾謷，何足論也。

拙著《史學史稿》、《遼海書徵》雖有印本，均在由渝運京之行李中，稍
遲再爲奉寄。李澄剛講稿僅有油印本，亦不易覓。日昨黃師母赴漢口，
托爲候問，想已晤面矣。匆匆奉復，情不能宣，常希時惠好音。①

逾年，金氏致書徐行可，述及黃侃遺書捐贈湖北省圖書館等事，民國三十六
年（1947）三月四日《日記》：

（致武昌徐行可書，并書一種。致徐行可先生書。）
行可先生門下：去冬自瀋還京，得奉讀賜札及大作，久思報謝，以牽於
人事未果。嗣黃師母來京，藉知左右有衡湘之行，謹托面候平安，亦未
得作札，歉疏奚如。

先師季剛先生遺書，經某多方收拾，蓋無一種全者。兹經師母決定，捐
與武昌圖書館，可謂得所，而某抱殘守缺之心願，亦爲酬其大半矣。念
自劫後來京，滿目滄桑，其可觀之新版書，惟明、清兩《實錄》耳，然
皆出之僞朝，且印於兵戈搶攘之際，則世運之升降，於此可窺其消息
矣。居嘗語人：吾華抱殘守闕之士，如漢經師之苦心孤詣，不以晦明風
雨而易其操，祇武昌徐君一人。設有人於徐君而致詆諆之辭，使其無以
自存，則吾華讀書種子絶矣。循誦大著，語重心長。詩不云乎："知我者
謂我心憂，不知我者謂我何求。"其先生之謂歟？兹托便帶上拙著一種，
乞詧收鑒定，餘不具。
三月四日毓黻頓首②

---

① 《靜晤室日記》卷一三六，第8册，第6080—6082頁。
② 《靜晤室日記》卷一三八，第8册，第6186頁。

五

　　進入新中國，金毓黻先任教北大，繼調中國科學院近代史研究所，徐行可則仍爲民間藏書家，身份獨立。經歷社會變動，兩人之交往猶未停止。50年代初，徐氏曾有北京之行。金氏 1950 年 6 月 16 日《日記》：

　　日前徐行可先生来自武漢，余曾作數次之晤談。此公古貌古心，不合時宜，要之今之有道君子也。余贈以所印《文溯閣四庫提要》一帙，君亦贈我瀋陽范氏《潛索録》一册。君不日南返，惘惘而别。①

六年後，金氏 1956 年 11 月 20 日《日記》：

　　思作《寄懷徐行可先生》詩，未成焉。余於近幾年不甚讀詩，氣機不熟，故不能操筆立就，祇好遲之异日。②

次日，金氏有函致徐氏，稱讚徐氏爲人"守道堅貞，老而彌厲，殊罕其匹"，1956 年 11 月 21 日《日記》：

　　函徐行可先生云：

　　行可先生：别来二年，通書甚稀，而想念無已。思以詩奉懷，乃不能成章，機調不熟故也。某閲人多矣，爲先生之守道堅貞，老而彌厲，殊罕其匹。昔陳國童子魏昭嘗謂，經師易遇，人師難遭。若先生則并世之人師也，惟後漢郭林宗之倫差可比擬，不圖近在咫尺而踪迹轉疏，真所謂

---

① 《静晤室日記》卷一五二，第9册，第6928頁。
② 《静晤室日記》卷一六〇，第10册，第7305頁。

失之交臂矣。近一年來體氣轉佳，對古籍日親，薄有購置，重點在隋唐、五代之際，企與往日所治宋、遼、金三史相銜。徒以志奢力薄，未能博覽，但其志則壯矣。頃又喜於臨池，所好亦爲唐代，如太宗《溫泉銘》之飛動，李北海《雲麾碑》之凝重，皆奉爲至寶，學之而不能至，藉此以斂心神，遣長日，猶勝於無所用心。不識先生將何以教我也？本月末，榮君孟源往武漢訪求史迹，將造尊廬起居，并將前假紀批《史通》奉還，當能獲悉鄙況，恕不一一。順祝曼福。毓黻頓首。①

"紀批《史通》"爲徐氏藏書中要籍之一，此書涉及與多位近代學人交往故事，此處且不展開，留待同道叙述。金氏近代史所同事榮孟源南下，除"訪求史迹"外，又與徐氏擬將彊簝藏書讓售科學院圖書館事有關，其藏書易主過程，另有同道專文詳之。爲此事，徐氏曾有長函致金氏，1956年11月25日《日記》：

> 接徐行可先生漢口長函，并托轉致賀君昌群一函，爲售讓藏書於科學院圖書館事。余前數日致君之函尚未收到，但兩處不期而同時發函，可謂心心相印矣。余於徐君出售藏書之事甚不謂然，觀其一方入購，又一方出售，不知用意何在？不知細讀所藏之書，得出一定之成果，而以藏書之富侈爲美談，如徐君者，甚無謂也。②

兩日後金氏又接徐行可來函，兩人之信幾乎同時發出。1956年11月27日《日記》：

> 榮君孟源赴武漢等處搜訪史料，囑其到漢口往視徐行可先生，致以候

---

① 《静晤室日記》卷一六〇，第10冊，第7306—7307頁。
② 《静晤室日記》卷一六一，第10冊，第7313頁。

問。此人古貌古心，與今世到處違語者也。

吾與至親至友，往往精神相通，無間千里。近有二驗：一、近七日內，忽致書漢口徐行可先生，致以候問，但不過二日而行可書來，亦相念甚勤，而余書固未至也；二、近三日內因思吾女淑君，致書於長春訊之，而昨日淑君書忽來，而余書固無達也。（眉注：精神感召之效）余與行可別近二年，在近一年內未通書，又與淑君亦幾二三月未通書，乃於數日內，不期而彼此兩地俱發函相訊，應由精神感召，其不可思議至於如此。

復徐行可箋云：

古人謂精神相通，可以無間千里，僕之於先生亦然。郵書不出二日，而尊札適來，彼此不期而同，誠不知其何以致此也。致賀君書已送達，惟未晤面。聞出讓書籍及推薦黃君二事均已決定。榮君孟源知之甚詳。今日榮君赴武漢，定造尊齋面談，故不復一一縷及。榮君爲博通古今之士，與我輩氣誼相孚，有不可以言語形容者，想先生能深知之。科學院在"百家爭鳴"政策中，搜求賢逸，方面頗廣，殊爲佳象，但延聘之程序頗簡，君子隨時卷舒，請勿拘於形式。相喻以心，諸維亮照。①

徐行可爲呼應金毓黻"續編《遼海叢書》"之議，又以疑爲東北人所撰之《全宋詩話》《唐句分編》兩書寄贈金氏，1956年11月29日《日記》：

徐行可寄贈《全宋詩話》鈔本四册，凡十三卷，非足本，題爲"鍾廷瑛退軒"作。中有"東省藏書頗少"之語，行可疑爲東北人，故以寄贈。以余所知，人亦嘗稱山東爲"東省"，不必定屬於東北也。

行可又寄贈《唐句分編》一册，計二卷，鈔本，廣寧郎文勳書常撰，時在康熙五十年，應爲郎廷極之同宗，此則真吾鄉人也。據其總目，凡

① 《静晤室日記》卷一六一，第10册，第7314—7315頁。

二十四卷，此僅二卷。一論方位字，一論數目字，其非足本可知。所謂
"方位"，即詩句首一字有東、南、西、北、前、後、左、右、上、下、
中、內、外等字者；所謂"數目"，即詩句首一字有一、二、三、四、
五、六、七、八、九、十、百、千、萬等字者。此屬於搉撬餖飣之學，
仕宦子弟居多暇日者慣爲之，猶勝於無所用心。吾鄉人著述較少，且爲
向所未見，足爲《遼海書徵》之續。行可厚惠，至可感也。①

贈書以外，徐行可又有和金氏贈詩之作寄京，金氏 1956 年 11 月 30 日《日記》：

> 行可又以改訂和余贈詩寄示，尚未及錄存。余以行可有贈書之惠，思疊
> 前韵報之，亦以愁暇未爲。②

1957 年夏，徐君行可致函金毓黻，報告影印陳漢章遺著消息。金氏 1957 年 6
月 15 日《日記》：

> 得徐君行可漢口函，言正景印陳伯（考）弢先生漢章遺著，又索前此寄
> 郎（國）文勳鈔《唐詩》。③

1957 年秋，徐行可致函金毓黻，索取前寄《唐句分編》首冊。金氏 1957 年 9
月 14 日《日記》：

> 徐行可兩次來函未覆，又索《唐句分編》首冊，即覆函寄還。《唐句分編》
> 二十四卷，廣寧郎文（國）勳書常選輯，蓋由《全唐詩》中七言取其首

---

① 《静晤室日記》卷一六一，第 10 冊，第 7316—7317 頁。
② 《静晤室日記》卷一六一，第 10 冊，第 7317 頁。
③ 《静晤室日記》卷一六四，第 10 冊，第 7478 頁。

字，分爲方位、數目、珍采、名號、實字、活字、虛字、駢字、截分字、
疊字，爲類而具録之，以供隨手采擷之用。其書本不足貴，特以鈔本見
珍。郎氏應爲清初郎氏廷字輩，爲顯宦者之子。按其自序，撰成於康熙
五十年辛卯。行可遠道見寄，蓋以郎氏爲遼東世胄，必爲余所珍視故也。
今以寄還，謹記其概於此。①

1960年初，因睽隔已久，金毓黻致函徐行可，囑寒假後返武漢上學之侄兒親
送至徐寓。金氏1960年2月14日《日記》：

吾姪長齡以假期將滿，定於明日返武漢市，即致徐行可先生一函，略叙
別後企念之渴，囑其親送所居漢口黃興路華實里三號。②

十日後，金毓黻接侄兒覆函，遽聞徐行可半載前已歸道山消息，深感震
驚，回顧徐氏生平及兩人交往，有意日後爲其作一小傳。1960年2月25日
《日記》：

長齡自武漢市函言，返校後即持函至漢口華實里三號，詢悉徐行可先生
已於去年六月患胃出血病逝世，并未晤其家屬。此真意料不到之事也。
先生名恕，字行可，武昌人。藏書最富，且多精本。於前三年，將其藏
書大部捐贈於武漢科學分院圖書館，可謂得有歸宿。先生性頗執拗，諸
子女皆不令入新立學校讀書，祇限令依舊式誦讀。諸公子皆敢怒而不敢
言，以故皆乏現代知識，至於無法覓求工作。然先生託不之省，雖有友朋
婉勸，亦不之恤也。吾師黃季剛先生在日，曾與先生結兒女絲蘿之親，然
於黃先生卒後，黃公子嫌徐女無現代文化，力主退婚，卒至無法挽回。余

① 《静晤室日記》卷一六五，第10册，第7522頁。
② 《静晤室日記》卷一六七，第10册，第7592頁。

曾親聞其事，然亦無如之何。余於二十年前與先生未謀一面，但知其藏書
有可收入《遼海叢書》者，遠道郵寄商借，即絕不吝惜，立予借用。此與
其他藏書家祕惜不肯出借者絕异，亦可稱道之一端也。又先生雖藏文道希
（廷式）《純常子指【枝】語》若干卷，借與番禺汪氏，刻木行世，余曾撮
要鈔入日記中，但於原刻本迄未能獲。此其樂於傳播罕見之書，亦可與羅
貞松媲美矣。先生似少余二齡，卒於去年，應爲七十有一歲。他日當詳
詢其生平行誼及治學宗尚所在，爲作一傳以傳之，今兹尚不暇及此也。
記於一九三七年冬，余由安慶避寇，乘船上溯入川，途經漢口，小住旬
日，逕往其寓候之，是爲初次謀面。承其款留禮接，屢留食宿，一如素
識。如此古道熱腸，爲晚近所罕見，使余時時在念而不能忘懷者，非無
故也。兹於逝世半年，遙致憶念之辭，以志永懷。①

金毓黻震悼之餘，隨即回函，并附致徐氏友人武漢大學劉博平、黃焯先
生函，請兩位覓便代己慰問徐氏後人，命其侄專程送達。1960年3月1日
《日記》：

> 復吾姪長齡函，告以來函已收到，并以另致武漢大學劉博平、黃耀先兩
> 教授函，命其親身送達。往歲劉君曾以手寫景印《簡園日記存鈔》見贈，
> 黃君亦以自著《毛詩傳箋平議》印本寄贈。以余患病，久未報謝，兹值
> 病情好轉，故具書表明歉意，并以徐行可先生病逝之耗，半年後始知
> 之，托其覓便向其諸公子慰問。②

未久，金毓黻獲武漢大學黃焯來函，略及徐氏身後情形，并感嘆自徐氏没
後，武漢可搜討之古籍日稀。金氏1960年3月31日《日記》：

---

① 《静晤室日記》卷一六七，第10冊，第7613—7614頁。
② 《静晤室日記》卷一六七，第10冊，第7617頁。

武昌武漢大學教授黃君耀先來函言，長齡投遞之函已收到。并詳言季剛先生之夫人及子女近狀甚詳。又略及行可先生身後之情況。又謂自行可先生没後，武漢可搜討之故籍甚少，僅將前録成之《毛詩鄭箋平議》十卷，改訂爲《詩疏平議》十五卷而已，然此類陳言已不易流布於外……①

至此，金毓黻《日記》中關於徐氏之記載遂結束。徐行可逝世於1959年夏，享年70歲。三年後（1962）金毓黻亦謝世，得壽76。兩老均生於19世紀末，逝世於20世紀60年代前後，年壽亦略相當。身處劇烈變動之歷史環境，兩老之個人命運及聚散，無不繫於時代之升沉。交往逾廿年，相見僅數度，而以書爲媒，以書相知，遂以書事相始終。以書相知、相始終之背後，則爲彼此對於傳統文化徹骨浹髓、雖九死而不悔之熱愛與堅守。金氏稱道徐行可"古貌古心，學道之君子"，"與君非素識而歡若平生，萍水相逢而能肝膽相照，真今之古人也"，"先生之守道堅貞，老而彌厲，殊罕其匹"，又盛贊抗戰中"先生於炮火飛彈之下抱持所藏，死守不去，因而存書幸少亡失，不愧爲吾道干城"。徐氏則身在民間，未忘國運文脈，稱金毓黻"先生生際斯世，尚復繫情翰墨。亂思遺老，逸志高躅，無任懷服"，"施教上庠，得此人師，爲學子慶……安得如先生者，化億萬身，隆德隆智，二者兼進"。凡此，皆因彼此摯愛傳統文化，從而產生深刻之使命感與知己感。

斯人往矣，其德不爽，流風餘韵，沾溉曷窮。庚子秋日録竟於滬東小吉浦。

---

① 《静晤室日記》卷一六八，第10册，第7671頁。

【參考文獻】

［1］《静晤室日記》，金毓黻撰，稿本，吉林省社科院圖書館藏。

［2］《静晤室日記》十册《索引》一册，金毓黻撰，金毓黻文集編輯組整理，瀋陽：遼瀋書社，1993年。

徐行可與楊遇夫的交往

楊逢彬（上海大學）

　　徐行可先生（1890—1959），名恕，字行可，號彊邨，湖北武昌人。自幼師從黃陂劉鳳章先生，敦品勵學，深愛典籍。1907年留學日本，次年因弟喪回國。自此之後，便開始了他購書藏書校書的生涯，這從他的書齋名"箕志堂""藏稜盦""知諭物齋"可見端倪。行可先生校書"以購書藏書爲樂事，且購且讀，寒暑不廢，遂得博覽群籍，探賾發微，博洽貫通。其旁徵博引，考證辨疑，詮釋不悖於故訓，制度必稽乎典章，或製書衣題識，或撰首尾題跋，志其心得。所讀書之簡端行隙，往往丹黃交錯，匯證甚夥，勝義迭見"。目録學家潘景鄭（1907—2003）撰《著硯樓書跋》403篇，收有羅振常、徐氏重勘之《行朝録》（有徐氏題識），潘跋云："徐君則勘對頗細，纖微畢具。然此本更番讎勘，允稱善本矣。"此則研究先生諸君所熟知者，不待筆者贅言矣。

　　楊樹達先生（1885—1956），字遇夫，號積微，湖南長沙人。語言文字學家。遇夫先生治學，成果頗豐。他在語法學、修辭學、訓詁學、語源學、文字學、古文字學、古文獻學、考古學等諸方面均卓有建樹，在上述各個領域，他的著作都被公認爲經典之作。這也不待贅言。

　　徐行可先生與楊遇夫先生之交往，從即將刊行的《積微居日記》來看，始於1929年4月17日"徐行可寄書"，直至楊遇夫先生1956年初去世。但顯然，1929年不是徐、楊二人的初識。因爲依據《積微居日記》的慣例，某人如果是初識，則在姓、字下以小字注其名，有時還注明籍貫。如1922年2月某日日記："丹徒尹石公（炎武）見人爲余所作《韓詩外傳疏證》及《説苑》《新序》疏證序文，來訪；介余與歙縣朱少濱（師轍）、淳安邵次公（瑞彭）相見。"第二次以後的相見即直書其姓、字。如1925年6月1日日記："邵次公來書云……"

那麼，徐行可先生與楊遇夫先生是何時認識的呢？是否早在兩人留學日本的前清時代就認識了呢？抑或通過余季豫（嘉錫）先生纔認識的呢？下文我們將説到，楊遇夫與季豫先生的首次見面，是1928年7月，而1929年4月"徐行可寄書"，則這一推論也不無可能。這些，祇有等待今後的考證了。

兩位學者交往的媒介，當然是書了；何況其中還有一位享譽四海的藏書家！見於《積微居日記》的，自1929年4月17日"徐行可寄書"起，到50年代，不絕如縷：

1932年1月14日：午後，徐行可送《八瓊室金石補正》來。

1932年1月16日：午後，行可來，偕之同訪閆保之，余因聞其再續《碑傳集》，故特函長沙索郋園師墓志一份，送之。相見則書即將刻成，祇得俟他日補遺矣。

1932年1月19日：午後，録黄式三《韓非子校讒》。徐行可所藏也。

1932年1月26日：晨，閲陳景雲《後漢書訂誤》，行可鈔本。余已借鈔也。

1932年3月9日：行可寄廖刻《華陽國志》來。

1932年11月3日：徐行可之世兄孝寬來，致行可書及熊鈔《水經注》《兩漢侯國表》一本。

1932年11月24日：八時半，行可來，因同過江到東廠口訪戒甫不遇，復過江到福昌，仍同行可到其家觀其藏書。行可出示顧千里校《輿地廣記》、孫淵如編《春秋長編》凡五十餘册、文廷式《伊尹事考》《純常子枝譚》凡四十餘册、周廣業《四硯齋群書過眼録》，就中以孫書爲最好。午，同行可到大吉春酒樓，在坐有張冷僧（宗祥，海寧）、賴玉初、李博仁、鄭從云、余及三弟、王、鄒苾鄉。二時散。返福昌結賬。遂到德國二馬頭乘粵漢輪渡。徐行可來送。

1933年6月3日：晨七時起，用早點後，携内子到徐宅，余以傅沅叔新刻《榕村語録》一部貽行可，以《老子古義》一部托其貽賴玉初（賴爲余運歸書八箱於長沙，免費），行可以《劉平國碑》一貽余。十一時歸旅寓。午飯後，行可、戒甫及健士表弟先後來。二時半發旅社，到德國二碼頭登輪渡，正雨，在候車室少坐。四時車來，登車，徐、譚、蔣旋去。

1933年11月3日：徐孟博送王啓原所校熊氏《〈後漢書〉補表》來，行可囑爲勘校作跋。

1935年7月7日：爲行可跋王理安校本錢氏《後漢補表》，此文去年暑中撰，兹爲寫於册尾耳。讓之來，云季豫邀游北海，因同行，在雙虹榭坐，因留晚飯。

1936年2月7日：火車誤點，本當於晨七時到站，乃遲至九時半始達，平漢特快九時半開行，遂不能及矣。如約到行可寓，行可出，爲余購晚車卧床票來。余因閲訖《東方雜志》，寄還曹孟其。在行可家午飯，飯後小寢。行可出示所藏明清名人手迹至夥。晚六時，行可宴余於半新齋，戒甫由武昌來會，飯後仍歸行可寓，行可仍出所藏書畫卷子、册子示余，以劉衛園兄弟所書卷子囑余題跋。十一時出行可寓，行可、戒甫皆到站相送。

1936年2月8日：晨，赴飯車用早茶一份。閲行可所贈《乙亥叢編》内周星詒《窳櫎日記鈔》，閲及渠得兄喪電，與余去年情事略同，不覺潸然泪下。

1937年5月9日：八時二十五分到漢口，到徐行可寓，以讓之托帶書籍交之。行可偕余渡江，余即在漢陽門汽車站買票到珞珈山，坐汽車中久待始開行。二十餘分到珞珈山訪譚戒甫，用點，邀同訪劉鴻度，久談，留午飯。飯後，譚、劉二君陪同訪任贛忱，觀贛忱近藏宋本林之奇《拙齋集》殘本及婺本、麻沙本《左傳杜注》殘本二；又明刻《鶴林玉露》，爲黃堯圃舊藏，有收跋數通。林集本有四册，徐行可先得其二，賈績以其二求售於徐，徐抑勒備至，故書賈憤而售之贛忱云。又訪吴子馨，子馨出示所藏書畫，有金冬心畫梅，陳曼生小字合裝卷子，屬余題字，爲題一絶句（金冬心畫曼生書，雙美連枚共一株。老輩瑰奇今已矣，流風猶見海寧吴）。旋訪劉惠農室小坐，方欣安亦來。晚七時飯於子馨家。七時半以汽車赴大東門（又名賓陽門）車站候車室少坐，同欣安，戒甫雜談。

1947年7月2日：危肇新來，携來徐紹周書及徐行可見假《國語》著作二種（黄模《補韋》、王煦《釋文》）

1954年10月4日：修縆告廿九日寄書，并附寄徐行可贈《燕説》一本。

1955年12月25日：與峻十五元，黄國厚書，寄徐行可書二册，文史館書。

楊遇夫先生1920年後在北京教書，寒暑假要回長沙省親。當時没有長江大橋，來時要從漢口的京漢鐵路（1928年後稱爲"平漢鐵路"）轉乘武昌的粤漢鐵路，返回時又要從粤漢鐵路轉乘京漢鐵路。所以，楊先生每年要來武漢4次，盤桓若干天。

在此之前，楊遇夫先生於1905赴日本，首站就是武漢。"過武昌，留居數日，將謁兩湖總督張公之洞。張公以官事不暇接見，命梁公鼎芬代見，且命屬吏宴余等爲餞。"居留日本的六七年間，也有幾次回湘省親，每次都要經過武漢。可見，對於武漢，長沙人楊遇夫先生是熟悉的。

在這年復一年每年數次的往返中，對於學人來説，最重要的就是書了。上面所引區區十餘則日記摘抄中，提到的書名即有《八瓊室金石補正》、《碑傳集》、《韓非子校謬》、《後漢書訂誤》（徐行可鈔本）、《華陽國志》、熊鈔《水經注》、《兩漢侯國表》、《興地廣記》、《春秋長編》、《伊尹事考》、《純常子枝譚》、《四硯齋群書過眼録》、《榕村語録》、《老子古義》、《劉平國碑》、《〈後漢書〉補表》、《後漢補表》、《乙亥叢編》、《窳櫎日記鈔》、《拙齋集》、

《左傳杜注》、《鶴林玉露》、《國語》著作二種（黃模《補韋》、王煦《釋文》）、《燕説》，其中大多是徐行可先生所借或所展示的。

1928年，由於同鄉學者周鯁生先生的勸説，楊遇夫先生曾短暫出任武漢大學中文系主任，期間爲武大聘請了譚戒甫等學者，還曾自東廠口武大舊校址到剛剛開始建設的珞珈山新校址參觀。早在清代，長他三歲感情極好的兄長楊樹毅曾經在武昌兩湖書院學習，因此，楊遇夫先生在武漢的朋友衆多。以1937年5月9日日記爲例，提到的學人除徐行先生可外，還有譚戒甫、劉永濟、吳其昌、劉惠農、方壯猷等五位先生。

在這些朋友中，徐行可先生無疑是交往最密切的，如1932年11月24日日記，上午"八時半，行可來，因同過江到東廠口訪戒甫不遇，復過江到福昌"，接着"行可出示顧千里校《輿地廣記》、孫淵如編《春秋長編》凡五十餘册、文廷式《伊尹事考》《純常子枝譚》凡四十餘册、周廣業《四硯齋群書過眼録》"，吃午飯則"到大吉春酒樓，在坐有張冷僧（宗祥，海寧）、賴玉初、李博仁、鄭從雲、余及三弟、王、鄒苾鄉。二時散"，下午"遂到德國二馬頭乘粵漢輪渡。徐行可來送"。

又如1936年2月7日日記，先是上午"如約到行可寓，行可出，爲余購晚車臥床票來"，接着"在行可家午飯，飯後小寢"，然後"出示所藏明清名人手迹至夥"，到了"晚六時，行可宴余於半新齋，戒甫由武昌來會，飯後仍歸行可寓，行可仍出所藏書畫卷子、册子示余，以劉衛園兄弟所書卷子囑余題跋"，直到晚上"十一時出行可寓，行可、戒甫皆到站相送"——相伴一整天，直到深夜還送至車站，可説是殷勤備至。

1937年5月9日日記的背景，是楊遇夫先生因父病向清華告假南下長沙，和往常一樣經過武漢。兩個多月後，盧溝橋響起槍聲。再次路過武漢，已經是十八年後的1955年9月20日晚上了（見《積微翁回憶録》）。仿佛冥冥中自有天意，楊遇夫先生這天上午除照例"到徐行可寓"，還與徐行可先生一道渡江，"即在漢陽門汽車站買票到珞珈山"，一下午便會見了五位老友。他和徐先生的再次聯繫，也已經是十年之後的1947年了。

徐行可先生最後見諸《積微居日記》，是1955年12月25日。一個多月後的1956年2月14日（農曆大年初三）凌晨，楊遇夫先生就與世長辭了。下文將要提到，徐行可先生的親家，楊遇夫先生的摯友余季豫先生，也是在早一年的1955年春節期間（除夕）逝世的。

楊、徐兩位學人的友誼，已經不限於學術交流，而深入到生活層面了。有兩件事值得説一説。第一件事情，是藏書家、校書家徐行可與文獻學家目錄學家余季豫結爲兒女親家，徐家長女孝婉與余家長子讓之（遜）喜結連理，楊遇夫先生是"介紹人"。第二件事情，是徐家長公子孟博（孝寬）是楊遇夫先生的學生，楊先生曾多次單獨指導他研究《説文》。

楊遇夫先生還是通過余讓之，纔結識余季豫先生的。原來，余讓之是和楊伯峻先生1926年一道考入北大的同學；1928年6月28日，余讓之來拜訪，問知是余季豫公子，而後者與楊遇夫先生的兄長楊樹穀爲"壬寅同年"（1902年一同中舉），且楊遇夫先生在《甲寅》雜志讀過余季豫先生的文章，知道後者長於考證。於是，取《老子古義》一書，托余讓之先生帶給季豫先生。季豫先生遂於同年7月3日來訪，楊、余二人交談甚歡，不覺已到飯點，遂留余先生吃飯。楊遇夫先生記載："余來京後，交友求益之意頗殷，而湘人居京者，無一真讀書人。得季豫可彌此缺憾矣。"

我大姑媽楊德嫻曾對我回憶説，一次她聽見祖父書房傳來很大的喧嘩聲，就透過窗子往書房看去，祇見余季豫、讓之父子都跪在地上，朝祖父磕頭，祖父一邊使勁拽起他們，一邊大聲喊："再不起來我要發氣了啊！""發氣"是長沙話"生氣"的意思。後來通過零星聽見的對話，大姑知道是余讓之寫了篇什麼文章，裏面的觀點和祖父的不大一樣，余季老便帶着他來賠罪了。這件事我後來在網上見到啓功先生也談過，和我聽到的大同小异①。

又，《積微翁回憶錄》1933年5月15日："余季豫來電話，云不日南歸，

① 見《啓功口述歷史》第三章《我與輔仁大學》，北京：北京師範大學出版社，2004年，第111頁。

往談。季豫性情怷摯，聞見廣博，而能識微。相交五年，與余相得甚歡。在輔仁大學，意不自得。北京大學爲某等把持，止以數小時敷衍，決不聘爲教授，致與人相形見絀。比以病後，又時局日緊，故決計南歸。余念此後聚散不可知，爲之悵惘不已。"

自從楊、余兩位結交之後，這深厚的友誼就長達一輩子。《積微翁回憶錄》1955年3月2日："峻書告余季豫於甲午除日逝世，至爲痛悼！記一九四八年南京相別時，季涕下如雨，云恐不得再見，余急以余當來京相見慰之。去年兩次當入京，皆以病不果；今則雖竟入京，亦不得見此良友矣！痛哉！"

我雖未接余、徐兩位先生的光風，但在80年代末90年代初，也是余先生內侄張舜徽先生門上常客，1993年上半年在北大，也曾拜訪周祖謨先生；老輩風範，曾接緒餘。這次蒙力文先生不弃，囑我寫點文字，這本身就是一次值得紀念的盛事！

閑話休叙，且歸正傳：

《積微居日記》

1931年9月14日：晚季豫偕徐行可來，邀至黔陽館晚飯。

1932年2月7日（正月初二）：徐行可之郎君來。

1933年2月19日：晨，李振邦、徐孟博來。孟博送行可書，與余及公鐸（林損）談余家昏事者。

1933年3月2日：午，到徐孟博寓，以余宅庚帖交之，讓之已聘行可之女也。

1933年11月20日：徐孟博持行可書來，云昏期一切可由余家主之。

1934年1月30日：余讓之自鄂結婚歸，率新婦來謁，行可之長女也。

這幾段日記記錄的是楊先生充當余讓之、徐孝婉結婚介紹人的事兒。這裏的所謂介紹人，并非所謂媒人，也不是實質上介紹兩人認識的人，祇是形式上

的；但這"形式"又似乎是必不可少的，因爲在30年代，"介紹人"的名字
是要寫在結婚證書上的。這種"介紹人"，一般必須具備一個條件，就是和
兩家都熟悉；因爲要寫在結婚證書上，相伴一生，所以最好又是德高望重的
人。1921年祖父和祖母結婚，介紹人熊希齡、程叔文都具備這種條件。例如，
祖父是熊希齡的學生（湖南時務學堂），祖母的父親張訓欽先生是熊的好友；
熊的名望自不必說，且熊與楊家、張家都是湖南人。楊遇夫先生恰恰具備與
徐行可、余季豫兩位都非常熟悉的條件，又是國立清華大學教授，還與徐、
余兩位是大同鄉（湖北、湖南清初同爲湖廣省，因此北京有湖廣會館），充
當介紹人是再好不過的了。

　　另一件事情，是在北京讀書的徐家大公子孟博（孝寬），是楊遇夫先生
的學生。他與楊遇夫先生往來極多，僅學林所熟知的《積微翁回憶錄》第
49—72頁的兩萬餘字中，就出現七次之多。如：

　　1933年2月27日：徐孟博來，告行可與渠書，稱《釋慈篇》精確。
　　1934年6月30日：孟博有季剛《説文》校本，於余所言"始"字、"嫁"
字皆無説。云"晚"字得義於"玄"，"昏"與"晚"爲一字。余謂"晚"
與"玄"音與義皆不相涉；字從"日""免"，謂"日低"。"昏"從"氏"
省，與"晚"構造同。昏、晚音殊，不必爲一字。孟博以余説爲是。
　　1934年7月16日：徐生孟博來，示以《釋暍》諸文。徐云："先生小學
文字，雖小學無素養者一見即知其佳。"并云曾以余治《説文》之法作
書告其師劉博平云。
　　1935年9月2日：徐孟博來，言黃季剛近致書陸宗達云："故都小學家有
何新著，可搜來一讀。"蓋欲求余文字也。

從"徐生孟博"的描述看，徐孟博無疑是楊遇夫先生的學生。因爲，姓名中
加"生"表示自己的學生，是《積微居日記》《積微翁回憶錄》體例；而且，
上引1933年2月19日《積微居日記》有"李振邦、徐孟博來"，李振邦是清

華中文系學生。從上引内容看，楊遇夫先生也確實與徐孟博深入地討論了文字學。這種討論的結果，已經收入了楊遇夫先生的著作。如對"晚""昏"的討論，就見於《積微居小學金石論叢·釋晚》。另外，徐孟博與陸宗達交往密切，所以能知道黃季剛先生的來信内容。

湖北圖書館夏金波先生撰有《徐行可致楊遇夫函稿一件略考》，載於《圖書情報論壇》2015年5期。這通書札儘管有殘缺，仍達千字以上，這是較爲少見的。在這通長札中，徐行可先生對老友敞開心扉，暢言國事。其時抗戰勝利未久，帝國主義又在邊疆蠢蠢欲動。徐行可先生寫道："戰禍一啓，北至醫無閭暨天山，朔徼二陲，皆將被兵。機艇所及，無遠弗至。炎黄遺胄，將無噍類。"一位愛國學者的憂國憂民之志，躍然紙上。

本文開始時所引若干徐行可先生提供書籍給楊遇夫先生看，類似記載也見於其他許多回憶他老的文章。我們今天紀念徐行可先生，徐老應該加以紀念的事迹實在太多，以致後來者有無從下筆之感。但他老的無私，無疑是值得大書特書的。唯其無私，纔節衣縮食，收求珍本善本孤本，以供學者之用，并最後獻給國家；唯其無私，纔熱愛祖國，纔憂國憂民。難道不是這樣嗎?

附記：感謝中國科學院圖書館莫曉霞等提供寶貴資料!

北周南徐兩藏家　捐贈藏書惠天下

——略述周叔弢、徐行可先生的藏書事迹

李國慶（天津圖書館）

王欣夫先生在其所輯《蕘圃藏書題識再續録》一書中説："余於癸酉歲（1933）輯刻《蕘圃藏書題識續録》四卷，見聞弇陋，自視欿然。既而至德周君叔弢遄首以所藏題識十餘種自津寄讀，江安傅先生沅叔增湘、武昌徐君行可恕、長沙葉君定侯启勳、祁陽陳君澄中清華、吳興張君蔥玉珩、同縣潘君博山承厚，亦各以所藏鈔示。"這是周叔弢先生和徐行可先生在相同一段時間内爲王欣夫先生提供自己所藏的清代藏書家黄丕烈（蕘圃）藏書題識的一段記載。

周叔弢先生和徐行可先生是同時代的著名藏書家。經筆者考察，兩位藏書家之間似乎没有直接交往的記載。兩位藏書家的藏書風格迥異。周叔弢先生走的是傳統藏書家的路子，是當時傳統藏書家的杰出代表；徐行可先生走的是學者藏書家的路子，是當時學者藏書家的杰出代表。兩位藏書家晚年均將自己所藏的全部古籍無償捐獻國家，是其相同之處。今撰文略述兩位藏書家的藏書事迹，旨在彰顯其化私藏爲公有的愛國奉獻精神。

一、北周南徐兩藏家

（一）北方藏書家周叔弢，我國傳統藏書家之代表

周叔弢（1891—1984），名暹，一名揚，或明揚，字叔弢，以字行，晚

年自號弢翁。原籍安徽建德。受家庭的影響，周叔弢從16歲開始買書，遷居天津後，津門竟成了他日後從事收藏古籍文物的發祥地。開始訪書時，他主要參照《書目答問》和《邵亭知見傳本書目》等書目，用來指引門徑。後來，眼界漸寬，視野漸廣，逐步形成了自己的藏書特色。他利用從政從商之餘暇，逛書肆、訪同好、會書友，依靠自己從事實業所得收入，憑藉自己過人的鑒賞眼光，在天津這塊風水寶地，披沙揀金，廣收博采。所藏之物，主要包括善本古籍、敦煌遺書和秦漢璽印。其中，善本古籍是其傾盡心力而爲之的專項收藏。經過長達半個多世紀的不懈努力，使自莊嚴堪的藏書，琳琅滿架，以所藏善本古籍量大質精而成爲當時我國傳統藏書家之巨擘。

周叔弢藏書，走傳統藏書家的路子，懸格極高，收藏宋槧元刊，名抄佳刻，以及授受源流可考的歷代名抄佳刻。經過躬親訪書實踐，不斷總結藏書經驗，他提出了自己收藏善本古籍的"五好"標準。具體內容是：

第一，版刻字體好，等於一個人先天體格強健；

第二，紙墨印刷好，等於一個人後天營養得宜；

第三，題識好，如同一個人富有才華；

第四，收藏印記好，宛如美人薄施脂粉；

第五，裝潢好，像一個人衣冠整齊。

在自己所遇的古籍中，凡達到了這"五好"標準，或具備其中之一、之二者，纔考慮購藏。

周叔弢嚴格按照這"五好"標準訪書，所以使自己的藏書品質達到極高水準，所收的每一部書，都有可取之處。《自莊嚴堪善本書目》（冀淑英編，1985年7月天津古籍出版社出版）所收入的就是這部分善本古籍，或者説是其全部藏書中的精華部分。

筆者依據《自莊嚴堪善本書目》，以藏書版本類別進行統計，收錄宋槧元刊，名抄佳刻726種。其中宋版書64種（包括宋刻本63種，宋抄本1種），金代版本2種，元版書45種（包括元刻本44種，元抄本1種），蒙古版本1種，明版書286種（包括明抄本88種，明刻本188種，明稿本2種，明代銅活字印本8種），清版書322種（包括清抄本266種，清刻本41種，清稿本14種，清代活字印本1種），高麗版本4種（包括高麗刻本3種，高麗抄本1種），日本版本2種（包括日本刻本1種，日本活字印本1種）。

另外，體現周叔弢藏書品質的地方，還在於所藏書中有大量名家批校本和題跋本。據不完全統計，明版書中至少有111種有名家批校或題跋，占所藏全部明版書的39%；清版書中至少有191種有名家批校或題跋，占所藏全部清版書的59%。這些批校或題跋者在明清兩代著名學者和藏書家中均具代表性。

早年，張恂（孟嘉）爲周叔弢作《自莊嚴堪勘書圖》，著名藏書家傅增湘先生作《周君叔弢勘書圖序》，用傳神之筆，稱贊其藏書，稱先生"旅津二十年，殖業餘閑，無日不以訪書爲事。廠肆之人，苕舟之估，麇集其門，内而天府館庫之舊儲，外而南北故家所散逸，珍異紛羅，供其采擇。由是頻歲所收宋元古槧殆百帙，名抄精校亦稱是，聲光騰焯，崛起北方，與木犀軒、雙鑑樓鼎足而立，駸駸且駕而上之。噫，可謂盛矣！"顧廷龍先生在《自莊嚴堪勘書圖跋》中說："五世丈周叔弢先生藏書之富，夙與李氏木犀軒、傅氏雙鑑樓鼎峙海内，而凌駕二氏，無愧後勁。"

（二）南方藏書家徐行可，我國學者藏書家之代表

徐行可（1890—1959），名恕，字行可，以字行。號彊邨，武昌人。1959年以胃疾逝世，終年七十。20世紀初，曾留學日本，就讀於大阪鴻文學院。回國後，他絕意仕途，以藏書、讀書、校書爲樂事。潛心治學，曾先後執教於武昌圖書館專科學校、北京輔仁大學和中國大學。

近代湖北，著名藏書家有鄂城柯逢時，宜都楊守敬，沔陽盧靖、盧弼，蒲圻張國淦和武漢的徐行可。徐行可藏書，除了自己研究學問外，以書會友，外借於人，頗有助於鄉邦文化之建設。徐家藏書近10萬冊，其中的明清善本、名家批校及抄稿本近萬冊。時人倫明《辛亥以來藏書紀事詩》有詩贊云："家有餘財志不紛，宋雕元槧漫云云。自標一幟黄（丕烈）汪（士鐘）外，天下英雄獨使君。"王謇《續補藏書紀事詩》曰："又一藏家呈中秘，漢皋佩解

即升天。中有文（廷式）柯（逢時）舊藏在，稿刻校抄得天全。"

徐行可藏書，走的是學者藏書的路子。自己的藏書以治學實用爲目的。藏書種類以千計，册數近十萬。其中，經部15000餘册、史部25000餘册、子部13000餘册、集部19000餘册、叢書書籍21000餘册。

縱觀徐行可藏書，筆者認爲具有以下三個特點：

收藏的經史子集四部典籍，種類齊備，既富且精。此其一。這部分藏書是徐行可藏書的主體，份量最重。縱觀各個部類的藏書，重要典籍齊備，大多是清代前三朝的精刻本。四部中的大部頭叢書，也不惜重資購藏。例如：明崇禎古虞毛氏汲古閣刻本《十三經注疏》三百三十三卷、清康熙十九年（1680）通志堂刻本《通志堂經解》一百四十種一千八百六十卷、明崇禎毛氏汲古閣刻本《十七史》一千五百七十四卷、清代乾隆間內府木活字印本《武英殿聚珍版叢書》一百三十八種二千四百十六卷，等等。

收藏的稿本、抄本、批校本及題跋本，數量近萬册，量大值高。此其二。

在徐行可收藏的諸多稿本中，份量最重的是名家稿本和帶有名家題識的稿本。例如：明董守諭著作稿本《讀易一抄》十卷《易廣》四卷、清戴震著作稿本《經雅》不分卷、清程瑤田著作稿本《儀禮經注疑直》十七卷、清周壽昌著作稿本《漢書注校補》五十六卷和清趙一清著作稿本《三國志補注》六十五卷，以及清黃卬著作稿本《讀易質疑》八卷，有錢基博題識。

在徐行可收藏的諸多清代抄本中，份量最重的是歷代名家著作及帶有名家題識的抄本。例如：宋代陳均編《皇朝編年備要》三十卷、宋代樂史撰《太平寰宇記》二百卷、元代駱天驤編《類編長安志》十卷、明代許重熙編《明季甲乙彙編》四卷《明季甲申日紀》四卷、明代文秉撰《甲乙事案》二卷、明代李衷純撰《激楚齋初草》六卷和明代馮舒輯撰《懷舊集》二卷以及清代謝鳴篁撰《錢穀視成》二卷、清代陳詩撰《湖北舊聞録》四十四卷、清代來濬搜輯《金石備考》不分卷、清代徐增撰《九誥堂集》三十七卷、清代吳騫撰《愚谷文存續編》二卷、清代吳玉搢輯《山陽耆舊詩》不分卷和清陳璂卿撰《㝛樓填詞韻》十卷有趙萬里跋。

　　徐行可收藏了諸多的批校本和題跋本，其中包括以下幾類：

　　一是徐行可自己的批校本和題跋本。例如：清乾隆經笥堂刻本《毛詩通說》三十卷《首》二卷《補遺》一卷、明刻漢魏諸名家集本《謝康樂集》四卷、清康熙汪氏一隅草堂刻本《白香山詩長慶集》二十卷《後集》十七卷、清乾隆八年陸鍾輝刻本《白石道人詩集》二卷《歌曲》四卷、清康熙五十四年（1715）刻本《百尺梧桐閣集》八卷、清康熙宛委山房刻本《兩漢文删》二十四卷、清康熙汪氏一隅草堂刻本《白香山詩長慶集》二十卷，以及清順治還讀齋刻本《杜詩分類全集》四卷，此書有徐恕題識。

　　二是過録本。就是徐行可把其他名家批校本所載的批校文字照録到自己所藏書的上面。例如：清康熙宋犖刻本《施注蘇詩》四十二卷，徐行可朱墨筆過録測海樓舊藏本批校文字；清康熙刻本《施注蘇詩》四十二卷，徐行可過録黎簡批校文字；清雍正浦氏寧我齋刻本《讀杜心解》六卷，徐行可朱墨筆過録魯一同圈點批校文字；清刻春暉堂印本《牧齋初學集詩注》二十卷《牧齋有學集詩注》十四卷，徐行可朱墨筆録錢陸燦圈點批校文字；清乾隆德州盧氏刻雅雨堂藏書本《李氏易傳》十七卷，徐行可過録惠士奇惠棟批校文字；清康熙華氏劍光閣刻本《遺山先生文集》四十卷，徐行可過録周星詒題識；清康熙陳師曾刻本《昭德先生郡齋讀書志》四卷《後志》二卷，徐行可過録陳鱣批校及徐洪厓沈澄煜題記；清雍正趙孟升松雪齋刻本《讀書敏求記》四卷，徐行可過録黄丕烈題跋；清康熙曹寅揚州使院刻本《隸續》二十一卷，徐行可過録顧廣圻校跋和潘承弼題跋。

　　三是名家批校本。例如：清康熙吴氏寶翰樓刻本《徐孝穆全集》六卷清彭元瑞批校、明崇禎曾懋爵刻本《南豐先生元豐類稿》五十一卷清陸以烜據何焯《義門讀書記》校勘并跋、清乾隆長洲葉氏海録軒刻朱墨套印本《文選》六十卷黄侃朱筆批校并校記。

　　四是他人過録本。指某藏書家或學者的過録本。例如：明嘉靖福建李元陽刻十三經注疏本《禮記注疏》六十三卷，清代朱邦衡過録清代惠棟校字；清初毛氏汲古閣刻本《説文解字》十五卷，清陳嘉言録惠士奇、惠棟、江聲批校文字；明天啓闊光表凝香閣刻本《論衡》三十卷，倫明過録楊守敬、傅增湘等校文；以及清乾隆程際盛刻本《玉臺新咏》十卷，佚名過録紀昀批校羅振常跋；清乾隆珠樹堂刻本《文選》六十卷，佚名朱墨筆過録清何焯批校文字；清乾隆懷德堂刻本《唐詩鼓吹》十卷，佚名朱墨筆過録清趙執信、紀昀批校文字。

徐行可重視明清版套印本的收藏，此其三。套印本是雕版印刷術發展到一定時期的産物。尤其是明代萬曆至崇禎時期，刻書家閔齊伋、凌蒙初兩家先後采用套印技術大量印製圖書。基本的做法是正文用墨色刷印，注文則根據注者人數的多少而使用不同的彩色刷印，用以區別。徐行可看重的就是各家所做的這些注文。套印本中的這些注文，實與上面列舉的其他批校題跋本有同工异曲之妙。套印本之所以被藏書家徐行可看重，其實還有其藝術性的一面。這種套印本古籍，展卷紙白墨瑩，賞心悦目，愛不釋手。其在文化部頒布的《古籍定級標準》中歸爲二級藏品。在經過公私各家網羅之後，流傳在民間的套印本古籍越來越少，成爲人們追捧的稀罕藏品。從這個角度看，不能不佩服徐行可這位藏書家的獨到眼光。

徐行可收藏的套印本，包括明代閔凌兩家刻朱墨套印本、清代内刻套印本及其他套印本的收藏。收藏的閔氏刻套印本，例如閔氏刻朱墨套印本《詩經》四卷附《卜子夏小序》一卷、《李詩選》五卷、《杜詩選》六卷、《韓文公文抄》十六卷、《唐大家韓文公文鈔》十六卷，以及《杜工部七言律》不分卷閔齊伋刻三色套印本、《文心雕龍》二卷、閔繩初刻五色套印本。

收藏的凌氏刻套印本，例如《楚辭》十七卷《附録》一卷、《李長吉歌詩》四卷、《選詩》七卷，以及凌瀛初刻四色套印本《世説新語》六卷、凌蒙初刻四色套印《世説新語》八卷。

收藏的其他家刊刻的套印本，例如清乾隆内府刻朱墨套印本《欽定同文韵統》六卷、清乾隆内府刻朱墨套印本《御製盛京賦》不分卷、清乾隆長洲葉氏海録軒刻朱墨套印本《文選》六十卷、清道光芸葉盦刻六色套印本《杜工部集》二十卷、明萬曆刻朱墨套印本《柳文》七卷、明刻朱墨套印本《四書參》十九卷、清康熙載咏樓刻朱墨套印本《載咏樓重鎸硃批孟子》二卷。

二、捐獻藏書惠及天下

藏書家周叔弢和徐行可先生的最大共同之處，就是晚年將自己的全部藏書無償捐獻國家，化私藏爲公有，嘉惠學林，有功社會。

（一）藏書家周叔弢四次捐書

1952年，周叔弢向國家的第一批贈書均是他所藏善本書中的上乘精品，計726種（一説715種），2672冊。包括宋、金、元、明、日本、高麗的刻本，明、清、日本的活字版本，宋、明、清、朝鮮的抄本，明、清的稿本，以及著名藏書家黃蕘圃跋本和他自己的校跋本等等。由中央文化部直接接收，收藏於北京圖書館。當時中央文化部副部長鄭振鐸也是一位著名的藏書家，他看了周叔搜的贈書圖録，連説"琳琅滿目，美不勝收"。北京圖書館把這批贈書稱爲"鎮館之寶"。

1954年，他捐贈給南開大學中外圖書、小册子共3521冊（西文及小册子1470冊、中日文書461冊、西文雜志1225冊、中文雜志365冊），由南開大學圖書館收藏。

1955年，周叔弢贈給天津市圖書館3100餘種，共22000餘冊書籍，包括清代善本書及叢書。

1982年，周叔弢將"自莊嚴堪"僅存的1827種共8572冊自己常用的通行本藏書，特別是其中還包括了清代銅、泥、木三種活字版本七百餘部，各種印譜130多部，再次捐贈給了天津市圖書館。他先後兩次捐贈，極大地充實了天津圖書館的藏書。

同年，周叔弢把收藏的敦煌卷子256卷，戰國、秦、漢古印璽900餘方和元、明、清名人書畫（高士奇跋南宋絹本設色《盥手觀花圖》，元陸居仁《芝之水詩》墨迹，明宋仲温章草《急就章》、豐道生草書詩卷，清石濤《巢湖圖》等）以及舊墨等共1262件捐贈給國家，由天津藝術博物館收藏。

他與捐獻舊玉古畫的張叔誠同時受到政府表揚，開會發獎。報紙電臺廣爲宣傳，并在北京故宮專題展覽。天津市文化局編印《周叔弢、張叔誠先生捐獻文物圖書展覽目錄》。1996年6月上海古籍出版社出版《天津市藝術博物館藏敦煌文獻》一書，該館館長云希正先生在《序言》中對周叔弢捐獻敦煌經卷予以高度評價，他說："天津市藝術博物館珍藏的敦煌遺書享譽海內外，迄今爲止入藏數量達三百五十件，在國內除北京圖書館外，居省、市級收藏單位的前列。這主要應歸功於已故愛國文物收藏家周叔弢先生生前的鼎力襄助和無私捐贈。1981年周叔弢先生將以畢生精力搜藏的敦煌遺書256件，悉數捐獻本館。這批文獻不但量多質精，而且保存完好，極大地充實了本館的敦煌遺書特藏。"

（二）藏書家徐行可多次捐書

1956年，徐行可首批500箱6萬册古籍圖書捐贈給中科院武漢分院。接受捐贈後，該院獎勵其兩萬元。徐行可坦言："我是捐書，不是賣書。"徐行可用這筆獎金在北京古籍書店購得《武英殿聚珍版叢書》631册後，再次全部捐至中科院武漢分院。

1959年徐行可先生因病去世。其子女承其遺志，聯名致函省圖書館，將餘藏4萬册古籍予以捐贈。與此同時，所藏7700餘件珍貴文物悉數捐至成立不久的湖北省博物館。

1961年，中科院武漢分院受贈古籍歸藏至省圖書館，徐行可收藏的10萬件古籍在湖北省圖書館完成"合璧"，成爲一宗徐行可先生的捐書專藏。

【參考文獻】

［1］李國慶著：《弢翁藏書年譜》，合肥：黄山書社，1990年。

［2］杜建國主編：《不爲一家之蓄，俟諸三代之英——徐行可先生捐贈古籍文物五十周年紀念集》，武漢：武漢出版社，2010年。

徐恕與王欣夫兩先生小記

柳向春（上海博物館）

一

在現代通訊技術普及之前，异地傳遞信息，往往充滿了不確定性。蓋彼此通訊，衹有通過便人捎帶和信局郵遞兩種途徑。便人携帶，往往會有洪喬之誤。即便是較爲專業的郵局，格於當時的交通條件，依然不能及時、準確、有效地傳遞信息[1]。而因此所産生的誤會、矛盾，往往而在。蓋郵遞過程中，不僅會有丢失的情况，後發先至、先發後至的情况尤爲常見，這些狀况都會導致通訊雙方彼此之間的誤解。爲了避免這種不可控力所導致的不良後果，彼此通訊較爲頻繁的雙方，一般都會約定編號，按目分別回覆。如張元濟與傅增湘通訊中，就多采用這種方式，如（癸丑）二月廿五日（1913年4月1日）第五號傅增湘致張元濟函，信末有張元濟手批："2/4/5復，係五號。"再如張元濟致傅增湘函云："沅叔吾兄同年[2]：昨午肅上第八號信。上燈後得四月十九日第七號書……"與此同時，如果偶有別情，則須特別説明，如傅

---

[1] 如蘇州檔案局、蘇州市過雲樓文化研究會所編《過雲樓家書》卷四同治十二年第九十七號顧文彬致其子云："嗣後凡值錢緊要之物，俱不宜交信局帶矣。"文匯出版社，2016年，第319頁。

[2] 据原信稿，見於《上海圖書館藏張元濟往來信札》一，第47—49頁。

增湘致張元濟函："菊公鑒①：前奉不列號函，内附沈、繆函，諒察入。"再如（癸丑）二月十八日（1913年3月25日）傅增湘致張元濟函，信末有張元濟手批："即復，收到，不列號。2/3/28。"這種方式起源何時，尚不敢確定，但至少在清代中期已經出現，曾國藩與朋僚往來書札中②，即多標號，如左宗棠某函下注："卅三號，初七發，二月初六到。"又鈐"同治元年二月　日到"戳記。再如胡林翼某函下注："咸豐十一年四月廿四日到，第七十二號。"彭玉麟某函下注："咸豐九年三月初五日到，第七號，應自復，初九復。"又如張芾某函下注③："函第十八號，自復，八月初二復。"又鈐"咸豐十年七月廿六日到"戳記。再如顧文斌在與其子弟通訊中，也已經采用了這一手段，同治九年，顧文彬晋京候選，作函與其子顧承，起首云④："前月杪發第七號信，托葉咏仙寄蘇，諒已收閱……"信末言："四月十五日，父字諭承之知悉。第八號。"都是這一方法的實際事例。而直至20世紀50年代，這一方法仍存使用之實例，可見其確實是一個行之有效的好辦法，如當時香港的徐伯郊在就文物回購問題致時任文化部社會文化事業管理局局長鄭振鐸的信件，就都編有流水號，現雖僅存穗五號至穗二十號十六通而已⑤，但其樣本及其後的回購成果俱在，甚可説明這一方法之功用。

二

與上述因避免誤會而雙方編號通訊的方式相對應的，則是因通訊不便，

---

① 据原信，見於《上海圖書館藏張元濟往來信札》六，第11—17頁。

② 均見於《曾國藩等往來信稿真迹》，南京太平天國歷史博物館編，河北人民出版社，1990年。此承華東師範大學中文系教授丁小明博士提示，特此感謝。

③ 此函見於《香書軒秘藏名人書翰》，趙一生、王翼奇主編，浙江古籍出版社，2005年，第270—271頁。

④ 見《過雲樓家書》，第9—10頁。

⑤ 現存國家圖書館。

雙方不能及時進行有效溝通，并因此而導致的誤會，這種現象也是所在多有。如20世紀40年代時，武昌徐恕（行可）與吳縣王大隆（欣夫）兩位先生之間，就曾因此而發生誤會，并致絕交。王、徐兩位先生的矛盾發生於20世紀的40年代，前後數事糾結，勾連難解。其中有意氣的部分，但更多的則是因通訊不暢、溝通不便所形成的誤會。

　　王徐二人之交惡，在二人留存資料中，其實并無反映。而現在之所以能描繪出其中的大概情形，是因爲兩人的共同友人沔陽盧弼。盧弼於王、徐二人，都是誼在師友之間，於二人皆甚爲關心。所以留心此事者，想來當係欲爲二人説和。但其具體效果如何？現在已不可知。但無論如何，現據二人分別留存的致盧弼函，大概可以知曉兩人所以交惡之故。現存有1950年12月8日撰、次年4月14日付郵之徐恕致盧弼函云①："慎之先生左右：月前寄上尊刻《擊築餘音》一册，當已達覽。恕夏杪來京，得家中轉來大札，并王君欣夫原書，已早函覆，具道下情。恕性雖□婞直，與儕好相處，務竭其力，誠未敢漫爲開罪。書籍通假，期其傳布，未嘗扃其珍秘。王君借去之書，無一册見還，由何能望此心迹邪！"從此信內容來看，在此之前，盧弼就已經以徐、王二人之關係，詢之王欣夫，并將王氏之回覆轉給徐氏。此函正是徐氏就此之覆函。但此信內容寥寥，語焉不詳。僅知徐行可對於王欣夫信中所言，未能認可。至於所涉之事，尚不能知曉。

　　不過，現存王欣夫致盧弼函中，有一通云②："慎之先生大鑒：前接大教并張菊老估印《三國志集解》函，適因三小兒患病，繼又忙課務及開會學習等，至稽作答，罪甚歉甚。前函所陳縮印計劃，係友人顧君起潛所擬。顧君曾代人印過小部書數種，價雖廉而不甚精緻。此大部書，又距初估價時已久，恐亦須大大增加，惟必較商務爲低耳。所難者，付印時必得一有力者墊款。二百部之數雖不算多，在今日恐不易在短期內銷盡。今將張函附還，請再與

---

① 見於泰和嘉成2018年秋拍"字裏相逢：盧弼友朋信札專場"2225。又，此函存信封，尚有1951年5月16日天津郵戳。按：此批信札，承老友萬年春先生費時搜羅，特此致謝。

② 見於匡時2017迎春拍賣會"見字如面：盧弼友朋信札專場"1126。

胡君從長商討，見示爲盼。徐君行可不通信者已六七載。初弟去書五六通，并寄書籍數次，均置不覆，正深疑訝。後晤武漢友人來談，始知徐君與弟大有誤會，逢人便罵弟，弟（在）百思不得獲罪之由，大約前年，徐君寄來普通書多種托代售。此等書均市上充斥而不能得高價，弟以無法銷售寄還，或疑弟爲不盡力。又集印《叢編》時，徐君代約多股，弟托代抄待印諸書，徐君即以所收股款抵銷抄資。後徐君忽謂所抄各種爲弟借閱乾没，實不可解。又，國學會集資刊張錫恭《喪禮鄭氏學》，徐君捐款由弟轉交國學會，具有該會收據。書已刻成十册，後以無錢付印，徐君亦以爲疑。此則弟不過轉交手續，并非負責經辦，且板片今存滄浪亭圖書館可案也。以上數事，均弟所臆測，以外更無牽連，不知徐君何以怨毒之深耶！拉雜奉聞，以博一笑。專復。即請暑安。弟王大隆頓首。六月廿四日。"此函未繫年，不過以信之内容來看，首先是提到盧弼爲《三國志集解》出版與商務印書館磋商事；再則提及與徐行可已經六七年没有通訊往來。兩者相衡，大概可以判斷當係撰於20世紀50年代之初。再與上揭徐行可致盧弼函對勘，很有可能，這就是徐氏所見之王函。在王欣夫此函中，他將自己與徐行可交惡的大概情狀，向盧弼做了説明。對二人所以交惡的原因，做了分析和推斷。但正如他在信中所言，這些都是"臆測"。而或許就是這個緣故，盧弼纔將王先生此函寄與徐恕，希望得到他的回覆。

根據現存文獻來看，徐恕對於王欣夫信中所言諸事，除了前揭之函外，尚有其他回覆，今雖原函不存，但據今存另一通王致盧弼函，猶可大致想見其信中必就上述王函所言，一一駁斥，不稍假借。且盧弼在致王欣夫函中，還提出了新的問題，即關於胡玉縉遺書之刊行情況，王函即就此二事，分別回覆云[①]："慎之先生大鑒：手書奉悉，快同晤教。綏丈遺集，未能付印，負疚實深。微詞之來，不敢辭咎。編定清本，孤存敝笈，亦非善策。曾屢請友人多録副本，以廣流傳，均以卷帙太巨、寫官難得而止。此間合衆圖書館收

① 見於匡時2017迎春拍賣會"見字如面：盧弼友朋信札專場"1127。

藏最富，主館事者爲顧起潛兄，亦綏丈舊交，已商得藍曬一部存館，亦以費巨，遲遲未行。至前募印資，已得當時預算四之一，不料時局驟變，幣制更屢變，致折蝕無餘。此則弟不善經理，深愧無以對諸公之熱忱，罪歉萬分。今惟有催顧君即速曬印，非但可稍釋重負，亦藉以表明遺集早已編成，并非詍詐。至不能付印，事勢實然，弟不敢求諒於人，但使無愧於心而已①。承示徐君行可函，所述種種，與事實頗有差池。請爲左右述之：當寇難中，徐君未經通知，忽將普通書籍由郵局源源寄來，定價較市爲高。弟苕蓿生涯，更處艱窘之中，何能收得，勉向友人代銷數種，其餘祇能退回，賠貼郵費，姑不足言，而反致徐君大不滿意，此其一也。錢警石《後漢書》校本，係姚君石子所藏。徐君將金陵局本托陳君乃乾傳抄，陳君久未遵行，徐君因屬弟代將局本索還，陳君交在來青閣書店，該店與徐君素有往來，故弟僅通知徐君，由渠自取。今函中乃若弟乾没其費銀三十餅之校本，不勝詫怪。幸陳君現在，來青閣亦可作証，徐君原函亦可檢証，此其二也。《紙園筆記》抄本，係將鈔費計字論值，歸入叢編認股（當時計字論值抵股者不止此種），印費……（下闕）又表楊母氏苦節，不勝敬佩。記七、八年前，卞君曾徵文下及，弟繪慈竹一幀并題詩寄揚，想早收到。金君浚宣欲閱《箋經室集》，乞示地址，當即郵寄。子泉先生聞還故鄉，住址俟問得再告。自去夏思想改造後，孜孜於馬列主義理論之研究，吟事久廢，社友亦星散。尊示謂微詞以蘇州人爲尤甚，乞爲轉述鄙衷。苟欲一觀綏丈遺集，不久當可於合衆圖書館得之。倘欲即時印成，以塞衆喙，則敬告不敏矣。徐君原函附上。專復。即請大安。弟王大隆謹啓。六月十二日。徐君平生素交凶終隙末者，不止弟一人。

---

① 按：事實上，胡氏遺著刊行一事，早在1946年5月8日在致盧弼函中，王欣夫即言："慎之先生大鑒：不通箋候，倏又經歲，比維興居迪吉，撰著宏富，定如遥祝。綏之年丈遺集，編訂早已就緒。去年危急時，坐卧携隨，惟恐失之。滿以爲大地光明，即可付梓，了此心願。不料迄今工料益復高漲，竟絕無措手之機，憂心如痗，奈何奈何！"見於盧康華《新見王欣夫先生致盧弼函十三通釋文》，未刊稿。此承復旦大學盧博士見示，特此致謝。

每與吳君眉孫、周君子美太息言之。吳君即徐君所謂欲强買其《淮南校語》并屢索不還者也。今觀徐君書，語多閃爍，不難條駁。吾公持法平，今兩造詞具，是非當可立見也。"

此函撰於"復旦大學"箋紙，函中又有"自去夏思想改造後，孜孜於馬列主義理論之研究"語，則當撰於1953年[①]。

王欣夫既然將與徐恕之誤會情形一一詳告盧弼，便將此事置之度外，故於1954年8月10日致盧函中，尚以徐行可之藏書安危，拳拳致意[②]："慎之先生大鑒：久未通候，敬惟覃祉吉祥爲頌。敝業師曹叔彦先生於去年歸道山，晚爲編學行譜，先成行狀一篇，疏陋不文，謹奉稿求教正……漢江大水，徐君行可之藏書如何？久不通信，重以誤會，未便問候也。"不料，徐恕於盧弼轉述欣夫之函内容後，却并不認可，在給盧弼的回信中，他説到[③]："慎之先生左右：前承誨帖，審欣夫以廿年前致余季豫君手簡寄示，恕庚寅北游，已四改歲，欣夫於代向陳乃乾君處取回迻録錢警石《後漢書》校語，寫於金陵局刊宣紙印本上，用銀餅數十鈑者，則云存之來青閣失去（爾時何未郵寄？爾時重二公斤單掛號作五包，計郵費不過一銀餅，以致季豫兄寄去者内記鈔資數十元故也）；於所選京山易先生本烺《紙園筆記鈔》四册，則云抵認彼所輯印叢編股款（此事未能詳記。即容有此事，然欣夫許以此必印入叢書中，故未寄股款。股款每分不過十餅。今時閲廿載，欣夫既食言未印，願以官帖十購版收回，稍多亦可）；於借去鄭子尹先生《親屬記》三種，周子美兄於庚寅年爲彼代復一箋，則自承書存彼手，今已星霜四周，未以一本見還，則又何邪？先母逝世時，收致戚友賻金銀餅四百數十餅，悉數寄之，爲

---

① 曾以聖約翰大學中文系裁撤時間一事詢諸華東師範大學中文系丁小明教授，覆云："没有特别具體的文獻可證明。如果説中文系是和其他系同步裁撤的話，應該是1952年9月，部分在華東師大，部分在復旦大學。"

② 見於泰和嘉成2018年秋拍"字裏相逢：盧弼友朋信札專場"2229。又曹元弼歿於1953年，則此函撰於1954年無疑。

③ 見於泰和嘉成2018年秋拍"字裏相逢：盧弼友朋信札專場"2228。

助刊張先生錫恭《喪禮鄭氏學》費用，已刻之數卷，未以印本寄惠，固以金君松岑遲滯致然，欣夫一人不應受過，豈其篋衍中絶無此書印本乎？即云印本存國學會，則有版片權歸其受持，恕出銀四百數十餘餅，得一刊刻未竟印本，亦不以相遺乎[①]？如此爲謀不忠、久假不歸，更以恕索書寄去與季豫兄箋寄示先生，以加中傷，此固士君子之行乎？恕未請罪者，輕□之咎，實難自道，惟冀竢大雅弛怒時，恕其廿載前愆耳。來京已逾兩月，購入書數百種，負債已數百萬官帖。處無如何之時，值不可爲之地，而極不得已之心，冀以嘉惠鄉邦學子耳。手叩大安，徐恕再拜。"按此信存有信封，係1954年7月25日交由隆福寺之修綆堂，而據郵戳，寄出已在8月25日。現存欣夫致盧弨另一函云[②]："綏丈遺著，十年來朝夕編校，不敢自逸，倩人楷寫清本，巍成巨帙，所費亦不貲。自幣制變更，知付印無望，即商諸中華書局董事長高欣木先生，請其出版，以成本過巨，不果。今擬稍待數年，倘仍無法措手，則將原稿清本捐贈北京圖書館，以待後之有心人，并於跋中叙述經過，附以已出資諸公題名。總之，必有以對綏丈地下之靈，悠悠之口，請證之异日。臨穎悵惘，不盡欲言。大隆再拜[③]。《親屬記》以單本小册，屢經轉徙，不知夾置何處。

---

① 按：關於張錫恭此書之刊刻始末，可參林振岳《張錫恭〈喪禮鄭氏學〉成書與刊刻》（見於《經學文獻研究集刊》第十二輯，第301—317頁），又可參田野《〈喪禮鄭氏學〉雕版述論》（見於《北京印刷學院學報》，2019年第5期，第26—31頁）。兩文皆承上海交通大學研究員林振岳博士代檢，特此致謝。又王欣夫《蛾術軒篋存善本書録》"未編年稿"卷一"喪禮鄭氏學十卷十册"條亦可參看（第1435—1436頁）。

② 見於盧康華《新見王欣夫先生致盧弨函十三通釋文》，未刊稿。

③ 按：今《蛾術軒篋存善本書録》"甲辰稿"卷二中有"四庫全書總目提要補正六十卷四庫未收書目提要補正二卷二十册"條（第1229—1230頁），於胡玉縉遺書保存、整理、刊行之本末，皆有記載，可參。又據吳格先生《續四庫提要三種前言》："……擬合爲《許廎遺書五種》，由中華書局上海編輯所陸續印行。後《許廎學林》於1958年出版，《補正》亦於1964年出版，而《續編》及《題跋》兩種，乃以世事多故，訖未印成，王欣夫先生亦於1966年去世。"不過，欣夫先生雖然未能親見胡氏遺書一一付梓，但所遺兩種，現已由吳先生整理行世，胡、王二先生九原有知，當可無憾。見於《續四庫提要三種》卷前，上海書店出版社，2002年，第3頁。

留蘇書篋，封鎖多年，無暇檢理，故不克寄還。徐君以此見責，我知過矣[①]。今當於書肆訪求，有得即付郵不誤。然徐君前欲價購《箋經室集》、《辛巳叢編》，弟即寄贈，并不計值。倘必斤斤於此，則所值尚過。一笑。"王先生此函未書年月，但既然言及《親屬記》，或者即撰於是年。且此函言及"綏丈遺著，十年來朝夕編校"，胡玉縉殁於1940年，與信中所言，正相吻合。

王徐二人關於此事的矛盾，後續究竟如何，現因文獻缺失，無從知曉。不過，正如前揭王欣夫致盧弼函中所言："吾公持法平，今兩造詞具，是非當可立見也。"這個事件中的第三方盧弼，對於王欣夫的解釋，顯然是比較認同，這從他在1957年7月應王欣夫所請爲老友胡玉縉所撰的《許廎遺書序》中可以看出[②]："余深慮老友辛勤筆耕，或有散失。綏之由蘇來書云：年家子王欣夫力謀刊布，聞之喜慰過望。未幾，欣夫函告綏之已作古人，商集印資。余適鬻藏書，少竭棉力[③]。復請先兄木齋相助。欣夫四方分籌，惡幣驟落，時人多咎欣夫措置失當。欣夫一切不問，惟於戎馬倉皇、歷年兵火之際，保持綏之遺稿，如護頭目。十餘年中，編校繕寫，心力交瘁，百折千回，始終不懈。今寫定《許廎學林》《四庫全書提要補正》《四庫未收書目提要補正》《四庫未收書目續編》《許廎經籍題跋》五種，陸續校印，匪特塞饞慝之口，

---

① 按：戰亂之期，性命固如螻蟻，其書籍等事，自然無力措意。然王欣夫固非奪人所好之輩，其所撰《蛾術軒篋存善本書録》中有"易齋集二卷一册"條云："劉君耀東，字祝群，別號啓後亭長，爲基十九世孫，表彰鄉獻，不遺餘力，已輯印《括蒼叢書》，又謀續編。聞余曾見士禮居鈔本，於一九四〇年寄此册乞爲借校。今手函及擬刻書跋，猶存卷中，余以鈔本未能借得，繼之寇難暴政，未遑寧息，故留篋未歸。前年間之浙人，知劉君已久游道山……"見於《蛾術軒篋存善本書録》"庚辛稿卷四"，第257頁。又《紙園筆記》，後王氏已自篋衍覓出，可參下文。

② 見於《許廎學林》卷前，《許廎遺書》之一，胡玉縉撰，王欣夫輯，中華書局，1958年，第1—2頁。

③ 按：現存王欣夫出具收條："盧慎之先生捐助《鄲廎遺書》印資國幣壹佰元正，俟出書後照章分致。此據。民國三十年五月一日。發起人：王欣夫（蓋章'欣夫'）。"見於匡時2017迎春拍賣會"見字如面：盧弼友朋信札專場"1123。

庶幾無愧於綏之，真有故君子之風矣。"在這篇序言中，盧弼竭力表彰了王欣夫爲了整理、保存、刊行胡氏這五種著作而付出的心血，顯然對於王欣夫之舉措極爲贊同和滿意。王欣夫之整理保存胡氏手稿，與王徐二人所以發生矛盾的原因，本質上并無不同，即保護文獻、傳布文獻。故盧弼對此之表彰，從某種程度上來說，其實就是對於王欣夫多年以來汲汲保護文獻的肯定。

三

再轉回王徐二人之争，大概而言，此事之癥結其實還是在於信息溝通的不暢，僅以現存二人就此事致盧弼之函而論，内容多有重複，雖説是有强調自己觀點的原因，但更大程度上，是因通訊之障礙所致，因雙方都不確定對方是否已經收及此前之函，故而每次衹能再將前信之大要撮述，以便對方理解自己信中所言之針對性。而所有這些矛盾和錯訛，其實通過類似將信札編號之類的措施，完全可以避免和解決。其實，王徐兩位頗多相似之處，如：1.兩人皆嗜書如命，愛之如護頭目；2.兩人皆關心未刊稿抄本之及時刊布；3.二人皆於所藏所珍，不自私密，願與世人共寶。如徐行可曾主動爲張元濟所編《四部叢刊》，王欣夫、趙學南所編《八年叢編》，提供底本。尤其是他爲素昧平生的金毓黻提供東北文獻一事①，真如金氏所贊②："可謂古貌古心，學道之君子矣。"而王欣夫爲人，則亦多得時人推服，如其友人武進徐震曾言③："余惟禮之大端有八：恕以待人，謙以處己，和以治心，寬以容物，仁以利衆，義以定分，儉以自克，勤以將事。所以爲忠信者統是矣。君之立

---

① 詳參本師 吳格先生《金毓黻與徐行可交往事迹鈎沉——〈静晤室日記〉輯抄》（未刊稿）。此承 吳先生惠示，特此致謝。
② 見於金毓黻《静晤室日記》卷九四，第6册，瀋陽：遼瀋書社，1993年，第4044頁。
③ 《學禮齋銘》，見於徐震《雅確文編》第四卷，民國二十八年刻本。此承常州大學葛金華教授代核，特此致謝。

身行己，固常以此爲蘄向。"可見兩人之不和，絕非個人品行所致。但正是因爲兩人皆極度好書，而同好之人，又易生嫌隙。今細繹兩人致盧弼之函，其矛盾之焦點全在於書。以徐行可而論，以千金助刊張錫恭《喪禮鄭氏義》而所需不過幾册樣書而已。故當年王徐二人若有緣面晤道故，此間誤會想來一定會消除。而此又有見舊時通訊不便之害。金毓黻曾評徐行可云[①]："嘗謂海內藏書家肯以秘本珍籍借人傳鈔者，唯先生一人而已。他人則以孤本爲鴻寶，以謂如經人傳鈔即不能保其高值，所遇比比皆是。喪亂以還，蕩然無存者不知幾許，以無副本故，亦等於《廣陵散》，作者九原有知，必爲之痛哭失聲。以故先生不靳於傳鈔，某亦以刊行爲亟務，印一種即傳一種，故叢書尚焉。"事實上，欣夫先生又何嘗非如此之人？今考王徐二人，皆以保存、流通文獻爲職志，而竟凶終隙末，數十年後述之，不禁爲之扼腕而長嘆。

王欣夫先生一生最要之著作，應該是晚年定稿的《蛾術軒篋存善本書錄》。在此書中，其實也保存了很多王徐二人交往的資料[②]。從這些材料來看，王徐二人之交往大概是始於20世紀30年代之初。民國二十年（1931），徐行可前往南潯嘉業堂，駐堂校書。而王欣夫書中"群經冠服圖考三卷三册"條云[③]："原稿藏劉氏嘉業堂，吾友徐行可恕傳抄，訂其字。余付印時，趙學南先生詒琛又加粘簽。有'徐恕定'朱文方印，'從業'、'眼學'、'點勘'朱文三長方印。"又"詩古音三卷一册"[④]："又有朱筆校字，則武昌徐行可也，筆迹可辨。有'劉印承幹'白文方印，'南林劉氏求恕齋藏'朱文方印，'徐恕'白文方印，'彊誃點勘'朱文長方印。"則此二書皆當得於嘉業堂中，徐氏所得，當即在行可南潯之行後。又"興地廣記二十八卷札記二卷四册"條云[⑤]："一九三五年臘月，徐君行可知余留心黃、顧校本，自漢口寄到。索值

---

① 見於《靜晤室日記》卷一三六，第8册，第6080—6082頁。
② 按：承林振岳博士惠寄此書，俾得查考徐行可之相關記錄，特此致謝。
③ 見於《蛾術軒篋存善本書錄》"甲辰稿卷一"，上海：上海古籍出版社，2002年，第1153頁。
④ 見於《蛾術軒篋存善本書錄》"庚辛稿卷一"，第11—12頁。
⑤ 見於《蛾術軒篋存善本書錄》"癸卯稿卷二"，第918頁。

奇昂，無力購得，因請録副而歸之。"又"尚書孔傳參正三十六卷六册"[1]：
"一九三六年冬，借檢齋本，以墨筆臨之，又從徐君行可借季剛、季皋本，
分以朱筆、緑筆録之，皆屬其任於徐君振之。""日知録札記一卷一册"條[2]：
"余既印秉衡先生《荷香館瑣言》入《丙子叢編》，徐君行可見之，謂有先
生手校《日知録》在。因乞借讀，則録其校語爲一卷見寄。"這些條目所述，
基本上反映了二人在30年代交往之初的大概情形。另外"大戴禮記十三卷
四册"條云[3]："此書於二十年前從徐君行可借得佚名校本，屬徐君振之照臨
者。""鄉黨禮説一卷一册"條云[4]："余於三十年前偶得一册，闕第十七一葉，
訪諸南北藏書家，僅武昌徐行可有之，鈔補。又越六年而始寄到，蓋若是
其不易也。讀者其弗以區區近刻而輕之。"又"三國職官記七卷二册"條[5]：
"其《紙園筆記》王季薌從其家借出，余托徐行可鈔得，餘均未見。此本從
稿本傳録，而以別一副本校勘，其有脱誤，則旁注之，殊見細心。""紙園筆
記三十一卷四册"條[6]："二十年前，余得眉孫《三國職官記》稿本，移書鄂
友徐行可，問尚有其他未刊著作否。覆言有此書，因寄資請傳録，逾年而始
成。卷一至三爲《經餘》，卷四至五爲史略，卷六至七爲皇朝故事，卷八至
十爲輿地，卷十一爲書籍，卷十二至十三爲六書音，卷十四至十七爲金石書
畫，卷十八至二十三爲文、詩，卷二十四至二十七爲證，卷二十八爲制義科
舉，卷二十九爲小説，卷三十至三十一爲雜記，而卷二十三及卷三十均不足
一葉，似可卷。其書多纂録舊説，尤注意鄂省之輿地人物，亦時有證舊聞，
獨抒心得者。"所記録者，應該也是30年代至40年代兩人互通有無，假借交

---

[1] 見於《蛾術軒篋存善本書録》"癸卯稿卷一"，第716頁。
[2] 見於《蛾術軒篋存善本書録》"甲辰稿卷三"，第1310頁。
[3] 見於《蛾術軒篋存善本書録》"辛壬稿卷一"，第385頁。
[4] 見於《蛾術軒篋存善本書録》"辛壬稿卷一"，第409頁。
[5] 見於《蛾術軒篋存善本書録》"庚辛稿卷二"，第86頁。
[6] 見於《蛾術軒篋存善本書録》"庚辛稿卷三"，第194頁。按：前者，兩人曾以此書歸屬爭
    議，但此處王氏并未言及主權之事，當已與行可就其歸屬已達成協議。

換圖書之情狀。

除此之外，還有一些不能確定年月之記録，如"過夏雜録六卷續録一卷八册"①："此未刊稿本，昔年乞徐君行可從嘉慶己巳耕崖子勳懋本傳鈔，故有'行可'諸印。將印入《紀年叢編》，因脱誤尚待校正而止。""日知録校正一卷一册"條②："卷中圈點爲徐行可筆。有'徐恕'朱文方印。""蔡中郎集十卷外紀一卷外集四卷傳表一卷六册"條③："昔年徐君行可寄示海源閣本《蔡中郎集》，録有舊校極精審而不具名。""詩經韵讀四卷"條④："徐君行可曾見一舊鈔本，此所佚儼然具在，嘗以鈔寄，姑仍補録卷中，雖非江氏意，存以待學者之揀擇參稽，且可見古人著書之不苟也如此。"所言也無非是二人相互補充藏書之事。凡此等等，皆見二人於藏書之珍愛與寶護。并無一言言及二人曾經之齟齬。

而"庚辛稿"中有"夬齋雜著不分卷一册"條，云⑤："余尤愛讀其手校群經注疏跋，所據皆吾鄉紅豆惠氏父子點勘本……夬齋臨本全帙……前年徐君行可來晤云，近於北京收得，載歸武昌矣。"再"儀禮注疏温故不分卷附補録二册"云⑥："三十年前，於上海中國書店見京賈以銀圓二十鈑購此，已打包待寄，欲購之未允。及余追之急，乃故靳其價，增至五十鈑，始再由京寄回。一九五□年春，徐君行可見顧，於架上見之，詫爲生平所未見。徐君固熟於清人著述者也。然則雖百四十年前著述，安得不以善本視之耶。"則知二人晚年，早已捐弃故惡，重歸於好了。又"季漢官爵考三卷一厚册"條⑦："此爲老友徐君行可次女公子據北京圖書館藏稿本傳鈔。書品大，縱市尺一

---

① 見於《蛾術軒篋存善本書録》"辛壬稿卷三"，第591頁。
② 見於《蛾術軒篋存善本書録》"辛壬稿卷三"，第589頁。
③ 見於《蛾術軒篋存善本書録》"甲辰稿卷四"，第1351—1352頁。
④ 見於《蛾術軒篋存善本書録》"未編年稿卷四"，第1630—1631頁。
⑤ 見於《蛾術軒篋存善本書録》"庚辛稿卷四"，第307頁。
⑥ 見於《蛾術軒篋存善本書録》"辛壬稿卷一"，第382頁。
⑦ 見於《蛾術軒篋存善本書録》"甲辰稿卷二"，第1176頁。

尺二寸五分，横八寸二分。單欄，墨中又有小匡，縱五寸五分，横三寸八分。文字在小匡中，四圍空白，不知何意。余少作《補三國兵志》，行可見之，因以此册見贈。"此處既然言"北京圖書館"，則所言也是在50年代之事，即兩人和好之後事。至"春臺贅筆五卷一册"條所言[①]："此爲知物論齋鈔本，故友武昌徐行可用朱筆校補而猶未盡。昔年余欲繼《群經冠服圖》付印亦未成。有'曾歸徐氏'朱文長方印，'業'朱文長方印。"則行可已經辭世矣。

雖然王徐二人曾因誤會而發生矛盾，但或許是在盧弼之轉圜之下，又復交好如初。不過，二人於所愛之書，仍行故我之態，如王欣夫"玉篇三十卷三册"條所言[②]："一九四一年二月，偶過冒疚齋先生，獲見潘幽侯臨本，賢郎效魯方事傳録，乃并有顧千里校。喜甚，遂亦借歸録之。越二十年，再見潘本於古籍書店，既成議矣，爲徐行可豪奪去。回憶往事，縷記於此。"則真可謂"當書，不讓與友"也。

---

① 見於《蛾術軒篋存善本書録》"辛壬稿卷二"，第510頁。
② 見於《蛾術軒篋存善本書録》"癸卯稿卷一"，第835頁。

徐行可與王佩諍的一次交往

王學雷（蘇州大學第二實驗學校）

　　作爲近代藏書史上的重量級人物，武昌徐行可先生（1890—1959）越來越受到人們的關注。近來，湖北省圖書館等單位與徐氏後人即將舉辦"徐行可捐贈古籍、文物60周年紀念活動"。鑒於當今鄂方人士於行可先生與江南藏書家的交往已瞭解不多，故甚願相關研究者能提供此方面的成果，以襄盛會。遂請吳致之教授爲之蓋籌碩畫，遍徵友人、後學，衆皆有響斯應。今夏，致之教授忽下短札，垂詢先曾祖王佩諍與徐行可兩位先生的交往事迹。筆者於是用心查考了一些資料。入秋，復蒙主辦方下函盛邀，乃謹撰小文，聊表芹獻！

一

　　徐行可先生出生於祖業富足的家庭，早年喪父，其生母、養母皆善理財，在武漢三鎮有多處商鋪，家道殷實[1]。平生"暇則出游，志不在山水名勝，而在訪書"[2]，"晚年猶往來京、滬等處收書"[3]，故"藏書甲於湖湘"[4]；與之相似的是姑蘇王佩諍先生（1888—1969，名謇，號瓠廬），亦長於殷實之家，

---

① 童恩翼：《徐行可學行述略》，《圖書情報論壇》2010年第4期。
② 倫明：《辛亥以來藏書紀事詩（附校補）》，上海：上海古籍出版社，1999年，第115頁。
③ 王謇：《續補藏書紀事詩》，油印本。
④ 吳則虞撰，吳受琚增補：《續藏書紀事詩》卷十，下冊，北京：國家圖書館出版社，2016年，第452頁。

其父藎之公（？—1903）也去世較早，繼母鈕太淑人（1865—1923）"持家二十三有年，瀚濯補綴，躬率簡約，以大起遺業，生財有道，積之者裕，用之者舒"，對於先生則是"恣其藏庋搜購善本，廣羅碑版古今名人書畫，糜巨金無所吝"①。寬裕的經濟條件，是造就藏書家的基本條件，也是他們的相同之處。

所不同的是，徐行可身處"九省通衢"，祇要一有空就往外跑，與異地學者、藏書家的交游多是"往造"；而王佩諍平生交游雖不可謂不廣，却身在"温柔之鄉"，早年又維摩善病②，從不遠游，中年迫不得已流寓滬上，平生足迹基本未出滬寧一綫（圖一）③，與異地學者、藏書家的交游多是"來而不往"。因而，若論兩人的交往，必然是徐行可來找王佩諍，而不會是王佩諍去找徐行可——是否如此？猶待徵實。

作爲章太炎寓蘇時期的大弟子、章氏國學講習會講師的王佩諍，對徐行可當不會陌生，早在1935年，徐氏即在講習會編輯的《制言》雜志上發表過多篇詩文。但僅憑此點，自不足以證明他們因此就結識而有所交往，最多是彼此相知而已；另在拙藏中，猶有鈐有多枚徐行可印章的同治八年（1869）補讀齋刊本《今體詩鈔注略》一冊（圖二）。由於上面没有任何題跋批識，此書自亦不足成爲他們交往的物證。故欲考兩人之交往，筆者最先想到的是佩諍先生晚年所著的《續補藏書紀事詩》，因爲裏面有爲徐行可所寫的詩傳：

---

① 陶惟坻：《鈕太淑人家傳》，載王賓編《鈕太淑人哀思録》。王賓《海粟樓叢稿》第10冊，北京：國家圖書館出版社，2019年，第310頁。

② 金天翮：《鈕太淑人祭文》謂："嗣君曰賓，恂恂砥行。緩帶輕裘，維摩善病。"載王賓編《鈕太淑人哀思録》，《海粟樓叢稿》第10冊，第315頁。

③ 在此照片背面，其長女王郫回憶："可能是1962年三年自然災害期間所攝？這是我父親第一次到杭州，父親極少出門，可能在我們出生前到南京看過一次博覽會外，不大出門的。1937年抗戰把他趕至橫涇而洞庭東山後，不得已到了上海。到上海教學後又不動了（震旦大學、東吳法學院、大同中學、華東師大，均步行往來，不坐車）。1962年4月，我伴他們到杭州，正逢三年災害，杭州飲食極爲緊張。記得玩了不幾天就回滬的。1989.5.回憶。"

圖一　王佩諍與夫人及長女1962年4月攝於杭州

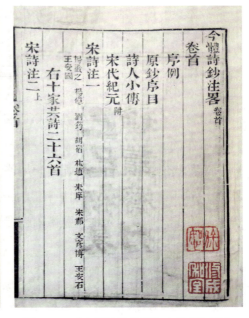

左：
五七言今體詩鈔序目

天下之是非有不可得而淆也而以已意决之則不能

不淆其不淆者必其當於人心之公意者也人心之公意

雖具於人人而當其始無一人發之則人人之公意

苟發之而同者會矣論詩如漁洋之古詩鈔可謂當人心

之公者也吾惜其論止古體而不及今體至今日而爲今

體者紛紜岐出多趨譌謬風雅之道日袁從吾游者或請

爲補漁洋之闕編因取唐以來詩人之作采錄論之分爲

二集十八卷曰盡漁洋之遺志雖然漁洋有漁洋之意吾

有吾之意吾觀漁洋所取舍亦時有不盡當吾心者要其

右：
今體詩鈔注畧〔卷首〕

卷首

序例

原鈔序目

詩人小傳

宋代紀元〔附〕

宋詩注一
　楊徽之　楊億　劉筠　胡宿　林逋　宋庠　宋祁　文彥博　王安石

右十家共詩二十六首

宋詩注二〔上〕

圖二-1　《今體詩鈔注略》上徐行可印章　　圖二-2　《今體詩鈔注略》上徐行可印章

又一藏家呈中秘，漢皋佩解即升仙。中有文柯舊藏在，稿刻校鈔得天全。徐行可（恕，號彊邨），武昌人。在漢皋有祖遺資産，故一生惟以收書爲事。與徐積餘、倫哲如交好，并皆以目録學名於時。所藏積至七百餘篋，文廷式、柯逢時二家精本多歸之。遇友好藏有名校鈔本，必商借録副，而己之所有，亦不惜借人過録。晚年猶往來京、滬等處收書。聞其即逝前，已以所藏三分之一輸歸公家。殁後，其子遵遺志全部捐獻。①

頗感遺憾的是，這段文字雖寫於徐氏去世之後，可所述卻盡是其生平中廣爲人知之事，從中絲毫看不出他們平生有所交集。稍可推敲的是其中提到的兩點：一是徐行可對己藏書籍資料向來不自珍秘，"不惜借人過録"，甚至慷慨贈人。這在其友朋間有口皆碑②；二是"晚年猶往來京、滬等處收書"。就此，筆者曾將《續補藏書紀事詩》的通行版本，與兩種較爲原始的清稿本進行對勘，發現清稿本此句後都有"數次"二字③。這個信息告訴我們，徐行可晚年到滬上訪書不止一次。那麽，王佩諍是否也曾受惠於徐行可的慷慨——他們是否會在"數次"中，有一次的交集呢？

二

1958年6月，佩諍先生在商務印書館出版了《鹽鐵論札記》。在1957年11月所作的《自序》中説："成書後……於王君利器新著稿中，又獲見黃季剛、陳遵默公言，皆清談娓娓，頗足啓予。"④"王君利器新著稿"，是指王利器在1958年上海古典文學出版社出版的《鹽鐵論校注》，其中徵引有陳遵默等人的著作，爲佩諍先生《鹽鐵論札記》成稿前所未見。

---

① 王謇：《續補藏書紀事詩》。
② 吳則虞撰，吳受琚增補：《續藏書紀事詩》卷十，下册，第452頁。
③ 王謇：《續補藏書紀事詩》，清稿本，洪駕時抄本兩種，一爲拙藏，一爲卜若愚藏。
④ 王佩諍：《鹽鐵論札記》，北京：商務印書館，1958年。

　　按，陳遵默（生卒年不詳），字季皋，江北縣（今重慶江北區）人，曾任重慶大學教授①。據《鹽鐵論校注·前言》及章節附注知，書中所徵引陳氏的著作是《鹽鐵論校録》，來源則是"徐行可先生藏"②。1983年，王利器在修訂本"附録七·纂注"中還注明陳氏此著是個"傳抄本"③。其晚年回憶則更明確地説："余之作《鹽鐵論校注》時，漢口徐行可先生即以所迻録之陳季皋先生《鹽鐵論校録》（含黃季剛先生《校記》）見贈。"④陳遵默曾是王利器就讀重慶大學高中部時的老師⑤，而老師的書稿却得自徐行可，可見徐氏不僅收羅之廣，而且很可能是《鹽鐵論校録》的唯一擁有者。

　　對於陳遵默的這本《鹽鐵論校録》，王佩諍先生自然是想見其全的。他的《自序》寫於1957年11月，則説明此時他與徐行可尚無聯繫。可是就在佩諍先生遺留下來的其他遺稿中，筆者找到了一册名爲《鹽鐵論校録後案》的稿本。起先筆者以爲此稿完全是由佩諍先生所作，細讀後纔發現，正文部分是陳遵默《鹽鐵論校録》的原文，其後綴有佩諍先生的案語，故稱爲"後案"。卷前佩諍先生還用朱筆寫有一篇《序言》（圖三）：

　　往余少時讀桓次公書，得兼讀顧千里爲張古餘撰《校勘記》，又益以王益吾撰《校勘小識》，并所采王君豫、胡子彞説，傅以臆見，略有集録矣。中年以後，又得徐南邨彙王刻諸家言，并最録石臞父子説爲《集釋》，兼采桐城二姚《援鶉堂》、《惜抱軒》兩筆記，孫志祖《讀書脞録》、盧文弨《群書拾補》、洪頤烜《讀書叢録》、桂未谷《札樸》、王紹蘭《讀書雜記》、曾廷枚《香墅漫鈔》、王端履《重論文齋筆録》、鄒

①　任競、王志昆主編：《巴渝文獻總目：古代卷·著作文獻》，重慶：重慶出版社，2007年，第64頁。
②　王利器：《鹽鐵論校注》，上海：上海古典文學出版社，1958年，第7、9頁。
③　王利器：《鹽鐵論校注（修訂本）》，天津：天津古籍出版社，1983年，第854頁。
④　王利器：《往日心痕——王利器自述》，太原：山西人民出版社，1997年，第151頁。
⑤　王利澤口述，龐國翔記録整理：《"兩千萬富翁"王利器》，中共重慶市江津區委統戰部編纂《江津統戰往事》，2014年內刊，第190頁。

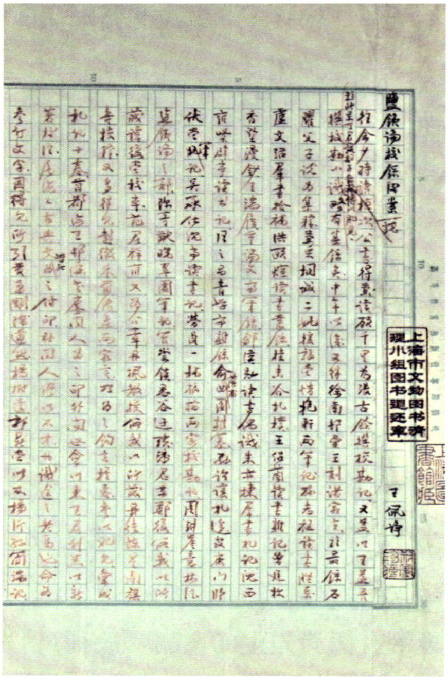

图三－1 《鹽鐵論校録後案·序言》

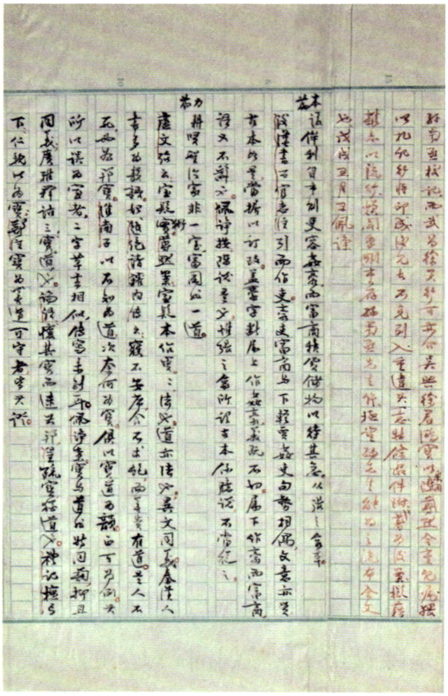

图三－2 《鹽鐵論校録後案·序言》

漢勛《讀書偶識》、朱亦棟《群書札記》、沈西雍《柴辟亭讀書記》、汪之昌《青學齋雜録》、俞蔭甫《曲園雜纂》、孫詒讓《札迻》、皮鹿門《師伏堂筆記》、吴承仕《絸齋讀書記》、勞貞一林振翰兩家《校勘記》、周耕崖《意林注·鹽鐵論之部》、陳奇猷《晚翠園筆記》、管崇鎮《愚谷迂瑣》。潘君景鄭復假我以所藏譚復堂校本。范君祥雍又爲介章丹楓教授，假我以所藏丹徒陳星南祺壽校釋。又多得見趙徵禾、羅銘盂兩家言。乃爲之鈎玄提要，參以臆見，彙成《札記》十卷。首都海王邨涵芬樓同人爲之印行問世。會川東王君利器以新著《校注》屬海上古典文學社爲之付印，社同人謬以不才爲識途之老馬也，命爲參訂文字。因又得見所引黄季剛、陳遵默、楊樹達、郭鼎堂，以及楊沂孫簡端記、孫蜀丞校記。而武昌徐君行可，亦介吴興徐君鴻寶，以采用陳尊默全稿見囑，猥以《札記》行將印成，後見者不克列入，重違其意，特條綴件附之，著爲《後案》，擬藉雜志以流行。頗聞季剛稿存孫蜀丞先生許，極望孫先生能爲流布全文也。戊戌五月，王佩諍。①

此序作於戊戌五月，即 1958 年的 6 月前後。王利器的《鹽鐵論校注》在此稱爲“新著《校注》”，而在之前的《鹽鐵論札記·自序》中則稱作“新著稿”，説明當時佩諍先生見到的還是《鹽鐵論校注》的稿本。他與王利器是否有交往？他如何能讀到王利器的稿本？現在通過此篇《序言》中“會川東王君利器以新著《校注》屬海上古典文學社爲之付印，社同人謬以不才爲識途之老馬也，命爲參訂文字”的叙述可知，佩諍先生曾受出版方之托，爲《鹽鐵論校注》審稿，因能從中得見所徵引的陳遵默《鹽鐵論校録》；最關鍵的是，緊接着説“而武昌徐君行可，亦介吳興徐君鴻寶，以采用陳尊默全稿見囑”——這樣，就明確了 1957 年 11 月至 1958 年 6 月間，通過徐森玉的介紹，徐行可與王佩諍之間曾有過聯繫。

<h2 style="text-align:center">三</h2>

徐行可與王佩諍之間的“聯繫”未必一定就是見面，可以是互致書信，也可以是通過徐森玉的轉達。1957 年 11 月到 1958 年 6 月，最多也就半年多一點的時間，考察他們唯一一次的交集似乎也要落空。慶幸的是，筆者在佩諍先生的另一册名爲《鹽鐵論校釋札記》的稿本中找到了一個重要的，也可稱爲唯一的綫索。據封面題識，此稿成於乙未 1955 年，但在封背粘有一葉筆墨狼藉、塗改穿插、甚費辨識的浮簽，寫作時間却是“戊戌五月”（圖四）。細讀上面的叙述，筆者驚奇地發現幾與《鹽鐵論校録後案·序言》相同，而稍嫌繁蕪：

往余少時讀桓次公書，得兼讀顧千里爲張古餘撰《校勘記》，并益以王

---

① 王謇：《海粟樓叢稿》，第四册，第 413—414 頁。

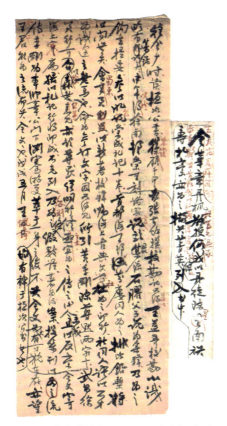

圖四　《鹽鐵論校録後案·序言》底稿

益吾《校勘小識》，略有集録矣。中年以後，得徐南邨彙王刻諸家言，并最録石臞父子説爲《集釋》，乃爲之鈎玄提要，參以臆説，彙成《札記》十卷。至友范君祥雍，介金華章丹楓教授枉駕見過，承假我以丹徒陳星南祺壽札稿。潘景鄭學長，假我以所藏譚復堂校記。亦爲之擷其菁英，列入書中。首都海王邨涵芬樓同人爲之排比鉛槧，將以問世矣。會蜀東王君（利器以）[1]新著《校釋》，新著《校釋》囑海上古典文學社爲之印行，社同人謬以不才爲識途之老馬也，命爲參訂文字。因又得見所引黄季剛、陳尊默兩家言，均有裨於桓次公書者也。武昌徐君行可，以徐森老介，紆尊來見，亦謂尊默經明行修之士，亟宜爲之傳之後人。未幾，且以原稿全文寄海上賽寓，猥以《札記》行將印成，不克列入，乃爲之每則條綴數語，著爲《後案》，投《集刊》爲之流傳。季剛爲本師章公門下淵騫游夏萃於一身之俊才，其全文必大有可觀者在，亦望孫、王二君能爲之流布全文也。戊戌五月，王佩諍。[2]

可以斷定此葉浮簽正是《鹽鐵論校録後案·序言》的底稿。然作爲定稿的《鹽鐵論校録後案·序言》删繁就簡，叙述似乎更爲雅潔，但無意中删除了在我們

---

① 括弧中字原爲作者劃去。
② 王謇：《海粟樓叢稿》，第四册，第214頁。

看來很有説明的信息。即如："而武昌徐君行可，亦介吳興徐君鴻寶，以采用陳尊默全稿見囑。猥以《札記》行將印成，後見者不克列入，重違其意，特條綴件附之，著爲《後案》，擬藉雜志以流行。"相比之下，雖顯雅潔，但底稿則所述爲詳："武昌徐君行可，以徐森老介，紆尊來見，亦謂尊默經明行修之士，亟宜爲之傳之後人。未幾，且以原稿全文寄海上賽寓，猥以《札記》行將印成，不克列入，乃爲之每則條綴數語，著爲《後案》，投《集刊》爲之流傳。"其中"紆尊來見"四字，即能確鑿地證實徐行可曾在上海登門造訪過王佩諍。而且還因此知道，陳遵默的《鹽鐵論校録》是徐行可回鄂後再寄給王佩諍的。

四

　　徐行可此行應該是"晚年猶往來京、滬等處收書數次"中的一次，期間抽空去造訪了徐森玉；在《鹽鐵論札記》的《自序》中王佩諍還提到："樂山祭酒（引按：即郭沫若）更有集思廣益，休休有容之忱。於是請徐森玉先生爲我上之樂山祭酒。祭酒謬加贊許，以爲煞費苦心，命速加編繕，付諸涵芬樓以鉛槧印行。"[①]知此書是由徐森玉推薦。恰巧此時徐行可的造訪，讓他想起了《鹽鐵論札記》，并談到了王佩諍。徐行可遂借此行，又造訪了王佩諍。

　　我們現在已無法確切地還原當時兩人見面時的情景，但大致的想象還是浮現於腦際：自告別徐森玉後，徐行可於某日又前往王佩諍在上海愚園路608弄60號的寓所（圖五），王佩諍熱情地接待了這位昔日久聞大名、緣慳一面，而現在却"紆尊來見"的同道，應不無感動。他們談論的興趣自然是各自的藏書，自然還會談及行將付印的《鹽鐵論札記》。由於王佩諍曾爲王

---

① 郭沫若1956年11月22日致陳夢家："陳夢家先生：王佩諍先生《鹽鐵論散不足篇校釋札記》粗略審閱了一下，確是費了苦工的。我打算推薦給一所，以備逐次登入《集刊》（擬於明年創刊）。如王先生願意，望能將全稿寄來。如王先生願由商務出版，也好。稿本暫留我處，俟確定後，再奉還或交一所。郭沫若22/XI/1956。"黄淳浩編：《郭沫若書信集》下册，北京：中國社會科學出版社，1992年，第211頁。

圖五　王佩諍晚年與夫人在上海愚園路寓所前

利器《鹽鐵論校注》審過稿，知道陳遵默的《鹽鐵論校録》藏徐行可處，既然藏家不請自來，必定會有所過問。於是徐行可很慨然地答應回去後將陳著寄來，不久之後兌現了承諾。在見面的當天（或許在之後的來信中），徐行可還詳細介紹了陳遵默，稱他爲"經明行修之士"，極力慫恿王佩諍將陳著加入《鹽鐵論札記》以見充實，但由於已交付印刷，這樣必致版面大幅增加，勢不可能。王佩諍爲此想到了一個辦法，就是將陳著原文抄録，然後附加自己的案語，名爲《鹽鐵論校録後案》"投《集刊》爲之流傳"。就在這一年，王佩諍在《華東師範大學史學集刊》第三期上發表了一篇《魏兩晋南北朝群書校釋録要》[1]，他爲《鹽鐵論校録後案》所設想的投稿地應該就是指這本雜志。但這個願望似乎没能實現。

　　1959年7月9日，徐行可先生以胃潰瘍忽然下世[2]，距離此次上海之行僅

① 華東師範大學學報編輯委員會：《華東師範大學史學集刊》，上海，1958年。
② 徐氏家族向湖北省圖書館捐贈古籍信函："湖北省圖書館：家父徐君行可，不幸於月之九日，以胃潰瘍症病逝。我輩遘此閔凶，終懷罔極之痛。伏念家父畢生精力盡瘁於讀書買書，辛辛勤勤，無間寒暑。節衣縮食，樂此不疲。常謂'不以貨財遺子孫。古人之休德，書非貨財，自當化私爲公，歸之國家'，解放以還，屢申所願。生前曾以五百餘箱捐贈於科學院。亦素心之實踐也。我家尚存書册，家父在世之日，久擬選擇所藏，繼續公諸鄉邦。縶因疾病侵尋，理董無力，不幸遽爾逝世，雖死難安。我輩秉承遺志，欲盡未遂之業，擇選遺藏，公之國家。敬求惠予接納。使書得盡其用，且慰死者之心。則不勝感戴之至。謹布所懷，并致敬禮。（家屬姓名略）共啓。一九五九年七月十五日。"（照片，見於王倚平《捐贈義舉　惠澤流長——記一代收藏大家徐行可》，《書法叢刊》2016年第3期）

一年多的時間。如果再更精確地推算一下他與王佩諍見面的時間，應在1958年6月《鹽鐵論札記》出版之前，1957年11月寫定《自序》之後，這半年左右的時間內。最令人感到慶幸的是，多虧王佩諍先生將《鹽鐵論校錄後案·序言》的底稿粘附在了《鹽鐵論校釋札記》稿本之上，而未作丟弃。這樣，證實了這兩位近代藏書家平生第一次，也是最後一次的相遇。

2020年11月22日於姑蘇

從徐行可致陳乃乾信札談兩人之交往

虞坤林（浙江海寧）

本世紀初，爲收集陳乃乾的資料，曾在一位老人的幫助下，得睹徐行可給陳乃乾的一批信札，共十八通，得主人同意拍攝而歸。讀此批信札，因其內容豐富，所涉以書爲主，或借或詢或購，大都談及書籍版本方面的內容，對研究近代藏書家交往及書籍流傳，有一定的研究價值。余不揣淺陋，整理後發表於國家圖書館《文獻》雜志。由於水平有限，還是在信札的年份考證上時間顛倒，幸馬志立先生重加考訂，糾正訛誤，重新梳理書信的日期，使這批文獻，以一個嶄新的面貌呈現給廣大讀者，在此向馬先生表示深深的謝意。

數月前，承吳格教授不弃，要我寫一點關於徐、陳交往的文字。在我所收到的陳乃乾資料中，徐行可信札所含的史料最爲豐富，時間跨度長達十多年，信息量大。惜自己才疏筆拙，不敢造次，拖延至今，在吳教授的一再鼓勵下，今據馬先生新考證日期爲序，擇數通而簡述這一時段徐、陳之交往。所述不足之處，敬請方家批評指正。

徐行可（1890—1959），湖北武昌人，名恕，以字行，號彊邨，室名"知論物齋""箕志堂""藏棱齋"等。1907年曾游日本。次年因弟喪回國。此後不騖名利，以購書藏書爲樂事，且購且讀，寒暑不廢，遂得博覽群籍，探賾發微，博洽貫通。中年，與浙江藏書大家南潯劉承幹聲應氣求，曾客居劉家，遍讀其嘉業堂所藏典籍，并請鈔手伴行，録其罕傳書多種。其藏書近至十萬册，又收藏書畫、印章、銅鏡等文物七千餘件。新中國成立後盡數捐獻國家。

陳乃乾（1896—1971），浙江海寧人。自1912年赴滬後，先後服務於中華書局、古書流通處、泰東書局、中國書店、開明書店及南洋中學圖書館。與海上名人多有接觸，與徐乃昌、胡樸安、姚光、高燮、劉承幹等一批藏書家來往尤密。他曾先後整理影印善本古籍達五十餘種，爲保存傳播祖國傳統文化做出貢獻。

徐、陳交往，一個繞不開的問題就是他們結識於何時。這個問題看似簡單，在無確切資料的佐證下，也是一個難題。馬志立先生對此的判斷，我認爲較爲合理，他認爲徐行可1921年6月27日致孫毓修信中言及"……《蔡集》徐刻第九卷第二頁左半板模糊，疑藝風所藏或是初印，故向陳氏索閱。……"這裏的"陳氏"應指陳乃乾。如推斷成立，那麼徐、陳1921年或更早就有交往。至於他二人怎麼認識，由誰介紹，目前尚難找到新的史料，祇能留於後來者考證。

目前所見徐行可致陳乃乾的第一封信在1928年十月二十七日（公曆1928年12月8日），而《徐乃昌日記》1924年農曆六七月間，兩次談到陳乃乾、徐行可，尤其是年七月初七記："陳乃乾來，留徐行可藏濰縣辦蟬居高氏（翰生多蓄异書）寫本戴東原《經考》五卷。"辦蟬居，是高鴻裁的齋名。高鴻裁字翰生，清末收藏家，山東濰城區西關人，1852年出生，1918年歸道山。晚境生活困頓，所藏之物陸續售出。這部戴東原《經考》由高家散出，後爲徐行可所得，又經陳乃乾手轉交予徐乃昌（此書後有民國二十五年《安徽叢書》影印徐氏覆校五卷本），從這條信息可以看出徐、陳交誼非同一般。

我們目前看到的徐行可信，祇是徐、陳交往通信中的一小部分，尤其是沒有發現陳乃乾信，非常遺憾。儘管如此，這十多封信長達八九千言，給我們提供了許多當時的文化信息。通過這些信，可看到徐、陳之間以書爲媒介而延續將近四十餘年的書緣。綜觀這些信札，兩人所談論的除了書還是書，從購書、校書、補抄及版本，無所不涉，無話不談，相互探討，取長補短，真正體現了中國傳統中的君子之交，反映了兩人治學的嚴謹態度。

如第一封1928年的信，是對陳乃乾11月（公曆）底致徐行可信的回復。在陳的來信中附有爲徐行可所補抄的《墨子刊誤》缺頁。而《墨子刊誤》由中國學會景印，是陳乃乾所編《周秦諸子斠注》十種中的一種。徐行可信中有"前蒙許賜《諸子校注》，以裝訂未完，未付郵簡"一語，即指這部書。從徐行可信中可知，《周秦諸子斠注》十種的出版日期定位於1929年上半年（各圖書館對此書的出版年份一直沒有明確標注）應問題不大。這部書共收入《列子釋文》二卷《考異》一卷、《呂子校補獻疑》一卷、《呂子春秋正誤》一卷、《呂子校補》附《續補》二卷、《墨子刊誤》二卷、《弟子職音誼》一卷、《郝氏荀子補注》一卷、《荀子補注》二卷、《管子識誤》一卷、《荀子考異》一卷。得知這十種書問世在即，行可先生很高興，希望乃乾還能繼續出續集，并願意出借手中的兩種藏書："陳觀樓尚有《淮南正誤》，恕寫定未刊；譚仲儀《淮南舉正》，恕亦逐書一本。如先生更擬續印子書校注，當以相假。"這表明有着博大胸懷的藏書家，把傳播古本看成自己的責任，願意無私地把自己所藏的好版本拿出來供人使用，讓出版的書做得好一點、精一點，讓稀見的本子以一化十，以十化百，廣爲傳播，造福後人。

在這批信札中，涉及不少有關借還、校對圖書之事。圖書借、還看似簡單，實際上傾注了徐、陳兩位對古書的一種特殊敬畏之情。1921年夏天，陳乃乾在滬上從坊友楊壽祺手中購得一部明刻黑口本《鄧析子》，爲寧波李芷汀家故物。書不厚，僅十多頁，查閱諸家書目未見著錄，比一般藏書家所知的最舊刻本還要早一百多年，可以説是世間流傳的《鄧析子》最古刻本，流傳鮮見。於是在1922年，出資用金屬版照原樣大小影印了一百本，以廣傳播。爲此，他還與胡樸安先生打了一場筆仗而結爲好友。陳乃乾舊藏《鄧析子》有五個本子，即《子彙》本、景抄丁氏舊藏明刊本（即《四部叢刊》本）、《指海》本、劉氏覆宋本、崇文書局翻刻明黑口本。當徐行可得知《〈鄧析子〉五種合帙》將影印問世，江山劉氏本缺譚復堂校記後，即隨信寄上自己所藏佳本，并告陳乃乾云"別上江山劉氏本《鄧析子》一冊，後有譚復堂校記"，并言"恕於友人處見先生近印《鄧析子》無此校記，應補印裝入"。不知是因《合帙》已成書，還是重新排版帶來諸多困難，這個校記最終還是未編入是書，但徐行可這種化私爲公的精神，足爲後學所敬重。

徐行可不但關心新出的書籍，還極力推薦新發現的好版本。1929年，他得知徐乃昌藏書中有錢泰吉的《兩漢書斠記》本子很好，就在是年給陳乃乾的一信中寫道："先生與徐積餘先生極稔，積老有迻書錢警石先生《兩漢書斠記》，能供印否？"如中國學會願意付印，"恕當附入銀皕餅作印資"。是年九月十六日，陳乃乾收到徐乃昌的復信"徐行可擬借印錢警石《兩漢書》校本"，好書的印行引起了藏書家之間的共鳴。

收書是藏書的前提，祇有收到好書，纔能提高藏書的質量。在徐行可致陳乃乾信中，我們能看到他對書要求，尤其是看到或得到好書後的那種興奮，是無法用言語來表達的。如徐行可在得知陳乃乾有高麗覆宋本《六臣注文選》能與其分享，十分高興，寫信給陳乃乾，告知自己曾用宋淳熙尤刻本與日本舊抄卷子本互校异同，云"淳熙尤刻仍從六臣本抽出別刊，而時代在後，故以日本舊鈔卷子本校之。如《西都賦》羨出'衆流之隈汧涌其西'八字，與《范書》不合。《海賦》'曭眇蟬蜎'句下，有'珊瑚琥珀群産相連，碑礫馬磂瀏積如山'十六字。其他單文隻字，勝今本者甚夥。又《西京賦》眉詮引'臣君曰'云云者二處，其文皆同善注，知據李邑注本，避其家諱，故稱'臣君'，此當宋槧所無。先生所得之本，能以前十餘卷寄示否（鈔補本亦求以一册見示，共闕若干卷）？"并云"恕賴先業自活，目下租入甚絀，亦無積貯之錢，心好异書，故有此請"。看到好書而無力購買，哪怕看上一眼，聞一聞墨香，對書的痴迷之情，躍然於紙。1935年致信陳乃乾時，徐行可還提起此事："前年承示以高麗覆刻北宋本《文選》二部得歸清閟事，今春見報紙載，故宮選出運赴英國古書單中，有天聖本《文選》，則中土尚有較早印本。乃近印《天禄琳琅叢書》不收此書。先生所留鈔補之本承許見讓，以無力得之，故復書辭謝。如尚存篋衍，能以原刊新鈔爲寄一册見示否？"可見一部好書在藏書家心目中留下多麽深的印象，雖無力購置原本，哪怕得一册原刊新鈔本，也心感滿足。

收書并非事事順利，1929年農曆五月二十九日致陳乃乾信有云：“蘇君繼廎在京，去年方獲奉手，見藏何屺瞻評《兩漢文鑒》，翁正三有跋尾，不審能相分否？如可，乞垂示。”陳乃乾根據綫索追踪，最後得到蘇繼祖的回信：“拙著《兩漢文選》僅存目録二册，即的爲宋刻，亦不足珍。然以其中有何義門評語多條，故頗以爲難得，不擬出讓。與徐行老通信時，希代致歉意爲禱。”（徐信言“蘇繼廎”所藏，而回信是“蘇繼祖”，兩人的關係尚待厘清。）而徐行可看中的《兩漢文鑒》確實是一好本子，有何焯的評語，翁方綱的跋，最終未能爲徐行可收藏，真正印證了藏書家“得此書費辛苦，後之人其鑒我”的感嘆。

徐行可致陳乃乾信止於1937年，可能因抗戰興起，各奔東西，再也無法保持正常聯繫。1957年陳乃乾南下爲中華訪書，在日記中有多處記載與徐行可的交往。馬志立先生從拍賣圖録中見到1959年徐先生致陳乃乾一封信，這是目前所見徐行可致陳乃乾的最後一封信。

“君子之交淡如水”，在四十餘年的歲月中，徐、陳的交往如同静謐的流水，爲共同的愛好與追求，一直延續到生命的終點。

徐行可與周采泉的一段交往

戴群（雲南省圖書館）

　　1957年，武昌徐行可先生訪書至杭州，順道拜訪杭州大學圖書館周采泉先生，留下一段學者型藏書家惺惺相惜、相濡以沫的佳話。周氏日後回憶云："桐風高主人徐行可先生來杭訪書，在行篋中出兩書見示。惜臨別匆匆，不及與《石洲詩話》相互校核，未知《詩話》與《摘記》異同何在。"

　　徐行可（1890—1959），名恕，號彊諛、彊簃。湖北武昌人。室名有"箕志堂""藏棱庵""知論物齋""徐氏文房""桐風高"等。先生畢生藏書、抄書、校書，藏書積至十萬册，内多抄本及稿本，并多校勘題記。先生不僅以藏書豐富著稱，又不吝通假，所交往學者，多深受其益。晚年將圖書、文物捐贈公家，今藏湖北省圖書館、湖北省博物館，繼續造福後世。

　　周采泉（1911—1999），原名周湜，筆名是水、稀翁，室名學老齋。浙江鄞縣（今寧波市鄞州區）人。早年曾於上海工商界任秘書、協理，後由著名學者、浙江圖書館館長張宗祥引薦，入杭州大學圖書館，擔任館藏古籍編目，曾參與《漢語大詞典》編輯。晚年任杭州大學教授，浙江省文史館館員。所著有《杜集書録》《馬王堆漢墓帛書〈老子甲本〉爲秦楚間寫本説》《柳如是雜論》《柳如是别傳新證》等。

　　周采泉先生爲著名杜詩學者，所編《杜集書録》薈聚歷代有關杜詩著作，纂爲解題書目。其書分内、外編，"内編"以存書之書録解題爲主，"外編"以存目及參考資料爲主。書名下繫卷數及著者小傳，分别著録各書之出處、存佚、板刻情况，并載各書原序跋、提要及按語。今檢周采泉《杜集書錄》（上海古籍出版社，1986），知徐行可"在行篋中出兩書見示"者，即清翁方綱關於杜詩的兩種著作：一爲翁方綱所輯《漁洋評杜詩話》，係清乾隆二十三年（1758）翁氏校刻本；一爲翁方綱所撰《杜詩附記》，乃爲翁氏稿本，二册。兹移録《杜集書録》中兩書書志如下：

漁洋評杜詩話二卷漁洋評杜摘記一卷　清王士禛撰

王士禛（1634—1711），字貽上，新城人，世所稱漁洋山人是也。著有《漁洋山人集》《漁洋詩話》等行世。事迹詳《清史稿》卷二六六傳。

兩書均爲翁方綱校録，翁氏尚著有《杜詩附記》，見後。

【板本】

漁洋評杜詩話，清乾隆二十三年（1758）翁氏校刻。

漁洋評杜摘記，附刻《石洲詩話》卷九。

【周采泉按】

（《漁洋評杜詩話》二卷、《漁洋評杜摘記》一卷）二種係翁氏録王士禛評杜詩，前一種爲翁氏所校刻之單行本，曾藏徐行可桐風高，目前流傳已不多；後一種刻入翁氏《石洲詩話》。

杜詩附記二卷　清翁方綱撰

翁方綱（1733—1818），字正三，號覃溪，大興人。乾隆進士，官至内閣學士，著有《經義考補》及《石洲詩話》等行世。事迹詳《清史稿》卷四八五傳。

【板本】

孫殿起《販書偶記》：杜詩附記二卷，翁方綱撰，稿本。

羅振常《善本書所見録》云："杜詩附記，稿本。題大興翁方綱學。所見爲第十六卷。每詩句下注各本异同，後低一格爲評語，眉上時有評則草書。確爲覃溪筆也。前有識語（識語爲丙子題，僅記起居，從略）及翁方綱印。"（見《善本書所見録》卷四）

杜詩附記，舊鈔本。存。

【周采泉按】《杜詩附記》係翁氏稿本，後有乾隆三十二年（1767）翁氏自識，北京圖書館所藏之東莞倫氏傳鈔本，即由此本録出，稿本藏桐風高。名賢手迹，確堪珍秘。一九五七年桐風高主人徐行可先生來杭訪書，在行篋中出兩書見示。惜臨別匆匆，不及與《石洲詩話》相互校核，未知《詩話》與《摘記》，异同何在。

【序跋】

翁方綱《杜詩附記》自識："杜詩繼《三百篇》而興者也。毛、鄭《傳箋》尚不能盡一，况杜詩乎。予幼而從事焉，始則涉吴若、黄鶴以來諸家所爲注釋者，味之無所得也。繼而讀所謂《千家集注》《九家注》，益不省其所以然。於是求近時諸前輩手評本，又自以小字鈔入諸家注語，又自爲詮釋，蓋三十餘遍矣。乾隆丁丑、戊寅（1757—1758）館於蠡縣，擱筆不爲詩者三年。始於諸家評語慎擇之，惟新城王漁洋之語最發深秘，乃遍擷其《三十六種書》手鈔一編，題曰《杜詩話》，自以爲有得矣。然而漁洋之言詩，得詩味矣，深繹而熟思之，（以）此特漁洋之詩耳，非盡可以概杜詩也。……於是手寫杜詩全本而咀咏之，束諸家評注不觀，乃漸有所得。如此又歲餘，而後徐徐附於手記。此所手記者，又塗乙刪改，由散碎紙條積漸寫於一處。甲申、乙酉（1764—1765）以後，按試粤江，舟中稍暇，録成一帙。後乃見吴下有專刻杜詩全文、無注釋之本，便於携閲。庚戌（1790）以後，内閣廳事，每於待票籤未下時，當午無事，則以此本覆核。如此者又十年。其中用事人所共知者，不復寫入也。其事所繫，其語所出，苟非實有關於此篇苟縫節簇者，概弗録也。……題曰《附記》，以備自省自擇爾。"

又曰："從來説杜詩者多矣，約有二焉：一則舉其詩中事實典故以注之，一則舉其篇章段落不合意者以説之，二者皆是也。然而注事實典故者，有與自注、唐注相比附者則可也，其支蔓稱引者則不必襲之也。其注篇法、句法者，在宋元以前，或泥於句義，或拙於解詁，猶孟子云'以文害辭'者耳。在後則明朝後漸多以八比時文之用意例之，更非詩理矣。

以愚見居今日，士皆知通經學古，則讀是集者諒非童蒙目不識經傳史籍者，則事實典故之注，轉可以無庸多述也。篇章段落，自當隨其本篇而自得之，有必不可不疏析者，乃證明之可也。□則有二義焉：一則古本之編次爲宋槧本下略有次第可見者，如句字以諸本參合者，更宜精其剖擇也。再則篇中佳境虛實之秉承，苟縫上下之消納，是乃杜公所以超出中晚、宋後諸千百家獨至之詣。凡有足以窺見下筆之深秘者，苟可以意言傳之，則豈有滅盡綫迹者哉。”

梁章鉅（字茝鄰，長樂人，翁氏弟子）跋：“讀書難，讀杜詩尤難。世之注杜者，非失之散碎，即失之穿鑿，惟新城尚書（王士禎）能窺其深秘。然新城論詩求神韵，先生闡發肌理，研精覃思，前後幾三十年始成此冊。嗣後意有所得，隨時點定，又三十餘年。至晚歲重加裝治，章鉅曾借讀一過。其中爲先生手寫者十之八，他人續寫者十之二。初時有圈識標記，重裝時擬作樣本付梓，命工刖去，會事未果。今距先生歿已五年矣，紙墨如新，哲人其萎，展閱是冊，猶憶蘇齋談藝時也。道光三年癸未（1823）秋日門人梁章鉅謹識。”

又有胡義質題識云：“另紙黏篇評語，凡翁筆俱有騎縫圖書；其無騎縫圖書者，爲徐星伯（松）手筆。辛亥夏六月初五日鐵盦胡義質記。”

此外又有自署“芝陔”者題識及倫明按語各條，以無關宏旨，從略。

【周采泉按】

翁氏生平於杜詩致力甚深，其論詩揭櫫“肌理”之旨，以糾正漁洋“神韵”之弊。“肌理”之説，實本諸杜詩“熟精《文選》理”之“理”字，此爲翁氏讀杜獨得之秘。今就自序以觀，則翁氏之《漁洋評杜詩話》《漁洋評杜摘記》等，實皆爲《附記》載筆之初所迻録者，非定稿也。翁氏另有諸經《附記》十二種，與《杜詩附記》均爲其平時心得所在。題“附記”者，特自謙之詞耳。《附記》之原稿本今藏北京圖書館，并有徐松所增批者。上録之自序及梁章鉅等跋皆見此本中。唯梁氏跋云“重裝時擬作樣本付梓，……會事未果”云云，則《附記》似未經刊行。又此爲十二册（詩十八卷，文一卷），而羅振常所見則僅爲第十六卷殘本，其卷端題識爲"丙子"，與十二册本卷十五、十六所題年月壬寅、甲辰、丁未，無一相符，豈別有副本耶。桐風高所藏之刊本爲二卷本，又與梁茝鄰所謂"擬付梓未果"一語有所出入，則《附記》之刻或在道光三年以後矣。十二册本首册目録，末册文，詩係鈔寫，不録注，評語多者録於另紙。每册封面俱有記語，其記語信筆題記，如日記之記年月、出處，及交游往來，大致與杜詩無涉。茲就其有關杜詩者選録如下：

第九册封面題："第一頁《八分小篆歌》，查《猗覺寮雜記》一條，已記於跋內矣。幾將單直，則生拗變；幾將拗變，愈出謹慎；謹慎之至，復生魄力。""每首後之附記，皆用低一格大字寫。"

第十册封面題："此本十一頁菰蔣之蔣，杜用作上聲，下册第八頁下《過南岳入洞庭湖》詩內蔣亦仄。"

第十一册封面題："此册第三頁上八行《送顧八分文學》：'時危話顛躓'，陸德明《釋文》'子細反'，《玉篇》'子今反'，《切韵》'祖稽反'。"

上列各條，均可以補注家之缺，爲刊本所無者。餘參看羅振常跋。

讀周氏《杜集書録》中關於翁方綱撰杜詩兩種之書志，可知周氏對於歷代杜詩著作搜羅之勤、著録之詳。徐行可所藏清翁方綱撰《杜詩附記》稿本二册，今藏湖北省圖書館。據該館著録，該書開本23.4×14.1cm，版框17.5×11.3cm，八行十九至二十二字不等，鈐有徐氏"桐風高繒魝疏録之書"等印，書前有佚名文字一篇，疑爲翁方綱所撰，後有梁章鉅跋，與《杜集書録》所著録者應爲同本。

周氏輯録《杜集書録》，出於多年辛勤搜討，銖積寸纍，露鈔雪纂，始獲成書。在前互聯網時代，爲編纂專科目録，其收集資料之難度遠遠大於當今。編纂者如非對研究對象熟悉精通，并詳知相關文獻流布存藏情況，其著録自難周全。早在《杜集書録》問世以前，周氏即以對杜集稿抄校本之見多識廣，在同道中負有名聲。如著名文獻學家王欣夫1956年11月14日日記云：

> 下午周采泉來長談，搜訪《杜集》頗勤，多見名家批本，將服務於浙江師範學院。采泉言，見方貞觀手批《杜集》。武進蔣弱六（式金）批注《杜詩》稿本，爲楊倫舊藏，核之楊著《杜詩鏡銓》，即本於蔣，迄今遂發其覆。浙江師範學院藏呂留良批《杜集》，底本用汲古閣本，有呂葆中跋，獨山莫氏物，即嘉業堂所出也……（《王欣夫日記》第23冊）

由於周氏湛深杜詩之學，又精於目録版本，故能於各家刻本及稿抄本、批校本如數家珍，諸同道亦樂於從其瞭解藏書信息。但一人之所見所聞，畢竟又有局限，因此同好間之互相關照、信息交流，實爲必不可少之事。徐行可訪書途中，主動訪問周采泉，并出行囊中所藏稿本以供周氏參考，而周氏撰《杜集書録》，不忘道及徐氏之幫助，凡此，皆可窺近世學者型藏書家交往互動之一斑。對於徐行可來説，其以藏書爲媒，與同道分享稀見書之故事甚夥，向周采泉推薦翁方綱杜詩著作兩種，僅爲其中一例而已[1]。記述至此，不禁令人肅然起敬，油然以思。

---

① 近承鄂館同行函告，編目中曾見杜本倫《杜工部集注解書目》抄本，其《小引》云"先工部公集，自宋代以來箋注不下數十百家，有不久散佚者，有流傳至今者。兹將注杜評杜有刊本、鈔本流傳，以及著録於各家藏書目録者，彙爲一編，并録其序跋、凡例，以供讀杜工部集者參考云"。該抄本中有徐行可校字，又附周采泉1955年5月考訂之《杜甫先世和京兆襄陽兩房參照表》夾頁。

成人之美　長者風範

周國林（華中師範大學）

　　著名文獻學家徐行可先生晚年立下宏願，將其收藏的大量古籍和珍稀書畫捐贈給國家，"不爲一家之蓄，俟諸三代之英"。爲紀念徐行可先生捐贈義舉60周年，湖北省圖書館舉行盛大活動，緬懷這位先賢的學術成就和高尚情懷。承蒙組織方看重，徵文於余。余生也晚，無緣獲見先生風采與情操，難以着筆。祇能就張舜徽先生同徐行可先生的交往略加追述，以見徐行可先生對學術後輩的提携和關愛之心（以下對二人分別簡稱徐先生、張先生），聊表對徐先生的景仰與紀念之意。

早期交往與抗戰勝利後的重逢

　　論輩分，徐先生是張先生的長輩，二人之間存在姻親關係。徐先生任教北平輔仁大學時，與湖南籍學者余嘉錫先生共事，甚爲相得。經楊樹達先生牽綫，徐先生的長女孝婉女士嫁給余嘉錫先生之子余遜先生。張先生是余嘉錫先生的内侄，1930年到北平求學，數年間住在余嘉錫先生家中，得到余先生的悉心照顧。凡是輔仁大學及相識的學者，余先生都介紹給張先生，讓張先生分別請教。徐先生是余嘉錫先生的親家，是張先生表兄余遜（讓之）的岳父，張先生與徐先生的交往自然比較多，也更要親密一些。張先生晚年的一則隨筆回憶："武昌徐行可先生自收藏圖籍外，復留意古書畫，嘗得陽明所書長卷真迹於湖南。遒邁冲逸，韵格天成，精光爛然，直射人目。余從借觀，留齋中三日。反復摩挲玩繹，嘆爲清勁絶倫。徐翁旋携至蘇州，乞章太炎跋之。後復屬余題識於尾，余退畏不敢着筆也。"[1] 按章太炎爲徐氏所藏王守仁詩卷《書〈咏良知四絶示馮子仁〉》作跋，時在 1931 年 2 月[2]，則張先生初見徐氏收藏是在此之前，即剛到北平求學之後不久的事。至於徐先生"後復屬余題識於尾"的時間，張先生没有具體説明，估計是在張先生學問精進的二十來年之後。

在楊樹達先生的日記中，則有如下記載：1932 年 9 月 10 日，"張慎徽（樹敷）來，見示徐行可過録黄季剛批校《廣雅疏證》，因借取録之"[3]。1937 年 9 月 25 日，"張舜徽來，致徐行可贈陳漢章撰《列女傳斠注》一本"[4]。張先生在徐、楊兩位前輩學者之間充當聯絡的任務，他與徐先生的親近可見一斑。在全面抗戰時期，徐、張二人就很少有見面的機會了，但通信從未間斷，學術上的交流也不少。

在張先生 20 世紀 40 年代的《壯議軒日記》中，就有向徐先生借閲湖北蘄春著名學者黄侃先生有關資料的記載。湖南學者駱紹賓先生稱讚其師黄侃先生學術高絶不可攀望，舉出三事爲例。張先生説："黄君學術精密，誠如紹賓先生所言，不爲溢美。余嘗從武昌徐氏假觀黄所批校群書及其往還書札甚多。凡所校讀，悉加圈點，於精要及可疑處，輒塗抹以識之，亦間附考訂語。猶憶其記《説文釋例》尾葉有云：'某年月日夜向明時閲竟。'則其專力致精，常通夜不眠，宜非它人所能及。"[5] 徐、黄二人交往密切，徐先生收藏黄氏批校書籍與來往書札不少，將這些資料借給張先生閲讀，當然是有高度信任感的。這類借閲，應不止這一次。借閲過程中，徐先生還向張先生提起過黄侃日記的事情。據楊樹達先生 1947 年日記記載，"徐行可告舜徽，言黄

① 張舜徽：《愛晚廬隨筆》，武漢：華中師範大學出版社，2005 年，第 394 頁。
② 馬志立：《徐行可先生年譜》，武漢：崇文書局，2022 年，第 125 頁。
③ 楊樹達：《積微翁回憶録　積微居詩文鈔》，上海：上海古籍出版社，2013 年，第 65 頁。
④ 楊樹達：《積微翁回憶録　積微居詩文鈔》，第 137 頁。
⑤ 張舜徽：《壯議軒日記》，武漢：華中師範大學出版社，2018 年，第 47 頁。

季剛日記於抗戰中失去云。"①

　　在同駱紹賓先生交談的前一天，張先生還從錢基博先生那裏，得知好友徐震（字哲東）已於前歲入蜀，任武漢大學講席。徐震，江蘇武進人，章太炎先生的入室弟子，是一位文史造詣深、又精通武術的學者，張先生特地回憶兩人的交往經歷説："余與哲東相識，武昌徐翁實爲之介。長沙一別，忽忽五年矣。"②想來是1937年張先生在長沙市文藝中學任教期間，徐震來湖南，徐行可先生從中牽了綫。這兩件事情説明，張先生在抗戰期間雖然不容易見到徐先生，但書信往還從未間斷過，徐先生對張先生的學習和工作情況是相當瞭解的。

　　《壯議軒日記》中，還留下了抗戰勝利後張先生到漢口拜訪徐先生的寶貴記載。那是1946年9月，張先生辭去湖南高校的教職，途經武漢前往甘肅的蘭州大學任教。9月16日到達武漢，在江漢路黃陂街和平旅社住下後，次日即前往徐先生家中拜訪。9月17日的日記中寫道："早起，用點心畢，赴華實里訪徐行可姻丈。十年不見，須鬢俱霜。導其諸子出見，均已長成。庭廡之間，寢食之地，充棟塞宇，無非書也，所蓄視前時益多。八年兵火，幸獲全完，若有神明呵護，余爲之舉手稱慶。談至晡後，用膳始退。"③對自己敬重的前輩，十年再見時已經須鬢染霜，張先生心中疼惜不已。看到徐先生的書籍收藏與日俱增，未受戰火波及，又爲之欣喜。十年後的重逢，張先生充滿了複雜的心情。而徐先生對晚輩的到來，同樣難抑喜悦之情，暢談移時，又留客人用餐，顯然是先前已有聯絡，早就做好了準備的。

　　接下來的幾天中，張先生9月18日的日記寫道："上午未出户限，閲行可丈所撰《論語博喻》首卷畢。"19日，"早起，用點心畢，赴華實里參觀行可丈藏書，出示孫淵如《春秋集證》稿本及楊惺吾《水經注疏》鈔本，玩繹

①　楊樹達：《積微翁回憶録　積微居詩文鈔》，第263頁。
②　張舜徽：《壯議軒日記》，第46頁。
③　張舜徽：《壯議軒日記》，第279頁。

良久，嘆爲拱璧。孫書以經傳爲綱，收羅子史百家以及類書説部，靡有闕遺，與其所纂《孔子集語》體例略近，鉤稽排比，足見昔人用力之劬。"21日，"晚間，行可丈來談至更初，多關人心世道之言，并盛稱余所著《廣校讎略》中指斥時賢無所顧憚，爲有膽識。至更初始出。"24日，"巳刻，（徐）鐵錚來，巳而行可丈亦來，談甚凷。行可丈近應教育部清理戰時文物損失委員會之聘，任湘鄂區代表。不日將入湘調查，就詢湘中老輩孰最諳於掌故。余爲稱舉曾籽穀、劉盅園、李肖聃諸先生，徐丈皆未嘗謀面，屬余一言爲介。談至午時，乃邀二徐至食肆用膳。"26日，"早起，赴華實里。行可丈出示其報教育部清理戰時文物損失委員會主任委員杭立武及副主任委員陳訓慈信稿二篇，及告湘鄂父老徵求文物書一首，就余商榷辭意損益之迹。余爲刪易數處，欣然從之。前輩風規，固如是也。午後，清檢行裝爲明日入隴之備。夜間，行可丈來談，至更初始出。"[1]

在武漢停留的十來天，張先生需要爲前往蘭州的機票奔走，終於在朋友的幫助下而成行，此外主要的活動是在同徐先生的交往上。從張先生日記的字裏行間，徐先生藹藹長者的形象躍然可見。對路過武漢的晚輩，徐先生熱情接待，還幾次到張先生所住旅店回訪，至"更初始出"，後一次明顯是在送行，禮數格外周到。對晚輩的著作，他認真地閱讀，能够確切地指出書中的過人之處。他當時身負清查戰後文物損失的重任，竟然爲有關書信和文告與晚輩商討文字措辭之事。其中固然有對後輩的器重，更多地是顯示了他虛懷若谷的精神境界。難怪張先生發出贊嘆："前輩風規，固如是也。"

到蘭州後，張先生同徐先生保持着密切的聯繫。1947年春，張先生的《積石叢稿》五種印出後，曾寄贈一册給徐先生。其題贈之語爲："行可嫺丈教正，丁亥春日，舜徽自蘭州寄奉。"贈書今藏湖北圖書館。[2]

---

① 張舜徽：《壯議軒日記》，第280—282頁。
② 馬志立：《徐行可先生年譜》，第277頁。

新中國成立初期的圖書精準服務

　　張先生或許是注定與徐先生有緣，他1950年到北京的華北人民革命大學政治研究院學習一年後，被分配到武漢的中原大學教育學院（華中師範大學前身之一）任教。從此，他有了更多的拜訪、請教徐先生的機會。據徐氏後人回憶，張先生每次到達徐先生家，總是在客廳外先請安，恭敬等候徐先生的應答，然後方纔進屋敘談。這通常是在周末之時，對身在异鄉的學者來説，是十分難得的充滿親情的時光。

　　除了生活方面的關心，徐先生在學術資料上給了張先生最大的支持。徐先生收藏的十萬册古籍中，清人文集、文字音韵訓詁方面的書籍占的比重不小。這對張先生撰寫《説文解字約注》《清人文集别録》兩部重要著作，是寶貴的資料來源。張先生在《清人文集别録》自序中説："清人文集夥矣，以舜徽之陋，所得寓目者，纔一千一百餘家。"[①] 從其《壯議軒日記》記載推測，他在20世紀40年代中，清人文集閱讀量還衹有百十部。他大量閱讀清人文集，是自1951年來到湖北後的最初十年中，徐先生的藏書是幫了大忙的。

　　當然，閱讀清人文集僅依靠個人藏書還不够，必須借重圖書館藏書。這方面，徐先生也發揮了作用。徐先生之子孝宓先生自1951年就到湖北省圖書館工作，他在父親的叮囑下，繼續爲張先生提供圖書方面的服務。凡湖北省館所有清人文集，張先生都可以借閱。當時還有個有利條件，是全國範圍内的館際互借。張先生所需閱讀的清人文集，很多是通過湖北省圖書館從北京、上海、南京等外地省市圖書館調借的。由於從上海調借的圖書多，張先生同上海圖書館的顧廷龍先生建立了良好的個人關係。"文革"後有一次張先生到

---

① 張舜徽：《清人文集别録》，北京：中華書局，1963年，第1頁。

上海，還特意去拜訪了顧先生①。對從外地調借的圖書，湖北省圖書館還安排專人送書上門，給張先生送書這件事通常是落到徐孝宓先生身上。這一做法，一直沿襲到60年代。據在湖北省圖書館工作數十年的目録學家陽海清先生回憶，他1961年到省館工作後，可能同是湖南人的原因，曾數次被安排送書到張先生家，并按時去取回。陽先生還記得，每次送書、取書都是用一個大布袋。由此可以想見當時圖書館的工作，是把爲讀者誠心而精準的服務放在核心位置上的。

而今，當我再捧起張先生《清人文集別録》《説文解字約注》等著作時，就會想起徐行可、孝宓先生父子的熱心幫助，想起當時館際互借制度中的良好風氣。徐行可先生父子對學術界的精準服務精神和思想境界，值得湖北學術界永遠懷念！

對於徐行可、孝宓先生父子的幫助，張先生内心十分感激，他與徐家的情誼一直延續到他晚年。1980年之後，徐孝宓先生走上領導崗位，在湖北省圖書館擔任主管業務的副館長。他當時遇到一件爲難的事情，就是人防施工單位自1975年起在館内占地建房，安裝器械，堆放雜物，强行出土，堵塞下水道，造成潮濕空氣、水泥灰塵侵入書庫，致使上萬册珍貴的綫裝古籍嚴重黴損，善本書庫成了跳蚤、老鼠孳生之所。後來又發生人防施工人員毆打圖書館專家和工作人員致傷的嚴重事件，使省館不能正常開展工作。無奈之下，他衹好尋求學術界的支持，張先生自然是他首先想到的人。經過孝宓先生的奔走，1983年6月25日，張先生以中國歷史文獻研究會會長的身份，與中國語言學會顧問黄焯、中國地方志協會副會長朱士嘉、中國文字改革學會顧問李格非、中國修辭學會副會長朱祖延等10位湖北學術界名人，向湖北省有關領導發出了"古籍善本受損害，不能坐而不問"的《呼籲書》。《呼籲書》首先説明湖北省圖書館藏書的重要地位："解放後，黨和政府對湖北省圖書

---

① 馬良懷：《一次難忘的記憶》，載華中師範大學歷史文獻研究所編《張舜徽百年誕辰紀念國際學術研討會論集》，武漢：華中師範大學出版社，2011年，第21頁。

館建設關懷備至，館藏圖書增至二百五十萬册。而今館藏珍本、善本古籍達五萬多册，方志三千四百多種，是全省歷史文獻的收藏中心，在全國省級圖書館中亦位居前列。該館面向讀者，服務群衆，爲我省四化建設發揮了特殊作用。"然後指出目前問題的嚴重性，并提出要求："目前，館内環境失去平靜，圖書徽爛情況仍在發展，如再不立加解決，損失之巨不堪設想！我們呼籲有關領導和單位迅速采取措施，改善湖北省圖書館藏書設備，保持館内環境安靜，從該館撤出人防施工單位，改道出土，以保護文獻古籍，庶幾不使先人留下之文化財富在我們手中受到毁損。對於肇事和打人者更應繩之以法，以保障圖書館工作人員的人身安全，并防止類似事件發生。"因爲反映的問題太突出，簽名者都是湖北學術界的頭面人物，在有關領導的干預下，圖書館的這一問題終於得到妥善解決。

1984年，湖北省圖書館舉行成立八十周年的紀念活動，張先生又應徐孝宓先生之請，作如下題詞以示祝賀："知識就是力量，圖書館是古今中外知識記録的寶庫。特別是歷史悠久的圖書館藏書最富，貢獻最大，替人民做的工作最多，應該受到全社會的愛護、尊重和支持，使圖書館事業辦得更好，這是我們大家共同的責任。"檢張先生《訒庵學術講論集》，内有《致友人論圖書館事業在國家建設中的地位和作用》一文[①]，共五個自然段，給湖北省圖書館的題詞是其中第二自然段。張先生的這封"致友人書"，友人或許爲徐孝宓先生。但因未見原稿，難以確定，特志此以俟後考。

對徐氏藏書，張先生有着一份特殊的感情。當徐孝宓先生籌畫印製徐氏藏書時，張先生極力支持。在徐氏收藏的《湖北舊聞録》鈔本由皮明麻先生點校、準備出版之際，張先生特地題寫了書名，又於1986年爲之作序。起首説到："三十五年前，曾從武昌藏書家徐行可先生處，見有《湖北舊聞録》抄本，取而覽之，嘆爲富美。顧徒目爲纂輯之編，未暇詳究也。徐氏晚年，盡出所藏獻之湖北省圖書館以公諸世，此書固猶塵封如舊，鮮有人留意及之

---

① 張舜徽：《訒庵學術講論集》，長沙：岳麓書社，1992年，第608—609頁。

者。"又稱："此書手抄本凡四十六册,乃清乾隆時蘄州陳詩撰集。陳氏以名進士歷主書院講席數十年,課士之餘,留意鄉邦文獻,述造甚多。此編則分類輯録湖北遺文舊事至夥,爲章實齋所推重,載其説於《丙辰札記》,以'情洽貫通'相許。章氏於乾隆中客武昌,居畢沅幕,故得與陳氏相見,并能知其學之淺深也。"① 兩段話雖不長,却將《湖北舊聞録》的價值和徐行可先生收藏的意義説得很透徹,同時還表達了自己"樂觀此編得刊行於世"的喜悦心情。

從上面簡略的叙述中,可見徐行可先生對於後輩熱心扶植,在生活和資料方面給予幫助不遺餘力,形成了良好的家風,不愧爲文化世家風範。而張先生在得到徐家幫助後知恩回報,使友誼跨代傳遞,同樣體現了傳統知識份子與他人交往善始善終的美德。這大概就是我們現在應該弘揚的君子之風吧!

2020年11月2日於漢口王府花園

---

① 陳詩:《湖北舊聞録》,武漢:武漢出版社,1989年,第1頁。

世交與書緣

——記程千帆先生與徐氏父子的一段交往

張三夕（華中師範大學）

為紀念武昌現代最著名的藏書家徐行可先生捐贈60周年暨誕辰130周年，徐行可先生的孫女湖北省圖書館原副館長徐力文女士及復旦大學教授吳格先生組織編寫一部研究徐行可先生藏書的研究文集，這是極有意義的事情。今年8月6日，南京大學師弟鞏本棟教授給我微信："三夕兄，久未聯繫，想一切都好吧。復旦吳格先生編《徐行可藏書交游研究論集》，徐曾任教武昌文華圖專，先師曾憶及此事，吳想請程門弟子撰文談與徐氏交往，兄不知可否任之。還請示下。酷暑，望兄善自珍攝。弟本棟拜"我當即回復："本棟兄好！信悉。做博士論文時先師曾介紹我找過徐行可先生的公子徐孝宓，查湖北省圖書館善本書。但我對徐行可先生的藏書和交游沒有什麼研究，故現在不能答應寫論文，等我有空的時候，想一想，如果材料充足，再來寫一篇文章。如何？正值酷暑，還望吾兄多多注意防暑降溫。"本棟把我的意思轉給了吳格先生。我當時的想法是"婉言謝絕"。沒想到過了幾天，我到巴東野三關避暑，徐力文女士經范軍老師介紹與我通了電話，談及湖北省圖書館擬舉辦紀念她祖父的各種活動，我們互相加了微信。次日即8月11日就收到徐力文女士通過微信轉來吳格先生的信：

力文女士，請將下函轉張三夕先生為盼。

三夕先生鑒：頃讀千帆先生九六年跋文（《學術集林》卷十一），藉悉程

門師弟子與　武昌徐氏之淵源，欽慕之餘，益信日前力文女士提議約請
先生撰文之萬分合宜。《史通削繁》底本及楊校之失而復得，足徵三老交
誼及先生貢獻。程老跋文以外，倘荷先生重述此事原委，亦可爲行可先
生紀念論集增重焉。其他侍座所聞武昌徐氏掌故，由先生轉述之，亦堪
稱難得之見聞矣。專布奉懇，諸祈照察爲荷。吳格上

　　我和吳格先生乃同輩、同行，相知已久，他在任復旦大學圖書館古籍部
主任及復旦大學古籍保護研究中心主任期間，對古籍整理與研究做了很多有
意義的工作，尤其致力於前人學術著作未刊稿本的輯校出版。我們雖然私下
交往不多，但他如此爲紀念徐行可先生之事張羅，令我感佩。我們隨即加了
微信，吳兄又發來約稿函：“三夕兄好，千帆師與徐老、向老交往遺迹，若
非吾兄回憶成文，今後又須幾許人爲之考訂……”我回復：“格兄好！前時
鞏本棟兄轉述了你的盛情相約，我的回復，想他已轉告。今日，徐力文女
士又轉發吾兄大札，吾兄之執着令我感佩。”吳格説：“‘年一過往，何可攀
援。’轉瞬之間，吾輩亦將……”我回復：“吳兄約稿，理應大力支持。我做
博士論文時，千帆師曾介紹我找過徐行可先生的公子徐孝宓，查閱湖北省圖
書館善本書所藏紀昀手批《史通削繁》底本，深爲感念。但我對徐行可先生
的藏書和徐先生與千帆師的交游沒有什麼深入研究，故不知素材能否成文。
另外，我手頭還有三本書，與出版社簽了出版合同，今年都要交稿，疫情耽
誤了大半年，多半難以全部按時完稿。暑期，我和夫人又到了野三關避暑，
手頭沒有帶任何資料。確實不是‘托辭’，容我再想一想，不知吾兄要求何
時交稿。”吳格説：“張兄不急命筆，不急回絶。”我回復：“好的。好的。謝
吳兄體諒，此事已記在心裏。”我説的都是實情以及真心話，原想此事就此
打住，實在是因爲手頭雜事甚多，無暇顧及此類需要查找大量資料的文章。
沒想到吳格兄和徐力文女士之後“鍥而不捨”地不斷請我寫稿，徐力文女士
更是熱情有加，10月13日，她邀請我、范軍和楊毅（華中師大圖書館副館
長）去湖北省圖書館參觀、座談。徐館長向我們講述她祖父徐行可先生捐贈

圖書和文物給國家的詳細情況，以及她幾十年來爲徐氏捐贈的紀念和研究活動奔走的原委。她目前在積極籌畫借省圖六十周年慶祝活動之際，推動徐氏捐贈的專藏、專集、專館、專題活動，目前她的當務之急是與吳格教授合作編印《徐行可藏書研究論文集》。吳格負責省外作者的約稿，徐館長負責省內作者的約稿。我當時也給她一些建議。徐館長帶我們參觀了設在省圖的徐行可紀念圖書館，這個紀念圖書館是前幾年建設的，我是第一次參觀這個紀念圖書館。通過參觀，對徐行可先生的生平、家族、藏書、交往以及捐贈圖書和文物的事迹有了比較全面的瞭解。我注意到徐行可先生與余嘉錫先生的姻親關係，與張舜徽、楊明照先生的親戚關係，展覽把徐行可先生與一批現代著名文史學者大名列出來，其中就有我的兩位導師程千帆、張舜徽先生。參觀完徐行可紀念圖書館，我知道我的這篇"命題作文"非寫不可。

最近我通過查閱史料以及我本人的日記，找到程千帆先生與徐行可先生及其子徐孝宓先生（湖北省圖書館原館長）交往的一些資料，其中與《史通》名家批校本（其中一部善本是紀昀《史通削繁》底本）的閱讀與過錄有關。我現在把這些資料略作整理，以見程先生與徐先生的世交以及一段書緣，也借此紀念徐行可先生。

我1983年考入華中師範大學張舜徽先生門下攻讀博士學位，在張先生指導下，我諮詢了程先生，打算選擇《史通》研究作爲我的博士論文選題。1984年3月9日，千帆師從南京坐船來武漢進行十餘天的講學、探親、掃墓。臨行前一天，即3月8日，先生致函武漢師範學院（後更名爲湖北大學）朱祖延教授，談及應徐孝宓館長之請，爲省圖題字之事并欲其介紹張三夕過錄《史通》名家批語。函曰：

> 徐館長囑書之件，勉成奉上。惡札貽笑，尚乞轉達歉忱。……別有介紹省館情況之件，其中提及該館藏有名家所批《史通》。此於三夕博士論文極有用（弟舊抄不全本，已交三夕）。將來擬請先生爲紹介，以便過

録，想必莞爾許之也。①

這是我所知程先生第一次提及與徐孝宓館長的交往以及有關爲我介紹借閱《史通》名家批校本的事實。函件開頭所云："徐館長囑書之件，勉成奉上"，指程千帆先生受徐孝宓館長之請，爲湖北省圖書館建館八十年紀念題辭。題辭爲十六個隸書大字："博收竹素，貴逾琳瑯。青瑣丹楹，於楚有光。"後面小字跋語云："湖北省圖書館建於清末，迄今已八十年，收羅甚富。而此邦藏書名家，若蒲圻張氏及武昌徐丈行可所儲，又悉登芸閣，日見流通。蓋其沾溉學林者至真。甲子春，余重游鶴渚，感前修之餘韵，仰輝音之峻峰，聊題四語，以美芳猷。程千帆并記，甘年七十有一。"又程先生所謂"弟舊抄不全本，已交三夕"，指此前程先生已經把他自己過錄的《史通》名家批校的本子借給我使用（"不全"指名家批校內容，中間缺一冊）。

1984年3月21日晚上，程先生乘火車離開武漢去北京開會。當天上午，我陪同程先生去華中師範大學拜訪張舜徽先生。接着過漢口，程先生早年在武大教過的一批學生一起在冠松園爲程先生餞行，餞行前我們歡聚一堂，在湖北照相館照相，留下一張那個時代非常典型的黑白集體照。（有關這張照片的説明請參看筆者《憶千帆師斷章》，載張世林主編《想念程千帆》，新世界出版社2013年版）下午兩點，我陪程先生提前離開冠松園，（先生連日來十分繁忙）需要回武師休息一下，下午四時許，他還要同黃季剛先生的孫女婿會談。在回武師的途中，我和程先生單獨在車上談天。我在當天日記上記錄了先生的一些教誨：

> 作爲一個博士研究生，一外一定要作到四會，二外要能看專業文獻。先生又告訴我，他與湖北省圖書館的館長是世交。前幾天爲該館寫過字。

---

① 程千帆著，陶芸編：《閑堂書簡》（增訂本），上海：上海古籍出版社，2013年，第288頁。以下簡稱《閑堂書簡》。

省館藏有《史通削繁》底本及楊守敬校本。先生以前過録此本時，曾缺一册。該册爲向先生不慎掉入水中，先生讓我通過張先生或朱主任介紹，去省館借閲此本，把他所缺的楊校與紀削補齊。

　　這是我首次獲悉程先生與徐氏父子是世交。這裏提到的"向先生"即向宗魯先生，本文所説的"書緣"與向先生直接相關。向宗魯（1895—1941），名承周，字宗魯，四川巴縣人，是著名的經學大師廖平的弟子，曾任四川大學教授、重慶大學中文系主任兼教授。1922年春，武漢裕華紗廠董事長蘇汰余（著名實業家）禮聘向宗魯來做家庭教師（據屈守元《説苑校注·前言》稱，當時是漢口經營紡織業的三位工商業家共同聘請）。向宗魯便利用閑暇時遍訪武漢地區的名流學者，登門求教。不久便結識了大名鼎鼎的國學大師黃侃先生以及聞名遐邇的藏書家徐行可先生。據陳宛茵《江城書香惠學人——記旅漢治學成名的向宗魯教授》一文介紹，徐行可"家藏秘笈善本極多，但其性情孤傲，輕易不肯以藏書示人，唯獨對向、黃二人例外，特許他倆任意閲覽藏書"。徐先生對黃、向二人説："'寶劍贈壯士，紅粉貽佳人'，你們兩位是真正做學問的人，我豈能吝惜藏書！"於是向宗魯抓住這難得的機遇，一頭埋進這浩瀚的書海中，專心致志地閲讀，收集材料，晚間回寓所便潜心著述。[①]向宗魯先生寓居武漢十年，中間祇是1927年，應重慶陶闓士邀請在思誠國學專修學校短期教書。向宗魯居漢十年，完成其古籍整理與研究的代表作《説苑校證》。屈守元先生《説苑校注·序言》説，這十年，向宗魯"與蘄春黃季剛（侃）先生、武昌徐行可（恕）先生游，兩先生皆博覽群書，又好收藏，善本精鈔，互相通假。那時正是向先生的壯盛之年，平生學業，最爲猛晉，著述也以此時爲繁富"。（中華書局1987年版）1931年他離開武漢回到四川，應聘四川大學中文系做教授，不久回重慶，任重慶大學中文系主任兼教授。[②]

---

① 見《武漢文史資料》2002年第8期。
② 參看《四川近現代人物傳》第六輯，成都：四川大學出版社，1993年，第347頁。

向先生應該是在1922年至1931年這十年中間從徐氏藏書中過録紀昀《史通削繁》批點本（底本爲《史通訓詁補》）及楊守敬校本。1922年，向先生到武漢任家庭教師時程千帆先生纔10歲，住長沙外祖父家。1923年，程先生隨家從長沙遷到武漢，之後在武漢讀私塾，年齡屬於晚輩，不可能結識向宗魯（向先生生於1894年，比程先生大19歲）。1928年秋季，16歲的程千帆考入南京金陵中學初中三年級。之後數年所受中學教育和大學教育都在南京。程先生1938年流寓重慶，後爲生計奔走於西康、雅安、樂山等地，1940年2月至1941年1月程先生在樂山中央技藝專科學校教國文。1941年8月，程千帆任樂山武漢大學中文系講師，教大一國文與文學發凡。[①]向先生1937年再去成都，任四川大學中文系教授。抗日戰爭爆發，1939年川大疏散至樂山峨眉，1940年向先生兼任川大中文系主任，1941年11月病卒於峨眉（年僅四十七歲）。我推測，1940年2月至1941年10月這期間，向先生和程先生都在樂山，有可能相識或見過面，但沒有材料證實。我查閲《向宗魯先生年表》沒有找到向先生與程先生交往的記載。[②]1942年春季程先生繼續在樂山武漢大學任教，秋季則在成都金陵大學任教。1943年8月到1944年7月繼續在成都四川大學任教。我的基本判斷是，程先生與向宗魯先生應該沒有交集。順便插一句，我的博士生導師張舜徽先生（1911年生）比程先生（1913年生）大兩歲，他與向宗魯先生也沒有交集，檢《壯議軒日記》1946年11月21日記云：

> 閲近人向宗魯所著《校讎學》，誠不失爲學有根柢之人。余雖未從奉手，而於武昌徐行可先生處，聆悉其學行甚備，故亟求得其書覽之。此編爲其講學四川大學時講稿，其弟子華陽屈愛民裒集校訂以成之者也。……《宗鄭》一篇意思極好，所見甚正，與余不謀而同，惟猶嫌簡略，未足以宣北海之藴，終必待吾書出而後是非乃定也。首篇《正名》，但以是

---

① 參看徐有富：《程千帆沈祖棻年譜長編》，南京：南京大學出版社，2013年。
② 見曹順慶、羅鷺主編：《向宗魯先生紀念文集》，成都：巴蜀書社，2015年。

正文字爲校讎之職事，而深詆鄭、章諸家，以"辨章學術考鏡原流"當
校讎者爲名實不副，斯則期期以爲不可，而未敢苟同者也。

可見舜徽先生是從徐行可先生那裏詳細瞭解向宗魯先生學行的，并對向宗魯
先生的學問非常欽佩，當然也有與其不同的學術見解。徐行可、向宗魯和張
舜徽三位先生之間的交往與學術影響需要另外專文闡述，此處不能詳談。還
是回到本文所説的"書緣"上。

　　程先生何時且如何從向宗魯先生過録的《史通》名家批校本再過録呢？
程先生的《史通》批校本最後有兩行跋語："丙戌夏，從趙幼文兄假得向校
本，過録一通。同年秋，歸省雅安，校張鼎思本訖。千帆記於小北街三十二
號。""丙戌"是 1946 年，這一年夏天，程先生找好友川籍學者趙幼文教授借
到向校本，再過録一通。應該是趙幼文先生告訴程先生，向先生校本，有一
册不慎掉入水中。1946 年 11 月上旬以前，程千帆先生在樂山武漢大學任教，
他與趙幼文教授應該有交集。11 月上旬後，程先生回到武昌珞珈山武漢大學
任教。程先生晚年回憶説："我第二次到武漢大學，我開了一門《史通》的
課，作爲一門專書研究的課。從那時開始，我就開始作注。拿浦起龍的《史
通通釋》做底本，他不完整的地方，我就增補；他有錯誤的地方，我就糾
正。""《史通箋記》較《通釋》更爲完備，特別是收入了近代學者的研究資
料。"[1]我把 1946 年稱爲程千帆先生學術編年史上的"《史通》年"。

　　這裏有一個小的疑問：趙幼文先生又是何時及如何得到或借到向校本
的？關於趙幼文與向宗魯先生的交往，暫時還沒有找到詳細而具體的資料，
但從屈守元先生所作《向宗魯傳》來看，向氏 1937 年再回成都，1939 年川大
遷到樂山峨眉，1940 年爲中文系主任，直到 1941 年去世，一直在川大任教。
向氏生前與趙幼文的父親趙少咸等人"團結相契，久而愈摯"。趙家三代均
爲川大教授，向先生與趙少咸年紀比較接近（趙少咸比向宗魯大十歲，生於

---

① 　《程千帆全集》第十五卷《桑榆憶往》，第 52 頁。

1884年），20世紀30年代向先生可能見過趙幼文，但祇是趙幼文的"父執"，趙幼文是晚輩，因此有可能是1937年後向先生回川大工作時期，將《史通》名家批校過録本借給趙少咸先生過録，趙少咸之後又傳給了兒子趙幼文。對此，我尚未考出準確結論。可以肯定的是程先生與趙少咸先生有交集，程先生晚年回憶説："我在四川大學工作了一年，從1943年8月到1944年7月。也是因爲四川大學内部有些問題，那時趙少咸先生當系主任，他是殷孟倫的岳父，後來換了系主任，我也就没有再在那裏工作。……我在川大的時候，因爲趙少咸先生對我很好，所以那兒的老先生都對我很好。"①程先生與趙幼文先生是好友（程先生與趙少咸先生之女婿殷孟倫先生也是好友），因此能從趙幼文那裏借得向校本過録。

另外我發現一些有意思的説法。向宗魯先生的高足屈守元先生1984年12月14日説，向先生"曾致力於《史通通釋》的訂補"。在談到向先生去世後其大量古籍批校本大都散失時説："《史通》爲人假去，也無可踪迹。"②這裏所説的"《史通》爲人假去，也無可踪迹"。當是指向先生的包括過録名家批校語的《史通》批校本。"爲人假去"云云，不知道是不是爲趙幼文教授的父親趙少咸先生所借去。然而，據四川大學出版社1993年出版的《四川近現代人物傳》第六輯中屈守元先生撰寫的《向宗魯傳》所云："向宗魯曾校理《史通》，補正《史通通釋》，除紀（昀）、盧（文弨）諸家舊説外，并用宋本詳校，又録楊守敬校文。其所自説，要言不煩，勝意迭出。也準備録成《史通通釋簡端記》與《淮南》一并出版。他所批校的書還有《文選》、《管子》、《春秋正義》、《水經注》等，皆已散失。"③則向先生的《史通》校本又不是如屈守元先生之前所云"無可踪迹"，而是有"踪迹"所尋。至少程千帆先生1946年找趙幼文教授借得向校本原書亦算是一種"踪迹"。從屈守元先生

① 《程千帆全集》第十五卷《桑榆憶往》，第21頁。
② 見《説苑校注·序言》。
③ 參看《四川近現代人物傳》第六輯，第349頁。

"皆已散失"這句話判斷,《史通通釋簡端記》并未成書,故談不上出版。不過,向宗魯先生關於《淮南子》的批校成果後來有發表,我們檢索到向宗魯遺著,屈守元整理,黎孟德輯録的《淮南鴻烈簡端記》與《淮南鴻烈簡端記續》,分別載於1999年、2000年《新國學》(四川大學出版社)。

向氏《史通》校本有一册不慎掉入水中,非爲完璧,甚爲遺憾。那麼,向校本是何時何地不慎掉入水中?暫時難以確證,但我也發現一條有意思的材料可以參證。屈守元先生説:"《説苑校注》撰成後曾寫清稿,以四卷一册,裝爲五册。在一次過渡時最末一册墮入水中。這次印行的第十七至二十卷,即當時墮入水中的一册。"[①]我祇能推測,《史通》向校本中的一册是不是也是這一次過渡時"墮入水中"?抑或另外有一次過渡時不慎將這册書"墮入水中"?按照程千帆先生在我所作《〈史通〉三家評校鈔·小引》中所説:"後宗魯先生返蜀,教於重慶大學,一日過江,持是書倚舷而立,忽墜其第三册於江中。自是過録向本者,皆缺内篇模擬至自叙,外篇史官建置及古今正史。"(全文見下)書册"墮入水中"之事發生的時間是在向先生執教重慶大學期間,這個年份是可考的,但究竟是哪一天過江,向氏不慎將向校本第三册墜入江中,則俟考。

程先生對向校本《史通》不慎有一册書墜入水中之事念念不忘,但他得知湖北省圖書館館藏有完整的紀昀《史通削繁》底本及楊守敬校本,就囑托我去過録,以補齊先生過録本之缺憾,同時也爲我寫博士論文所用。省圖館藏紀昀《史通削繁》底本及楊守敬校本屬於善本,一般不讓借閲,需要程先生這樣的大學者介紹。上文提及的"張先生或朱主任",分別指張舜徽先生和朱祖延先生(朱先生時任武漢師院中文系主任)。

根據程先生的指示,1984年4月7日上午我去武漢師院漢語大字典編寫組辦公室找到朱祖延主任。請他給我寫一介紹信,以便去找湖北省圖書館的徐孝宓館長。又程先生曾給朱先生來信,也希望通過朱主任的介紹去看省館

---

① 見《説苑校注·序言》。

所藏紀、楊《史通》批校本。（見上文）程先生在"湖北省圖書館簡介"的材料上批了兩段話："祖延先生：湖北圖書館藏紀曉嵐、楊惺吾批史通，可爲三夕研注史通之助，此紙請交三夕，俾知其略。它日須煩先生轉介孝宓先生借閱。帆并注。"此其一。第二段話在材料的第四頁用朱筆在"如紀昀手批《史通故訓補》……再如金石、地理學家宜都楊守敬和他的學生枝江熊固之手批的《水經注》10餘種，楊守敬用朱、紫、綠三色筆手自抄錄紀昀批點的《史通》也珍藏在湖北省館"這幾行字下劃了紅綫，在旁邊寫上①、②，并在本頁上端寫到："可請朱先生介紹去將紀、楊批語抄全，以補我抄本之不足。"朱先生給我寫了介紹信，可惜當初没有留下底子，不知徐力文女士有無保存。漢語大字典編寫組還有一位謝伯陽老師委托我去省圖查《自怡軒樂府》這本書影印件的缺頁問題。我在當天日記裏寫道："程先生臨走時同我談過此事，現在又具體交代，可見先生認真負責、細緻的作風。下星期，我當去做好這個工作。"

過了兩天，1984年4月9日，星期一，這天上午我就去湖北省圖書館，一則複查謝老師所托影印件缺頁之事；二則聯繫看《史通》批校本之事。我在當天日記描述見到徐孝宓館長的情形：

　　第一次見到徐館長，突出的印象是：健談、業務熟、烟癮大（一口氣連抽四根）。當時，有一位武大圖書館專業畢業的小何提出她想從"采編"調到"情報"的要求，徐館長很善於做她的説服工作。查影印件之事的結果就是原書即如此。至於過錄《史通》批校本之事，館長看來尚未完全答應。他希望看看程先生的批校本，看是否爲一個校本來源。并説可能要程先生寫信來提出此事。徐館長的父親是一個藏書家，他把近千箱的書都捐給湖北省圖書館，其中有不少珍本。

　　這是我和徐館長的首次交往，至今印象深刻。不知那位武大圖書館專業畢業的小何是否一直在省圖工作，我對她的印象已經淡忘了。鑒於徐館長需要看看程先生批校本，4月11日，我帶上程先生的《史通》批校本（綫裝）第一册去省圖拜見徐館長。我在當天日記裏記下徐館長的態度和我的感想：

> 他仔細翻閱了一下程先生的批校本。似乎也沒有什麽問題，但他們仍然堅持需要程先生直接寫一封信給他，這樣他好説話一些，這也是一個手續問題。查閱一個所謂善本，何其難矣！這種壟斷資料的局面，何時改觀？

徐館長説的是手續問題，應該是圖書館的工作程式，可我當時年輕，多少流露出一點不滿情緒。我把徐館長希望程先生親自寫介紹信來借閱《史通削繁》底本及楊守敬校本的意思寫信轉告程先生。4月19日，我收到程先生回信，先生用很講究的信箋和措辭給徐館長寫了一封信，讓我面呈，希望過録兩種批校本。先生在這方面的關心和支援讓我感動。程先生致徐孝宓先生正式函件如下：

> 孝宓尊兄世先生道席：
> 前承命爲省館題辭，已由祖延先生轉呈，想荷惠察。兹敬懇者，弟舊治《史通》，過録紀曉嵐《削繁》底本（紀批底本爲黄氏訓詁補），及楊醒吾手批本（用三色筆），惜皆不全（内篇缺《模擬》至《自叙》，外篇缺《史官建置》及《古今正史》，此蓋昔年巴縣向宗魯教授録自尊府舊藏，而又偶失二册，故弟從之轉録，亦不全也）。前閲貴館介紹，知藏有此二種足本，大喜過望，輒擬托門人張三夕代爲補録，尚乞商之執事者，惠與方便，不勝銘感。到漢迫於講授，未能趨謁，至今耿耿，伏冀諒之。
> 專上即頌
> 撰安！
>
> 世小弟程千帆頓首
> 1984年4月15日 ①

---

① 《閑堂書簡》，第478頁。

　　4月25日上午，我又去省圖，向徐館長面呈程先生的親筆信。徐館長説還要同幾位副館長談談。讓我下星期再來。5月4日，經過"五顧茅廬"，我終於得以在省圖看到紀昀手批《史通訓詁補》。我在日記裏寫道："此書原爲徐館長家藏。（其父徐行可先生是一個有名的藏書家）。我將朱墨二色紀批全部移録在上海古籍刊行社鉛印的《史通通釋》空白處。此書紀批與後來正式刊行的《史通削繁》及《史通削繁底本》有出入，仔細比勘，當可發現一些問題。"此後，幾乎每天去省圖，5月14日日記記載："上午……閲畢紀批《史通訓詁補》最後一卷，下午開始閲楊守敬用朱紫緑三色筆手自移録的紀批《史通通釋》。經與程先生批校本的初步比較，文字出入不大，但在用何色筆批點上有些出入。其中傳抄系統俟考。"

　　一直到5月26日，我纔閲畢、抄録完楊校本。5月28日全天，我在省圖校閲《史通削繁》套印本（道光翰墨圖刊本），主要是與楊校本上朱筆紀批對校，以及删削浦注的情況。次日，仍在省圖校閲《史通削繁》套印本。全書校畢。又借《史通贅議》看，此書係民國時期許鍾璐作。5月30日，在省圖繼續閲《史通贅議》。這一段時間，我差不多天天在省圖閲讀、過録《史通》名家批校本，晚上則回家整理《史通》批校本材料。6月上半個月，我忙於其他事未去省圖，直到6月20日，我去省圖閲畢《史通贅議》。至此，我到省圖閲讀、過録《史通》名家批校本的工作告一段落。從1984年4月9日一直到6月20日，這一段時間我在省圖多次見過徐孝宓先生，徐先生公務繁忙，我也專心看書做筆記，我們來不及深入交談。我至今特別感謝徐孝宓館長提供方便，讓我從容閲讀、過録《史通》名家批校本，也見證了千帆師與徐先生的一段書緣。

　　不過，此段書緣并沒有畫上句號，程先生心裏還惦記着將《史通》名家批校成果公之於衆的事。1995年11月19日，程先生給我來信：

　　近年王元化教授辦一刊物曰《學術集林》已出四期，甚有質量，不知吾弟見之否？此刊頗載先賢遺稿，我因想請你將《史通削繁》紀批及楊守

敬、向承周之批語輯出刊布。寫有一小引，能否用，望酌。我眼白內障
屬害，細字全看不見，別人也不內行，故祇有托你也。

如你可辦，請注意下列各點：

格式按《史通箋記》，《史通》原文節引，作正文，頂格，三家批教分條
寫，以［紀］、［楊］、［向］分別，均低兩格。

繁體，橫排。

鈔成後掛號寄上海吳興路246弄3/1001王元化先生，或上海復旦大學中
文系博士後傅傑先生（郵碼200433）。①

程先生交代得很仔細，可見老輩學者做事風範之認真嚴謹，我照辦，遂形成
《〈史通〉三家評校鈔》一文，發表在《學術集林》卷十一（上海遠東出版社
1997年11月版）、卷十二（上海遠東出版社1997年12月出版）。後來，四川
大學在紀念向宗魯先生時請羅鷺博士把我這篇文章中向宗魯先生的評校語單
獨輯出來保存。②程先生為我的文章所寫《小引》如下：

昔紀曉嵐讀《史通》，病其蕪蔓，嘗加芟剪，另成《削繁》。書既別行，
被刪之文，不可復見，其所以刪之之故，見於評語者，以無所附麗，世
人遂以多莫詳。其底本世人尚有傳抄，學者寶焉。清末宜都楊守敬惺吾
嘗得其本，更施批校其上。其書後為武昌藏書家徐恕行可丈所得。巴縣
向承周宗魯，當世碩儒，尤精校讎，早歲嘗為童子師於徐丈家，應得過
錄其《削繁》底本及楊校，又更以其所見施丹黃焉。後宗魯先生返蜀，
教於重慶大學，一日過江，持是書倚舷而立，忽墜其第三冊於江中。自
是過錄向本者，皆缺內篇模擬至自敘，外篇史官建置及古今正史。余從
友人趙幼文教授過錄向氏殘本，門人張三夕教授復從余過錄，皆以不見

① 《閑堂書簡》，第422—423頁。
② 見曹順慶、羅鷺主編：《向宗魯先生紀念文集》，第19頁。

其全爲憾也。後三夕執教武昌，忽從湖北省圖書館發現徐丈舊藏《削繁》底本及楊校俱在，因見其評校之全，雖向校部分已逐波臣，然亦聊可自慰矣。適元化先生主持《學術集林》，因懇三夕整理付刊，以爲世之治史學者助。一九九六年四月，程千帆記於南京大學，時年八十有三。

程先生談及這段"書緣"，以這篇《小引》中敘述原委最爲詳細。不過，其中個別事實，程先生的記憶可能不確，程先生説，"巴縣向承周宗魯，當世碩儒，尤精校讎，早歲嘗爲童子師於徐丈家"。據我所知，向宗魯先生是在漢口著名實業家蘇汰余等三位工商業家的家裏做家教，好像没有在徐行可先生家裏做家教。不過，向先生與徐行可先生的子女確是非常熟悉，可能也教過他們，深得徐氏子女信任，徐行可先生的女兒徐孝瑩嫁給四川著名學者楊明照先生就是向宗魯先生做的媒。此又可見老輩學者"世交"之情誼。

最後，我想強調一下，徐行可先生作爲私人藏書家在中國私人藏書史的地位。從歷史上看，湖北這個地方的私人藏書家比起北京、上海、江浙一帶差遠了，甚至不及我們的"江西老表"。據范鳳書《中國私家藏書史》統計，宋代藏書量達萬卷以上的藏書家有214人，按省來看，江西54人，浙江32人，福建21人，江蘇20人，河南19人，四川13人，安徽11人，河北10人，山東8人，山西5人，湖南2人，湖北2人，陝西1人。[①]湖北與湖南一樣祇有2人，排名居後。這種局面到了近代，尤其是民國年間，湖北人在中國私家藏書史上的地位纔有所改變，這改變很大程度在於出現楊守敬和徐行可這兩位偉大的藏書家（另兩位與楊、徐齊名的湖北藏書家是柯逢時和張國淦，柯逢時"盜刻"楊守敬家藏宋刻大觀年間的孤本《大觀本草》的做法實不可取，其珍貴藏書死後大多被變賣散失；張國淦1922—1924年任國家圖書館館長，其豐富的藏書20世紀50年代初大部分歸於湖北省圖書館收藏，其中地方志較

---

① 《中国私家藏书史》，鄭州：大象出版社，2001年，第82頁。

多，鄂人著述較多，也很了不起，但學界對柯、張的研究也很不夠），説楊、徐之"偉大"，是因爲他們的藏書活動與促進學術繁榮相關，與保存民族文化遺産相關，與深厚的愛國情懷相關。楊守敬先生對近代中國傳統文化傳承的巨大貢獻人所熟知，自不待贅言。而徐行可先生的相關貢獻，世人的認識還遠遠不夠。徐先生的學術視野之宏遠以及藏書數量之多和品質之精，在湖北籍私人藏書家中是空前的。正如徐力文女士所概括："湖北省近代藏書家人數本不多，有的藏書家之藏書大多數寄居他省，少存湖北。湖北之諸藏書家中，藏書種類與册數則以武昌徐氏第一，并歷經兵變仍完整留存湖北本土，成爲湖北文獻史的重要組成部分。"① 楊守敬先生曾訪書日本，徐行可先生曾留學日本（順便提及，近代中國藏書家所收藏的部分古籍珍本、善本、孤本與日本人的恩恩怨怨需要很好的總結與反思），相同的海外經歷，使他們在近代藏書事業中能放眼看世界，其影響力遠遠超出湖北一地。徐先生不僅藏書豐富，嘉惠學人，而且繼承中國私家藏書的優良傳統即讀書、校書、印書，與民國時期的文史學界的一批著名學者結下了深厚的學術友誼。無論從哪個角度講，我們都應該永遠對鄉賢徐行可先生及其能傳承祖業的後代表示敬意。

2020 年 12 月 23 日初稿

2020 年 12 月 27 日改定

---

① 見《追憶與思念——記一家三代與湖北省圖書館的情緣》,《圖書館論壇》2010 年第 1 期。

民國大藏書家徐行可的"朋友圈"

李明傑（武漢大學）

晚清至民國是湖北私家藏書較爲興盛的一個時期，涌現出宜都楊守敬、大冶柯逢時、武昌徐行可、漢陽周貞亮、漢陽劉傳瑩、沔陽盧氏兄弟、沔陽黃立猷、蒲圻張國淦、恩施樊增祥、潛江甘鵬雲、羅田王葆心、黃岡劉卓雲、孝感徐煥斗、孝感秦應逵、黃陂陳毅、蘄春方覺慧、襄陽楊立生、枝江張繼煦、嘉魚劉文嘉、陽新石榮璋等一衆知名的藏書家。但以藏書保存之完整、利用之開放、影響之深遠而論，無一出徐行可右者。廣東籍藏書家倫明在《辛亥以來藏書紀事詩》中評價徐氏："家有餘財志不紛，宋雕元槧漫云云。自標一幟黃（丕烈）汪（士鐘）外，天下英雄獨使君。"[1]115 反觀有的藏書家，身後藏書或被後人變賣，或寄存他省，或流失海外，令人痛惜，如倫明就評論柯逢時："柯家山館半成荒，百簏縑緗看過江。記聽中丞違俗語，好書堪讀不堪藏。"[1]19 原來，柯氏去世後，日本人以20萬元賄其家屬，將其藏書精品的大半購入東瀛（另柯氏孫媳在新中國成立後將殘存的3000冊捐獻給了中南圖書館）。其他如楊守敬的觀海堂藏書，於1919年經傅增湘介紹，售諸政府，後又頗多散失；沔陽盧弼藏書在抗戰爆發後也陸續散出[2]。比較而言，徐氏藏書之所以能保存如此完整，能化私有爲公藏，并産生可觀的社會效益[①]，

[①] 自1959年始，徐行可將其所藏古籍10萬餘冊和文物7800餘件，分批捐贈給湖北省圖書館和湖北省博物館。其中的古籍部分，經部15000餘冊，史部25000餘冊，子部13000餘冊，集部19000餘冊，叢部21000餘冊。明清善本、抄本、稿本、批校本近萬冊。徐氏藏書在編史修志和編纂《續修四庫全書》《漢語大字典》《中華大典》《荆楚文庫》等大型文獻中起了重要的文獻支撐作用。

這恐怕還得從徐行可的藏書思想中去尋求答案。而其藏書思想的形成必與其成長經歷和社會閱歷有着密切聯繫，故本文對徐行可的交游情況進行全面考察，以探尋其藏書思想的形成軌迹。

一、徐行可其人與其師

徐行可（1890—1959），名恕，號彊邨，以字行，室名"箕志堂""桐風廎""藏棱庵""知論物齋"，湖北武昌（祖籍黃陂）人，早年喪父，但其生母、養母皆善理財，在武漢三鎮有多處商鋪，家資殷實。據徐行可五子孝宓[①]回憶，其父幼從黃陂劉鳳章先生學，17歲留學日本大阪鴻文學院，次年以弟喪歸國。從此之後，學無常師，市書自學。這位劉鳳章先生，是徐氏後人諸多回憶性文章中提及的徐行可唯一的正式老師，也是對少年徐行可影響最大的人。

劉鳳章，亦名華銓，字文卿，黃陂名士。他能成爲徐行可的老師，絕不僅僅因爲是徐氏同鄉的關係。首先，劉氏是一位經學家。他早年受業於蘄春名宦、清翰林院侍講黃雲鵠（黃侃之父），舊學造詣很深，著有《周易集注》。徐行可扎實的樸學功底和乾嘉遺風，得益於劉鳳章的言傳心授。另外，劉氏還是近代湖北教育界的風雲人物，曾執教於兩湖書院、經心書院、文普通學堂及方言學堂，赴日本、上海、南通等地實地考察過教育，協助湖廣總督張之洞、湖北學政高凌霨發展湖北地方教育。中華民國成立後，劉氏擔任過黎元洪的顧問官，歷任武昌中華大學教育長、湖北省立第一師範學校校長。劉鳳章在擔任一師校長期間，支援進步學生發起組織"證人社"，後

---

① 徐孝宓繼承了父親的衣缽，少年時即從行可先生專攻目錄、校勘、版本、考據之學，兼及史子百家和西方經典，成爲知名的版本目錄學家，1951年入湖北省圖書館，直至1991年退休，期間擔任過副館長之職。他在徐氏藏品的捐獻和合璧過程中，發揮了重要作用。其女徐力文女士又繼承了父親的衣缽，擔任過湖北省圖書館研究輔導部主任、副館長，湖北省圖書館學會秘書長等職。可以説，徐家三代都與湖北省圖書館結下了不解之緣。

經一師訓育主任董必武更名爲"人社"，其中不少成員成長爲杰出的共産黨員，如惲代英、吳德峰等。徐行可通過劉鳳章結識了在一師就讀的董必武和吳德峰（新中國成立後武漢市第一任市長），并保持了終身的友誼。徐行可晚年捐贈藏書，首先想到的是董必武，曾專門寫信向他提出捐獻意願[3]。劉鳳章先生雖是舊學出身，但思想開明，堅持"中體西用"，主張選拔優秀生員赴日留學，并將在日本考察所得撰成《東游紀略》一書，以爲取鑒。徐行可東渡日本，顯見是受了劉鳳章的影響。值得注意的是，1907年徐行可留學時的日本，一批府、縣、市立公共圖書館及巡迴圖書館已陸續建成，有的還實行免費開架閱覽[4]，很難説這對初來乍到的青年徐行可不是一次心靈的觸動。一個小的細節是，徐氏後來專爲藏書打造的書箱，有不少是仿日式的木梭門。

　　18歲的徐行可因弟喪歸國，從此再也没有以學生的身份邁入過學校的大門。但舒懷在評價徐氏後來的學問時説："學有所主，淵源有自，非泛泛涉獵者可比……徐氏學術風格、途徑、方法，遠紹乾嘉，以浙東學派重鎮章氏（學誠）爲主，兼取皖派大師戴氏（東原）一脉，形成了自己的學術路數。"[5]如此深厚的學問從何而來？徐行可的求學方法就是學無常師，市書自學，解決求學之所需便成了他藏書的首要動機。宋版元槧價比黃金，與其購買幾十種擺在家裏充門面，倒不如大量收購明清的精刻本、精校本和近世的稿本、抄本。因此，徐氏的藏書原則是版本不誇宋元，作者不問古近，祇要有裨於治學，盡皆囊括，尤以經史考證、清人文集、小學類書籍、金石碑帖及地方文獻爲大宗，甚至不乏英文和日文書籍（行可先生通英文、日文，於歐美文學名著，大都有原文與不同注本，且配之以中、日譯本），明顯區別於舊式賞鑒派藏書家。

二、徐行可在藏書界的"朋友圈"

　　徐行可大概在少年時期就已開始藏書，如他本人自述："溯恕往事，則妮古之癖，肇自弱聆。彌歷年紀，部帙漸富。"[6]在徐氏衆多藏書印中，有一方"窮遐方絕域盡天下古文奇字之志"，語自李清照《金石錄後序》。徐行可欲效趙明誠，即便節衣縮食也要搜盡天下金石文字。研讀之暇，他遍游大江南北，但志不在山水，而在訪書求友。衹要聽説誰家裏有未見之書，必輾轉通過各種徑録其副本而歸。曾客居徐家的黄侃弟子閔孝吉回憶："徐君自奉甚儉，家人衣著無華彩，每年必出游四方，搜取書籍。聞有未刊行者，則繕寫以歸。國内藏書之家，莫不與通聲氣，以此某家之藏書珍本、善本，與夫流傳之經過，口述不遺。蓄木工、銅工、漆工各一人，日資各予銀元一枚，專製書箱，自繪圖樣，終年不歇。寫書根者一人，以字計值。謔者乃背稱之爲'徐書箱'云。"[7]書箱皆用樟木或楠木精工製作，若遇叢書、類書等大部頭書籍，則用若干書櫃分裝，并用格言、成語或詩句，在書櫃邊上刻上一個字加以區分，如用"禮義廉耻"四字，表示這部書分裝在四個木櫃内[8]。徐行可還在書櫥上分別刻上"托心淵曠，置情恬雅，處静無悶，居約不憂"中的一個字，作爲編號排檢之用[9]。這四句話原是北魏學者李業興稱贊其師徐遵明的話，却也成了徐行可聚書治學的真實寫照。

武漢三鎮以外的兩湖地區、安徽、浙江、江蘇、北平、南京、上海等地，都留下了徐行可訪書的足迹，如他從湘潭彭子英手中購得文廷式《純常子枝語》《黄帝政教考》《軒轅氏徵文》《伊尹事録》等；設法購得海鹽羊復禮藏本彭孫貽《茗齋集》、錢泰吉《史記志疑》等；在南京得孫星衍手輯《春秋長編》；於吳興蔣孟蘋家得見嚴修能舊藏明錫山華氏會通館活字本《容齋四筆》；於北平書肆、東方圖書館兩見《傳習録》何義門評本；從上虞羅振常處借得《巴陵方氏藏書志》；通過張元濟借得東方圖書館沈炳巽《水經注集釋訂訛》，等等。在苦心孤詣的訪書、聚書過程中，上至知名的藏書家，如宜都楊守敬、南潯劉承幹、沔陽盧弼、南陵徐乃昌、東莞倫明、仁和葉景葵、江安傅增湘、上虞羅振常、吳興蔣孟蘋、無錫孫毓修、江都秦更年、武進徐宗浩等，下至書肆老闆、書攤小販，甚至普通愛書者，都成了徐行可的朋友。

徐行可交友，衹以書會友，概不論年齡和出身。楊守敬，字惺吾，號鄰蘇，收藏古書40萬卷，撰有《日本訪書志》，并刻成《留真譜》《古逸叢書》。他比徐行可大51歲，但兩人成了祖孫輩的忘年交。據徐行可的孫女徐力文女士回憶，其父孝宓先生曾給她講起，祖父年少時，常在楊先生處看碑帖。有一次，楊守敬故意將真偽混雜的拓片放在一起，讓少年徐行可鑒定。沒想到的是，徐行可很快從中擇出了真品。楊氏大爲驚喜，遂手書"行可金石同好"條幅贈予徐氏。孫毓修，字星如，號留庵，在無錫城郊置有小綠天，藏書數萬卷，1906年入商務印書館任高級編譯，并爲涵芬樓鑒別版本，主持購買古籍之事。孫氏比徐行可大19歲，差不多是兩代人。今幸存徐行可寫給孫毓修的信札兩通，茲録其中一通：

星如先生撰席：

辱惠書，示及《鮚埼亭外集》校本、《蔡中郎集》宗文堂本，藝風故物，尚存書肆，未審直各若干？幸示。前過寧僅留三日，一至圖書館，勘得嘉業堂所鈔校本《蔡集》，即自館中所藏羅鏡泉校本逐録。歸家未浹旬，即值省垣兵變，敝宅處城西北隅，幸未罹劫。鑒於時局亂方未艾，鄂處天下之中，爲南北所必爭，當局不能保境衛民，於茲事變已可槩見，遂不得不在漢口租界覓屋爲移家之計。月來收拾圖籍，屏當家具，致無暇校録各書，兼疏榆候，甚罪。茲將校畢元槧《冷齋夜話》先寄呈，乞代還之菊老，并乞申謝段書之惠。滕寄弘治沈頡刊本《賈子新書》（缺三、四二卷）奉貽，以《藝風藏書記》中有此本，以歸鄴架，可就近景補，俾成完書也。前在京滬所得書，以苗先麓手稿本《說文聲讀考》爲最，書凡八册，如貴館能付景印，當勝墨版萬萬。惟原書行字甚密（行字同《聲類表》），未能縮景入《涵芬樓秘笈》，宜別印單行。如菊老有意付印，當以原書郵呈。匆復，即候著安，不宣。菊老前未有函叩，乞致拳拳。弟徐恕頓首。六月十二日。[10]

信中提到的 "省垣兵變"，是指1921年6月初因湖北督軍王占元克扣軍餉引發所部第二師軍事嘩變。據此可確定，徐氏與商務印書館孫毓修、張元濟等人的交往自20世紀20年代初就已開始。從信的内容來看，徐行可與孫毓修就繆荃孫舊藏《鮚埼亭集》和《蔡中郎集》進行過交流。徐行可因校勘惠洪《冷齋夜話》之需，向張元濟郵借過該書的元刻本。還書致謝之際，徐氏隨信寄去了自藏的明弘治沈頡刊本《賈子新書》，并提出如商務印書館有意影印苗夔稿本《説文聲讀考》，可以原書郵呈。可見藏書家之間的書信交流，通篇都是圍繞着 "書" 展開的。另此信還透露一個重要信息：徐行可在漢口租界的藏書處，是在1921年因武昌軍隊嘩變而覓得的。人無遠慮必有近憂，藏書家尤其如此。1937年武漢淪陷，行可先生在武昌積玉橋一帶的房子被日機炸毀，而他的藏書因及時搬到了漢口租界纔得以幸存。

清曹溶在《古書流通約》中倡導藏書之家互通有無，徐行可與劉承幹、盧弼等人的交往給書林留下了一段段佳話。1924年南潯劉氏嘉業堂竣工之際，吸引了蔡元培、袁同禮、柳詒徵等社會名流前往觀書。徐行可聞訊後帶上兩個抄書人就上路了，在嘉業堂斷斷續續待了兩年。兩年之内，閲盡堂内所藏精品名鈔，并手録繆荃孫校跋本陶弘景《華陽陶隱居集》、徐元太《喻林》、徐石麟《古今青白眼》、徐熊飛《春雪亭詩話》、徐汾《二十一史徵》、徐碩《［至元］嘉禾志》、徐渭《玉禪師翠鄉一夢》等書籍百餘種（重點抄録徐氏宗親著作），連膳宿都由劉承幹免費供給。但這種書籍交流并不是單向的。1931年徐行可再訪嘉業堂，隨身帶去許多珍藏書籍，其中有《慈雲樓藏書志》稿本數十册。時任嘉業堂編目部主任的周子美發現該稿本爲其湖州同鄉周中孚手迹，即取《鄭堂讀書記》對校，乃知兩書實爲一書[11]。清乾隆間楚北大儒陳詩的四十六卷稿本《湖北舊聞録》是一部珍貴的地方文獻，一直未能刊行，辛亥革命致使散失。盧弼和徐行可爲搜求這部書稿煞費苦心，後來盧弼的老師孟壽蓁和徐行可各訪得一部分。盧弼不惜將老師的那部分寄給徐行可，使之合璧。盧氏專門撰有《〈湖北舊聞録〉鈔本寄徐行可》一文，詳述其事："蘄州陳谷（詩）先生著《湖北舊聞録》，久求不得。聞業師孟壽蓁

（晋祺）先生藏十三册，江夏徐行可（恕）藏二十六册。行可初不相識，分函借印，擬假二美合爲一編，有珠聯璧合之雅，收腋集裘之功。石莊繹志，失而復得。梁溪遺稿，散而復完……今以全帙歸行可，應無憾於愚古先生矣！"[12]此外，藏書家之間也會彼此交換或贈送自刻的書籍，如葉景葵跋明天順六年（1462）廬陵郡守程宗刻本《歐陽文忠公全集》稱："此爲鄂省徐行可君舊藏。印本首尾一律，在今日已爲難得。"[13]葉氏所撰《卷庵書跋》，收有徐行可所校《鮚埼亭集》。南陵徐乃昌影刻明崇禎趙氏小宛堂本《玉臺新咏》，寄贈徐行可一部。同聲相求、同氣相應，成了他們精神世界的寫照。

　　除了互通書籍之有無，藏書家之間也有學問的研討和詩文的唱和。徐行可與徐乃昌、倫明等多有書信往來。據王謇《續補藏書紀事詩》載："（行可）與徐積餘（乃昌）、倫哲如（明）交好，并皆以目録學名於時。"[14]《倫明全集》載："吾友徐行可近得無名氏題跋一册，斷爲李亦元（名希聖）所作，書皆巴陵方氏碧琳琅館所有也。"[15]江都秦更年（字曼卿）與徐行可是同時代的人，愛好亦同。除藏書外，都喜蓄金石印譜和批校古籍，因此也互通聲氣。徐宗浩寫給徐行可的一首詩，表達了他們之間的友情："望斷飛鴻無一紙，知君高閣擁書堆。青燈黄卷人生福，不是尋常攫得來。買書我亦成殊好，二妙新收鮑氏鈔。何日艤舟江漢上，一編相對話良宵。"[16]

　　因爲徐行可購書不惜財，當時武漢三鎮有"南北諸書店，每得一善本，都争致之君（行可）"的説法。武漢淪陷期間，徐氏爲保護流散的古籍，冒着生命危險，奔走於漢口堤街、武勝街、大智門鐵路旁之廢紙冷攤，并囑托街頭流浪孩童，凡拾得有價值之單張片紙，皆可换取報酬。偶見有保存價值的古籍，即從成捆的廢紙中抽出帶回。對扯去封面的古籍，也不忍捨弃，買回重新裝訂入藏。或家有復本，或因手頭不便，即馳書轉告書友，謂某處有某書，"乞來一救"[17]。有位叫劉昌潤的愛書人，曾在舊書攤上偶得《李温陵集》的前半部。不久行可先生在漢口某廢書店覓得《李温陵集》的後半部。當他得知書的前半部有了下落，欣喜萬分，多方托人説合，希望劉氏善讓。劉昌潤見行可先生愛書心切，心生敬佩，當即親往贈送，全書遂得以璧合[18]。對於後生求學、好書者，徐氏亦樂於導引，平等待之。據徐行可三子孝定回憶：“凡來求教請益，均不惜花費時日，詳加教導，指示途徑、方法，勸能深入、力行。嘗於途中見人肘挾書，如見所選不精，直指所購書名、刻本。人初訝其唐突，後優徐氏志誠，而評議精審，謝求過往。於書肆訪書時，亦常對人指導，何者爲精，其值如何，不論少長，均樂與交往求益。”[19]

鑒於藏書與治印的關係，徐行可還與許多著名的篆刻家交好，包括仁和王福庵、長沙唐醉石、永嘉方介堪、吳縣徐新周、紹興吳朴堂、吳縣李尹桑、錢塘鍾以敬、紹興吳隱、黟縣黃廷榮等。1927年冬，西泠印社創始人之一王福庵刻了一方“且莫思身外，長近尊前”印，邊款爲“杜工部句。丁卯冬日，有懷行可，刻此。預期未知得能如願否？福庵并記”[20]云云，可見兩人關係不一般。據統計，王福庵共爲徐氏治印40餘枚；浙派篆刻藝術的代表人物唐醉石，爲徐氏治印20餘枚，如1915年10月唐醉石連刻“江夏徐氏所收舊刻抄本”“曾在徐行可處”，署款爲“製於漢皋”；張大千的莫逆之交方介堪（曾任西泠印社副社長），爲徐氏治印4枚；吳昌碩弟子徐新周，爲徐氏治印30餘枚。在與諸多書友的交往中，徐行可不僅開闊了視野和胸襟，更滋養了愛書護書的文化精神，深刻地懂得既受惠於人、亦惠及於人的道理。行可先生曾從陸游《劍南詩稿》中取“傳家祇要存書種”句，請篆刻名家吳朴堂爲其治印，藉以向家人傳達心聲，并常自謂：“不以貨財遺子孫，古人之修德。書非貨財，自當化私爲公，歸之國家。”因而纔有晚年舉家捐書的壯舉。

三、徐行可在學術界的“朋友圈”

在藏書家的外衣下，徐行可也是一位嚴謹而低調的學者。他重經史、古文，尤精於版本、校勘和金石之學，曾受聘於武昌文華圖書館學專科學校、北平輔仁大學、中國大學，教授版本目錄學和韓愈文學。徐氏有兩枚藏書印，一曰“學以七略爲宗”，一曰“用儒雅文字章句之業取先天下”，頗能反映他的治學旨趣。與黃侃一樣，徐氏亦秉持不輕易著書立說的原則，僅有《詩義申難録序》《詩疏楬問序》《毛詩通度類目》《與明照論治通鑑書》《與潘景鄭論學書》等少量篇目傳世，偶有詩文刊於《制言》等刊物。他的學術成就，更多的散見於各種古籍的校注中。據舒懷統計，經徐氏校點、題識的古籍，涉及經史子集共44種[5]。以國家圖書館藏徐行可抄本《玉臺新咏校正》爲例，經徐氏朱筆校改之處多達400餘條。徐行可又樂於分享所藏，以求與學者共同研討。就這樣，以治學爲目的，以藏書爲媒介，在徐行可周圍聚集了一個龐大的學者群體，構成了民國學術生態一道特有的風景。

（一）兩湖籍學者群體

徐行可的學者"朋友圈"中，湖北、湖南籍的最多，主要有蘄春黃侃、枝江熊會貞、羅田王葆心、黃岡熊十力、蘄春黃焯、潛江易均室、黃安（今紅安）馮永軒、常德余嘉錫、長沙楊樹達、長沙駱鴻凱、長沙程千帆、沅江張舜徽（其姑父爲余嘉錫）等。

兩湖籍學者群體中，徐行可與黃侃、余嘉錫的關係最爲親密。他們因書而成摯友，又因友而成姻親。黃侃與徐行可堪稱世交，其父黃雲鵠是徐行可的師祖，又與行可約爲兒女親家，因而不分彼此。1919年，黃侃執教於武昌高等師範學校（武漢大學前身），常客居徐家讀書。兩人惺惺相惜，朝夕論學。張舜徽在《黃季剛之評斷章太炎》一文中憶及黃、徐兩人論學趣事："武昌徐行可丈，以富於藏書有名江漢間。黃氏授課之暇，輒渡江就漢口徐廬假讀未見之書，時亦留餐宿而往返。一日，杯酒之後，論及太炎學術，乃曰：'小學頗有所得，經學不過爾爾，吾師乃文豪也。'并連呼'文豪'二字不已。徐丈聞之詫異，嘗數數爲余道之。"[21]有時欲求稀見之書，黃侃也多通過徐氏獲取。如1928年8月31日黃侃日記："予求《元詩選》，至遍索燕京、滬上諸書肆，今行可自鄂中得之，又肯讓之我，真可感也，喜而距躍久之。"1925年黃侃離開武昌前，在徐氏一方刻有龍雲圖案的硯臺上題詩："南來七載廑交君，又作征蓬慘欲分。此硯好爲吾輩識，相從終得似龍雲。"到南京後，黄侃在寫給行可的信中又道：“昔與閣下同居武昌，首尾八載。知余貧寠，每值人間秘笈，無不借觀。塗污不以爲愠，久假不以爲嫌，即此一層，交誼已厚如山岳矣。”[22] 黄侃生性狂放不羈，行可亦是乖張傲物，這樣兩個人在一起，按説是針尖對麥芒，但偏偏結爲莫逆之交。溝通兩人心扉的，自然是藏書和學問。黄侃心羨徐書，行可心折黄學。唯因如此，徐氏纔能容忍黄侃趁着酒興，在自己視爲性命的藏書上批校塗抹，而徐氏藏書也因此多了一批珍貴的黄氏手批本。此外，黄侃還爲徐行可手書對聯60餘副，至今珍藏在湖北省博物館。

徐行可與金石學家易均室堪稱知己。1919年，篆刻家李尹桑爲答謝徐行可贈古陶拓片，爲徐行可治印一方，印文曰“爲誇目録散黄金”，語自龔自珍《己亥雜詩》，徐行可引爲摯愛。1922年秋，徐氏特將此印轉贈給易均室。易氏得此印後爲之狂喜，特囑李尹桑刻邊款，以證其盟。1930年，易均室與徐行可同在文華圖專授課，易均室講授金石學，徐行可講授版本學和目録學，兩人多有切磋。徐行可執教於文華圖專期間，還與該校教師毛坤交好。毛坤將徐氏的版本目録學講義寄給在北平輔仁大學任教的余嘉錫。據行可先生哲嗣徐孝寔回憶，余氏讀後贊譽有加，稱“講義一絲不苟，滿紙新見與考證”，遂引薦行可北上，同執教於輔仁大學、中國大學。期間兩人引爲知己，相與論學。如徐行可曾請余嘉錫爲自己所藏明王鐸《題丁野鶴詩草書卷》題跋并考證丁耀亢之生平出處。余氏自稱“雅不喜讀明人别集”，因受命作文，遂從北平圖書館搜讀丁氏著述，作《王覺斯題丁野鶴陸舫齋詩卷子跋》。後來徐家長女孝婉由楊樹達做媒，嫁給了余家公子余遜。余遜後任北京大學教授，成爲著名史學家。行文至此，順帶提一下徐行可與學者的姻親關係。除與黄侃、余嘉錫是兒女親家外，徐家的五女孝瑩由向宗魯做媒，嫁給了以研究《文心雕龍》而著名的楊明照，楊氏後來也成爲四川大學知名教授。翁婿之間也有學術交流，如徐行可1939年在第53期《制言》上發表《與明照論治通鑑書》。

徐行可對熊會貞著《水經注疏》的幫助，至今爲學界津津樂道。熊會貞是楊守敬的學生，師徒二人合撰《水經注疏》，歷時 20 餘年未竟而楊先逝。熊會貞繼承師業，又用力 20 餘年書方成。據徐孝宓回憶："我父親爲了幫助熊會貞，特地請人從北京抄回《水經注》宋殘本、王國維校本、項刻本、朱謀㙔校本，還有嘉靖年間胡刻《水經注》《山海經》合刻本，朱本上有幾家批。有時候熊會貞未來家，我父親就叫一位姓劉的師傅給熊先生送去。"[23]熊會貞在書稿完成後，感恩於徐氏數十年如一日的幫助，主動提出與徐行可聯合署名，但遭徐氏婉拒。1931 和 1932 年熊會貞兩度因病住院，托徐行可抄錄副本《水經注疏》。這就是後來科學出版社影印出版的 "北京本"。今臺灣地區存有熊會貞《水經注疏》稿本，其中有熊氏題識："友人徐行可，博學多聞，嗜書成癖，尤好是編。每得秘笈，必持送以供考證，益我良我，永矢弗諼。"感激之情，溢於言表。1936 年 5 月 25 日，熊會貞於武昌西卷棚十一號自家住宅內自裁，卒年七十有八。據徐家後人回憶，當時徐行可有感於兩人數十年來的友情，特寫了一封萬言書，遞呈國民政府，希望能對熊氏的學術貢獻予以追認，惜未有結果。

徐行可與語言學家楊樹達的交往，在楊氏《積微翁回憶錄》中有大量記載。該書中兩人通信的最早記錄爲 1930 年 4 月 27 日（據楊氏日記，兩人實際交往時間更早），最晚記錄爲 1955 年 6 月 24 日。在前後 25 年的交往中，徐行可寄贈楊樹達的書籍包括《養志居僅存稿》《白虎通引書表》《乙亥叢編》《山陽丁顯叢書》《丙子叢書》《燕説》《廣新方言》《俗字編》等，甚至還有宋版書籍信箋。1932 年 11 月 24 日和 1937 年 5 月 9 日，楊樹達兩次親往漢口拜訪徐行可，觀徐氏藏書。兩人在學術上也多有交流，如徐行可寄給楊樹達的第一封信，就是述陳季皋訂楊樹達《古書疑義舉例續補》失誤一事。

歷史學家馮永軒 1923 年求學武昌高等師範學校期間，得黃侃親自指導，後考入清華大學研究院國學門，受業於梁啓超、王國維兩先生，1927 年後任教於武漢中學。在漢期間，馮永軒與徐行可交誼深厚，其子馮天瑜（武漢大學資深教授）所編《馮氏藏札》保留了一封當年徐行可寫給馮氏的信，見證了兩人的友誼："永軒先生講席：新曆更新，敬惟起居勝常。恕南歸後，衰病日增，渡江絕少。先生又必休假日家居，迄未奉候，殊深歉仄。明日（八日，星期日），小兒孝宓就華實里三號僦舍，略具蔬饌數簋，敬約先生於午後五句鐘在舍晚飯，可出舊藏供清鑒，務乞早刻惠臨。先肅此箋，恭叩著祉。弟徐恕拜下手上。一月七日午正。”[24] 新中國成立後，馮永軒的夫人在湖北省圖書館少兒部工作，與徐孝宓夫婦是同事關係。2009年，湖北省圖書館舉辦徐行可先生捐贈古籍文物五十週年紀念活動，馮天瑜教授親自撰寫了《徐行可先生捐藏祭》一文。

1925年春，新儒家代表人物之一的熊十力應石瑛之邀，赴武昌大學任教。在漢期間，凡得秘笈必送徐行可鑒定考證。熊十力離開武昌後，兩人仍保持書信往來。方志學家王葆心歷任湖北國學館館長、武昌高等師範學校及武漢大學教授、湖北省通志館總纂，在主持編纂湖北和武漢地方文獻時多利用徐氏藏書。1932年，適逢武漢各界倡議修復黃鶴樓，共推王葆心撰寫《重修武昌黃鶴樓募資啓》，一時傳爲美談。該文的撰寫應參閱了徐氏所藏海内孤本明萬曆刻《黃鶴樓集》。1981年重修黃鶴樓時，也參照了《黃鶴樓集》，當時請顧廷龍先生做的版本鑒定。1992年《黃鶴樓集》由湖北人民出版社影印出版，趙樸初先生爲該書題寫了前言，其中有“此集與斯樓兩相輝映”之語。黃焯整理黃侃遺著《廣韵校録》，也是録自徐行可本。據黃焯《黃季剛先生遺著目録》載：“《廣韵箋識》，校語近十萬言，手校本不可得見。今從武昌徐孝宓處假得移録本，編爲《廣韵校録》。内分若干類，方待寫定。”[25] 張舜徽撰《清人文集別録》，也多利用徐氏藏書。另據徐氏後人回憶，程千帆早年求學武昌期間，曾經常上徐家讀書。

（二）江浙籍學者群體

徐行可的學者“朋友圈”中，江浙籍學者主要有餘杭章太炎、寧波陳漢章、吳縣王大隆（欣夫）、南潯周子美、會稽馬一浮、海寧陳乃乾、海鹽張元濟、無錫錢基博等。1935年9月，章太炎在蘇州創辦國學講習會。徐行可的摯友潘景鄭在章氏國學講習會主講目録學，并負責編輯《制言》。在此期間，徐行可曾應邀在章氏國學講習會授課，并在《制言》上發表詩文。徐氏藏黃侃評本《爾雅正名》，即由章太炎國學講習會校印，章氏親自爲之改名《爾雅正名評》，并題識："《爾雅正名評》，則徐行可所得者。其間精核之語不少。行可將舉以付刻，余先力登之《制言》。蓋所謂遺著者，今人亦不必遜於昔儒也。"[26]

一代鴻儒陳漢章，師從著名經學家俞樾。黃侃在南京中央大學時即拜陳漢章爲師，徐行可亦隨之拜漢章先生爲師。陳氏評價徐行可"絶無時流習氣，樸素真一學人"。他在《復張伯岸》一文中詳細介紹了與徐行可的交往，兹摘録於下：

（行可）與漢章遇於金陵，請受業爲弟子，出示孫氏星衍《春秋三傳》及張氏澍《三古人名考》，皆未刊手稿本，并贈元本《路史》一册。出拙稿《古姓氏人名韵編》，愛不釋手。其後再至南京，則章已離校返舍矣！即郵寄洋銀五十番，并宣紙四十張，囑覓書手鈔録拙稿副本。又示以《文廷式考》《黃帝伊尹》手稿二本。漢章爲作二跋，并返其銀、紙，以拙稿尚待增删，非定本也。去年請録拙著定海黃氏《禮書通故識語》副本以去。今年由上海過甬來舍，遍觀舊稿，手録書名。見漢章《讀禮通考後案》十卷稿，囑即付印行世，不可再如季野先生成書未刊，爲人所篡也。嗣問漢章於同鄉交好中何人最爲好古敏學。章首舉大名以對，次則馮君孟顒。於是至甬訪馮，至滬謁臺端。可惜未與接洽，若一見必如故交。徐君尚有一著，於近來學校中教術多所針砭，歸咎於章太炎諸人，措詞甚峻，其識見加人一等也。又絶無時流習氣，樸素真一學人。今返漢口，寄贈書七包，内有景元槧《韓詩外傳》及富順簡氏棻所編《八代文萃》，皆人間罕見之本。又有洛陽新出土晋咸寧二年《辟雍碑》及碑陰拓本兩大張。以近來刻成拙稿，分贈其知交江都秦曼卿、霸縣高閬仙、北平余季豫、吳檢齋，武昌熊固之。[27]

陳文透露的信息很多。徐行可不僅多次贈書於陳漢章，還於1934年不遠千里從武漢乘船經上海、寧波至象山，問學於陳氏，并手錄陳著《禮書通故識語》副本，囑漢章付印《讀禮通考後案》。這説明徐行可非常注重保存當代人的學術著作。文中還涉及對時人學術的評價，提及徐行可的知交秦更年、高步瀛、余嘉錫、吳檢齋、熊會貞等人。《陳漢章全集》保留了陳氏寫給徐行可的三封信，并有《贈武昌徐行可君》詩一首。徐行可愛重陳漢章之德行學問，爲之補刻《綴學堂叢稿》數種。

　　文獻學家王大隆1934年任教於聖約翰大學期間，與友人趙詒琛、王保譓等輯印《甲戌叢編》，後每年一編，共編輯出版了八編，旨在傳布先賢未刊遺著，多采輯詁經訂史、小學金石、目錄掌故、藝術説部之作。在此期間，徐行可出借稿本、抄本，并出資襄助輯印乙亥、丙子、丁丑《叢編》。據《王欣夫先生編年事輯稿》載，1935年12月，徐行可從漢口給王大隆寄來《輿地廣記》，“蓋知先生素留心黄、顧校本”；1936年冬，“先生借吳檢齋校本《尚書孔傳參正》臨之，復從徐行可借黄季剛、陳季皋（尊默）本，分以朱筆、綠筆録之”[28]。徐行可與周子美相識於嘉業堂，因共同精好版本目錄學而成爲朋友。徐氏在1936年第8期《制言》發表《贈周子美》詩，其中有“我今友周子，枯鮒涸以水”句，表達了兩人的友情。

　　另一位新儒家代表人物馬一浮精於書法，曾應徐氏之請，在明嘉靖七年（1528）王陽明手書《行書咏良知四絶示馮子仁卷》上題七絶一首，今藏湖北省博物館。另爲徐氏藏《查東山畫册》題詩一首，今《馬一浮集》有收録[29]。徐行可平時注意收藏馬一浮的詩文，如徐行可寫給陳乃乾的一封信中提及：“春杪友人自杭來者，鈔示馬一浮先生生日詩，詞意僭痛。昨理故牘，乃復見之。”抗戰勝利後，馬一浮見徐氏藏書安然無恙，特意爲之書寫“徐氏貞勝書宬”條幅。徐行可將“貞勝書宬”作爲藏書樓名，認爲它既志其絶處逢生，又彰其愛國赤忱。馬一浮後又爲徐氏書寫條幅“中國之人世守之”，是對徐氏藏書精神的進一步褒揚。20世紀50年代，馬一浮仍多次爲徐氏書畫藏品題寫詩文跋記。

　　陳乃乾是清代藏書家陳鱣的後代，著名版本目録學家，先後在上海進步書店、大東書局、開明書店擔任編輯，兼任持志大學、國民大學教授，曾助徐乃昌纂修《南陵縣志》，助鄭振鐸搶救珍本古籍《脉望館抄校本古今雜劇》。今幸存徐行可寫給陳乃乾的十八通信札。據馬志立考證，信的寫作時間大約在1928—1937年。從内容看，都與書有關。如1928年10月27日，徐行可寫道：“前蒙許賜《（周秦）諸子校注》，以裝訂未完，未付郵簡。十書中恕所無者惟《管子識誤》《吕覽正誤》二書，如蒙寄惠，無任感謝。”1929年4月，“中國學會”決定在上海設立出版部，由陳乃乾擔任出版部主任，負責影印稀見珍貴古籍及會員著作，徐行可遂多次向陳氏求購書籍。如1929年5月之後的一封信寫道：“貴會前印錢十蘭《十經文字通正》書，恕前書定購三部，今更添買一部，近想已印就，乞寄四部來。先生與徐積餘先生稔熟，積老有迻書錢警石先生《兩漢書斠記》，能供印否？如貴會中人以是書爲可付印，恕當附入銀餉餅，作印資。貴會經售書目已印好未？此間有人擬印楚學社刻孫仲容《周禮正義》，不知可成否？以校者恐不得人也。”[30]

　　如前所述，徐行可與張元濟的交往始於20世紀20年代初，兩人友誼保持了30餘年。巧合的是，他們同於1959年去世。《張元濟全集》第三卷收録了張元濟寫給徐行可的14封信，記録了兩人交往的點滴，如徐行可曾寄給張元濟《歸田類稿》周氏刊本，此前張元濟從未見過，涵芬樓也無收藏；徐行可得清人魏耕《今詩粹》七册，但衹存前十二卷，於是托張元濟讓商務印書館補齊殘卷。值得一提的是，徐行可爲張元濟影印《四部叢刊》提供過底本。張氏擬將其海鹽同鄉彭孫貽的《茗齋集》收入《四部叢刊續編》中，但尋訪十多年未得，“武昌徐行可友余有年，喜蓄書，聞余欲輯先生詩，乃以其手稿十二巨册至，則正余族祖所欲借抄而不得者”[31]。今《四部叢刊》中《容齋隨筆》之《隨筆》《續筆》殘宋本，《敬業堂集》之原刊本、《續編》中《茗齋集》之稿本，均係徐氏舊藏。

（三）安徽籍學者群體

徐行可學者"朋友圈"中，安徽籍學者主要有涇縣胡樸安、績溪胡適、太平蘇錫昌、歙縣吳檢齋等人。胡樸安（胡道静的伯父）是著名文字訓詁學家、南社詩人。據錢亞新回憶，胡氏曾給上海國民大學圖書館學系的同學講授校讎學。1929年初，徐行可加入由胡樸安、姚石子、陳乃乾等人在上海持志大學發起成立的以國學研究爲主的"中國學會"，初入會者包括知名學者及藏書家丁福保、于右任、王雲五、何炳松、周越然、姚石子、董康、柳詒徵、蔡元培、徐乃昌、葉恭綽、鄭振鐸、陳垣、陳乃乾、高步瀛、楊樹達等84人，其中不少是徐行可平時交往比較密切的朋友。"中國學會"在《時事新報》上闢有專欄"國學周刊"，作爲研究國學的園地，後來會員發展到261人，圖書館學界的劉國鈞、趙萬里、蔣復璁等人也在其中。徐行可因藏書也與胡樸安有往來，如他在1927年給陳乃乾的一封信中寫道："寄上《榕園詞韵》《文選通假字會》各四册，聊答雅意，乞哂存。别附《文選字會》一部，乞代轉口樸安先生。"[30]

胡適後半生致力於研究《水經注》，主要通過校勘法來證明自己的觀點，因此成爲酈學史上搜集《水經注》版本最多的學者。1948年，胡適利用在武漢大學講學的機會，慕名打聽徐行可的情況。徐行可則把胡適當作貴賓迎請到自己家中，陪同他觀看了熊會貞《水經注疏》稿抄本。胡適後來評價熊氏，認爲他在《水經注疏》上的成就超過了其師楊守敬，但又在《水經注研究史料》中說："熊會貞晚年始知道整理《水經注》必須搜集《水經注》的古寫本及古刻本來做校勘。這是他的老師楊守敬没有教他的校勘方法。指示他的人大概是他的朋友黄陂徐恕，字行可。"[32]

蘇錫昌，字繼巇，安徽太平（今黄山市）人，喜藏書，曾任吳淞中國公學教授，後入商務印書館，歷任編輯、編審、《東方雜志》主編。1928年11月徐行可在南京逗留，期間結識蘇錫昌，并參觀了蘇氏藏書，此據徐行可1929年5月29日寫給陳乃乾的信："蘇君繼巇在京，去年方獲奉口見所藏何屺瞻評《兩漢文鑒》。翁正三（方綱）有跋尾，不審能相分否？"[30]歙縣吳檢齋（名承仕，以字行）與黃侃一樣，也是章太炎的弟子，古文字學家，歷任中國大學國學系主任、北平師範大學中文系主任、東北大學教授、國民大學教授，并創辦《文史》雜志。前文陳漢章《復張伯岸》信中提及，徐行可刻成陳著後，分贈的好友當中就有吳檢齋。

（四）其他學者群體

以上依籍貫劃分學者群體，衹是爲了行文的方便。實際上，徐行可的"朋友圈"是以他游歷的城鎮爲中心輻射開去的。這些城鎮主要包括武漢三鎮、南潯、蘇州、南京、北京、上海等。徐氏"朋友圈"中，有的學者雖未列入以上三個群體，但其任職地都在上述城鎮或周邊地區，如巴縣向宗魯、泉州蔡尚思、霸縣高步瀛、北平梁漱溟、新會陳垣、重慶楊明照等人。

校讎學家向宗魯是四川巴縣人。據《向宗魯先生學術年表》載，向氏1922年應聘在漢口教私塾，期間"與武昌徐行可（恕）、蘄春黃季剛（侃）交"[33]，得閱徐氏藏書，所著《文選校記》，用的就是徐行可所藏楊守敬從日本得來的珍貴的無注印本。徐行可還爲向氏代購圖書，如他在1929年3月29日給陳乃乾的信中寫道："近承惠示《文淵樓叢書》樣本，恕與友人向君宗魯，均乞代購一部，屬文瑞主人勿襯紙裝正廿餘冊。"[30]張舜徽對向宗魯學問的瞭解，也是從徐行可處獲得的："閱近人向宗魯所著《校讎學》，誠不失爲學有根柢之人。余雖未從奉手，而於武昌徐行可先生處聆悉其學行甚備，故亟求得其書覽之。"[34]近現代思想史學家蔡尚思1931年9月至1934年8月在武昌華中大學（原文華大學）任國學教師期間，經常向文華公書林、湖北省立圖書館借書，"同時也向漢口藏書家徐恕借書來讀"。他在自傳中談到自己的成長經歷時說："青少年時期的永春鄭翹松（福建省立第十二中學校長）、武漢徐恕（行可）等藏書家都是我在這方面的恩人。"[35]

徐行可在輔仁大學和中國大學任教期間，結識了高步瀛、梁漱溟、陳垣等人。高步瀛著《唐宋文舉要》，與同輩友人多有交流，其中就汲取了不少徐行可的意見，如卷三對韓愈《曹成王碑》的考證，高氏曰："吾友徐行可曰：'施、顧二家注本《蘇詩》卷四十二《夢歸白鶴山居作》云，時節供丁推，注引宋敏求《春明退朝錄》云云。按坡公以推字入韻，吳正肅所見律文又與《後山叢談》所引唐令合，則呂縉叔疑推爲椎誤者，亦爲臆測。'" [36] 327 再如卷六對柳仲塗《應責》的考校，柳仲塗原文有"且吾今棲棲草野，位不及身，將以言化於人，胡從於吾乎？"句，高氏注曰："司馬子長《報任少卿書》曰：'僕誠以著此書，藏之名山，傳之其人，通邑大道。'《論語·憲問篇》：微生畝謂孔子曰：'何爲是棲棲者與？'《韓非·說難篇》曰：'則以爲草野而倨侮。'案集'棲'作'犧'，非是。今依《文鑒》。吾乎，集'乎'作'矣'，《文鑒》同，吾友徐行可據拜經樓所藏舊鈔本校作'乎'，今從之。" [36] 650 徐行可也多次請高步瀛在自己的藏品上題寫詩文跋記。

徐行可既富藏書，又精通考據和版本目錄之學，諳熟傳統國學研究之法，也深知圈内學者治學之所需。他通過抄錄副本、寄贈、求購、鬻售等方式，從治學的角度重點搜集和傳播明清的精刻精校本，近代甚至當代學者的稿本、抄本，很大程度上保障了圈内學者治學的文獻需求。當時海内學者鮮有不知徐氏藏書之精備者，都欲與之交往而觀其書。西至巴蜀，東及海濱，徐氏從無所拒。徐行可在與當代學者的交流中，對他們搜求文獻資料的困難感同身受，因此更加堅定了"書爲士所用"的藏書思想。同時，徐行可敏鋭地意識到，請這些名重一時的學者在自己的藏書上批校、題跋，既可以提升藏書的版本價值，也可爲民國學術史記錄和保存原始史料。

四、徐行可在圖書館界的 "朋友圈"

徐行可與一般固守圖書的舊式藏書家不同，他關注文獻的出版、保存、流通與利用的每個環節。在上述"朋友圈"中，有好幾位就是編輯出身，如孫毓修、陳乃乾、張元濟、蘇錫昌等。徐氏與他們交往，一個重要目的就是獲取圖書出版信息。他自己也親身參與出版實踐，刻印過黃侃、陳漢章、王大隆等人的學術著作。同樣因爲藏書的關係，徐行可與圖書館界學人宜昌沈祖榮、宜賓毛坤、江夏桂質柏、吳縣潘承弼、海寧張宗祥、湖州徐森玉、樂山賀昌群、湘潭方壯猷（曾任中南圖書館館長）等也保持了較爲密切的關係。

徐行可與圖書館界的交集始於武昌文華公書林和文華圖書科。據1926至1928年在文華圖書科學習的錢亞新回憶，徐行可先生是1927年秋季入校授課的："由於教師的關係，功課門數少了一些，但新增了幾種。强調理論聯繫實踐，實習的時間多了。有一位助教專門負責我們的實習。爲了防止過於偏重外文，特請徐行可先生開了版本學。此門課開頭我没有興趣。有一次我們到徐先生家裏參觀他的藏書，使我懂得了百聽不如一見，什麽宋、元、明、清的版本啦，什麽行格、字體、紙張、書口啦，真是大開眼界。從此這門課就吸引住我了。"[37] 1931年9月，徐行可應沈祖榮之邀，爲《文華圖書館學專科學校季刊》寫了一篇專論收藏書籍之方法的徵文。編者按云："先生致書沈校長，心懷謙讓，不願輕以撰述自見。然其書明理述事，勝空文泛論，不啻千若萬倍。"[38] 徐行可與毛坤相交，并經毛氏的引薦結識了余嘉錫，隨後北上輔仁大學，因此在文華圖專執教的時間并不長。1932年"一·二八"事變爆發時，徐行可正在滬上訪書，因交通阻塞不能返回北平，遂致電校方辭去教職。即使離開了文華圖專，徐行可在漢期間仍經常參加文華圖專的活動，如1934年文華圖專舉辦第七次群育討論會，請徐行可做題爲"四庫提要類目"的演講，"是日先生冒雨惠臨，并携珍本多册，俾各觀摩欣賞。其間以清初經學大師戴東原氏繕稿、暨校書家顧千里手跋等篇，尤爲珍異。"[39] 徐家後來經常接待文華圖專的師生上門讀書和實習，儼然成爲一所私人圖書館。

1937年上海淪陷，江南一帶私家藏書大量散出，爲吸納和保存流失的古籍，葉景葵、張元濟、陳陶遺三人發起成立合衆圖書館（1953年改名爲上海歷史文獻圖書館，後并入上海圖書館），由顧廷龍主持，潘景鄭、朱子毅參與其事。早在1935年於蘇州參與章氏國學講習會期間，徐行可就與潘景鄭訂交，此後一直音訊不斷。潘景鄭在合衆圖書館主要負責古籍校訂和編目工作，期間也利用過徐氏藏書，如校洪适《隸續》時，"徐行可先生郵假所藏《隸續》校本二冊，爲上元劉杶盦手臨各家校語於曹楝亭本上。各家者何？爲何義門、李南澗、江秋史、孔荭谷諸先生，并杶盦自校之語。行可先生補錄顧千里先生校語於其上，朱墨燦然，爲其精本，固無待言……繼是而爲勘誤之役，則此本猶其嚆矢也。行可先生一瓻之惠，誠如百朋之錫矣。"[40]114 又如整理董氏取斯堂刻本《金薤琳琅》時，"許校爲徐行可先生家藏秘帙，慨然惠假迻錄，予手臨於學古齋本上，添改塗乙，不下數百事。惜不獲丁氏所藏葉、馮二家合校互勘之，以成完書。余別有乾隆重刻一本，某君以明鈔勘補八九字。以視此本，奚翅天壤。兹於別紙迻寫，以附許校之後，并呈行可先生，幸無以續貂見譏焉。"[40]148

著名學者和書法家張宗祥在1919年1月由魯迅推薦任京師圖書館主任（即館長），負責整理故宮轉移來的古籍，新中國成立後歷任浙江省圖書館館長、浙江省文史館館長、西泠印社社長等職。自1926年起，張宗祥開始抄蓄古書。1931年至1934年，他在漢口任平漢鐵路局秘書期間，"有了一個安定的環境，抄校之書日益宏富。且與書友徐行可（恕）時相往返，相聚甚樂。此時，從徐行可處借得一極可寶貴之書——《世説新語》影宋本影抄之。共抄成《合校世説新語》三卷，《譜》一卷，《考昇》一卷，《注引書目》一卷，《佚文》一卷。此外，這一時期還抄校了《釋氏要覽》二卷、《不得已》二卷、《丁卯集》二卷、《韻語陽秋》二十卷等"[41]。張宗祥《自定年譜》亦載："（1932年）時漢上書友則有徐行可（恕），相聚頗樂。手抄之書亦日富。"[42] 據徐家後人回憶，有一次張宗祥乘火車南下廣東途經武漢，專門下車至徐家叙舊，可見兩人交誼之深。

文物鑒定專家徐森玉繼李大釗之後任北京大學圖書館館長，後又擔任故宮博物院院長，新中國成立後歷任上海博物館館長、全國第二中心圖書館館長。抗戰初期，他主持故宮文物南運工作。抗戰期間，又與張元濟、鄭振鐸、張壽鏞、何炳松等人組成文獻保存同志會，設法尋訪、購置散落於淪陷區的珍籍善本。徐行可與徐森玉在藏書方面多有交流，如他在《與潘景鄭論學書》

中記："又聞錢小廬氏《十三經斷句説》稿本，已爲日本東方文化學院於北平買去。恕曾托友人徐君森玉假鈔彼院所獲張月齋氏《延昌地形志》殘本，用銀帖七十版。"[43]

史學家賀昌群於1922年考入商務印書館編譯所，1932年在國立北平圖書館工作，擔任編纂委員，同時爲國立北平圖書館編輯《圖書季刊》和《大公報·圖書副刊》，新中國成立後歷任南京圖書館館長、中科院圖書館副館長等職。1954年，在"向科學大進軍"的時代背景下，時任中科院圖書館副館長的賀昌群通過與徐行可的私人關係，購進了楊守敬、熊會貞合撰的《水經注疏》稿抄本。他在1957年影印本《前言》記曰："徐氏説，抗戰期間，武漢淪陷時，日人多方搜求此稿，向徐氏加以壓力，他百計回避，保全了此稿未落於日人之手。言下感慨係之，不禁泫然。"[44]

徐行可在與圖書館界學人的交往中，見證了以沈祖榮爲代表的圖書館學人發起的以徹底打破私人藏書樓桎梏、建設公共圖書館事業爲宗旨的"新圖書館運動"，目睹了武漢街頭服務市民的文華圖專"巡回文庫"，也爲合衆圖書館、文獻保存同志會等文獻機構在國家危亡之際搶救、保護民族文獻和珍貴古籍的精神所激勵和感染。這使他對於圖書館這一文化機關的職責和使命有了深切的體悟，也對他"不爲一家之蓄，俟諸三代之英""國衰藏於家，國盛藏於國"等藏書思想的形成起到了促進作用。

五、結語

本文對徐行可"朋友圈"的考察共涉及90人，主要分布在湖北、湖南、浙江、江蘇、安徽、上海、北京等地，行業主要分布在藏書界、學術界和圖書館界（不少人物存在跨界的情況）。爲了直觀地揭示他們之間的社會關係，筆者用社交網絡分析軟件Gephi將徐行可的"朋友圈"繪製成圖（見下圖）。

徐行可是民國藏書家群體中一位頗具代表性的人物。他學無常師，聚書自學，終有所成，在社會固有的教育體制之外，尋得了一條自學成才的道路；他來自傳統藏書樓，但又不囿於私藏獨守，能與志同道合的學者共用自己的藏書；他是舊式學者，但思想開通，自覺接受新式圖書館思想，以開放的姿態流通自己的藏書，最終化私爲公。在他的身邊，因抄書、借書、鬻書、藏書、讀書、校書、編書、刻書、論書而聚集了民國時期最優秀的一批學者。他們之間圍繞古籍的互動，形成了古籍收藏、整理、出版與利用的良好學術氛圍。徐行可的人生經歷可看作民國藏書家群體畫像的一個縮影，而徐先生及與其交往的學者群體，則可視爲民國學術生態的一部分。隨着時代的變遷，他們的身影雖漸行漸遠，但他們留給世人的人生經驗和學術遺產，永遠值得後人去珍惜和回味。

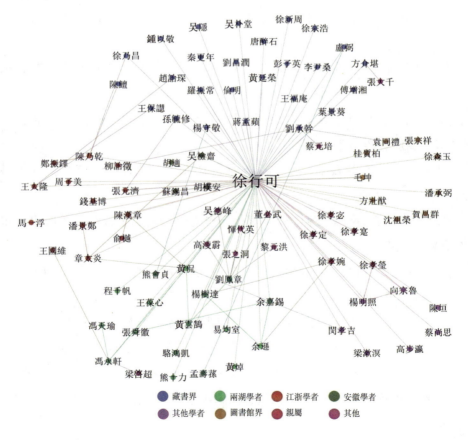

徐行可的"朋友圈"

致謝：本文爲紀念徐行可先生捐贈古籍文物六十周年而寫，期間與徐行可先生的孫女、湖北省圖書館原副館長徐力文女士進行了電話訪談；論文初稿完成後，復旦大學吳格教授給予了寶貴的修改意見。在此一并致以真摯的謝意！

【參考文獻】

［1］倫明：《辛亥以來藏書紀事詩》，上海：上海古籍出版社，1999年，第115頁。

［2］徐孝宓：《武昌徐氏藏書及其特點》，湖北省文史研究館：《楚天筆薈》，上海：上海書店出版社，1993年，第86—88頁。

［3］徐力文：《追憶與思念——記一家三代與湖北省圖書館的情緣》，《圖書館論壇》2010年第1期。

［4］（日）石井敦編、施金炎譯：《日本公共圖書館大事年表》，《圖書館》1990年第1期。

［5］舒懷：《文獻學家、藏書家徐行可先生學術思想管窺》，《圖書情報論壇》2012年第3期。

［6］徐恕：《徐行可教授與沈紹期校長論收藏書籍書》，《文華圖書科季刊》1931年第3期。

［7］童恩翼：《徐行可學行述略》，《圖書情報論壇》2010年第4期。

［8］徐力田：《徐氏收藏記事》，《圖書情報論壇》2006年第4期。

［9］黃侃：《黃侃日記》，南京：江蘇教育出版社，2001年，第126頁。

［10］馬驥：《宗舜年、徐乃昌、徐恕致孫毓修信札》，《歷史文獻》2014第18輯。

〔11〕周子美著、徐德明整理：《周子美學述》，杭州：浙江人民出版社，1999年，第18頁。

〔12〕皮明庥：《〈湖北舊聞録〉跋》，《江漢論壇》1989年第11期。

〔13〕葉景葵著、柳和城整理：《卷盦藏書記》，《歷史文獻》2013年第17輯。

〔14〕王謇著、李希泌點注：《續補藏書紀事詩》，北京：書目文獻出版社，1987年，第44頁。

〔15〕倫明：《倫明全集》，廣州：廣東人民出版社，2017年，第86頁。

〔16〕徐宗浩：《石雪齋詩稿》，天津：天津古籍出版社，2017年，第12頁。

〔17〕武漢市文史研究館：《江漢采風》，上海：書店出版社，1994年，第108頁。

〔18〕徐力文、柳巍、李露：《烽火連天家國難，丹心一片護文脉——抗戰時期徐行可先生在武漢搶救保護古籍事迹》，《圖書情報論壇》2015年第5期。

〔19〕徐孝定：《大藏書家徐行可事略》，《武漢文史資料》1994年第2期。

〔20〕沈必晟、熊仁强：《王福庵早年漢上緣——兼及王福庵早年的十六枚印章》，《書法研究》，2020年第2期。

〔21〕張舜徽：《學林脞録》，天津：南開大學出版社，2018年，第69頁。

〔22〕黃季剛：《黃季剛詩文鈔》，武漢：湖北人民出版社，1985年，第76頁。

〔23〕葉賢恩：《愛國學者、著名藏書家——徐行可》，杜建國主編：《不爲一家之蓄，俟諸三代之英——徐可行先生捐贈古籍文物50周年紀念集》，武漢：武漢出版社，2010年，第9頁。

〔24〕馮天瑜：《馮氏藏札》，長春：長春出版社，2017年，第389頁。

〔25〕程千帆、唐文：《量守廬學記：黃侃的生平和學術》，北京：三聯書店，2006年，第181頁。

［26］徐魯：《"書非貨財，自當化私爲公"——記近代藏書家徐恕》，《中華讀書報》2014年2月19日第14版。

［27］陳漢章：《陳漢章全集》（第19册），杭州：浙江古籍出版社，2014年，第660—661頁。

［28］李軍：《王欣夫先生編年事輯稿》，《版本目録學研究》2013年第4輯。

［29］馬一浮：《馬一浮集》（第3册），杭州：浙江教育出版社，1996年，第583頁。

［30］虞坤林：《徐恕致陳乃乾信札十八通》，《文獻》2007年第3期。

［31］張元濟：《張元濟全集》（第9卷），北京：商務印書館，2010年，第241頁。

［32］鄭德坤：《水經注研究史料彙編》（下），臺北：藝文印書館，1984年，第286頁。

［33］向宗魯：《校讎學》，北京：商務印書館，2017年，第170頁。

［34］張舜徽：《張舜徽壯議軒日記》，北京：國家圖書館出版社，2010年，第667頁。

［35］蔡尚思著、傅德華編：《蔡尚思全集》，上海：上海古籍出版社，2015年，第147頁。

［36］高步瀛：《唐宋文舉要》，上海：上海古籍出版社，1982年，第327頁。

［37］錢亞新：《我的回憶録》（3），《圖書館》1989年第5期。

［38］徐恕：《與沈紹期校長論收藏書籍書》，《文華圖書館學專科學校季刊》1931年第3期。

［39］《校聞一組》，《文華圖書館學專科學校季刊》1934年第2期。

［40］潘景鄭：《著硯樓書跋》，上海：上海古籍出版社，2006年，第114頁。

［41］鄭闖輝：《張宗祥鐵如意館》，天一閣博物館編：《天一閣文叢》

（第8輯），杭州：浙江古籍出版社，2010年，第165—170頁。

［42］張宗祥：《自定年譜》，《散文》雜志社：《散文2004精選集》，天津：百花文藝出版社，2005年，第172頁。

［43］徐恕：《與潘景鄭論學書》，《制言》1937年第45期。

［44］楊守敬、熊會貞：《水經注疏·前言》，北京：科學出版社，1957年。

家國與絕學：近代教育改革背景下
湖北"怡古人群"的養成之路

——以黃侃、熊十力和徐行可爲中心

周榮（武漢大學）

　　19世紀末、20世紀初中國社會變遷的一個重要特徵，是政治運動高漲和中西文化碰撞。生逢這個時代的青少年趕上了中國教育改革的起步，舊式教育和新式教育混雜於他們求學的不同階段，深刻影響着他們的前途與命運。在總體趨勢上，自然科學和實用知識成爲新教育的重點，新式學堂培養出來的人才成爲各行各業的翹楚。與此同時，也有一些精英分子轉而好古，深得傳統文化的精髓，在文字音韻、心性唯識和古籍版本等領域取得了矚目的成就，以今天的眼光看，他們對中國傳統文化起到了保護與傳播的作用。這種新舊交織的特點在率先進行教育改革的湖北地區表現得尤爲明顯，20世紀之交湖北成長起來的一批青年，經辛亥首義洗禮後，慢慢從時代的潮頭退出，轉向傳統和內在，他們同氣相求，彼此時有聯繫和切磋，形成一個鬆散的群體，這一人群對古籍和傳統文化有着深厚的感情，古籍往往成爲連結他們的紐帶。他們中有些成員曾被目爲"國粹派"，其實與"國粹派"等有較大的區別，不妨稱之爲"怡古人群"。這一人群在以往政治叙事的研究模式中常常被歸於"保守"的行列。本文力圖擺脫傳統革命史、政治史的模式，而從社會生活的邏輯出發，選取黃侃、熊十力和徐行可三位代表人物，結合各自的家庭背景和教育成長經歷，探討他們如何在社會變革和自强求新的時代背景下走上好古、學古、傳古之路的，借此觀察和理解近代社會變遷的多面相。

一、出生和長養：來自三類家庭的三位失怙天才少年

中國傳統社會素以士、農、工、商區分四民，黃侃、熊十力、徐行可即分別出生於上述不同階層的家庭。

黃侃的父親黃雲鵠爲咸豐三年（1853）進士，同治八年（1869）由兵部主事出任雅州知府，後長期在四川爲官，歷任成都知府、永寧道、建昌兵備道、四川鹽茶道等職，致仕後講學於南京和湖北。清光緒十二年（1886）黃侃出生於成都，其時，黃雲鵠已69歲，黃侃生母周氏爲黃雲鵠在成都所娶之側室。六歲之前，黃侃隨父母住在成都，黃雲鵠本爲經學家且博學多才，他給了黃侃極好的啓蒙教育。據章太炎在《蘄黃母銘》中轉述黃侃的回憶：“遭亂世，六藝放絕，而侃數道《毛詩傳》《説文解字》，自言受父永寧道黃君，爲兒時書笘誦之，以更《千字文》云。”① 光緒十五年（1889）黃侃虛齡四歲時，江瀚曾寄居其家②，黃雲鵠讓黃侃從其學《論語》，“每次纔四五句，方一上口，即能背誦”③。次年，黃侃在隨父親游武侯祠時，他的天賦又一次得到展現，據《黃季剛先生年譜》所述：“先生早慧，一日隨翔雲公詣武侯祠，祠壁懸楹聯甚多，先生咸默識之。歸後，公問能憶及一二否，先生即朗聲背誦，公甚异之。”④ 光緒十七年（1891），黃雲鵠致仕，黃侃遂隨父母回老家蘄

① 章太炎：《蘄黃母銘》，《太炎文録初編》，上海：上海人民出版社，2014年，第239頁。
② 據黃焯先生所編《黃季剛先生年譜》：“江先生之父與翔雲公（黃雲鵠字翔雲，本文作者注）有舊，時在蜀中候補，病將殁，以瀚托公，故嘗居公家。”載《黃侃日記》，南京：江蘇教育出版社，2001年，第1093頁。
③ 司馬朝軍、王文暉：《黃侃年譜》，武漢：湖北人民出版社，第27頁。
④ 黃焯：《黃季剛先生年譜》，《黃侃日記》，南京：江蘇教育出版社，2001年，第1093—1094頁。

春居住。黃雲鵠爲官清廉，家無餘財，爲家計又赴江寧尊經書院任教職。黃侃則留在家中，延師授讀。據黃侃幼子黃念平轉述長輩的回憶："父親七歲時，祖母因家用告罄，叫父親寫信給在江寧尊經書院任山長的祖父要錢，父親寫了信并在信末付了一首即興詩：'父作鹽梅令，家存淡泊風。調合天下計，杼軸任其空。'祖父接到信時，山西卸任藩臺王鼎臣恰也在座。他看了信和詩大爲稱贊，當場便與祖父結爲兒女親家，定下了她女兒和我的父親的終身大事。"①幼年黃侃天賦异稟，又得到父親的庇護和指點，一時有"聖童"之譽，但黃父仍時時告誡他惜時勤學。據《黃季剛先生年譜》，"翔雲公曾以書諭之，曰'爾負聖童之譽，須時時策勵自己，古人愛惜分陰，勿謂年少，轉瞬即壯老矣'②。

　　光緒二十四年（1898）黃雲鵠病逝，是年黃侃虛齡十三歲。自此，這位"聖童"開始了一段艱難困苦的讀書生涯。章太炎在爲黃侃母子所撰銘文中，都提及此段經歷，"季剛生十三而孤，蘄春俗輕庶孽，幾不逮學，故少時讀書艱苦③；"侃十三歲孤，諸昆繼殁，蘄俗輕庶孽，母一意教侃，忍詬不校。群從或邑侃令旨就學，母鬻田給侃事師之費，養師必有酒肉，自啖糯飯醬豉耳矣。侃就師夜誦，學塾在大門外，同室者常閉距侃，母持焌火待塾外，將侃道後山叢薄間，自後户入。比卧，常以夜半"④。可以想見，父母的重教、世俗的歧視、早年讀書生活的艱辛，這些因素給少年黃侃的心靈烙下了深深的印記，也在一定程度上影響到其成年後的成就和處事的心理狀態。20世紀80年代，黃侃幼子黃念平到蘄春老家參觀父親少年讀書的書房時，發出這樣一段感慨：

---

① 湖北省人民政府文史研究館編：《黃季剛先生逝世五十周年誕生一百周年紀念集》，内部資料，1985年，第157頁。
② 黃焯：《黃季剛先生年譜》，《黃侃日記》，第1095頁。
③ 章太炎：《黃季剛墓志銘》，《制言》第五期，1935年。
④ 章太炎：《蘄黃母銘》，《太炎文錄初編》，上海：上海人民出版社，2014年，第239頁。

我看着這間本應是柴房之類的房間，斑駁的土牆、凹凸不平的黄土地面、一口一尺五寸見方的窗洞。我站在這陰暗的房裏不由得沉思……難道父親真的在這樣的房間讀書？爲什麽二品高官的貴公子竟是在這樣的房裏讀書？……我仿佛看見灰土剝落的牆上映着紡車摇轉的影子伴着一個少年伏案苦讀的身影，……我漸漸感到，也許正是在這黑暗的柴房，父親纔成就了學問。也許正是在這黑暗的柴房，父親與封建禮教開始了決裂！後來成爲反封建的鬥士，成爲民主革命的先驅。①

熊十力，光緒十一年（1885）出生於黄岡縣（今團風縣）上巴河鎮熊坳張家灣一個普通農民家庭，他比黄侃早一年出生，却没有黄侃那樣顯赫的家庭背景。好在他的父親是一位塾師，教會他基礎的讀書識字。“他的正規學習，祇是跟着塾師吳某讀了幾個月書”，他的童年和少年基本在爲人放牛和在田地中幹農活。不過，熊十力與黄侃一樣，有着極强的求知欲和超群的智力。據稱，“他記憶力極强，一天之内就能背誦《三字經》”。熊十力在十二歲時也因父親的病逝而成爲孤兒，他父親在臨死前曾勸熊十力去學裁縫，以備將來謀生。而“熊十力對父親發誓一定要排除萬難繼續讀書。他的哥哥熊中孚上學到十五歲，下地幹活時常帶着書閲讀。熊十力就仿效他哥哥的樣子。……他從鄰縣的舉人那裏借了一些有關科學和時務的書來讀。他還讀了一些當時維新派的文章和條陳以及王夫之、顧炎武的著作，這些人的愛國精神使他們的著作在清朝倒臺前一二十年中流傳甚廣”②。可見，熊十力的成才主要依靠自學。

徐行可的出生比黄侃和熊十力晚四五年，他於光緒十六年（1890）出生於武昌一個富庶的商人家庭，其父字惠卿。據目前所見的傳記和徐氏後人回

---

① 湖北省人民政府文史研究館編：《黄季剛先生逝世五十周年誕生一百周年紀念集》，第155—156頁。

② （美）包華德主編，沈自敏譯：《中華民國史資料叢稿・譯稿》第9輯，《民國名人傳記辭典》第5分册，北京：中華書局，1980年，第110頁。

憶，徐行可名恕，以字行，他祖籍黃陂，家族長期在武漢經商，在武昌和漢口的鬧市區均置有產業。徐行可的幼年經歷，後人整理的資料基本語焉不詳，現存文獻唯黃侃爲徐母所作獻壽文中有所記述。據此文可知，徐行可也是一位在十二歲時就罹父喪的孤兒，"而教養以至成立者，實繼母魏太夫人之力"。其情形："太夫人孝感魏氏，世爲冠族，令譽遠章。年二十一，來歸我惠卿先生爲繼妻。其時君舅星五先生尚存，家產鼎盛。太夫人恪修婦職，禮無違者。……即而惠卿先生以劬勞早歿，星五先生尋以壽終。行可年方十二，下惟一弟，太夫人撫此二孤，獨支門户，其爲勞苦，豈可勝言。"① 黃侃寫作此文時，聯想到自己的身世，非常動情。徐氏的"家產鼎盛"及徐行可的早年教育實賴其繼母魏氏的努力，被黃侃嘆爲"而亦衰俗所稀有已"！倫明《辛亥以來藏書紀事詩》言徐行可"家有餘財志不紛"②，稱贊他没有因爲家境殷實而玩物喪志，足見其繼母和家族非常重視對他的教育。據相關回憶録，他早年的學習主要是受黃陂籍的耆宿劉鳳章的指導。劉鳳章（1859—1935）字文卿，晚號耘心、岱樵，曾受業於黃侃之父黃雲鵠，後應鄉試，中舉人。隨後協助湖廣總督張之洞等辦學，先後執教於兩湖書院、經心書院、文普通學堂、方言學堂。曾赴日本考察，主持選拔武漢地區生員赴日留學，一生以湖北地方教育事業和鑽研經史典籍爲己任③。因名師的指點，徐行可的啓蒙與黃侃一樣不凡。以往關於徐行可的研究很少言及徐行可的早年教育，言及他和劉鳳章的關係時均一筆帶過。其實，劉鳳章當是對徐行可影響極深的一位長輩，他不僅幫助徐行可打下了深厚的國學功底，徐行可日後酷愛藏書、與黃侃的交往以及赴日留學等經歷與劉鳳章也應有莫大的關係（關於劉鳳章和徐行可的關係待掌握更多資料後再專文另稟）。

---

① 黃侃：《徐母魏太夫人六十生日獻壽文》，《黃季剛詩文集》下册，北京：中華書局，2016年，第593—594頁。
② 《倫明全集》第1册，廣州：廣東人民出版社，2017年，第143頁。
③ 參見顧明遠總主編《中國教育大系·歷代教育名人志》，武漢：湖北教育出版社，2015年，第493頁。

二、求學、出洋和革命：上下求索的青年時代

　　黄侃、熊十力和徐行可雖然家庭背景相差很大，但他們同屬於出生於19世紀80年代末至90年代初的一代人，在他們從少年轉向青年，求知、求學和人生發展的關鍵時期，恰逢新式學堂快速發展的時期，另一方面中國傳統的教育方式并没有退出歷史舞臺。與此同時，與甲午戰爭、戊戌變法、清末新政和辛亥革命等重大歷史事情相伴，中國社會在政治、經濟、軍事、科技等領域也正經歷着新舊交替的劇變。共同的時代背景，使得這三位來自不同社會階層的少年都經歷了一個在時代洪流中上下求索的“青春期”，并且在求學、參加社會活動和參與社會變革等方面表現出相似的思想傾向和异中有同的人生發展軌迹。

　　黄侃作爲没落官宦人家的子弟，在母親的鞭策和鼓勵下，按照傳統社會最正統的道路規劃和推進人生。光緒二十七年（1901）他參加科舉考試，順利中秀才，一洗之前被人輕賤的耻辱。他自己曾説：“得一秀才，原不足重，祗此後不再爲鄉人所輕耳。”[①]次年他來到省城武昌，并於光緒二十九年（1903）考入文普通學堂，得張之洞指點治學門徑[②]。自此，他的生活重心轉向省城，視野也日益開闊。因時局的激發，黄侃成爲激進學生的一員，積極從事顛覆滿清統治的活動，因此被學校除名。據其年譜：“自甲午（1894）敗於日本、庚子（1900）八國聯軍陷北京，國勢益以危弱，嘗感憤激，又少讀船山遺書，懍然於《春秋》賤夷狄之義……由是排滿之念以起。適鄉人田梓桐與同學，日相與密謀覆清之事。”[③]張之洞念及與黄父的交情，對黄侃帶頭鬧學潮的事未予深究，且給予他官派留學生的名額，送他去日本早稻田大學

---

① 黄焯：《黄季剛先生年譜》，《黄侃日記》，第1097頁。
② 司馬朝軍、王文暉：《黄侃年譜》，第34頁。
③ 黄焯：《黄季剛先生年譜》，《黄侃日記》，第1097—1098頁。

學習。未料，黃侃到日本後恰逢同盟會成立，他又加入了同盟會。在日本他還遇到了學術上的導師——章太炎。從此他開始了一邊謀求革命，一邊探究學問的人生歷程。這一時期，因與章太炎、汪東、劉師培、錢玄同等師友的相互砥礪，黃侃在學術上有長足的進步。但總體而言，他仍是一名十分激進的革命者。從光緒三十三年（1907）至辛亥革命前後，他以筆名撰寫了一系列反滿排滿和宣傳革命的文章。主要有：《專一之驅滿主義》（1907年撰；原載於《民報》第十七號，筆名運甓）；《哀平民》（1907年撰，原載於《民報》第十七號，筆名運甓）；《討滿洲檄》（1907年撰，原載於《民報》增刊《天討》）；《釋俠》（1907年撰，原載於《民報》第十八號，筆名運甓）；《論立憲黨人與中國國民道德前途之關係》（1907年撰，原載於《民報》第十八號，筆名不佞）；《哀太平天國》（1907年撰，原載於《民報》第十八號，筆名信川）；《劉烈士道一像贊》（1908年撰，原載於《民報》第二十號）；《大亂者救中國之妙藥也》（1911年撰，刊於《大江報》1911年7月26日）。更爲可貴的是，他還親身爲革命事業奔走，幾度因遭通緝而流亡。在辛亥首義爆發的時刻，他還回鄉招集義軍，欲與清軍對抗。可能因爲黃侃早逝或學術上的聲名過大，黃侃青年時代的革命事迹并未引起人們關注。恰如其子黃念平的回憶所言："先父黃侃以中國'國學大師'之名聞世，而知其爲辛亥革命先驅者不多。"①

　　熊十力來自社會底層，親歷農村各種艱苦生活。在應該求學深造的年齡，他無緣科舉，未能考入新式學堂，更沒有機會留洋。但早年的教養和貧窮境遇使他養成了勤奮自學、不甘落後的習慣。清末的社會劇變在一定程度上爲他這樣能獨立思考的農家子弟提供了多元的發展機遇。光緒二十八年（1902），十八歲的熊十力也來到省城武昌，先是打工，後投武昌新軍第三十一標凱字營當兵。在軍營中，他白天操練，晚上讀書看報。并參加了劉靜庵、張難先等人組織的科學補習所，繼又考入湖北新軍特別小學堂。湖北

① 《蘄春文史資料》第4輯，1991年，第53頁。

新軍是清末革命思想的傳播基地，天性叛逆的熊十力在這樣的環境中，自然成長爲一名激進的革命青年。他不僅加入革命組織，還帶頭參加各項反清活動，“曾寫短文咒罵鄂軍統制張彪，……清光緒三十二年（1906），熊在武昌聯合軍學界有志之士，成立‘黃岡軍學界講習社’，又經何自新介紹加入日知會。熊所主持的黃岡軍學界講習社也隨之成爲日知會的周邊組織。是年秋，熊積極回應湖南萍醴暴動。事敗，張彪嚴令逮捕他，幸得藍天蔚暗中通訊，得以先期亡命於施南山中。黃岡軍學界講習社被張查封。事稍緩，熊回黃岡，在鄉間教書”①。

何自新、熊十力等人所組織的這些革命活動是湖北較早的軍運、學運活動。此後同盟會的核心成員多爲日知會成員。至宣統三年（1911）蔣翊武、劉復基等人纔成立文學社，成爲革命的領導機構。對此，熊十力的《心書》中亦有所追述：“日知會始名科學補習所，則發起於清光緒甲辰（1904）夏，至乙巳（1905）四月改組爲日知會，勢遂大，自是會員多有東渡或散布各省者。海外同盟會成於乙巳之秋，其中要人，多出日知會。如宋漁父，其最著也。當是時，日知會與同盟會內外策應。迄如丙午（1906），日知會破壞，而會員繼起，分設共進會、文學社，再接再勵，故辛亥武昌一呼，光復舊物，非偶然已。”②武昌首義爆發後，熊十力參加了光復黃岡的軍事行動，後至湖北軍政府擔任參謀，主要負責武昌日知會記錄所的編纂事務，對日知會同仁的事迹一一搜集記錄。民國成立之後，革命果實被袁世凱竊取，熊十力諸人被遣散。但熊十力革命熱情不減，他將三千元遣散費帶到在江西德安縣開荒的長兄處，“全部贈給其長兄，兄將此款購買房屋田地，……他自己則到廣州參加孫中山所主持的護法運動并佐其幕，繼續革命”③。

---

① 《黃岡文史資料》第九輯，政協黃岡市文史資料委員會，2006年，第185頁。

② 熊十力：《日知會王劉余何朱諸傳》，《熊十力全集》第1卷，武漢：湖北教育出版社，2001年，第11頁。

③ 熊仲光：《回憶嗣父熊十力老人》，《北京文史資料》第54輯，北京：北京出版社，1996年，第135頁。

19世紀90年代出生的徐行可，其求學經歷直接避開了科舉之途，却趕上了赴日留學的高潮。因甲午戰爭的失敗，過去對這個蕞爾之邦極其不屑的朝中大員們對日本的態度發生了極大的轉變。張之洞的《勸學篇》專列《游學》一章，以濃墨議論游學日本的重要性，學習日本以圖强成爲改革者的共識。向日本派遣留學生自然是張之洞在湖北推行新政和教育改革的一項重要舉措。儘管朝廷對留學采取鼓勵的政策，但出洋留學也決非普通人家能輕易達成的事情。大體上，當時的留學分官費和自費兩大類，官費留學者多爲宗室親王貝子或朝廷近臣的親屬和裙帶關係者，而自費留學者多爲有一定經濟實力的紳商家庭子弟。徐行可於光緒三十三年（1907）赴日本游學，目前有關徐行可的生平和傳記均未記述他赴日本的詳情，從黃侃獻壽文"清季士尚游學，行可奉母命，遠適日本"[1]的説法可知，徐行可赴日游學得到繼母的大力支持。童恩翼等提及他在日本就讀的學校爲大阪鴻文學院[2]。徐行可赴日留學與他"家有餘財"有直接的關係是必然的。

三、殊途同歸：有志青年回歸讀書敏求的怡古之路

辛亥革命後，清帝退位，民國建立，但呈現在人們面前的社會現實與革命者的理想相去甚遠。黃侃和熊十力這兩位曾經非常激進的革命青年都熱情消減，經歷了一個人生發展方向的轉折期，不約而同地走到徐行可所選擇的道路上來。

黃侃的"革命意志"轉向消沉與宋教仁被刺和章太炎被囚這兩件事關係甚大。民國二年（1913）宋教仁在上海車站遇刺，黃侃寫《思舊辭》贊其"沉厚有大志"，哀其"有志不遂，伏恨黃壚"，亦勾起自己"疏頑"之心[3]。

---

① 黃侃：《徐母魏太夫人六十生日獻壽文》，《黃季剛詩文集》下冊，第593—594頁。
② 童恩翼：《徐行可學行述略》，《圖書情報論壇》2010年第4期。
③ 黃侃：《思舊辭》（筆名禾子），徐血兒等編，蔚庭、張勇整理：《宋教仁血案》，長沙：岳麓書社，1986年，第178—179頁。

宋教仁被刺後，緊接着是二次革命失敗、孫中山等流亡日本。章太炎在這種情勢下準備進京質問袁世凱，有人勸他也到日本暫避鋒芒，章太炎理直氣壯地説，"以前在滿洲人統治下爲了反帝反清，所以在日本鬧革命。現在已光復，爲什麼再要去日本？"章太炎冒險 "深入虎穴"，立遭囚禁①。章太炎被囚這段時間，黃侃盡力營救和陪伴，顯現身心俱疲的狀況，同時生活也陷入了 "貧極至典衣"的窘境②。翻閱《黃季剛詩文鈔》，在宋教仁被刺和章太炎被囚這段時間，黃侃寫了一些感懷的詩詞，其哀怨悲切之情躍然紙上。如《初入都》詩（1913年7月）："樂府猶聞歌玉樹，仙人已見泣銅盤。"《傷亂賦》（1913年10月）："蛙蟆之爭何足論兮，遺民無辜遭此運兮。"《行路難》："已知殺掠成常事，終羨共和是美名。游氛蔽天關塞黑，易京留滯歸不得。誰令虎豹守天閽。坐見豺狼滿中國。酒盡歌闌無復陳，猿鳴鬼嘯殊愁人。"民國三年（1914）又托 "華亭女子王蕙紉"之名寫題壁詩十首，"辭意凄絕"。③經由民國初年一系列政治事件的打擊，原本 "革命"和治學齊頭并進的黃侃，基本不再涉足革命事務，而專務治學一途。

熊十力經歷了與黃侃大致的思想轉變，他對取代清帝掌權的袁世凱當局非常失望，他説："默觀時事，正未得安枕也。……今之執政，不學無術，私心獨斷，以逆流爲治，以武力剝削爲能，欲玩天下於掌上。"④不過，熊十力的革命熱情一直持續到孫中山領導的護法運動，他二次從軍，爲革命事業奔走，在這段時間，他目睹了革命隊伍中的各種腐敗，感嘆 "由這樣一群無心肝的人革命，到底革到什麼地方去呢？"⑤ "黨人競權爭利，革命終無善果"⑥。

---

① 湯國梨口述、吕思煜整理：《章太炎先生北京被拘禁經過》，《章太炎逝世八十周年暨章太炎故居保護開放三十周年紀念文集》，上海：上海人民出版社，2017年，第387頁。

② 《章太炎致湯國梨書》，轉自司馬朝軍、王文暉《黃侃年譜》，第82頁。

③ 論者指出 "'華亭女子王蕙紉'乃黃侃托詞，其實十首題壁詩皆爲黃侃自撰"，參見司馬朝軍、王文暉《黃侃年譜》，第83頁。

④ 熊十力：《心書》，《熊十力全集》，第20頁。

⑤ 《熊十力全集》附卷下，第1413頁。

⑥ 熊十力：《尊聞錄》附錄，《熊十力全集》，第659頁。

自此，熊十力淡出政界，"以爲禍亂起於衆昏無知，欲專力於學術，導人群以正見"①。在反復的革命活動中，他結識了一批有識之士。這些人成爲他進入學術界的助緣。其中最重要的"伯樂"有二人，一爲蔡元培，他爲熊十力的《心書》作序，稱"余固已識熊子之志行所在矣，⋯⋯是則吾與熊子所爲交資互勉，相期以爲進德之階梯者"②，這篇序言極大地提高了熊十力在學術界的知名度和認可度。一爲梁漱溟，梁氏在《東方雜志》上發文指名批評熊十力文章中有關"佛學談空，使人流蕩失守"的言論，後兩人在北京廣濟寺相會，結下友誼。由梁漱溟介紹，熊十力於民國九年（1920）至民國十一年（1922）金陵刻經處研究部從歐陽竟無學習唯識和因明學。熊十力自此術業有專攻，終成唯識學大家。後又由蔡元培和梁漱溟的促成，熊十力得以受聘爲北京大學的特約講師，在蔡元培所宣導的"思想自由""相容并包"的開放學術環境下，熊十力得到了與學術界精英比肩的機會。

光緒三十四年（1908），即赴日本游學的次年，徐行可即輟學歸國。其原因，乃"因弟喪歸國，奉母家居"③。徐行可的父親和祖父相繼去世後，繼母魏氏與他們兄弟二人相依，驚聞弟喪的消息，徐行可毅然放棄學業，回家陪伴繼母。可見徐行可深受儒家文化的浸染，性情孝順純善。而"世爲冠族"的魏太夫人也展示了慈愛的母德："太夫人懼行可失學，又難於求師，乃爲之出錢買書，恣其披覽。"時人"入行可之居，門庭客次，觸目皆書。所費不訾，太夫人顧而樂之，初無靳惜也。行可子女衆多，皆受太夫人教誨"。徐行可"以是聲氣廣通，所交皆當世知名士，過武昌者，輒思訪行可而窺其所藏，顯譽日升，年華未艾"④。徐行可自此以藏書研學爲樂，自名書齋爲"知論物齋"、"箕志堂"、"藏棱盦"。廣涉經史、目録、金石諸學。

因家富藏書又勤於探研，辛亥首義之後的湖北"怡古人群"在一定程度

① 熊十力：《尊聞録》附録，《熊十力全集》，第659頁。
② 蔡元培：《熊子真心書序》，《熊十力全集》，第3頁。
③ 徐孝實：《大藏書家徐行可》，《武漢文史資料》1988年，第1輯，第460頁。
④ 黃侃：《徐母魏太夫人六十生日獻壽文》，《黃季剛詩文集》下册，第594頁。

上是以徐行可的藏書和問學爲紐帶結成的。黃侃退出革命舞臺回武昌任教期間即與徐行可結爲親密的朋友，他們之間交往的情形，黃侃曾有精簡的記述：“歲在己未，侃自京師還教武昌，始得交徐行可氏。書籍有無，互相通假。浸與論學術之細微，商文章之利鈍，如響斯應，罔弗餘同。由是飲食燕游，一月中恒有數聚，綢繆款至，申以婚姻，於今訂交，盈十載矣。”① 黃侃離開武昌後亦與徐行可保持信函往來，郵遞書籍、交流學問。黃侃對他們在武昌的這段情誼一直銘記於心，他曾在一通信札中説：“昔與閣下同居武昌，首尾八載，知予貧窶，每值人間秘笈，無不借觀。塗污不以爲愠，久假不以爲嫌，即此一層，交誼已厚如山岳矣。”② 此處“塗污不以爲愠”主要指徐行可將其藏書借給黃侃閲讀和批注、圈點。現存湖北省圖書館的徐行可捐贈古籍中，常有黃侃的批校或題跋③。有些黃侃校閲題跋的徐氏藏書還由徐氏後人贈送給後輩讀書人④。

徐行可不祇是在武昌接待慕名而來的文人學者，他還親赴各地訪書和結交當世名士。例如他到浙江南潯藏書家劉承幹的嘉業堂長住，抄録大量善本的故事已被傳爲美談。徐行可之所以能在訪書、校書和藏書生涯中左右逢源，主要有兩方面的原因，一在他爲人忠厚而慷慨，能救學者經濟之急和求書之急，借書甚至贈送稀見古籍給學者對他而言是實屬平常的事情；二在他爲學淵深而踏實，能爲學者推薦該讀之書，亦能解學者之惑。徐行可與陳漢章先

① 黃侃：《徐母魏太夫人六十生日獻壽文》，《黃季剛詩文集》下册，第593頁。
② 黃侃：《與徐行可書》，《黃季剛詩文集》下册，第504頁。
③ 如2020年10月30日湖北“中華傳統曬書活動”中，湖北省圖書館所曬出的汪芸石先生著清抄本《爾雅正名》即爲黃侃手批。
④ 如黃焯的學生、武漢大學中文系退休教師王慶元收藏有黃侃圈點校正的《南北朝文抄》（上、下册），最後一頁還有黃侃手批的跋語。據對王慶元老師的訪談，該書爲20世紀90年代他到徐孝宓家拜訪求教時，由徐孝宓先生贈送給他的。王慶元老師轉述該書批校的過程爲：徐行可將書借給黃侃，黃侃圈點校正以後還給徐行可，徐行可又騰抄過録了一遍。而該書封面是黃侃的篆書，尾頁的跋語係黃侃親筆。徐孝宓的慷慨贈書，也可見證徐氏善護學人的家風。

生的交往便是很有代表性的一例。民國二十五年（1936），陳漢章在給友人的一封信中專門談及與徐行可相遇相交的經過：

> 與漢章遇於金陵，請受業爲弟子，出示孫氏星衍《春秋三傳》及張氏澍《三古人名考》，皆未刊手稿本，并贈元本《路史》一冊。出拙稿《古姓氏人名韻編》，愛不釋手。其後再至南京，則章已離校返舍矣！即郵寄洋銀五十番，并宣紙四十張，囑覓書手鈔録拙稿副本。又示以《文廷式考》、《黄帝伊尹》手稿二本，漢章爲作二跋，并返其銀、紙，以拙稿尚等增删，非定本也。去年請録拙著定海黄氏《禮書通故識語》副本以去。今年由上海過甬來舍，遍觀舊稿，手録書名。見漢章《讀禮通考後案》十卷稿，囑即付印行世，不可再如季野先生成書未刊，爲人所纂也。……今返漢口寄贈書七包，内有景元槧《韓詩外傳》及富順簡氏桑所編《八代文萃》，皆人間罕見之本。又有洛陽新出土《晋咸寧二年辟雍碑》及碑陰拓本兩大張。以近來刻成拙稿，分贈其知交江都秦曼卿、霸縣高閬仙，北平余季豫、吴檢齋，武昌熊固之（名貞幹，楊惺吾弟子）。如到處逢人說項斯然。漢章爲之作《晋辟雍碑跋》一首。[①]

徐行可爲求教陳漢章，自稱爲弟子，并請陳漢章推薦"同鄉交好中何人最爲好古敏求"。陳漢章所推薦的師友，他都不辭路途遥遠，一一拜訪。對有學術價值的書都設法録副或代爲刊刻。贈送給陳漢章的書一次即達七包之多，且"皆人間罕見之本"。陳漢章對他的爲人和學問都極爲欣賞，稱贊他"博雅好古，家富藏書"，"其識見加人一等"，"又絶無時流習氣，樸素真一學。"[②]

---

① 轉自錢英才：《大師側影：陳漢章與周圍的人們》，寧波：寧波出版社，2014年，第167—168頁。
② 錢英才：《大師側影：陳漢章與周圍的人們》，第167頁。

　　總之，以徐行可藏書和問學爲基礎而形成的學術圈，不限於武昌，也不限於湖北，而且遍及當時全國各地的學術名流。據徐氏後人的回憶録和相關傳記，他和王葆心、楊守敬、盧弼、黄侃、熊十力、章太炎、陳漢章、張元濟、陳垣、高步瀛、余嘉錫、楊樹達等衆多鄂籍和省外名士都交往頻繁，與很多藏書家和學者都成爲摯友。需要明辨的一點是，儘管目前多種回憶文章和傳記中均提及徐行可與熊十力的交往，但筆者至今所經眼的文獻中尚未見到熊十力與徐行可直接交往的記録。有些文獻中所述及的熊十力與徐行可的交往事例顯然爲枝江熊會貞（1859—1936）之誤，熊會貞即上文陳漢章書信中提及的“武昌熊固之”。他是楊守敬的弟子，曾與楊守敬合纂《水經注疏》，書成後曾自題其稿云“友人徐行可，博學多聞。嗜書成癖，尤好是編。每得秘笈，必持送考證。益我良多”①。熊固之名“會貞”，熊十力號“子真”，被不細心的學者混淆，情有可原。不過，熊十力和徐行可同列品德、才學爲人推崇的湖北鄉賢，又處於大致相同的時代，他們之間有一定交往也不是没有可能，相關資料，有待日後慢慢發現。

四、一點思考：社會變革、家國命運與文人心態

　　黄侃、熊十力和徐行可這三位來自不同家庭背景的文化精英在個性、成長經歷等方面有許多相似之處，最終都走上好古、怡古之路。他們的人格和國學品質養成的歷程有許多值得思考的方面，探索個中因緣，既有助於理解他們的人生道路和思想，也有助於認識晚清、民國以降的社會變遷。

　　黄侃、熊十力和徐行可都生而聰穎，却都在十二三歲的少年時期遭受喪父之苦，淪爲孤兒，失怙和苦讀塑造了三位少年的心理結構，細察他們一生的行爲和處事，其實都體現出對内在心靈的皈依和對佛法的親近。光緒三十四年（1908）黄侃生母周氏病，黄侃自日本歸國侍疾，情緒低落。母親

---

① 　徐孝實：《大藏書家徐行可》，《武漢文史資料》1988年，第1輯，第460頁。

去世後，黃侃傷心欲絕，曾言："侃摧心願爲浮屠，懼終埋母名！"①早在赴南京從歐陽竟無學習唯識之前，熊十力即對佛學感興趣，他將自己的處女作命名爲《心書》，在《心書》的首篇《船山學自記》中，他坦露心迹："年十三歲，登高而傷秋毫，頓悟萬有皆幻。由是放蕩形骸，妄騁淫佚，久之覺其煩惱，更進求安心立命之道。……余往置船山學，頗好之，近讀餘杭章先生《建立宗教論》，聞三性三無性義，益進討竺墳，始知船山甚淺。"②徐行可連遭父喪和弟喪，"自此母子煢煢，相依爲命"③，"復絕意仕途，不求聞達。"④這些自幼養成的心理習性，在一定程度上決定了他們在每臨大事或面臨人生轉折時，往往向内心回歸。熊十力"革政不如革心"⑤之論正是他們重新定位人生方向的宣言。另一方面，他們在日常生活中往往表現出率性和狂放的特點。黃侃、熊十力都是民國學術界著名的"狂人"，他們性格中"狂"和"瘋"的特點是他們本性自然的流露。徐行可温和敦厚，但他在購書、贈書方面亦非常隨性，體現出豪放不羈、不拘一格的特點，頗有幾分古人所言的"狂狷"之氣。他們的這種心性特點也是其學術創造性的源泉和人生境界超凡脱俗的活力所在。誠如有論者所指出的那樣，近代中國是一個"狂者"輩出的時代，他們的這種狂氣不是普通人所理解的狂妄自大，而包含着"人類的自尊與自立精神"和一種對中國文化的"命運擔當"的"大丈夫"精神⑥。

如果説少年的境遇構成了他們心理結構的底層，那麼中西文化激烈碰撞所帶來的中國傳統文化危機和與之相伴的對西方文明的消化、融合，以及清

① 章太炎：《蘄黃母銘》，《太炎文録初編》，第239頁。
② 熊十力：《心書》，《熊十力全集》，第5—6頁。
③ 黃侃：《徐母魏太夫人六十生日獻壽文》，《黃季剛詩文集》下册，第594頁。
④ 徐孝實：《大藏書家徐行可》，《武漢文史資料》1988年，第1輯，第460頁。
⑤ 熊十力：《新唯識論》，北京：中華書局，1985年，第7頁。
⑥ 參見王玉華：《多元視野與傳統的合理化——章太炎思想的闡釋》，上海：上海人民出版社，2018年，第3—4頁。

末民初思想文化活躍氛圍形成了他們心理結構的主體和表層。面對積貧積弱和政治黑暗的社會現實，反對滿清權貴爲首的落後統治幾乎成爲當時知識界的共識，不管是朝廷中的清流，還是後來被稱爲"改良派"和"革命派"的思想者們，其思想中都有激進的反傳統傾向，大凡具有趨新或革命元素的思想或學說，諸如明末清初進步思想家著述、西方政治制度和學術理念，乃至大乘佛教學說都成爲人們思想解放和與腐敗統治進行鬥爭的資源。張之洞在湖北推行新政乃至後來的辛亥首義都是這種反傳統傾向一脈相承的結果。作爲成長於20世紀初的一代青年，叛逆和趨新在他們的思想中可謂是"天生"的，黃侃和熊十力都談到少年讀書時王船山著作對他們的影響，青年時期親受章太炎、孫中山、蔡元培這些革命導師級別人物的影響。性格溫和的徐行可也在"清季士尚游學"的潮流中加入了赴日留學的行列，祇是特殊的家庭環境讓他選擇了更務實的道路。徐行可早年有一枚藏書印，其印文爲"惟庚寅吾以降"，語出屈原的《離騷》。他巧借生日的干支自比屈原，足見其胸中之壯志絲毫不遜色於黃侃和熊十力。

晚清國門被列強撞開、政局動蕩和中西文化交融，也開啓一個前所未有的思想解放的時代，這一時代的知識份子也面臨前所未有的心理體驗。如果撇開此前政治史範式下"維新派""革命派"等簡單對立的標籤，從青年人接受教育和謀求人生發展的視角考察，那個時代成長起來的青年一代，其思想和道路選擇，其實是非常多元和複雜的。宣導洋務和新學的不一定都進步，堅守傳統文化的不一定拒斥西學，弘揚國粹的不一定保守或落後。就黃侃、熊十力和徐行可的青年時代而言，他們雖然趕上了新式學堂和出國留學的機遇，但他們的啓蒙教育是非常標準的私塾式的。即使在新式學堂中，也是非常重視傳統經史教育的。例如，光緒二十八年（1902）湖北的兩湖書院雖然改爲兩湖高等學堂，但其課程設置中，仍以經學門爲第一，中外史學門爲第二。在後來大量設立的中等學堂中，其課程結構也大體類似，且其師資大部分來源於經心、兩湖等傳統書院的畢業生。黃侃在湖北文普通中學堂就讀期間之所以表現卓异，也與他較好的國學基礎有關。湖北作爲清末全國性教育改革的發源地之一，其教育理念和教育結構大體受張之洞所宣導的"中學爲體、西學爲用"等思想影響較深。有論者注意到，徐行可藏書以"士用書"爲收藏取向，與張之洞宣導的治學理念有很大的關係："青年徐行可奔弟喪自日本回武漢之時，正值張之洞督鄂聲譽如日中天之時，可謂適逢其會。十八歲的徐行可讀書治書生涯就此起步，其學術思想，藏書旨趣，皆以張氏之《輶軒語》與《書目答問》爲依歸，終生未曾大變。"①

晚清如湖北這樣積極推進教育改革的省份并不是很多，在與湖北相鄰的湖南省，以巡撫俞廉三爲首的舊官員和士紳便對新式教育采取抵制態度。湘儒王闓運多次阻撓船山書院的改制，他上奏朝廷稱張之洞等人的改革是惑於群言的"不急之務"，"名爲西學，實倭學也"，"今改制經歲，謗訴紛如，糜費無名"②。待不得不改制時，又嘲笑"今書院實不如禪堂，禪堂又不如教堂也"③。其課程仍以講授經史爲宗旨，設立文、經、子、史四科。全國其他地方的情形也大體類此。由於許多學堂的設立流於形式，名不副實，一些開明的知識精英也對學堂持懷疑、否定態度。如清光緒三十二年（1906）王國維回到老家浙江海寧時，看到當地學堂和教員的情形，極爲不滿，他説"以如此之學校，如此之教員，欲以造就國民資格，蓋亦難矣。吾家有兒童及學齡矣，寧委諸私塾，而不願遣之入公校"④。

以上情況表明，對19世紀末20世紀初成長起來的一批知識青年而言，中國傳統文化依然是大多數人教育生涯中最深厚的積澱，但這并不影響他們對時局的憂慮、對西學的吸納和一部分人的革命傾向，黃侃、熊十力等就是其中的代表。知識階層深厚的中國傳統文化積澱使得學古、求古和怡古有了廣泛的群衆基礎。與此同時，對傳統文化的熱愛和鑽研，在特定的背景下非但不影響知識份子改革或革命傾向，有時反而成爲他們進行革命的有力武器。

---

① 童恩翼：《徐行可學行述略》，《圖書情報論壇》2010年第4期。
② 《清王湘綺先生闓運年譜》，臺北：臺灣商務印書館，1978年，第234—236頁。
③ （清）王闓運：《湘綺樓日記》，長沙：岳麓書社，1997年，第2467頁。
④ 王國維：《静安文集》，瀋陽：遼寧教育出版社，1997年，第186頁。

借復古而改革的事件在中國歷史上屢見不鮮，近代亦然。如前所述，因佛教教義中包含有平等、精進勇猛等精神，古老的佛教義理常常被維新改革乃至革命者借用爲思想武器。而近代佛學的復興也是以佚失古代佛教典籍的收集、整理和刻印爲基礎的。晚清佛教學和實業家楊文會組織的金陵刻經處、祇洹精舍、佛學研究會幾乎成爲近代革命精神的搖籃，因此梁啓超《清代學術概論》有言："故晚清所謂新學家者，殆無一不與佛學有關係，而凡有真信仰者率皈依文會。"①而楊文會却將其開創一系列革新工作旗幟鮮明地定義爲"復古"，"今時盛言維新，或問佛學研究會維新乎？曰，非也。然則守舊乎？曰：非也。既不維新，又不守舊，從何道也？曰：志在復古耳。"②

可見，在清末民初的特殊年代，在新舊教育體制轉軌的時期，學古、好古、復古與叛逆、求新和革命在一批知識精英身上是可以并行不悖的。與楊文會類似，在傳統文化領域博學淵厚如黃侃、熊十力和徐行可者，他們所擁有的知識和文化優勢正好成爲他們弄潮時代的工具，即如黃侃在《民報》上所撰寫的一系列革命文章；熊十力戲弄張彪的文字和爲革命烈士所作的一系列傳記；徐行可對"士用書"以及西文、日文哲學、文學原版書的着意搜求等等，都有异曲同工之妙。而一旦他們發現革命成果被包藏禍心者竊、他們努力奮鬥的結果與心中的理想相去甚遠、在人生即將邁入中年時，他們也正好順應心靈的聲音，轉向内求，沉潜於學問。魯迅先生在評價章太炎民國元年之後的變化時，有一段很精闢的論述："太炎先生雖先前也以革命家現身，後來却退居於寧静的學者，用自己所手造的和別人所幫造的牆，和時代隔絶了。"③

章太炎的這種轉變同樣適用於黃侃、熊十力和徐行可。近代以黃侃、熊十力和徐行可爲代表，以古籍和傳統典籍文化爲紐帶的湖北"怡古人群"的

---

① 梁啓超：《清代學術概論》，長沙：岳麓書社，2010年，第95頁。

② 楊文會：《佛學研究會小引》，《楊仁山大德文匯》，北京：華夏出版社，2012年，第178頁。

③ 魯迅：《關於太炎先生二三事》，《學問與革命：章太炎文選》，武漢：崇文書局，2019年，第185頁。

養成過程，既有他們個人性情的因素，也有家庭的原因，而更爲深刻的根源來自於他們所處的時代和社會。他們祇是一個時代一部分知識份子的縮影，作爲同時代知識階層中天賦异禀的杰出分子，他們最終成爲中國傳統文化絶學的弘傳者。

《徐行可教授與沈紹期校長論收藏書籍書》箋釋

馮先思（北京師範大學珠海校區）

徐行可是湖北省著名的藏書家，曾受著名圖書館學家沈祖榮教授之邀，爲《武昌文華圖書科季刊》撰寫文稿。1931年第三期登載《徐行可教授與沈紹期校長論收藏書籍書》，此文後來又收入《制言》，改題爲《與文華圖書館學專科學校沈校長書》（1935年第7期）。今略爲疏釋，并述其藏書思想。先將全文列出：

【編者按】本刊向行可先生徵文，題爲“收藏書籍之方法”。先生致書沈校長，心懷謙讓，不願輕以撰述自見，然其書明理述事，勝空文泛淪〔論〕，不啻千若萬倍。故即將原書刊登，以代徵文。文中標點，編者所加，求與本刊體例一致也。

紹期校長左右：去冬歸自滬瀆，晤毛、錢、徐三君，審執事腸疾新愈，偃息衡門，未敢造請，介三君申意而已。

月前恕以訪文芸閣書稿事入湘，淹滯積旬，（得其《純常子枝語》四十冊，《黃帝政教考》《軒轅氏徵文》《伊尹事録》各一冊）。歸來得誦手帖，承製題命草。行期匆迫，闕爲面謝；以識既弇陋，文無根核，流布醜拙，昔賢所嗤。恕雖不敏，竊服膺斯義也。

且聚書之方，夾漈八求，夷度三説（見《澹生堂藏書約》），言之綦詳；欲别造論，誠無以加。溯恕往事，則妮古之癖，肇自弱聆，彌歷年紀，部帙漸富，游從所至，偶獲善本，亦緣會適合耳。

若鑒書之術，必先資夫問學；修業之要，在自嚴其程限。以歲月易逝，涉覽難周，載籍至繁，搜采莫能備也。近之士風，恒喜塗飾，未通字學，而漫論殷虛卜詞；不爲章句，而侈談六藝奧旨。一二妄人，且復詆娸先正，訾毀前言。昌披橫恣，不自檢柙。班固所云譁世取寵者，此輩坐之。柳玭《戒子書》有云"懵前經而不恥，論當世而解頤"，則愚者當之矣。二者相摩成俗，害且中於家國，不善讀書之弊，有如此者！儻此風不已，則書何益於學子，聚之又奚禆於用邪？至今之藏家，特誇奇祕，用自矜衒，蔽適相等。徒飫珍羞而闕穀食，衣袨服而去絺綌，未見其可也。恕以孤蒙，多隨二創，馳騖瞀迷，靡所取正。執事不知其駑下，諈諉斯文，爰疏己過，兼明衆惑，敢告同學諸子。然常談不能以抒意，歇言未足以厭聽，更借近事明之。

恕東下時，寂處船室，偶取景印宋槧《容齋四筆》殘卷，（存卷一至卷五，原本藏舊京圖書館）對勘今本。此書宋槧流傳，絶少異文，無多足稱。而此殘卷中有關藝文，涉及斠讎者，析爲十三目，別白申述之。

【一】①其記當代刻本也，如云劉昭注補志，乾興初元始鏤之板（卷一"范曄漢志"條）；趙明誠《金石錄》，龍舒郡庫嘗刊其書（卷五"金石錄"條）；《蘇魏公集》則有太平州本（卷二"鈔傳文書"條）；王勃文章今存者廿卷（卷五"王勃"條。近洪氏蜀中刊本誤作廿七卷，《四庫》著錄則十六卷本也）；蜀本韓集小异者數處（卷五"藍田丞壁記"條）；杜詩別本（卷四"老杜"詩條）；庾自直《類文》錯簡（卷二"鈔傳文書"條）是也。

【二】其載稿本，則有李易安《金石錄後叙》（卷五"金石錄"條）。

【三】記寫本，有曾紘書淵明《讀山海經詩》（卷二"鈔傳文書"條）。

【四】目諡之石本，有臨汝刻魯公帖（卷二"魯公帖"條），楚觀刻坡公帖（卷二"志文不可冗"條），章簡家刻張天覺小簡（卷二"張天覺"

---

① 編號爲整理者所加，下同。

條），暨吳越石刻數十種（卷五"錢武肅"條）是也。

【五】至謂韓氏《易傳》稱引於蓋寬饒封事（卷二"五帝官天下"條），《國策》逸文散見於《韓非子》諸書（卷一"國策"條），《宋書·謝儼傳》語（卷一"范曄"條），宮崇《太平經》文（卷一"十十錢"條）章懷甄録以入史注，而今則亡闕。

【六】又云鳴犢異名，顏籀引《史記》不同今本（卷二"鳴犢"條），理、李二字蘇林注《漢書》有異今志（卷二"李法"條），則其鈎沈摘撰異之方，堪副後儒先道之目矣。

【七】其參校它書者，如案《左傳》雲夢證《禹貢》之名（卷一"雲夢"條），徵杜注"豕韋"糾應劭之失（卷一"韋孟詩"條），理、李字同，譏唐表改姓之妄（卷二"李法"條），刑天獸名，辨陶集俗本之非（卷二"鈔傳文書"條）。

【八】他如蘇魏公叙語之出《莊子》（同上），宋景文賀啟之用《周書》（卷四"六枳關"條），錢武肅之紀元有三（卷三"武肅"條），王逸少之寫經非一（卷五"黃庭"條），於前説偶疏，新史兩誤，刻本有譌者，悉爲是正。

【九】其取證本文者，如考周三公兼領六卿，書《金縢》亡於周史（均見卷一）。

【十】或以經文明之，或以稱謂定之。其正音訓，如謂夢、瞢同音（卷一"雲夢"條），宿讀如字（卷二廿八宿條）。辨名物，如謂諸柘之即甘蔗（卷二"甘蔗"條），伏龍之爲竈神（卷五"伏龍肝"條），與夫迷癡、迷嬉、緬覷、厥撥諸俚言（卷一"述癡"條），南柯、黃梁、櫻桃青衣等稗説，并遍爲徵證，究其本根。

【十一】其論撰《呂覽》（卷三"呂子"條，卷五"呂覽"條）、《列子》（卷一"列子"條）、劉向《戰國策》（卷一"國策"條）、杜預注《左傳》（卷五"宋桑林"條），王勃文（卷五"王勃"條），《金石録》（卷五"土木偶人"條），諸書中失存録。

【十二】唐韋端符（卷四"李郭詔書"條）、宋徽宗（卷二"大觀元夕詩"條）、吳子經（卷五"饒州風俗"條）、張天覺（卷二）、畢仲游（卷一）、周子雍（卷二元夕詩書稱子雍受學於陳無已，據此則後山門人，不獨魏衍）諸人詩文（此五卷中所引它文其集本猶存者，茲不標舉），慶元朝臣奏對（卷四"今日官冗"條），亦研尋流別，擽索文史者所宜紃察也。

【十三】至其論政、論學諸則，如舉《呂覽》語以勸學（卷三"呂子"條），引鬼谷書以戒躁進（卷二），載文潞公奏以明授官舊制（卷二），錄畢仲游二書以勸執政綜核錢粟，戒文士詞傷切直。讀史者以之推治亂之迹，修己者繹之加存省之功，斯不過目忘心，徒區區於文字間也。

此書在宋人雜著中，尚非王深寧《紀聞》之比。（恕曾得《隨筆》《續筆》宋贛州本，《三筆》《四筆》宏治中李瀚刊本，黃虎癡分類彙鈔本；又得一本，簡端撮鈔宋人雜著論事與此書同異諸條於上，又於吳興蔣孟蘋家得見嚴修能舊藏明錫山華氏會通館活字本，於北平書肆、東方圖書館兩見傳錄何義門評本，一爲吳兔牀手寫。擬蹕翁圻注《紀聞》前事注之，因循未果，願以勗之諸子）其本新刻，非一至易得也。

此所指陳，非其全衷，而今人媕玩，發人深省者，得如許事；則周孔之典，子史之文，書庫主者，於此等要籍，有連繫者，宜廣購求；學者宜勤諷籀，無竢繁説矣。

恕性拘迂，率意放言，未知所擇，有負明問。讀書南潯，遠別諸子，前者謬尸講席，無以相益，悃愊之詞，冀蒙鑑納。

近斠顧寧人《菇中隨筆》（三卷本，與行世一卷本絶异），中有《與門人書》云："與諸君相處之日短，與後人相處之日長。"竊揆斯義，不憚覼縷，未敢爲阿世之論，寧蹈畢仲游未畏於文之戒，以爲諸子勸。伏乞執事宣示之，幸勿墨諸報紙，以鰥生腐談，不足爲外人道也。手白，順頌公綏，徐恕拜手上。

毛、錢、白、徐四君前希致辭問訊，并叩同學諸子學益。

【箋釋】

［紹期］即沈祖榮。沈祖榮（1883—1976），字紹期。湖北宜昌人。武漢文華圖書館專科學校（今武漢大學信息管理學院前身）創校校長，武漢大學教授。圖書館學家。他將歐美公共圖書館的模式引進中國。1910年曾輔佐韋棣華女士創辦“文華公書林”，是我們早期幾家公共圖書館之一。著有《仿杜威氏十進分類法》等。

［滬瀆］上海。

［衡門］喻隱者居住之所。陶淵明《癸卯歲十二月中作與從弟敬遠》：“寢迹衡門下，邈與世相絕。”此指沈祖榮居所。

［文芸閣］即文廷式。文廷式，字道希，號芸閣，又號純常子。江西萍鄉人。清光緒間進士。因輔助光緒帝親政，爲慈禧忌恨革職。著有《純常子枝語》《雲起軒詩鈔》等。《純常子枝語》四十卷，有1943年汪氏雙照樓刻本。其書版今存揚州，略有缺損，1979年曾補刊印行。徐恕所得《純常子枝語》稿本，今存臺北“國家圖書館”（索書號：30807228）。《黄帝政教考》《軒轅氏徵文》《伊尹事錄》稿本，今存湖北省圖書館。《純常子枝語》稿本有張仁蠡跋語，述此四種徐藏文廷式稿本本末甚悉，其文云：

右《純常子枝語》四十冊，萍鄉文道希先生廷式所自屬稿也。先生一字芸閣，純常子又其自號，故以題兹稿冊。先生以咸豐六年生，卒於光緒三十年，年四十有九。應光緒八年壬午北闈，登榜選，以十六年庚寅恩科成進士，授編修，未幾擢爲侍讀學士。二十二年丙申，爲虞山楊莘伯崇伊揭參，落職南歸，不數年遂歿世矣。先生少長嶺南，得從陳東塾先生問業，才名與費屺懷念慈、江建霞標相等伴，而文筆勁警，詩備衆體，詞尤隱秀。遺著巳印傳者有《補晉書藝文志》、《雲起軒詞鈔》；有其書見之時人稱述而未及目觀者，爲《中興政要》，暨《雲起軒詩錄》；書未刊布而巳見手迹者，此書而外，別有《黄帝政教考》、《伊尹事錄》；

其屬稿成否，莫可訪詢者則爲《氏族略考》、《軒轅氏徵文》、《環天室日記》三書。又據此書撮錄所擬纂輯之書，有《三代會要》（見第二冊"師説"條，《黃帝政教考》、《軒轅氏徵文》、《伊尹事錄》三種，當爲此書別出者）、《群經撰句例》（見第七冊"經義·《論語》"條）、《全上古三代秦漢三國南北朝文輯補》（見第十冊論嚴鐵橋是書條下）、《天下各國古今字樣》（見第三十六冊"論外國文字"條），要多僅有題號，而天不假年，未竟其志也。此書隨手編寫，分冊先後，時日間有可稽，而部居雜厠，未爲定著，其參據繁博，大小畢宣，於古今中外政教學術，靡不有所論列，王壬秋《湘綺樓記》目爲雜家之流，其以此乎？先生他書爲所知見者，都非鉅帙，則其畢生精力咸萃是書，以與洪景盧《五筆》、王深寧《紀聞》、顧寧人、鐵辛楣《日知》、《養新》二錄相絜比，又如驂之靳矣。辛巳歲杪，仁蠡承雙照樓主人之命，就武昌徐行可恕先生訪求是書，并獲見《黃帝政教考》、《伊尹事錄》各一冊。徐君自言致書之由，乃於民國二十年間得自湘潭彭子英，子英則得之於冀夫人所者。維時武漢大學方謀築館聚書，有以是書求售者，拒未之收，乃由羅田王季薌先生葆心之介，走千里，斥鉅資得之。其後，徐積餘乃昌（南陵人，文先生門下士，嘗校刻《雲起軒詞鈔》）復介葉遐庵恭綽購求是書，將以合諸所藏文氏書稿，余未之允云。道希先生歿世垂四十年，遺稿沈湮，世鮮知聞，今幸於主人篤舊甄微之餘，復承徐君許於代錄副本歸之後，以手稿本分讓，用遂留真之願，因先爲覆寫《黃帝政教考》、《伊尹事錄》以進。今歲夏曆三月二十有八日，爲主人六十生日，謹奉斯手稿以爲駢福之祝，蓋必壽世之作爲與壽人之頌相符應也。猶冀他日獲與葉氏醫衍所藏，并歸插架，同付剞劂，蔚成鉅帙，留藝林之嘉話。廣秘籍之流傳，則闡幽稽往之盛，與眉壽無害之咏，有足爲今世慶者，庸獨仁蠡以得讀道希先生手迹三種，私幸墨緣而已哉！中華民國三十一年壬午四月，南皮張仁蠡謹識於漢口五花賓館。

又，《徐乃昌日記》1931年4月21日云："徐行可來譚。……以文道希師

《枝語》相示。"（1270頁）徐恕此文云："月前恕以訪文芸閣書稿事入湘，淹滯積旬"，可相互參證。

[根核]根荄。喻指基礎、根基。

[夾漈八求]指鄭樵。鄭樵居夾漈山，因以自號。鄭樵《通志‧校讎略》有《求書之道有八論》，述求書八法曰：即類以求、旁類以求、因地以求、因家以求、求之公、求之私、因人以求、因代以求。

[夷度三説]指祁承㸁。祁承㸁號夷度。其人喜藏書，顏其書樓曰"八求樓"，又著《澹生堂藏書約》，其中《藏書訓略》一篇，於鄭樵求書八法之外更提三説，其文略云："凡正文之所引用，注解之所證據，有涉前代之書，而今失其傳者，即從其書各爲録出。"即今所謂輯佚。"一書之中自宜分析"，即兩書合并爲一書者，可分而爲二。"采集諸公序刻之文而録爲一目"，即采録文集之中所録刻書序言來獲知圖書出版信息。

[譁世取寵]《漢書藝文志》述儒家者流云："然惑者既失精微，而闢者又隨時抑揚，違離道本，苟以譁衆取寵。"

[柳玭]柳玭，唐京兆華原人。柳公綽之孫，柳公權之侄孫。曾以明經補秘書正字，纍官右補闕、刑部員外郎，出爲嶺南節副使。黃巢亂起逃還，除起居郎，遷中書舍人、御史大夫。後被貶瀘州刺史，卒於官。《新唐書藝文志》《崇文總目》著録其書有《柳氏訓序》一卷，《郡齋讀書志》《遂初堂書目》《宋史藝文志》作《柳氏序訓》（序，一作叙）。徐文所引出自《柳氏叙訓》。

[絺纊]葛布與絲綿。此乃夏冬衣料之常。借指日常所用。

[容齋四筆]徐恕所據蓋爲《四部叢刊續編》影印本。其書以兩個宋刻殘本拼湊而成，宋本所闕之卷以明弘治會通館本補足。《四筆》存卷一至卷五，其底本收入北平圖書館甲庫善本，今暫存臺北故宮博物院。

[卷五金石録條]《容齋四筆》作"趙德甫金石録"。

[傳抄文書]《容齋四筆》作"傳抄文書之誤"。

〔蜀本韓集〕此條蓋誤。《容齋四筆》原作："莆田方崧卿得蜀本，數處與今文小异體"云云，洪邁所據蓋爲方崧卿《韓集舉正》，非親見蜀本也。《韓集舉正》卷十一《藍田縣丞廳壁記》云："蜀本'文'作'之'，亦無'而'字。程夢良曰'文丞'句絕，猶文具也。"此條當删。

〔老杜詩〕《容齋四筆》作"老杜、寒山詩"。此條蓋單舉"老杜"爲説。

〔錯簡〕《容齋四筆》本作"今代所傳文書，筆吏不謹，至於成行脱漏。予在三館，假庚自直《類文》，先以正本點檢，中有數卷，皆以後板爲前"。洪邁所云改錯板，非止一行。《類篇》金刻本亦有此類情形，卷四佳部"倠"（自字頭"倠"始）至"鼉（至'鳥飛兒'爲止）"這一部分内容當與"雌（自'鼉'釋義'民卑切'以下始）"至"雖（'見則天下大旱。文一'止）"之間的内容調換位置。此亦前後兩板（葉）内容顛倒而致誤。

〔曾紘〕徐氏目此爲寫本，不確。今國家圖書館存曾紘手書宋刻本《陶淵明集》，中華再造善本加以影印。洪邁所云與該刊本所記异文相同，故疑洪氏所見非寫本，蓋即此類刊本。此目當并入第一條。

〔譣〕同"驗"。

〔魯公帖〕《容齋四筆》作"顔魯公帖"。

〔張天覺條〕《容齋四筆》作"張天覺小簡"。

〔錢武肅條〕《容齋四筆》作"錢武肅三改元"。洪氏引石刻十種，另載石刻之數三四十種。第四目言石刻文獻之史料價值。

〔國策條〕《容齋四筆》作"戰國策"。

〔范曄條〕《容齋四筆》作"范曄漢志"。第五目言諸

字閭上鄭許鄿字
程夢杭留州公
良同守漸送
日文蜀啓序
丞本不不
句文喜相
絕作爲求
猶之吏而
文亦是不
具無也相
也而
千破
梴崖
日岸
梴從而
木爲
一説文
枝文丞

國家圖書館藏影宋鈔本《韓集舉正》

書所引佚文。

［鳴犢條］《容齋四筆》作"趙殺鳴犢"。

［李法條］《容齋四筆》作"黃帝李法"。第六目言諸書他校材料之异文。

［雲夢條］《容齋四筆》作"雲夢澤"。

［韋孟詩條］《容齋四筆》作"韋孟詩乖疏"。

［應劭］洪邁云："此最可證，惜顏師古之不引用也。"可見《容齋四筆》實糾顏籀之失。第七目言他校資料之校勘價值。

［黃庭條］《容齋四筆》作"黃庭換鵝"。第八目言詳考用事本末之有益於校勘。

［均見卷一］分別見卷一"周三公不特置""周公作金縢"兩條。第九目言本校材料之校勘價值。

［甘蔗條］《容齋四筆》作"北人重甘蔗"。

［稗説］此條出自《容齋四筆》卷一"西極化人"條。第十目言考據本源。

［吕子條］《容齋四筆》作"吕子論學"。

［吕覽條］《容齋四筆》作"吕覽引詩書"。

［列子條］《容齋四筆》作"列子與佛經相參"。第十一目言鈎稽佚文异説。

［畢仲游］《容齋四筆》作"畢仲游二書"。第十二目言鈎稽近世散佚之篇。

［鬼谷書］見《容齋四筆》卷二"鬼谷子書"。

［文潞公］見《容齋四筆》卷二"文潞公奏除改官制"。第十三目言鈎稽近世散佚論政、論學。

［王深寧］王應麟，字伯厚，號深寧居士，又號厚齋。浙江寧波人。著有《困學紀聞》。

［吳兔牀手寫］吳兔牀即吳騫，其本今藏國家圖書館（索書號：08224）。書前有謝三賓序，乃據明李瀚刊本抄録。有何焯批校題識。

［媅玩］同"耽玩"。

［悃愊］至誠。悃音捆；愊音畢。

［菰中隨筆］此書有兩個版本系統，一卷本與三卷本，兩個版本內容完全不同。三卷本內容較爲豐富，部分內容經過完善之後收入《日知録》。三卷本在清代從未刊刻，1945年北京古學院將兩個本本合刊，收入《敬躋堂叢書》之中。《顧炎武全集》本所收有《補遺》《輯佚》各一卷，內容最爲完善。

［覼縷］詳細而又有條理地叙述。覼音羅。

［鯫生］鄙陋之人。此爲作者謙辭。

【附論】

沈祖榮先生是我國圖書館學事業的開創者之一，他創辦的武昌文華圖書館學專科學校，較早地引入了西方圖書館學的相關學科。徐行可曾受沈先生之邀請擔任該校教師，同時在該校《武昌文華圖書科季刊》之上數次發表文章。徐先生這篇致沈校長書，最初就刊登在這個刊物上。

徐行可先生是湖北省收藏古籍較多的藏家之一，所以他應沈校長邀請，來寫這麽一篇有關"收藏書籍之方法"的文章，是很切合其身份的。那時候他剛剛從南潯嘉業堂讀書歸來，此前又爲收藏文廷式遺稿親自入湘，前後周旋，方得其稿本數種。

徐行可先生認爲"收藏書籍之方法"前人之述備矣，像鄭樵、祁承㸁都有極爲精闢全面的論述，他也没啥可以補充的內容。他認爲自己收藏古籍所以小有成績，是因爲自己早年即鍾情於此，愛書成癖，又因緣際會，書緣甚佳，經過多年的積纍，纔有如此豐富的收藏。回顧最近三四百年的圖書收藏情形，瞭解圖書聚散之大要，我們大概也能知道，唯有書癖者能聚書，祇有真正愛書的人纔能保護書。

我們也知道，如果没有人有意識地收集、保存圖書，任由歷史沙汰，大多書籍都會化爲烟雲。佛家編纂《大藏經》即是一個明證，佛教經典如果没有收入《大藏經》，光靠社會流傳，百不存一。衹有把書聚集在一起，纔能更好地傳布典籍。《道藏》是一個反例，正因爲道教經典的編集不如佛教那麼認真、頻繁，所以《道藏》中缺卷亦復不少。圖書館事業最重要的一個職能就是收集、保存書籍，公共圖書館成立之前，這種書籍典藏事業主要靠私人藏書家來完成（宮廷藏書可以視爲一種特殊的私人藏書）。即便是到了以公共圖書館保藏爲主的時代，文獻的收集、整理、保藏也需要圖書館工作人員具備極高的責任感和歷史使命感，纔能得以完成。在戰爭動蕩的20世紀，趙萬里、顧廷龍、錢存訓等衆多圖書館工作人員，正因爲他們具備了極其負責的工作態度和捨我其誰的歷史使命感，大量的文獻得以保藏至今，而很多的圖書文獻由於未遇有責任感的圖書愛好者青睞，竟烟消雲散，從此湮滅，豈不痛哉。

收集、保藏圖書是圖書館工作人員的責任和使命，徐行可先生又認爲藏書之要在鑒別圖書之精麄，就是要收藏那些有價值的書籍。哪些書是有價值的呢？這就需要收藏者具備豐富的學識，需要認真讀書，纔能具備鑒別的能力。讀書之要在於打好基礎，首先要具備基本的小學功底，其次要熟稔基本經典，這些都是治學之根本。從現在留存的徐行可信札看，他用字遣詞頗爲講究，字准《説文》，讀應《爾雅》，小學修養可見一斑。徐先生這一觀念非常值得當今圖書館工作人員深思。藏書雖然是圖書館工作人員的職責所在，但仍不能放弃讀書，唯有真讀書，纔能真愛書，纔能在重要的歷史關頭保藏圖書。

若論切題，徐先生的意見大概已經完成。但既然爲應徵文需要，還需要敷衍一些文字纔行，於是他把最近舟中讀書筆記拿出來與大家分享。他最近新得影印宋本《容齋四筆》前五卷，作爲一位有藏書癖好的讀者，自然關注的是書中所記錄有關宋代書籍的史料，遂將這些史料分爲十三類羅列出來。我們研究宋代出版史，一般是以現存宋版書爲基本史料，再加上與現有宋版實物有關的歷史記載，例如序跋之類，這些是宋代出版史研究的基本史料。而從筆記文獻中鈎稽出版史料，至今仍不多見。徐先生在文末還提出效仿前人注王應麟《困學紀聞》，來給《容齋隨筆》作注。這種設想雖然他没有親爲，却是給後人留下了一個好的題目。如果能將歷史記載與現存實物結合起來研究，那多少就帶點考古學的研究思路，還能運用"二重證據法"來豐富我們對宋代書籍史的認識。

徐行可先生的《詩經》研究[*]

陳才（上海博物館）

　　徐恕（1890—1959），字行可，號彊諰，以字行，湖北武昌人。徐行可
"幼從黃陂劉鳳章先生學。17歲留學日本，次年以弟喪歸國，自此之後，學
無常師，市書自學，且購且讀，寒暑不輟"①。與讀書相伴隨，徐行可暇日則
往各地訪書，或購或抄，前後聚書達十萬册之多，且肯借予士子閱讀。其藏
書事迹見於倫明《辛亥以來藏書紀事詩》、王謇《續補藏書紀事詩》。徐行可
交游廣泛，與楊守敬、劉承幹、章太炎、黃侃、陳漢章、張元濟、徐森玉、
傅增湘、余嘉錫、楊樹達、高步瀛、陳乃乾、王大隆、馬一浮、熊十力、鄭
振鐸、陳三立父子等諸多著名學者皆有交誼。1956—1959年，徐行可將藏書
全部捐獻國家，對推動湖北乃至全國學術繁榮貢獻甚多。

　　徐行可的主要學術活動開始於民國時期，"日以聚書、校書、抄書爲樂，
一生不改其志趣"②，同時又在高校講授版本目録之學。他精於版本、目録、
小學與金石，擅於校勘，學兼四部，且能通英語、日文，却不輕易立説，因
鮮有著述，而一直以藏書家、文獻學家的身份爲學者熟知，至於其他方面的
學術成就則多爲學界忽視。比如，他在《詩經》研究領域的成就與貢獻，至
今未見有學者作專題研究，今特爲之掘發，以彰明前賢學術。

---

　　*本文爲2017年度國家社科基金重大項目"清人文集'經義'整理與研究"【編號：17ZDA259】
　　　階段性成果。

①　徐孝定：《大藏書家徐行可事略》，《武漢文史資料》1994年第2期，第14頁。
②　童恩翼：《徐行可學行述略》，《不爲一家之蓄，俟諸三代之英——徐行可先生捐贈古籍文物
　　五十周年紀念集》，武漢：武漢出版社，2010年，第135頁。

一、徐行可《詩經》研究的學術成果

徐行可於《詩經》研究頗有心得，而且對《詩經》有一個自成體系的認識。祇是比較可惜的是，徐行可不輕事著述，因而沒有撰寫《詩經》研究的專著，以致他的《詩經》研究久爲學術界忽視。總的來看，徐行可關於《詩經》的三篇專文和《詩經》著作的批校題跋是其《詩經》研究成果；而他的《詩經》收藏也可視作其《詩經》研究成果。

（一）《詩經》研究專文

徐行可曾有專門研究《詩經》的打算，擬好目録或序言，但比較可惜的是最終沒有完成，僅留下三篇專文：《毛詩通度類目》《詩疏楬問序》《詩義申難録序》，均於1936年刊發在《制言》半月刊第22期。這三篇專文是徐行可關於《詩經》的重要研究成果。

《毛詩通度類目》是徐行可擬撰寫《毛詩通度》一書的目録。《毛詩通度》一書擬分文、事、義、通論、別録五類，其中文有异文、本字、詁訓、斠語、詞例、音表、韵部7目，詁訓附毛詩名彙1目，詞例附毛詩韵藻、毛詩文句韵編、毛詩傳箋粹言詩疏隽語、文選文句推本集4目，韵部附詩經韵表韵例1目；事有本事、逸典2目，逸典有孔疏禮説、孔疏考史語録2目；義有序意、傳義、三家義、箋用三家義、箋義、先唐師説、孔疏違義未詳説、後儒發揮、清儒申毛申鄭難鄭廣詁新義9目，附詩義叢抄、毛詩外傳衍2目；通論，附詩帖1目；別録有詩説存佚考、詩説平議、詩説鈎沉3目。該書以《毛詩》爲根本，融會三家詩義，結合歷代《詩》解，對《毛詩》作一系統梳理，形成一部《毛詩》解説彙編。

《詩疏楬問序》是徐行可擬撰寫的《詩疏楬問》一書的序言。徐行可認爲，孔穎達所作《毛詩疏》，"兼綜古義，融會群言"，是後世治《詩經》者需要學習的一部重要著作，而孔疏文辭頗繁，"講業有程限，以之施教，良非所宜"，而又自謙"虛博"，"未能櫽栝疏義，別爲一書，啓學子因陋就寡之習，復不敢以末師碎義雜反之詞，嘩世取寵，令學子觀聽不決，逐奇而失正"，故打算撰寫《詩疏楬問》一書，"循前代成規，依孔疏文句，楬題發問，表其詞，別其事，析其旨，明其例，記阮氏文選樓刊本行格於下，用資究竟"①。

《詩義申難録序》是徐行可擬撰寫的《詩義申難録》一書的序言。徐行可認爲《毛詩》叙傳最古，而"文約，體略"，後儒的解説得失并存，所以他要撰寫《詩義申難録》一書，"今説《詩》宗毛爲主，後儒之書，申成傳義者，甄要，删存，期不繆於原旨"；而對宋明諸儒之説，"不采列，亦不加駁詰"；對清儒之説，則"出其甲乙主名，兩存其語，以明是非，示從違，著一代學術得失之迹"②。

（二）《詩經》類著作的批校、題跋

徐行可抄書、藏書，是爲了讀書。"他自己對所藏之書，也不廢校讀，或卷端，或書眉，丹黃横陳，考證辨疑，并旁徵博引。或作書衣題識，或爲卷末跋尾，以記其心得。這種習慣以至於在他臨終前住院時，還以朱硯自隨，校讀不輟。"③鍾惺批點《詩經》、任兆麟《毛詩通説》、任兆麟《讀小序翼》、楊峒《詩古音》、曾釗《詩毛鄭异同辨》、徐壽基《詩經貫解》、馬其昶《詩毛氏學》、高燮編《蒄經室藏詩經目録》等書均有徐行可的批校、題跋。這些批校、題跋短則三五字，長則數十字，其中體現了徐行可對於《詩經》的認識，表達了徐行可關於《詩經》的一些學術觀點。

（三）《詩經》類著作的收藏

不同於專事研究的學者，徐行可同時也是一位大藏書家，"藏書旨在學

① 徐恕：《詩疏楬問序》，《制言》第22期，1936年。

② 徐恕：《詩義申難録序》，《制言》第22期，1936年。

③ 李玉安：《高風亮節藏家風範　芸編飄香後世景仰——著名藏書家徐恕逝世50周年紀念》，《不爲一家之蓄，俟諸三代之英——徐行可先生捐贈古籍文物五十周年紀念集》，第143頁。

術與古籍之整理、流傳"①，而且"所儲皆士用書，大多稿本、精校本"②，其中一些是稀見版本。他收藏《詩經》類著作是爲了讀《詩經》、治《詩經》，反映了他治學興趣和學術水準所在，因此，他對《詩經》類著作的收藏是他研究《詩經》的直接反映，一定程度上也可視作他的《詩經》研究成果。《湖北省圖書館藏徐氏捐贈古籍珍、善本選目》中選録徐行可藏經部詩類著作中珍、善本28種：明鍾惺批點、明沈春澤校閲《詩經》五卷，明鍾惺評、明林向春彙輯《春秀堂詩經真本》五卷，宋蘇轍《潁濱先生詩集傳》十九卷，清宋綿初纂《韓詩内傳徵》四卷《叙録》二卷《補遺》一卷《疑義》一卷，漢韓嬰著、清趙懷玉校補《韓詩外傳》十卷《補遺》一卷，清周廷寀校注、清周宗杭拾遺《韓詩外傳校注》十卷《拾遺》一卷，明鍾惺評點《詩經》四卷附《卜子夏小序》一卷，明顧起元著、明顧起鳳等閲、明陳光乎等輯《爾雅堂家藏詩説》，明沈萬珂輯、清陳子龍等校《詩經類考》，明姚舜牧著、明姚淳起校補《重訂詩經疑問》十二卷，清李光地《詩所》八卷，清陳大章《詩傳名物集覽》十二卷，清陸奎勳《陸堂詩學》十二卷，清姚炳《詩識名解》，清趙燦英彙輯《詩經集成》三十一卷《詩經圖考》一卷，清張叙《詩貫》十四卷首三卷，清許伯政《詩深》二十六卷首二卷，三國吳陸璣《毛詩草木鳥獸蟲魚疏》二卷，清范家相《詩瀋》十卷，清沈青崖《毛詩明辨録》十卷，清任兆麟《毛詩通説》十三卷首二卷補遺一卷，清傅恒等《御纂詩義折中》二十卷，清王千仞《詩經比義述》八卷首一卷，宋王應麟輯、清胡文英增訂《詩考補》二卷，清胡文英輯《詩疑義釋》二卷，清胡文英輯《詩疏補遺》五卷，清徐鼎輯《毛詩名物圖説》九卷，明陳第輯、明焦竑訂正《毛詩古音考》四卷《讀詩拙言》一卷③；又有稿本1種：清多隆阿《毛詩多識》六

---

①　徐孝定：《大藏書家徐行可事略》，《武漢文史資料》1994年第2期，第16頁。

②　倫明著，雷夢水校補：《辛亥以來藏書紀事詩》，上海：上海古籍出版社，1990年，第115頁。

③　《不爲一家之蓄，俟諸三代之英——徐行可先生捐贈古籍文物五十周年紀念集》，第59—60頁。

卷。《徐行可舊藏善本圖録》著録經部詩類著作8種①，其中《齊魯韓三家詩注》三卷《三家詩疑》一卷、《詩説考略》十二卷、《推小雅十月辛卯詳疏》二卷、《詩毛鄭異同辨》二卷、《毛詩異同説》四卷附一卷、《詩經貫解》四卷6種爲前文所未及。徐行可捐湖北省圖書館的經部古籍有15000餘册②，可推知他收藏的《詩經》類著述遠不止這35種。此外，徐氏藏書中，群經總義類涉及《詩經》者，如《十三經注疏》《五經圖》《六經圖》之類亦有不少。

二、民國詩經學發展背景下的徐行可《詩經》研究

民國時期是中國新舊學術轉型變化的轉折期。受中外文明互相碰撞的影響，新舊文化之間張力凸顯，在互相衝突中互相吸收，新的學術思潮不斷産生，新的學術範式不斷建立。反映在經學研究，包括詩經學的研究上，一些學者依然沿清代學術之餘緒，堅持傳統學術路徑開展研究；而另一些學者則求新求變，不斷探索新的研究路徑。總體來説，民國時期的詩經學主要有傳統經解、專題研究和白話新注三種類型。

（一）傳統經解類

清學貴在專精，清代學者於《詩經》研究，或有專書，或有專文，或札記中涉及《詩經》，取得了豐碩的成果。到民國時期，清代學者的研究方法爲一些學者自覺地繼承下來，他們沿襲傳統學術路徑解《詩》，於訓詁、校勘中解經，闡發《詩》教與經義。具體而言，有馬其昶《詩毛氏學》三十卷、林義光《詩經通解》三十卷《詩音韵通説》一卷、焦琳《詩蠲》十二卷、吳闓生《詩義會通》四卷、徐天璋《詩經集解辨正》二十卷、褚汝文《木齋詩

---

① 湖北省圖書館編：《徐行可舊藏善本圖録》，武漢：崇文書局，2020年，第13—20頁。
② 徐力文：《追憶與思念——記一家三代與湖北省圖書館的情緣》，《不爲一家之蓄，俟諸三代之英——徐行可先生捐贈古籍文物五十周年紀念集》，第147頁。

説》六卷、金式陶《讀詩識名證義》八卷、李宗棠《學詩堂經解》二十卷、林之棠《詩經音釋》、唐文治《詩經大義》八卷首一卷、江瀚《詩經四家异文考補》一卷、丁以此《毛詩正韵》四卷《毛詩韵例》一卷、李九華《毛詩評注》三十卷、廖平《四益詩説》一卷及《詩經經釋》一卷、趙善詒《韓詩外傳補正》附《佚文考》等著作。此外，劉師培、章太炎、羅振玉、王國維等人研究《詩經》，撰寫了多篇專文，也頗有影響。

（二）專題研究類

伴隨着破除經學的學術思潮，學術研究求新求變，新的學科體系逐漸形成，民國詩經學開始了重要的轉型。《詩經》不再被奉爲"經"，而是被定性爲"民歌"，并因而成爲新型學術研究的物件或材料。雖然其中的一些研究并不够深入，不少研究論著也衹是很薄的小册子，但是其拓荒意義，不容忽視。

民國時期，産生了一些詩經學史著作，主要有：胡樸安《詩經學》、謝無量《詩經研究》、金公亮《詩經學ABC》、徐澄宇《詩經學纂要》、蔣善國《三百篇演論》、張壽林《論詩六稿》等。

民國時期，也産生了一些《詩經》的專題研究著作，主要有：馬振理《詩經本事》、張壽鏞《詩史初稿》、謝晉青《詩經之女性的研究》、羅倬漢《詩樂論》、陳延傑《詩序解》、黃節《詩旨纂辭》、陸志偉《詩韵譜》等。

此外，一些《詩經》研究論文形成了比較大的學術影響。特別是"古史辨派"，胡適、顧頡剛、錢玄同、鄭振鐸和俞平伯等人，從文學、史學、社會學等角度研究《詩經》，給人耳目一新的感覺。聞一多則從古文字學和文化人類學角度研究詩經，堪稱巨匠。

（三）白話新注類

伴隨着白話文運動和喚醒民衆的學術思潮而興起，學術普及工作成爲學者關注的一個新方向。

民國時期的《詩經》白話新注著作主要有：施肇曾刊《詩經讀本》附《讀詩日録》、宋育仁《詩經講義》；又有：繆天綬選注《詩經選讀》、洪子良編纂《新注詩經白話解》、陳漱琴《詩經情詩今譯》、李裕光《詩經白話注解》、徐嘯天《分類詩經》、江蔭香《詩經譯注》等。

徐行可擅讀古書，喜評點批校之法，學術根源於乾嘉諸老。而處在民國這一詩經學轉型發展的時期，徐行可獨立不改，堅守學術志趣，不作趨新求變之舉，不事迎合時局之學，而是循傳統經解之途。徐行可治《詩》，有深厚的小學根基，又精於版本目録之學，故與傳統經解類的其他學者相比而言，見識廣博，自有獨到的高明之處。

三、徐行可《詩經》研究的學術旨趣

徐行可認爲，"《詩》三百篇，自《商頌》外，純取周詩"[①]。至於《毛詩序》，他認爲是孔子作，而子夏述而傳之；而《毛傳》，則是毛公在傳孔子之學。由此可見，他堅持傳統學術觀念，以《詩》爲聖人製作，需推尊爲經。他認爲，"諸經傳注，《毛詩》叙傳最古，承師則原諸子夏，故訓則本之《爾雅》"[②]。綜而言之，徐行可治《詩》自成體系，他以宗毛爲根本，且重視師説，遵循家法，但是并不固守《毛詩》，而於歷代《詩》説，亦能兼容并蓄，折中去取，并不偏廢。

析而言之，徐行可《詩經》研究的學術旨趣大約有四：

（一）宗《毛詩》而不偏廢三家

徐行可認爲："毛公生值周季，去聖未遠，述《叙》，作《詁訓傳》，傳其所學，視齊、魯、韓三家義，獨審備。"[③]所以，他明言自己治《詩》以宗

---

① 徐恕：《詩疏褐問序》，《制言》第22期，1936年。
② 徐恕：《詩義申難録序》，《制言》第22期，1936年。
③ 徐恕：《詩疏褐問序》，《制言》第22期，1936年。

毛爲主，而又批評鄭玄"旁采三家"，"學無專主"①。而他擬撰寫《毛詩通度》一書則是宗毛的明證。《毛詩通度》"義"類"後儒發揮"目下，有小字注曰："非申毛鄭義者，不録。"於此益可見其宗古文經學《毛詩》的主張。

然而在宗毛之時，徐行可并不偏廢今文經學的三家《詩》。《毛詩通度》"文"類"音表"目中，"於《鄭箋》用三家義，爲之反切者"，次於陸德明《經典釋文》"所引先唐師説本毛公《故訓傳》作音者"之下②；"事"類"本事"目中，"兼録三家義説本事者"。於此可見他對三家《詩》的態度。《毛詩通度》"義"類中，有"三家義""箋用三家義"兩目，當專門爲三家《詩》而設。至於《毛詩通度》"文"類"詞例"目附"文選文句推本集"目中，"録其本自《詩經》者"③。《文選》引詩，多有用三家者。此則更可見，他不因師説、家法而偏廢三家《詩》的學術旨趣。當然，在他看來，不偏廢三家《詩》，是建立在它們可以爲申《毛詩》的基礎之上的。

徐行可的這一旨趣，亦可見於其治《詩》實踐中。《衛風·伯兮》"焉得諼草，言樹之背"，任兆麟《毛詩通説》引韓嬰説，并注爲"《詩考》引"。徐行可朱筆批曰："《文選·謝惠連詩》注引李善曰：'萱，與諼通。'孫之騄曰：'《選注》二十四又引作諼。'"④王應麟《詩考》所引三家《詩》，多取自《文選注》。任兆麟用《詩考》之説，而未能探其源。徐行可能爲之探源，可知他對三家《詩》有着比較深入的瞭解。

（二）重訓詁而不偏廢義理

徐行可精於文字音韵之學，能事考證，於《説文》《爾雅》等解經之書用力頗深。欲通《詩》旨，則不能不建立在明訓詁的基礎之上。他學承乾嘉諸老，於漢唐諸儒的訓詁之學特別重視。《毛詩通度》"文"類有"詁訓"目，

---

① 徐恕：《詩義申難録序》，《制言》第22期，1936年。
② 徐恕：《毛詩通度類目》，《制言》第22期，1936年。
③ 徐恕：《毛詩通度類目》，《制言》第22期，1936年。
④ 任兆麟：《毛詩通説》卷五，徐恕批校清乾隆刻本，湖北省圖書館藏，第6頁。

"傳、箋中詁訓同《爾雅》者，與异解者，別白言之。釋地理、名物者，附焉"①，《毛詩通度》又有"義"類，是其明證。又，《詩義申難録》與《詩疏楊問》兩書是就毛、鄭與孔之學爲基礎而展開的，也可見他對於漢唐諸儒訓詁之學的重視。

與乾嘉諸老避談宋明、諱言義理不同，徐行可對於宋明諸儒的義理之學并不偏廢。他批評清儒對宋儒的偏見："清儒域於門户之見，於其善言，罕加甄采，即用其説，亦没其名，不著所本。"②他認爲，應該"准理於經，以適於不變之道"③，因而"宋明《詩》説，疏蕪詿亂，人所易審，時有善言，未可悉廢。學者既明古訓，亦應備覽其書，知所從違"④，以便"即經見道"⑤。他還認爲，"宋儒之學，潜味經文，默會聖旨，推及人事，納之身心，達用知本，未可偏廢，以援救今日陷溺之人心，尤爲切要"⑥。當然，他的不偏廢義理，是建立在義理可以"申成傳義"的基礎上的。

（三）主師説而不偏廢遺佚

徐行可認爲，"經意難知，注乃生焉"⑦，雖然注文有不可取處，但是"不讀箋、疏，無以明其（引者按：指《毛傳》）詞旨"，而注文也有助於闡明師説，甚至掘發經旨，於治《詩》而言，十分必要。不同於一般經師，徐行可對於目録學有精深的研究，因此，他對歷代《詩》注的學術特色有着深刻的認識，不特熟悉歷代《詩》注，還熟悉歷代著述中言及《詩經》的内容，以按圖索驥，提要鈎玄。同時，他又以經旨、師説爲參照，以一個一以貫之的標準來衡量關於《詩經》的一些重要觀點和歷代《詩》注的優缺點。比如，

---

① 徐恕：《毛詩通度類目》，《制言》第22期，1936年。
② 徐恕：《與潘景鄭論學書》，《制言》第45期，1937年。
③ 徐恕：《與文甥德陽書》，《制言》第14期，1935年。
④ 徐恕：《詩義申難録序》，《制言》第22期，1936年。
⑤ 徐恕：《詩義申難録序》，《制言》第22期，1936年。
⑥ 徐恕：《與潘景鄭論學書》，《制言》第45期，1937年。
⑦ 徐恕：《與文甥德陽書》，《制言》第14期，1935年。

關於《詩經》的生成，詩經學史上有采詩説、獻詩説、删詩説等觀點。司馬遷《史記》提出孔子删詩説，徐行可深信不疑。任兆麟《毛詩通説》中提及孔子删《詩》、孟子序《詩》，徐行可朱筆批曰："删《詩》，信史，遷説。孟子序《詩》，則誤讀《史記》'序《詩》、《書》'語。"①《與文甥德陽書》中所言"一代正史，雖不可悉信，而以史官去古未遠，文獻足徵，其去取當有所擇從，後人要不可不依爲繩尺也"②，可爲他信司馬遷《史記》之説的注脚。又如，《毛詩序》作者，自來爭議特多。徐行可則堅持認爲，《序》爲孔子所作。他在任兆麟《毛詩通説》中有朱筆批曰："《鄭志》答張逸云：'此序子夏所爲，親受聖人。'高密大儒，語必有據。儻其失實，王子雍寧無異詞邪？吳元恪、陸元朗諸儒豈無聞知，何又仍以作者歸之卜子邪？"他在馬其昶《詩毛氏學》中有墨筆批曰："三百一十一篇之《序》，實子夏述而傳之，故可以作者之名歸之。猶《春秋》本於魯史，不可謂非宣聖手筆也。"③此其大者。而至於章句訓詁細微處，采師説者則自是必然。

在推尊師説之外，徐行可也没有偏廢一些關於《詩經》的遺文佚説。《毛詩通度》"事"類設"逸典"目，"傳、箋中所見史事、禮俗，匯抄存之"，而"箋中以漢制證古制者，附焉"；在"義"類"先唐師説"目中，"它書引《詩》、賦《詩》，斷章取義者，附焉"；"義"類附目"詩義叢抄"，是"前人《詩》説，散見文集雜著中者，録之；不守家法者，存目"；"義"類附目"毛詩外傳衍"，則是"以題非説《詩》，而文中舉《詩》義者"。而"别録"類三目，亦皆是遺文佚説之屬："詩説平議"目，是"依四庫書考證例，條舉清儒平議語於當文下"；"詩説鈎沉"目，是"自唐訖宋"者，而"清儒未刊遺著，其説偶見它書，亦爲存録"④。可以説，祇要是有助於解《詩》的，

---

① 任兆麟：《毛詩通説》序録，徐恕批校清乾隆刻本，湖北省圖書館藏，第1頁。
② 徐恕：《與文甥德陽書》，《制言》第14期，1935年。
③ 馬其昶：《詩毛氏學》卷一，徐恕批校民國七年（1918）上海聚珍仿宋印書局鉛印本，湖北省圖書館藏，第2頁。
④ 徐恕：《毛詩通度類目》，《制言》第22期，1936年。

雖遺文佚説，徐行可也給予了充分的關注。

（四）通經義而不偏廢世用

文字、音韵、訓詁之學與版本、目録、校勘之學是通經義的必要途徑，徐行可能兼通諸學，故而於《詩經》的經義有着比較深刻的認識。但是，他治《詩經》，并不僅限於通經義而已。

1907年，徐行可東游，見到明治維新之後的日本，"以蕞爾國而爲東方雄長，今且以傳宣亞洲文明自任矣。其開拓學術以收政事之利，如影響也"，故而他認爲，學術并不能祇是書齋裏的學問，"處今日而言國學，宜恢擴之，光大之。徒守文之是務，微之末矣"[1]。他不同於一般藏書家的秘不示人，而是將自己的藏書借於人閲讀、刊印，或許是因他有意於傳播學術，爲國家培育人才。

由此，徐行可對古代儒生經世致用予以了充分的肯定。談及漢儒時，他説："故漢世儒者，考成敗之數，酌損益之宜，視已成事，視之於經，有可明也。故曰：通經可以致用。"[2]談及宋儒時，他説："宋明諸儒及當時臣工不爲經解，而其疏奏文集雜著中，依經裁事，闡發義蘊者，宜案經文次弟分寫會編，以明經世致用之方，以綜一代經術之要。"[3]對於清儒，他認可他們在文字訓詁上的成就，但是也有意批評"清儒經説，不無疵纇"[4]；"清代藝文，未有定論。説經之儒，不依先師，義有相伐，持孤文，逞偏詞，以自申證"，屬於"徒説《詩》"[5]。

徐行可治《詩》，不僅在於能通《詩經》中的微言大義，更在於由微言大義以明經術，以求致用。在《詩義申難録序》中，他明言："國之治亂，繫

---

[1]　徐恕：《與潘景鄭論學書》，《制言》第45期，1937年。
[2]　徐恕：《與文甥德陽書》，《制言》第14期，1935年。
[3]　徐恕：《與潘景鄭論學書》，《制言》第45期，1937年。
[4]　徐恕：《與潘景鄭論學書》，《制言》第45期，1937年。
[5]　徐恕：《詩義申難録序》，《制言》第22期，1936年。

於一人之心志，持風化而見諸事爲。生斯世，長斯土，今何時，志何事，何用愚賤如余者曉曉乎？然《詩》以言志，志以見義。《詩》義之廣大美備，固亘今古而不蔽，彌宙合而無間者，用《詩》之道，拔拂今日中國之難，以生，以致升平之治，綽乎其有餘。"① 在《詩義申難録序》的末尾，他自謙道："若曰，以是宣達詩人之志於天下後世，則余豈敢？"此中借《詩經》以用世之真意，其實昭然若揭。更可貴的是，他并不固守前儒所談義理，而是結合當時社會現狀，來思考《詩經》的現實之用。

四、徐行可《詩經》研究的學術貢獻

如上文所分析的，相較於民國時期用傳統方法治《詩經》的其他學者來說，徐行可治《詩經》，已經形成了一個相對嚴密的體系，自有其特色。他對於《詩經》的研究，雖然持有傳統的偏見，以師説、家法爲準繩，也有一些觀點在今天看來，已有值得斟酌之處，但是他在《詩經》研究領域的學術貢獻，則不能不予以表出。

（一）對於《詩經》學史的系統梳理

詩經學史作爲真正的研究物件，開始出現在民國時期。而自《詩經》産生，就有了對《詩經》的研究，也就逐漸形成了《詩經》學史。對《詩經》學史的梳理是《詩經》研究的前提。歷代有較大成就的《詩經》學者，無不對《詩經》學史有着深刻的認識。比如，朱熹就對前代詩經學演進歷程有着清醒而深刻的認識② ；而清儒的《詩經》學史認識，是源自《四庫總目》的。徐行可曾批評正史有"録經籍卷目而不及學術消長"③ 的短處，而他治《詩經》，則對歷代《詩經》演進歷程頗爲究心，熟知其間的學術消長。

---

① 徐恕：《詩義申難録序》，《制言》第22期，1936年。
② 陳才：《朱子詩經學考論》，上海：華東師範大學出版社，2020年，第41—83頁。
③ 徐恕：《與潘景鄭論學書》，《制言》第45期，1937年。

漢唐諸儒治《詩》，在徐行可看來，既有長處，也有不足。《毛傳》審備，"鄭君箋之於漢末，二劉疏之於隋世。唐興，孔沖遠氏承詔作疏，兼綜古義，融會群言，削煩，增簡，辨詳得失。治《詩》者儻取其書，精研覃思，尋其條貫，於經序詞意、傳箋隱略之旨，庶易通曉"①。但是，"以箋、疏論，亦有蔽短。鄭氏旁采三家，間下己意，學無專主。又好以禮言《詩》，泥迹，害志，抵牾遂多。孔氏綜疏傳、箋，於其異同，復有牽掫之失。是徒循誦箋、疏，恐亦不得詩人本誼也"②。

對於宋明諸儒的《詩》説，徐行可認爲，他們能"潛味經文，默會聖旨，推及人事"③，因而"時有善言"④，祇是，"因心聲説，倍經反傳，抨擊舊文，不憚詞費，其失也誣"⑤。

至於清儒的《詩》説，徐行可稱贊他們"説字、釋詞，暢隱，抉微，程功爲密"，"依其説解，文從理順"，但是，也批評他們"第比附詞句，務從齊一，更穿鑿義訓，憙言通假"，以至"師説有不可悉信者，經旨轉晦矣"⑥。

徐行可基於經旨、師説，摒除門户之見，對歷代《詩》注進行了系統的梳理，已經具備了《詩經》學史的意識。他的《詩經》學史意識又決定了他《詩經》研究的學術旨趣。與劉師培《經學教科書》、皮錫瑞《經學歷史》不同，也與民國時期其他《詩經》學史著作不同，徐行可是在一個一以貫之的觀念下，系統而又高度概括地梳理了《詩經》學史。這可以豐富我們對於歷代《詩》説的認識，也可以豐富我們對《詩經》學史自身的認識。

（二）提供了《詩經》闡釋的新方法

民國時期，破除經學，經學已不再是官方哲學，而經典也已不再神聖。

---

① 徐恕：《詩疏楬闓序》，《制言》第22期，1936年。
② 徐恕：《詩義申難録序》，《制言》第22期，1936年。
③ 徐恕：《與潘景鄭論學書》，《制言》第45期，1937年。
④ 徐恕：《詩義申難録序》，《制言》第22期，1936年。
⑤ 徐恕：《詩義申難録序》，《制言》第22期，1936年。
⑥ 徐恕：《詩義申難録序》，《制言》第22期，1936年。

《詩經》怎麼去闡釋、研究，成爲民國學者不得不思考的一個問題。求新求變的學者可以將《詩經》視爲研究物件，多角度地進行研究。而對於堅守傳統學術的學者來説，面對這部先聖遺典，如何闡釋？徐行可有自己的思考。他認爲，"經主意"，"意之是非無定，不易知者，以聖無言詮"①。在馬其昶《詩毛氏學》牌記頁，徐行可以朱筆題曰："肆力於文者，未能説經也。"②此説之是非得失姑且不論，顯而易見，他不認同桐城後勁馬其昶説《詩》的方法。其中也反映了他對於《詩經》闡釋的態度。

徐行可《與潘景鄭論學書》曰："昔者魏著作淵與陸法言論韵曰：'向來論難，疑處悉盡。我輩數人，定則定矣。'此在今日，經言奥賾，史事放失，前儒已發揮殆盡，網羅無遺。我輩無以取勝古人，儻修軌守文，有所就成，出稿取質，礪短引長，言之無隱，敦直諒之誼，資輔仁之益，則著作之語，尚其庶幾。"③《詩經》言辭奥賾，又存乎大義，然經孔門弟子而漢唐諸儒、宋明諸儒以及清儒的闡釋，兩千多年，已"發揮殆盡，網羅無遺"。在他看來，生當民國，闡釋《詩經》，已經不能再創新義，衹能"修軌守文"了。其實，這個觀點，他在《詩疏楬問序》中已經表達了："未能自審於是非，故不敢率爾成言之，而漫下己意，出之於文，以輕詆前修。語夫理董之業，將以竢諸達者。"④再從《毛詩通度類目》來看，《毛詩通度》一書正是在理董前儒之説，以闡釋經旨、發揮大義。

經義方面，不在意提出多少新穎可喜的新解，而重點關注對舊説的系統梳理。在當時，徐行可此舉無疑提供了《詩經》闡釋的新方法。他道夫先路，直至今日，此一方法仍在被學者使用，發揮其獨特的學術價值。今人已不立門户，更不必在意師説、家法，勾稽文獻，理董舊説，彙編成書，産生了諸

---

① 徐恕：《與潘景鄭論學書》，《制言》第45期，1937年。
② 馬其昶：《詩毛氏學》，徐恕批校民國七年（1918）上海聚珍仿宋印書局鉛印本，湖北省圖書館藏，牌記頁。
③ 徐恕：《與潘景鄭論學書》，《制言》第45期，1937年。
④ 徐恕：《詩疏楬問序》，《制言》第22期，1936年。

如劉毓慶《詩義稽考》、魯洪生主編《詩經集校集注集評》、夏傳才主編《詩經學大辭典》等巨著。

（三）開創了《詩經》研究的新路徑

民國時期，社會丕變，思潮紛起，道術已爲天下裂。雖然有經旨在，師説可尋，家法可宗，雖然通經致用的學術風氣仍在繼續，但是通經以明道的學術路徑則難以爲繼了。在發生了巨大變化的社會格局下，《詩經》能發揮什麽作用，如何繼續發揮其應有的作用，這關乎《詩》教的存在意義，也關乎學者堅守傳統學術的意義。

徐行可在《詩義申難錄序》中説：“兹於説《詩》，纂修前緒，不欲迎合風氣，掃弃舊文，蒙蝕經誼，假以致余志焉已耳。”[①]這是他對自己《詩經》研究路徑的夫子自道。他有着深厚的學養，足以通經。萬變不離其宗，要研究《詩經》，必須以深厚的小學和文獻學知識作爲疏通文義的前提。而至於《詩經》之用，在他看來，已不必爲了“宣達詩人之志”，祇要能够藉以“致余志”即可。這是他在對社會現狀有足够瞭解的基礎上，爲致世用而作出的回應。這樣一來，傳統的《詩》教就可以生發出新的價值和意義，以爲時事所用。實際上，徐行可基於現實，開創了一條《詩經》研究的新路徑：“微言”宜古宜正，“大義”宜結合現實。

這一新的路徑，於後人研治《詩經》，亦頗有借鑒意義。當時代不斷發展，社會格局發生新變，古老的《詩經》如何焕發新生，在社會中發揮什麽作用，如何繼續發揮其應有的作用，這是擺在每一個《詩經》研究者面前的新課題。

致謝：本文所用徐行可相關資料，得到了湖北省圖書館馬志立博士的熱情幫助，謹致謝忱。

---

① 徐恕：《詩義申難錄序》，《制言》第22期，1936年。

湖北省圖書館藏徐恕書札

劉水清（湖北省圖書館）

　　徐恕先生爲中國近代藏書家，一生以讀書聚書爲樂。先生與諸多學者、藏書家交從甚密，信件往來亦繁。虞坤林先生曾整理《徐恕致陳乃乾信札十八通》，爲學界揭示了新資料。今從介紹館藏出發，對湖北省圖書館藏徐恕致陳乃乾函十三通（其中一通爲虞先生文章所未收）、致盧弼函四通進行釋讀，并附上海圖書館藏徐恕致陳漢第函四通於後，以資相關研究參考①。

一、致陳乃乾

第一函

乃乾先生大鑒：旅次得瞻光儀，無任欽企。歸後復奉賜書，曷勝感謝。人事牽率，未遑箋候，甚罪甚罪。翁閬仙之顧校《輿地廣記》仍以六十餅得之，過寧又得孫淵如手輯《春秋長編》，用意同明人《春秋別典》而加詳，亦同馬氏《繹史》，而體則編年。暇時當迻書其凡例呈覽也。大著《年譜》、《書目》二録何時脱稿，亟盼賜讀。尊印《江蘇金石志稿》、《曲苑》廿種……直乞教示，以在書店買之必較昂也。寄上《榕園詞韻》、《文選通假字會》各四册，聊答雅意，乞哂存。别附《文選字會》

---

①　本文將原文之异體字改爲正字，整理表附後。行間小字用括號括出置於對應正文後。殘缺處能確認字數者，以“□”代表一字，不能確認者，用“……”標示。

一部，乞代轉贛樸安先生。《國學》第四期未能浣讀，如有存書，乞以一册見惠。叩手上，敬叩

著安

弟徐恕頓首上

廿六日

第二函

乃乾先生大鑒：前奉惠書，并承鈔補《墨子刊誤》闕葉，適有室人之喪，喪事粗畢，復染沉疴，經月始瘳，致忘裁復。近讀十一月杪手帖，審有中國學會之設，先生抗志希古，傳布故書，至爲欽遲。恕不學無文，不足任厠於諸君子之列。前蒙許賜《諸子校注》，以裝釘未完，未付郵筒。十書中恕所無者惟《管子識誤》、《吕覽正誤》二書，如蒙寄惠，無任感謝。學會周刊能并郵賜，尤紉高誼。陳觀樓尚有《淮南正誤》，恕寫定未刊，譚仲儀《淮南舉正》，恕亦迻書一本，如先生更擬續印子書校注，當以相假。今日由郵寄上《聖門名字纂詁》、《九水山房文存》（海原閣本）、《周秦諸子叙錄》三書，都五册，奉詒，乞哂存。別上江山劉氏本《鄧析子》一册，後有譚復堂校記，恕於友人處見先生近印《鄧析子》無此校記，應補印裝入。先生歷年所印各書，能鈔示價目寄示尤盼。匆復，手叩

纂祺

弟徐恕拜手上

十月廿七日

第三函

乃乾先生左右：奉手帖，審貴體違和，近已復元否？念念。承寄來《文淵叢書》二部，已領，祇謝。貴會前印錢十蘭《十經文字通正書》，恕前書定購三部，今更添買一部，近想已印就，乞寄四部來。先生與徐積餘先生極稔，積老有迻書錢警石先生《兩漢書斛記》，能借印否？如貴會中人以是書爲可付印，恕當附入銀晌鉼作印資。貴會經售書目已印好

未？此間有人擬印楚學社刻孫中容《周禮正義》，不知可成否？以校者恐不得人也。先生常往來羅子經家否？其弟三女公子性行何若？乞示。手上，敬請

著安……

第四函

乃乾先生大鑒：過滬匆匆遂行，未及趨候，以文華書林學生編寫《禁書書目撰人韵編》一册，托石麒兄轉上。此書先生所見有出鄧氏印本之外者，晞爲補入，訛文挩字亦乞校正（先生迻録後，乞與前借《鄧析子》同寄南潯爲懇）。《測海書目》、《越縵日記》編印何時可畢？極盼賜讀。書直當托石麒兄代上。匆上，敬頌

著安

弟恕頓首上

三月八日

第五函

乃乾先生左右：春來想文祉與時增勝。承惠大著《室名索引》一册，祇領極謝。去歲假讀尊校《施注蘇詩》十册，敬托中國書店主人飭裝書衣繳上，乞察入。趙斐雲先生臨校其師静安先生《水經注》校本，已得迻書。扈瀆昨年所見孫淵如先生校本，此書今歸何人，乞撥冗教示。楊惺老門人熊固之先生理董此書，疏稿已大體完竣。恕從謄鈔，亦成卅餘卷，尚未校，其考文脉水，竭畢生之力，當視前人爲密。孫氏校本除原書藏莫子偲家外，據《敬孚類稿》云，有劉彦清、薛庸庵及蕭氏迻書本。王葵園合刊《水經注》，又取以散附注文下。所慮者王氏所據爲敬孚傳録本，恐有挩落耳。先生儻能假得孫氏原稿，依王本勘對，亦掃落撲塵之功矣。還書奄滯，率意布謝。敬頌

著祺

弟徐恕再拜

三月五日

第六函

乃乾先生左右：奉別忽已半載，此間求心好異書如足下者絕不可得。回憶去冬三謁高齋，晤言之樂，無任悵惘。張君冷僧近來此間，云在北平手鈔管芷湘《花近樓叢書》、《朱一是集》兩巨帙，而其本未存行極。恕今年僅得張古餘刻《儀禮疏》、周耕厓《循陔纂聞》（傳鈔多誤字）、許珊林寫刊《字鑑》。不審清閟異書又增幾許？馮登府《石經閣遺著》副本承許相分，能示價否？高吹萬先生《詩經説解書目》已印未？近由蟫隱廬以新印山陽丁韵漁（顯）遺著三部（每部八冊），分詒高先生、姚石子甥舅及足下，不審均收到否？去冬以傳録嘉業堂本《後漢書》全帙寄上，敬托代假姚君藏本補其未完具者。如蒙借到，求并前寄之書，統付欣夫兄轉寄南潯書手謄寫。手書奉懇，伏乞荃察，敬頌
儷祉

弟徐恕再拜
六月八日

第七函

乃乾先生左右：前承手帖，以漢代邊郡都尉官制見詢，又云周自庵謂一郡四都尉，其言無據。恕檢陳樹鏞《漢官答問》，不云一郡有四部都尉。周自庵書置舊宅中，未易檢取，因以問諸楊遇夫、余季豫二君。楊君云：強汝詢《漢州郡縣吏制考》論之甚詳。余君云：前漢會稽之錢唐爲西部都尉治，回浦爲南部都尉治（以上均見《漢志》）。鄞爲東部都尉治（全謝山、吳頊儒、王葵園皆有此説）。此與隴西郡之南部都尉、酒泉郡之北部都尉等官稱正同，而與天水、安定、上郡、西河等郡之屬國都尉不同，皆所謂邊郡都尉也（會稽傅海亦邊郡）。又《吳志·虞翻傳》注引《會稽典録》朱育云："元鼎五年，除東越，因以其地爲治，并屬於此，而立東部都尉，後徙章安。陽朔元年，又徙治鄞。"《續漢郡國志》云："章安，閩越地。"朱育以爲元鼎五年除東越（年月有誤）。《宋書·州郡志》亦云："漢武帝世，閩越反。滅之，徙其民於江淮間，虛其

地，後有遁逃山谷者頗出，立爲治縣，屬會稽。後分治地爲會稽東南二部都尉，東部臨海是也，南部建安是也。"楊子雲曰"東南一尉"，孟康注舉會稽東部都尉爲説。蓋爾時王化所及之遠如此。若内地諸郡，都尉不分部治民，故無東西南北中部等號，即邊地亦非一郡之内五部都尉皆有之，因地設官，辨方定名，此其大較。恕檢强汝詢書，邊地一郡有三部者，如朔方、五原、雲中、定襄、代郡，皆有中、東、西三部；酒泉有東、西、北三部；西河有西、南、北三部；會稽則强氏僅列有西、南二部，依朱育説則更有東部也。一郡而有四部、五部者，史文無徵，未敢逞肛言之。錢文子引《史記大事考》，疑東萊吕氏《大事記》。先生續考，有前儒舊考所未備者，尚乞教示。承約購《廿五史補編》，出書時晞示書價、郵費若干。《國史經籍志》四部均收到。中國書店近聞虧累甚巨（幸爲祕之），寄售書籍，不審債權人强取抵款否？便中晞惠示。郭君石麒、唐君秉之治店事精勤，何以致此？手上，敬叩

著安

弟……

七月七日

第八函

乃乾先生大鑒：東游得聆塵談，甚羨海上多出异書，常親雅士，此間則不易覯也。前日郵贛《金正希年譜》、《易實甫墓志》各一册，康更生母夫人碑拓本二紙奉詒，匧中別有《金正希年譜》鈔本一册，亦檢奉清鑒。承命唐醉石君篆印二石，今日介城隍廟東梧桐街永古齋碑帖店主黄小玄之兄齎寄，即托黄君面呈，并附寄《後漢書》拾陸册，迻寫錢警石校語未竟者，儻得先生與姚石子君商假所藏副墨轉鈔，即乞以兩本代付約翰大學王欣夫君，寄南潯嘉業樓施韵秋君付前書手録之，則全書可一律也，無任企懇。承借《胡安定年譜》，得小兒書云已録畢，已屬其寄回一校，年内可還之。清閟別有書跋二册，當遲之來年，想能蒙惠許也。高君《詩經類書目》印就，乞爲購寄一部。大著《別號録》何日能合裝

成書？先生治學孟晉，書樓復有麗侶，清艷之福叢於一身，視恕之徒對
故書者若霄壤矣。歸來俗務叢脞，熊固之先生復命理董《水經注疏》稿，
恕於水地無所究心，僅能商榷義例，厘正文字而已。率白，敬頌

儷福

弟徐恕頓首上

十二月廿……

《廿五史表志補編》價尚未能寄奉，乞……

第九函

乃乾先生左右：前肅復一箋，并寄上熊方《後漢書補表》三冊（桐華館
本），練恕《多識録》二冊（自刊本），奉詒楊惺吾丈《漢書地志補校》
一冊，均托中國書店代呈。頃得龍君榆生寄還《國史經籍志》（陳汝元
本、恕手校本）各一部，《唐折衝府考》（丹鉛精舍本）二冊。勞考即《鄦
齋叢書》本亦可用，焦志則《粵雅叢書》本脱誤甚夥，恕以手校本示
之，開明何未采用（影印古書究以商務書館爲稍當行），則熊方、練恕
二書上海當不乏印本，即乞郵還。如開明未得他本，必用寄去之本付印，
求令毋污損。開明借書，例酬《補編》全帙五部，恕第求字典紙印本全
帙一部爲懇。匆頌

著祺

弟徐恕再拜

五月廿五日

〔此間友人未買開明《廿五史》者，在四月後（五月中）定買《廿五史
補編》，豫約券價十八元，倘托買字典紙印本，何價，乞示。廿七元能
得否？《□□文選》能寄示否？〕

第十函

乃乾先生左右：奉別已兩改歲，得讀大著《年譜目》、《別號録》二書。
邇來有它纂述否？東坡詩云“火急著書千古事”。舊京危急，河以北無
堅城，利於戰車，空中機艇又可震撼南國，吾儕未能執干戈衛鄉土，惟

冀筆耒墨耕之餘，不與烟埃俱滅而已。前托代假姚石子君藏迻鈔錢警石《後漢書》斠語，以恕所録自嘉業堂未完本，全帙存庋高齋者，經歷兩春，未蒙轉寄南潯劉氏書樓施君韵秋寫副，因請於高吹萬丈，乃得姚君惠許，謹以原箋奉覽，并托姚虞老取寄兩書。長男孝寬在北平，録其師《三禮書疏》識語，今則朔南阻隔，更以鈔畢此書爲念，先生能不見哂否？率候

纂祺，不具

弟徐恕再拜

七月十七日

第十一函

乃乾先生左右：前承購致《詩廣詁》、《別號録》二書，甚謝。以江水大上，迻遷書櫥，酷暑彌月，患熱病困。前借大校《蘇詩》，録竟未校，遂遲裁答。入秋當對勘寄上，乞賜寬假。富晋書社前擬印行尊輯《越縵堂讀書記》，已出版未？承示齋名、別號二録，已寫定否？葛萬里《別號録》從戚友余季豫（嘉錫）假得鈔本，如先生未之見，當先以奉覽，竢閲畢更録副也。孫淵如校《水經注》後歸何人？中國書店第九期目有王峻《漢書正誤》，飛書購取未能得，托郭君石麒借鈔又不得，先生能爲代謀否？覆秀州本《文選》，視《四部叢刊》本何如？直若干？恕在南潯曾命人以贛州本校於《叢刊》本上，高君閬仙借閲以還小兒，尚存北平行篋中也。近見嘉靖中張大輪刊《唐文粹》，印本不精，小靳其價，遂未買得，亦以許榆園本用之，佳處必已依之是正也。《夢窗詞校箋》三册，托中國書店代贈，收到否？匆上，敬叩

著安

弟徐恕再拜

八月廿一日

第十二函

乃乾先生大鑒：前奉孟月五日手帖。恕南歸後，胃疾增劇，偃息在床，

近始就痊。齒危牙齻，醫者爲悉拔去，迄今浹月，尚待齒肉緊縮，方能裝製僞品，頗極委頓。以是於先生生日大作久未賡和。春杪友人自杭來者，鈔示馬一浮先生生日詩，詞意愔痛。昨理故牘，乃復見之。積雨新霽，謹次答大雅來唱，初稿寫上，伏乞審正。匧中無嘉陟厓，詩既醜惡，書迹尤劣，遂未別謄，實不足存也。壽馬先生詩，兒輩副墨，謹呈教削，尚未郵呈馬先生也。蘇君繼隴在京，去年方獲奉手，見所藏何屺瞻評《兩漢文鑑》，翁正三有跋尾，不審能相分否？如可，乞垂示。匆上，敬頌

吟安

徐□拜白

五月廿九日

第十三函

乃乾先生：恕病數月矣，近十餘日嘔吐不止，體力益衰憊。臥疾中讀報，知

大雅輯《清代碑傳文通檢》，此間新華店中竟無售者。恕自去年三□辭去科學院百五十月薪，僅……屋租不足自活，能否惠賜《□□通檢》一冊，是所企禱。大雅……文已買得一集冊《蜀山集》……本集內僅文……有其與他……耳。《南雷詩曆》四……三卷，恕得第四卷……同印亦大佳也。尊意如同鄙……清鑒手頌（先生……大著《遼史索隱》閱畢□見還）。

公綏

徐恕拜白

蘇寄隴先生近何如？周雲青兄處有恕前寄《玉臺［新］咏》原刊本，能爲賣得八元否？以抵大輯《碑傳文通檢》書價及更擬買新印《三家注評李長吉歌詩》之類。何如？

二、致盧弼

第一函

慎之先生左右：前承誨帖，審欣夫以廿年前致余季豫君手簡寄示。恕庚寅北游，已四改歲。欣夫於代向陳乃乾君處取回迻録錢警石《後漢書》校語，寫於金陵局刊宣紙印本上，用銀鉼數十鈑者，則云存之來青閣失去（爾時何未郵致，爾時重二公斤，單挂號作五包計，郵資不過一銀鉼，以致季豫兄寄去者内記鈔資數十元故也）。於所選京山易先生（本烺）《紙園筆記鈔》四册，則云抵認彼所輯印叢編股款〔此事未能詳記，即容有此事，必欣夫許以此書印入叢書中，故未寄股款。股款每分不過十鉼，今時閲廿載，欣夫既食言未印，願以官帖十購版收回（稍多亦可）〕。於借去鄭子尹先生《親屬記》三種，周子美兄於庚寅年爲彼代復一箋，則自承書存彼手，今已星霜四周，未以一本見還，則又何邪。先母逝世時，收致戚友賻金銀鉼四百數十鉼，悉數寄之，爲助刊張先生（錫恭）《喪禮鄭氏學》費用。已刻之數卷，未以印本寄惠，固以金君松岑遲滯致然，欣夫一人不應受過，豈其医衍中絶無此書印本乎？即云印本存國學會，則有版片權歸其受持，恕出銀四百數十餘鉼，得一刊刻未竟本，亦不以相遺乎。如此爲謀不忠，久假不歸，更以恕索書寄去與季豫兄箋寄示先生，以加中傷，此固士君子之行乎？恕未請罪者，輕俄之咎，實難自逭，惟冀俟大雅弛怒時，恕其廿載前愆耳。來京已逾兩月，購入書數百種，負債已數百萬官帖，處無如何之時，直不可爲之地，而極不得已忘，冀以嘉惠鄉邦學子耳。手叩
大安

徐恕再拜

第二函

慎之先生左右：月前寄上尊刻《擊筑餘音》一册，當已達覽。恕夏杪來

京，得家中轉來大札并王君欣夫原書，已早函復，具道下情。恕性雖婞直，與儕好相處，務竭其誠，未敢漫爲開罪。書籍通假，期其傳布，未嘗扃其珍祕。王君借去之書無一册見還，又何能望此心迹邪！客中得《擊筑餘音》一册，乃與明内監王永章《甲申日記》、《乾嘉詩壇點將録》合刊，不署付梓人名氏及其年月。嗣得尊刻，因取勘對寄上，敬乞先生別以尊刻清本二册見惠。一自庋藏，一以後更得一傳寫本，南歸後可録其異文，別以奉（賈鳧西曲、熊次侯《無何集》，儻餘多册，亦晞各以一部分惠，以尊札曾許以《沔陽叢書》後贈也）鑒定也。恕淹滯都門，幾及半載，購入書千數百種，多短書小帙，擬踵先生昆弟儲書建樓，嘉惠來學盛意，世局滄洞，未審能副所願否。與人爲善，非所望於今之人，固莫如何也。敬頌

冬安

徐恕頓首拜

十二月八日

賜書敬乞寄漢口黄興路華實里三號。

第三函

慎之先生左右：前奉三月廿四日手賜露箋二紙，恕適以病胃淹滯床蓐者逾月，家人未以相示。近始就痊愈，乃得披誦。辱雅誼殷勤，垂念迂朽，撫己恧報，作答稽遲，既深感荷，復滋歉仄，幸乞鑒原。恕自廿年冬杪辭去輔仁教事，自揆庸虚，杜門息景，歲僅五稔。倭寇内犯，武漢淪陷者八年。艱貞自守，雖利誘威脅，不爲效奴虜，仍爲其囚禁者十日。幸平生未效一官，更耻民黨政客傾側之行，有所不爲，有以自解，得脱於厄。逮倭寇乞降，民黨欲羅致名流，陽奉虚禮。恕本以治學爲職，志迂闊成性，復自審非政事材，堅却其請，且決其失政失民，必危禍國家，欲絜其身，而能失其所守乎？今值新運，設施大政，於舊革去民黨粃政。吾儕小人，惟冀國勢日强，世局早臻寧謐，得修先人素業，終此餘年已耳。令兄木齋先生，前於京中刑部街設館藏書，主其事者何人，書

經喪亂，得全其有否？恕有書六百櫥，幸未亡失。前年冬杪，武漢大學
一教授陳君爲言，校中所藏舊書方志外無多册籍，意欲從恕乞借。恕欣
然願以書四百櫥存之校中，惟移運費須近二千萬。校中生徒，目前尚無
閑晷研治中土故書，至今未有成言也。前去都門，與先生相別時，承許
以奉詒之陳愚谷先生《湖北舊聞録》廿六册見還（後得一册托余季豫姻
兄送呈，曾奉白當收到），不願與孟叟壽生所鬻奉者析而爲二，故未收
受。今重付印行爲不可能，即依它本補成完帙，亦無此好事者爲之。兒
輩多未入學校，尚能楷寫，惟家人廿一口，艱於生事，未能以數人竭日
力以速成此閑業也。粗白賤狀，當嗤其癡頑如恒耳。大著《國志注》聞
已印，能賜讀否？手叩

著祉

弟恕拜

恕武昌舊宅在武昌者毁於寇，前年賣一地重葺之，未能畢工，尚可住，
現爲市府後街卅五號。

第四函

慎之先生史席：奉讀四月十三日誨答，具審此廿年來蔽陬寇難之中，遘
罹死喪之戚，情有獨至，故詞有餘哀。惟念共業難回，耄期有盡，此皆
無可爲計，豈宜以之厝懷。事出非常，理有大斷。欲相慰解，亦祇能以
此等語相抑勉耳。清閟圖籍，未全其有，竟違素心。幸以善本歸之上庠，
嘉惠來學，良爲德舉。尚得半價，可資存濟。恕許以藏書四百櫥借與武
漢大學，存之永遠，不索一錢，訖今不爲迻運，未有成言。兩相持較，
所感爲何如邪。承示唫稿，名篇如温詩一律結語，與陸放翁詩所云“愈
老愈知生有涯”，情韵適同。隽語如“天壤留斯文，异代成知己”，“購
方同疾苦，何必問微軀”，“治家惟汝賴，疾惡（恕正坐此取憎於人）勸
余寬”，“舉世盡作没字碑，腐儒應悔術不擇”，都爲雅音，可共欣賞。
它詩則多出之率易，未加被飾，途增篇什，終以自釀謿詞，甚無謂也。
放翁詩近萬首，古今詩人無以過之，而理致未深，格律未閟，在當代未

能絜比蘇、黃二家，遑論唐賢古先。恕近擬製七印，輯其律絕成短咏卅二章，以當題詞，鎸之石側，爲兒輩勸學之箴。餲犢之情，所不容已也。寫本與曩作壽頌一篇，和詩一篇，輯山谷詩壽文一篇，《論語首章講疏》一册，別函郵呈，伏晞教削。大著《國志集解》，程功爲密，姬己墨版，以絀於貲力，未能印布，大足惋惜。《續解》二卷尚未定著，願爲勘對，任校字之役。恕意先生於《集解》初編，最錄儒先遺著未刊布者及自下己意者，重爲要删，錄成別册，亦爲盛業。愚谷先生《舊聞錄》承　惠賜，不敢辭，未死餘生，於鄉國故實資以披誦，擬加補訂，或視前此官書爲較審慎。臨書致謝，手頌

著祉，不既

令孫女芳名爲何，年若干，在輔仁何系，已字人否？敬問。

弟徐恕叩白

第四函附

禹貢暨職方，疆理庳敷寫。後史繼前輟，記緜而志寡。

愚谷稽邦乘，纂言擇尤雅。實齋聘誇詞，虛娸固難假。

獨茲巨帙傳，筆精無囂惰。流布托賢昆，宿諾期必果。

廿載兵戈中，幸脱咸陽火。半珪成全璧，寵錫實忝荷。

藏山與傳人，二者繼少可。忍古銷塵埃（東野句），我自寧作我。

愚谷先生《舊聞錄》，辱以全帙見詒，訂補之責，欲罷不能，願陳力竭才，以紹先軌。若傳播原書，非所任已。《太白集》日前已以劉氏蓉峰寒碧莊藏王琢厓注卅二卷初印本（定本爲卅六卷）郵贛，計可入覽，不足答厚貺於購一也。先生際茲屯蹇，逸興遄飛。恕不嫻韵語，不能不露其醜拙次來韵。敬乞慎之先生教削，恭叩

吟祺

大稿二紙兩半幅函上。

弟恕頓首
七月十三日

附一：致陳漢第（上海圖書館藏）

第一函

伏廬道長左右：去冬倉卒南歸，闕爲面別。近惟起居安穩，文字歡娛，當符心頌。恕南下過厈瀆，阻兵兼旬，故辭去北平教事。去夏漢皋被水，寓中書籍部帙散亂，整飭不易，故一時未能北來。昨將福庵兄托寄楊君印稿郵上，敬睎轉致。其寄先生紀年印一，竢北來時面呈。去臘曾赴南潯，於周夢坡家得其所藏温體仁志石打本二紙，敬贛清鑒。文字不足存錄，以與明代史事有關，翏爲清閟石刻文字增一目耳。手白，恭叩

近祺，不既

徐恕頓首再拜

四月一日

第二函

伏廬道長賜鑒：辱惠書，審前箋已徹清覽。恕牽於家事，月內未能北來。福庵篆紀年印仍以付郵，令小兒齎呈，附寄吳讓翁刻陶泉明語六字印奉詒。以先生玩古興藝，優游閑業，晉賢逸致，庶其企而（泉明詩"息交游閑業"，"閑業"二字與常用印文"清課"云者詞旨略同，恕曾摘以入印）。陶語雖以狀雲，亦以自況，雲以精運，變化靡窮，舒卷無際，翏爲引年之頌，藉此將微意也。誕降之辰，未審在何月日。爾時儻已北來，當升堂致祝，謹白下忱，敬睎德音。前聞柯君燕矜言，清閟續獲珍印，編次成譜，後不減前。生日前若能都爲一集，以延古驣，綽景福，昔人糜壽之圖（阮伯元、張叔未故事）未能嫥美矣。臨書翹企，順叩

近祺，不既

徐恕頓首再拜

三月十三日上

第三函

伏廬道長左右：前損手帖，審將南轅旋里，必取道津浦。此間淫雨纍月，

江水大上，恕不敢驟爾北來。先期祝嘏之意，或遂托之空言，怊悵無似。尊藏珍印正、續兩輯先後曾蒙惠賜，承示傳印新集之意，廛肆之人難語此事。俌之固在中華書局，其傳古之心或不及局中人耆利之情爲甚，即其踵效商務書館《四部叢刊》成事，印行《四部備要》，而以聚珍版爲之，又豈類八千卷樓後人行徑邪。以此擬托轉懇楊君軼庵複製新集一帙見貺，郵呈吾家《楚金說文韵譜》二册、吴荷屋《筠清館金文》五册，敬乞代上楊君，憀致微意。楊君志在印人，必於篆籀深究其奥。雖朔南千里，未相晤言，其取徑致力，當與鄙見闇合也。（去年夏在南潯，周夢坡弟四孫名世求者以所爲印譜求題，摹吴倉石法式頗肖，口占五言一首答之，書從箋尾，公見之必謂恕以壯聆犟敎老人口睄也。）別上

［後闕］

第四函

伏廬道長清鑒：郵人送到手帖并惠賜印集，敬拜嘉貺。先生犀遲舊京，無事爲貴，《續集》成後復得印如許事，不令失之海外，閟之駔儈之手，其功匪細。今之典守故宮古物者，有以盜鬻而受攻訐者，有主斥賣以易軍械者，報紙纍載其事，其人喪心病狂，爲何如也。恕蟄居蕃街，碌碌無可告語，邇來僅得宋槧林之奇《拙齋集》殘帙二卷，明陳燿文《花草粹編》一部（此書印本罕見），漢胡氏鏡一枚（文尚可讀）。舊藏書畫均將以之易錢。近賣石谷山水一軸，七十歲作，得直三百餅，以償書債，失此得彼。時局如斯，即書恐亦未能終保也。福庵兄仍居滬瀆。近數月中，爲致印潤銀五百餘餅。此間印石可用者尟，得寓目能用印者百不得一，此後想難爲介說也。生值斯世，資生之途不易。奈何，奈何！惟有節嗇衣食，終日杜門，時温故書以自媮樂而已。肅致謝忱，敬叩

起居，不既

徐恕頓首謹白
九月二十二日

軼盦道兄前，乞代申候，恕未嫥啓。

附二：异體字整理表（"[ ]"中爲原文用字）

徑［逕］	附［坿］	藏［臧］	叟［俊］	輯［計］	聞［晉］	繫［絫］	犟［勞］
罪［皐］	第［弟］	巨［鉅］	毀［燬］	詞［習］	散［栿］	堂［坐］	罕［罘］
淵［𢆤］	叩［訊］	并［竝］	年［秊］	懷［褱］	玩［翫］	左［ナ］	實［寔］
著［箸］	沉［沈］	污［汙］	難［鸃］	集［亼］	興［嬹］	右［又］	侯［𠈉］
録［泉］	畢［畋］	遂［豖］	死［夗］	最［冣］	藝［萟］	複［複］	歡［懽］
假［叚］	纂［纂］	以［㠯］	獨［獸］	峽［裌］	略［畧］	雅［疋］	夥［祼］
答［畣］	處［処］	亂［𤔔］	毫［毫］	疆［畺］	集［欁］	奥［寁］	床［牀］
曬［㲋］	考［攷］	研［硏］	違［敳］	幸［㚔］	拜［捧］	杜［敚］	嫺［嫻］

徐行可藏《通俗編》黃侃手批本的文獻價值

杜朝暉　　祁毅（湖北大學）

　　《通俗編》，清翟灝撰。作者往來南北十許年，采集各地方言俗語，録得五千餘條，分類編次，共三十八類①，計三十八卷。該書積纍宏富，考據精詳，所采内容均分條列目，每條之下，或考證源流，或詮釋詞義，具有極高的語言學、民俗學價值。

　　國學大師黃侃與著名藏書家徐行可交誼甚好②，曾從徐行可處借得《通俗編》三十八卷十二册③，并批注其中500條俗語。這些批語不僅可以作爲閲讀、研究《通俗編》的有益補充，也是研究黃侃生平學術的重要材料。

　　《通俗編》黃侃批語的研究，近年來逐漸被學者關注。如《通俗編》語言學角度的研究，曾昭聰、劉玉紅兩位學者就頗有建樹④，而民俗學方面的相

---

① 據《通俗編》清乾隆十六年（1751）無不宜齋刻本（亦即湖北省圖書館藏本），這三十八類分别爲：天文、地理、時序、倫常、仕進、政治、文學、武功、儀節、祝誦、品目、行事、交際、境遇、性情、身體、言笑、稱謂、神鬼、釋道、藝術、婦女、貨財、居處、服飾、器用、飲食、獸畜、禽魚、草木、俳優、數目、語辭、狀貌、聲音、雜字、故事、識餘。

② 黃侃在寄給徐行可的書信中稱："昔與閣下同居武昌，首尾八載，知予貧窶，每值人間秘笈，無不借觀。塗污不以爲愠，久假不以爲嫌，即此一層，交誼已厚如山岳矣。"見黃侃著：《黃季剛詩文鈔》，武漢：湖北人民出版社，1985年，第76頁。

③ 黃侃：《黃侃日記》（上），北京：中華書局，2007年，第198頁："五日（廿五日，月曜）……眼睛玳瑁架忽折一支，出買之，遂至行可處，借得《通俗編》十二册。"

④ 由曾昭聰、劉玉紅合著的《黃侃〈《通俗編》箋識〉研究》（廣州：暨南大學出版社，2020年），比較全面地展示了這兩位學者在該領域的研究成果。

關研究也正在興起①。值得注意的是，目前學界使用的《通俗編》黃侃批語的研究材料，主要來源於黃焯編次的《量守廬群書箋識》中的《〈通俗編〉箋識》②。如前述曾昭聰、劉玉紅均提到黃侃"曾在《通俗編》書眉施評語兩百多條，其評語《〈通俗編〉箋識》收録於《量守廬群書箋識》"③，曾昭聰之後又將批語條目精確到364條④。顏春峰點校整理《通俗編》，其中黃侃批語亦出自黃焯編次的《〈通俗編〉箋識》⑤。可以説《〈通俗編〉箋識》所提供的三百餘條黃侃《通俗編》批語（以下省稱"《箋識》本批語"），是現有黃侃《通俗編》批語研究的文獻基礎，學者們基本認爲這些就是黃侃批語的"全部"了⑥。

實際上，黃侃爲《通俗編》所作的批語，遠不止三百餘條。黃侃手批本《通俗編》乃徐行可所藏善本（以下省稱"《通俗編》徐藏本"），現存於湖北省圖書館。是書共十二册，三十八卷，爲清乾隆十六年（1751）無不宜齋刻本，武林竹簡齋藏版。書序旁夾縫有批語"壬戌八月黃侃從行可處借讀"，

---

① 如李婧的《黃侃對民間俗語的研究》（《民俗研究》2015年第3期）。

② 黃侃箋識，黃焯編次：《量守廬群書箋識》，武漢：武漢大學出版社，1985年。書中前言提到"先生手批吳承仕《經籍舊音辯證》及焯早歲迻録諸書箋識，共得十種，合編爲《量守廬群書箋識》"，其中即收録《〈通俗編〉箋識》一種。《〈通俗編〉箋識》文末（第460頁）亦有黃焯按語："季剛先生於本書書眉施評語數百條，今録爲一帙。"

③ 曾昭聰：《〈通俗編〉黃侃評語訓詁研究》，《安徽理工大学学报（社会科学版）》2014年第5期，第73頁。又劉玉紅：《〈通俗編〉黃侃評語"當作某"辨》，《廣東廣播電視大學學報》2014年第4期，第64頁。

④ 曾昭聰先生原文爲，"黃侃精通語言文字之學，曾在《通俗編》書眉作箋識364條"，見曾昭聰：《漢語俗語詞詞源研究的方法——以黃侃〈通俗編〉箋識爲例》，《語文學刊》2017年第3期，第8頁。然《〈通俗編〉箋識》所收録者，實爲365條。曾先生在其著作《黃侃〈通俗編〉箋識研究》中列出其疏證詞目共364條，對比《〈通俗編〉箋識》可知少"近造字"一條。見曾昭聰、劉玉紅：《黃侃〈通俗編〉箋識研究》，第258頁。又黃侃箋識，黃焯編次：《量守廬群書箋識》，第460頁。

⑤ 見（清）翟灝撰，顏春峰點校：《通俗編》（附《直語補證》），北京：中華書局，2013年，前言第11頁注脚。

⑥ 如學者李婧即提到："全部評語經黃焯整理爲《〈通俗編〉箋識》收録於《量守廬群書箋識》中。"見李婧：《黃侃對民間俗語的研究》，《民俗研究》2015年第3期，第81頁。

并附"侃"字紅印，正文卷一又有黃侃印，卷末有批語"壬戌九日①黃侃季剛讀一過竟"并附印。可知其爲黃侃手批本無疑。經過整理發現，徐藏本《通俗編》黃侃共批注俗語500條，《〈通俗編〉箋識》未收的批語（見文後附錄），具有極爲重要的文獻價值。

一、《通俗編》徐藏本批語補充《箋識》不完備處

黃侃《通俗編》批語散見各頁，看似無序，實際批校之法有迹可尋，大致爲：意在批注某字某詞某句，則在該行上方撰寫批語。有時一條俗語之下，連批數語，亦批在對應行數上方書眉處。黃焯在《〈通俗編〉箋識》中，對後一類型批語的處理，存在體例不一致的地方。如"賴"一條，條目內容較多，黃侃先在該條首行批注"欺賴之賴，讕之音轉也"，又在文末針對正文中"《方言》曰：賴，讐也，南楚之外曰賴。郭璞注曰：賴亦惡名"一句，做批注云"此則齂之借字"。黃焯轉錄時則先寫前條批語，再用小字抄錄"《方言》曰……"一句，最後附上黃侃針對這句話的批語②。這種處理方式條理井然，讀者一閱便知。但如下三例，黃焯的處理方法則未循其例：

例一：

【忒煞】《朱子答張敬夫書》："《孟子·好辨③》一章，祇爲見得天理忒煞分明，便自然如此住不得。"按：忒煞爲太甚之辭，元人樂府忒殺風流、忒殺思，皆假借殺字。白居易《半開花》詩："西日憑輕照，東風莫殺

---

① 據黃侃日記，他於壬戌年八月初五（1922年9月25日）從徐行可處借得《通俗編》，并在日記中摘抄《通俗編》中詩句，至九月初五（10月24日）抄錄完最後一卷，此後的日記再未提及《通俗編》。故此處"壬戌九日"應指壬戌年九月初九（1922年10月28日）。見黃侃著：《黃侃日記》（上），第198、263頁。

② 徐藏本《通俗編》，第十三卷，第20頁。又黃侃箋識，黃焯編次：《量守廬群書箋識》，第424頁。

③ "辨"應爲"辯"，《通俗編》無不宜齋刻本誤。

吹。"殺亦謂甚，自注云"去聲"。羅鄴詩"江似秋嵐不煞流"，則又用煞。^①

《箋識》：忒瞦○今吳語有之，吾土但云太，或云太過，或云很。　殺吹之殺，今云死，元曲云廝。　　煞流之煞，今云很。^②

例二：

【舍子】《留青日札》："杭有貴公子，以蔭得縣官。見土阜當道，亟呼地方人開掘平治。耆老以無處容土對，官乃操吳音曰：'有舍子難，快掘箇譚埋了罷。'"按此本俗音無字，田氏借字發之，究其實則亦"甚麼"之轉音耳。《餘冬序錄》云："吳人有以二字為一字者，如甚麼為些之類。"《通雅》云："《方言》：'沅灃之原，凡言相憐哀謂之無寫。'古人相見曰無他，或曰無甚，甚轉為申駕反。吳中見故舊，皆有此語。餘音或近思，或近些，寫即些之轉也。"又云："今京師曰作麼，江北與楚皆曰某，讀如母，而南都但言甚，蘇杭讀甚為申駕反，中州亦有此聲。"舍正所謂申駕反者，子則語助。^③

《箋識》：舍子○舍正作餘，語之舒也。若取雙聲，則亦寫屬、孰、誰之轉。　無寫合音即麼也。　　無甚猶古云無何。^④

例三：

【寧馨】《容齋隨筆》："寧馨字，晋宋間人語助耳，今吳人語多用寧馨為問，猶言若何也。"王若虛《謬誤雜辨》："《容齋》引吳語為證，是矣。而云若何，則義未允。惟《桑榆雜錄》云'寧，猶言如此；馨，語助也'，此得其當。"按：山濤謂王衍："何物老嫗，生寧馨兒。"宋廢帝母王太后疾篤，怒帝不往視，謂侍者："取刀來，剺視我腹，那得生寧馨兒。"南唐陳貺五十方娶，曰："僕少處山谷，莫預世事，不知衣裙下

---

① 徐藏本《通俗編》，第三十三卷，第4頁。
② 黃侃箋識，黃焯編次：《量守廬群書箋識》，第441頁。
③ 徐藏本《通俗編》，第三十三卷，第8頁。
④ 黃侃箋識，黃焯編次：《量守廬群書箋識》，第442頁。

有寧馨事。"詳審諸語，則《雜録》爲的是。《世説》："王導與何次道語，舉手指地曰：'正是爾馨。'""劉尹因殷中軍游辭不已，別後，乃云：'田舍人，强學人作爾馨語。'"又："桓大司馬詣劉尹，臥不起。桓彎彈劉枕，劉作色曰：'使君如馨地，寧可鬭戰求勝？'"爾馨、如馨，皆與寧馨一也，通寧爲爾、如，則寧之猶言如此，更可信矣。又"寧"字應讀去聲如宵，張謂詩"家無阿堵物，門有寧馨兒"、蘇軾詩"六朝人物餘丘隴，空使英雄笑寧馨"可證。劉禹錫"爲問中華學道者，幾人雄猛得寧馨"，作平聲用，恐誤。①

《箋識》：寧馨○馨正作𡚖。吾土奈向則曰麼樣，寧馨則曰果樣。　寧馨即這樣。　爾馨亦這樣，寧即爾也。　如亦寧也。　馨平聲不誤。②

　　上述三例均出自《通俗編》第三十三卷"語辭"。例一中的"忕睒"條，黃侃共批注三處，第一處"今吳語有之，吾土但云太，或云太過，或云很"乃批注該俗語詞；第二處"殺吹之殺，今云死，元曲云廝"乃針對白居易詩中"殺吹"而言；最後一處"煞流之煞，今云很"乃針對羅鄴詩中"煞流"而言。黃焯轉録之《箋識》，三處批語僅簡單隔開區分，無法準確傳達黃侃的批注指向。例一尚且篇幅不長，例二、例三旁徵博引，若無具體指引，讀來十分不便。如顏春峰點校《通俗編》，因未見《通俗編》徐藏本原文，衹得依據《箋識》將黃侃批語以注脚形式過録在各條之下，上述二、三例注脚均位於條目詞處，讀來常常令人不解③。

　　當然，《箋識》中此類疏忽并不多見，黃焯整理的大部分條目都十分清晰，如"箘"④條箋識：

① 徐藏本《通俗編》，第三十三卷，第9頁。
② 黃侃箋識，黃焯編次：《量守廬群書箋識》，第443頁。
③ 見（清）翟灝撰，顏春峰點校：《通俗編》（附《直語補證》），第462、463頁。
④ 黃侃箋識，黃焯編次：《量守廬群書箋識》，第449頁。

朱慶餘詩"恨箇來時路不同"。○恨箇來時，猶云恨剛來時。

皮日休詩"檜身渾箇矮"。○渾箇，吾土云竟，箇讀如耿。

羅隱[①]詩"應掛云帆早箇回"。○早箇，吾土云早點。

此外，徐藏本批語可補充《箋識》所録批語的缺漏之文，如"夤緣"[②]條，《箋識》本批語"夤緣猶延緣、沿緣"，後少"此解非也"四字，而這些字爲黄侃先生的是非判斷，顯然是重要信息；"嫽毐"[③]條"今俗稱婦人所私曰'冶老公'"，後少一句"稱淫婦人曰'冶夫娘'"；"逯"[④]條"潚地裏，吾鄉曰'扯起'，如云'扯起一跑'"，後少一句"又曰'順風'，如云'順風一送'"；這兩處所漏批語是黄侃對《通俗編》相關條目的有益補充。再有，對於轉録時失誤造成的訛字，亦可通過徐藏本《通俗編》一一比勘，如"衖衕"[⑤]條，《箋識》本黄侃批語"其正字當作礸"，"礸"，徐藏本實作"礲"；"暗中摸索"[⑥]條，《箋識》本批語"索正作紧"，徐藏本批語"紧"作"索"；"打諢"[⑦]條，《箋識》本批語"諢、鄆皆今所謂頑也"，徐藏本批語"鄆"作"顠"。前三例的缺字漏句，傳達箋識原意恐有折損；後三例的訛字，理解文義更似有未安。

---

① "羅隱"應爲"羅鄴"。《通俗編》無不宜齋刻本誤，黄焯《〈通俗編〉箋識》亦誤。

② 徐藏本《通俗編》，第五卷，第18頁。又黄侃箋識，黄焯編次：《量守廬群書箋識》，第419頁。

③ 徐藏本《通俗編》，第三十四卷，第8頁。又黄侃箋識，黄焯編次：《量守廬群書箋識》，第452頁。

④ 徐藏本《通俗編》，第三十四卷，第11頁。又黄侃箋識，黄焯編次：《量守廬群書箋識》，第453頁。

⑤ 徐藏本《通俗編》，第二卷，第14頁。又黄侃箋識，黄焯編次：《量守廬群書箋識》，第418頁。

⑥ 徐藏本《通俗編》，第十三卷，第16頁。又黄侃箋識，黄焯編次：《量守廬群書箋識》，第423頁。

⑦ 徐藏本《通俗編》，第十七卷，第11頁。又黄侃箋識，黄焯編次：《量守廬群書箋識》，第426頁。

二、《通俗編》徐藏本批語體現黃焯編録思想

《通俗編》雖名爲"通俗"，實際上不僅廣采漢語中的通俗詞語、方言、成語、諺語，還收録了各類名物、詩詞、歷史典故。而黃侃則十分關注《通俗編》的語言文字學價值，以批注形式進行了廣泛的探討。徐藏本《通俗編》中，黃侃批注俗語500條，《〈通俗編〉箋識》收録365條，未收者135條[①]。現將《箋識》本各卷已收録、未收録的黃侃批語數量統計如下：

表1　《箋識》本收録黃侃批語條目表[②]

卷名	天文	地理	時序	倫常	仕進	政治	文學	武功	儀節
未收録	5	6	6	\	\	1	1	\	2
已收録	5	7	4	3	1	4	2	6	3
總計	10	13	10	3	1	5	3	6	5
卷名	祝誦	品目	行事	交際	境遇	性情	身體	言笑	稱謂
未收録	1	2	4	3	\	2	2	4	1
已收録	\	7	8	5	1	12	4	14	16
總計	1	9	12	8	1	14	6	18	17
卷名	神鬼	藝術	婦女	貨財	居處	服飾	器用	飲食	獸畜
未收録	1	2	5	2	6	5	13	9	6
已收録	2	1	14	6	7	3	17	4	2
總計	3	3	19	8	13	8	30	13	8

---

① 《〈通俗編〉箋識》及本文均以《通俗編》俗語條目爲計量單位，如果一條詞目黃侃有數條批語，祇計爲一條，故而爲135條。但若按黃侃批語的條數計算，則爲139條。這是因爲卷二十六"東西""没把鼻""骨董"、卷三十三"走"四條詞目，每條均有黃侃批注二處，黃焯僅録一處。依前述計量標準，這四條批語不計入黃侃未收録的135條總數中。

② 爲直觀表現黃侃批注和黃焯編録的傾向性，表中各卷不以卷次標出，而代之以類目。但各卷仍按照《通俗編》的目次排序。此外，"卷二十·釋道"和"卷三十七·故事"并無批注，故下表無此二卷。

卷名	禽魚	草木	俳優	數目	語辭	狀貌	聲音	雜字	識餘
未收録	5	6	10	4	13	1	2	5	\
已收録	4	2	5	10	97	47	5	35	2
總計	9	8	15	14	110	48	7	40	2
未收録總計	135		已收録總計		365		合計		500

　　從上表所列各卷中黃侃批注條目數量的差异即可一窺黃侃批注的傾向性："語辭"一卷涉及大量日常口語，"狀貌"和"雜字"二卷羅列許多民間俗字，這三卷黃侃批注最多，共198條，占全部條目的39.6%，單"語辭"一卷即已占全部條目的22%。而"釋道""故事"二卷，前者收録與宗教相關的辭語，後者爲歷史典故彙編，均與俗語牽涉較少，未見黃侃批語。

　　黃焯在編録中更加突出了這一傾向。他在《〈通俗編〉箋識》文末寫到："先生湛深經術，於小學尤爲卓絶，故於恒言俗語，咸得探其本原。録而存之，亦研討故言者之一助也。"[①]言明其"録而存之"是期望《箋識》能成爲"研討故言者之一助"，其編録取捨標準於此可見一斑——所謂"研討故言"，即着重收録黃侃批語中與語言文字學相關的條目，而其他批注，諸如校勘糾謬，或記録民俗鄉言者，則大多捨之不取。簡單比較上表所列條目亦可見端倪："稱謂""言笑"與"飲食""俳優"四卷，黃侃批語總數大致相同，《箋識》收録情况相差却較大："稱謂"卷收録比率爲94%、"言笑"爲78%，而"飲食""俳優"僅爲31%和33%。這是因爲"稱謂"和"言笑"兩卷，黃侃所批注内容皆與語言文字相關，黃焯僅五條未録，其未録者亦與語言文字關聯較少或價值不大，如"咕噥"條批注"漢謡有鼓嚨胡"[②]之類；而"飲食""俳優"卷，黃侃多批注民俗名物相關的内容，如"白肉"條批注"此

---

① 黃侃箋識，黃焯編次：《量守廬群書箋識》，第460頁。
② 徐藏本《通俗編》，第十七卷，第14頁。

今鎮江之肴肉"①、"水龍"條批注"此作今之水角"②、"捉迷藏"條批注"吾土謂之捉貓兒"③、"臺閣"條批注"吾土謂之扎故事"④，凡此種種，黄焯均未錄入。

卷二"地理"卷已收、未收條目各占一半，黄侃的批注類型也較多，本文以此卷爲例⑤，簡要探討黄焯的編録思想：

1. 七【海蓋】"按今俗有此語，猶云大概，或即因此。"：非也。

2. 十一【腰帶過浮橋】"捧卵過橋"：卵。

3. 十二【轉嚮】：向北出牖，故俗謂内爲向。吴語曰裏向，吾土謂之向陰。

4. 十三【略】"按今猶以偶一經行曰略。"：吾鄉讀之爲澇。

5. 十三【傅近】"今俗訛作附近。"：附亦非謌。

6. 十四【衚衕】"楊慎《升庵外集》：今之巷道名爲胡洞，或作衚衕，又作俉侗，皆無據也。《南齊書》注：弄，巷也，南方曰弄，北方曰俉侗，弄之反切爲俉侗，蓋方言耳。"：胡同即巷之緩音，弄則路之轉語，其正字當作衖。

7. 十五【陸種地】：鄉語謂通水者曰田，地面平坦無塍埒不通水曰地。

8. 十六【浜】：浜是濱之轉語。

9. 十七【白善】"故白土名惡，後人諱之，呼爲白善。"：白善乃白盛之轉。

10. 十七【嶢崎】：此與蹺敧皆奇巧之轉語。

11. 十七【盩屋】"今以事費曲折者曰盩屋，其字應如此寫。"：非也，作周折自通，正作侜張，周章爾。

---

① 徐藏本《通俗編》，第二十七卷，第15頁。
② 徐藏本《通俗編》，第二十七卷，第18頁。
③ 徐藏本《通俗編》，第三十一卷，第13頁。
④ 徐藏本《通俗編》，第三十一卷，第14頁。
⑤ 下13例均從本文附録"卷二·地理"轉録。帶波浪綫的條目乃《箋識》未收録之批語。

12. 十八【凹凸】"《神异經》：大荒石湖，千里無凹凸。"：《倉頡》作容瞒，當作窂膚。

13. 十八【蘇州獸】：獸正作孂。

上述帶波浪綫的條目乃《箋識》未收録之批語。其中，"浜""嶬崎"涉及轉語，"凹凸""蘇州獸"探討字詞之間的關係，"衕衕""螫屋"兩相涉及，故均録入；"略"下批語涉鄉音方言，也一并録入。由此可知，語言文字方面的批語，黄焯大都收録。而"腰帶過浮橋""傅近"條批語意在校勘糾謬，"海蓋"條僅有簡單判斷而無進一步説明及例證，故均不收録。至於"轉嚮""陸種地""白善"，與語音文字相關涉而又不甚緊密，則在若存若亡間。

其他數十卷中，黄焯對黄侃批語的采録標準亦大致同上。雖取捨之間未見涇渭，可商榷的條目較多，但總體傾向於收録語言文字方面的條目是很清楚的。實際上，凡校勘《通俗編》訛誤的批語，黄焯一條未收；而如上例"海蓋"這種以一"非"字定評的，《箋識》中亦未見録。然以一"諦"字定評的，却收録若干①，僅"直掇"②一詞未録，可知《箋識》也有漏收的情况。

研討《箋識》的收録標準和思想并非本文的主要目的，但即使衹想稍稍廓清黄焯編次《箋識》的取捨思路，如果没有徐藏本《通俗編》提供完整的黄侃批語以便與《箋識》做對比，則將是根本不可能完成的任務。黄焯編次《箋識》可能有種種考慮，但其主要編録目的，是所録批語能否展現黄侃語言文字學方面的研究成就，這應該是毫無疑義的。

---

① "東塗西抹""蝴伴""狗咬虼蚤""三三如九，三四十二""鴒"條下，黄侃均批注"諦"。分別見於黄侃箋識，黄焯編次：《量守廬群書箋識》，第429、436、436、437、458頁。

② 徐藏本《通俗編》：第二十五卷第12頁，黄侃批語"諦"。

三、《通俗編》徐藏本批語更全面展現黃侃《通俗編》研究成果

前文已提及黃侃批注《通俗編》的傾向性，即對語言類條目更爲關注。但黃侃批語并不局限於語言方面，於風俗習慣、名物土語亦多有涉獵。由於黃焯編次《箋識》時的取向，這方面的批語大多留存在《箋識》未收録的135條中，以致於黃侃有關《通俗編》的研究未能得到全面展現。

通過對135條批語的整理，按内容大致可分爲四類：語言文字類，即辨證語音正字俗字及漢語詞源之批語；校勘糾謬類，包括校勘正文字詞、糾正正文論述、斷定結論是非之批語；補充内容類，即對正文内容補充釋義、例證、出處的批語及黃侃新補條目；方言民俗類，包括方言土語和民俗名物，前者多爲補充鄉音讀法，如"吾鄉讀如云云"，後者主要補充地方民俗。需要説明的是，黃侃批注材料十分豐富，一條批語中或包含數方面内容，下列表格不可能做特別嚴格的區分，僅撮其大意以觀大略：

表2 《箋識》未收黃侃批語分類表[①]

語言文字		白善、坐鞍、奔金取寶、差人、催趲、償那、等、臾叟、話櫥、口吧吧、包彈、鼻、牙郎、薦座、烟囱、雨篛、鬧裝花、搭船、皮背、猯豬頭、搭猱、打輥、幾所、管、走、穀呱呱、秤、什麽
校勘糾謬	校正訛誤	天公篛帽大、雪等伴雪怕羞、乾星照濕土來日依舊雨、霧淞打霧淞貧兒備飯、腰帶過浮橋、肥冬瘦年、上澣中澣下澣、日子、侵早、印窠、雜種、以逸代勞、爲善最樂、調自、生旦净末、索索、猷猷、殼、圌

① 該表中黃侃批語條目共141條，之所以與表1的135條不同，是因爲表1以俗語詞目爲計量標準，而此處以黃侃批語的條數爲計量標準。多出的6條，其中4條見表1腳注。另外兩條，乃因"鈔""麻曷刺"兩詞目，黃侃每詞批注兩處，表中以阿拉伯數字1、2區分。

② 見徐藏本《通俗編》，第十六卷，第13頁"脱身"條上黃侃批語。

③ 見徐藏本《通俗編》，第十六卷，第13頁"交手"條上黃侃批語。

續表

	糾正錯誤	石女、中飯、不托、筍鴨、魚米之地、金蟬脱殼、麻曷剌1、丨丨丨丨丨丨丨丨丨丨丨丨丨丨丨
	判斷是非	海蓋、傅近、明輔、鬼、六神、瓦剌國、袼支、直掇、没把鼻、倚卓、骨董、甯可、叱叱、爿
補充內容	補充釋義	轉縐、陸種地、犁明、上頭、鈔1、諕門、天井、翻燒餅、貓兒頭、五花馬、鶯遷、淡菜、細種花、角觝
	補充例證	走作、咕噥、纏足、東西、關戾子、始花、麻曷剌2、膼
	補充出處	東風射馬耳、別時容易見時難、手長衫袖短、踢
	新增條目	當身②、欲身上有片光③
方言民俗	方言土語	夾注書、韵、行院、鈔2、修姬、熨斗、客食、馬瘦毛長、歲豬、江米、花紅、鹿梨乾、説書、捉迷藏、臺閣、撳錢、畫一、一擔、如此如此、豈有此理、大謬不然、然雖、底、看看、這般那般、喥
	民俗名物	設像、膝褲、筊杯、柳罐、燒酒、白肉、韃子、擲錢、木鐘、老古錐、開先牌、羊頭車、喇叭、轑飯、水龍、沫饽、菖蒲花難見、連厢

以上所列語言文字、校勘糾謬、補充內容、方言民俗四大類材料，正可彰顯《箋識》未録批語的價值：語言文字研究之價值、補充完善《通俗編》之價值、民俗研究之價值。關於黄侃批語語言文字方面的價值，劉玉紅借助《箋識》本批語的材料，已有專文論述①，相信《箋識》未録批語的公布，將使相關研究更爲深入。

《通俗編》有三十八卷無不宜齋本和二十五卷《函海》本兩個版本。《函海》本篇幅更少、體例混亂、內容混雜、錯訛極多，僅是《通俗編》的未定稿，而徐行可藏無不宜齋刻本《通俗編》是翟灝的定本，錯訛之處相較《函海》本可以説是極少的②，但也無法避免文字校勘和引文錯出的情況。黄侃

---

① 劉玉紅：《〈通俗編〉黄侃評語的内容及其研究價值》，《暨南學報（哲學社會科學版）》2015年第1期，第143—146頁、164頁。

② 關於《通俗編》版本的比較和辨析，杭州師範大學顏春峰已有詳細論證。見顏春峰：《〈通俗編〉版本考略》，《語言研究》2012年第4期，第117—121頁。

批語對《通俗編》的補充分三方面，一是校勘方面，見表2 "校勘糾謬"中 "校正訛誤"的部分。黄侃共批注校勘錯誤19處，其中 "雪等伴雪怕羞" "乾星照濕土來日依舊雨" "腰帶過浮橋" "肥冬瘦年" "爲善最樂" "調自" "索索" "圄"八條，顔春峰點校本《通俗編》底本均不誤①；"霧淞打霧淞貧兒備飯" "日子" "印窠" "雜種" "生旦淨末" "猌猌"六條，顔春峰自行校勘且出校記②；除此而外，仍有 "天公篛帽大" "上澥中澥下澥" "侵早" "以逸代勞" "殼"五條校勘③，可爲之補充。設想《通俗編》點校者如果能有徐藏本黄侃批語作參考，校勘方面可以省下不少功夫。

表2 "校勘糾謬"除 "校正訛誤"以外，還有 "糾正錯誤" "判斷是非"兩小類，前一部分的批語爲黄侃對《通俗編》內容錯誤的指正，後一部分則斷而不論。前者如 "筍鴨"條，翟灝引用《南史·齊孝宣後傳》"詔以筍鴨卵脯薦後"，黄侃批注 "《南史》筍鴨乃筍與鴨二物也"，指正了此處引文不當；後者如 "瓦剌國"條按語 "此說雖亦有依據，然不如前說直捷"，黄侃批注 "後說是"④。這兩部分指正文中不足，對深入研究《通俗編》有一定幫助。

《箋識》未收之黄侃批語 "補充內容"部分，或明確釋義，或補充文獻例證，或補充引文出處。如 "走作"條補充例證 "朱子又曰：尹和靖解《論語》守得定、不走作"；"別時容易見時難"條注明出處 "出南唐後主詞"；

---

① 此處列舉八條，分別見於徐藏本《通俗編》第一卷第14及20頁、第二卷第11頁、第三卷第1頁、第十五卷第8頁、第二十三卷第14頁、第三十五卷第13頁、第三十六卷第10頁，對應（清）翟灝撰，顔春峰點校：《通俗編》（附《直語補證》），第10、12、21、29、200、325、495、507頁。

② 此處列舉六條，分別見於徐藏本《通俗編》第一卷第20頁、第三卷第5頁、第六卷第14頁、第十一卷第14頁、第三十一卷第3頁、第三十五卷第16頁，對應（清）翟灝撰，顔春峰點校：《通俗編》（附《直語補證》），第12、31、78、148、429、498頁。

③ 此處列舉五條，分別見於徐藏本《通俗編》第一卷第5頁、第三卷第2頁、第三卷第8頁、第十二卷第7頁、第三十六卷第6頁。

④ 此處列舉兩條 "筍鴨" "瓦剌國"，分別見於徐藏本《通俗編》第二十九卷第7頁、第二十二卷第17頁。

"五花馬"條解釋"五花文""五花乃烙印也"①。上述種種，對豐富《通俗編》的內容大有裨益。至於"新增條目"，雖僅有兩條，但已可見黃侃研讀《通俗編》用心之深。

《箋識》未收之批語中，含有大量的民俗土語。據表2可知，"方言民俗"類批語共44條，占所有未收録批語的31%，這部分批語集中展現了黃侃鄉土的風貌和其游歷各地的見聞。其中與名物相關的，如"膝褲"條批注"今謂之套袴"，"柳罐"條補充"北京至今以柳條編器汲水"，"鈔"條補充"皖南今乃呼銅元曰鈔，云一個鈔、兩個鈔"，"白肉"條補充"此今鎮江之肴肉"②；記録黃侃家鄉蘄春俗語稱謂的，如"貓兒頭"批注"貓兒頭乃梟鳥之別名，吾鄉語猶然"，"歲豬"條批注"吾鄉謂之年豬"，"花紅"條補充"蘄春亦稱林檎爲花紅"，"鹿梨乾"條批注"吾鄉曰臘梨殼，乃以戲頭生瘡者也"③；補充各地風俗游戲的，如"撚錢"條解釋"吾土謂之彈錢，亦曰彈間子，以意單雙。雙曰同，單曰間子"，"擲錢"條批注"今廣東番攤猶以錢爲主，他處則用投子"④；對彼時新興事物的描述，如"設像"條評價程頤"不取影堂，言多一莖鬚便是他人"批注"今有照相法，可無此慮"，"喇叭"條批注"吾鄉謂之大號、小號"⑤；此外，還有"菖蒲花難見"條補充自己赴日見聞，"予在倭時，歲歲詣東京，延留蒲田觀菖蒲花，連塍接埒，百種千狀，初未知其可貴也"⑥。如此等等，不勝枚舉。此類批語以親驗的方式記録地方民俗名物，不僅保存了當時的俗語方言和民間習俗，有助於民俗學研究，同

---

① 此處列舉三條"走作""別時容易見時難""五花馬"，分別見於徐藏本《通俗編》第十二卷第13頁、第十三卷第3頁、第二十八卷第16頁。

② 此處列舉四條，分別見於徐藏本《通俗編》第九卷第18頁、第二十三卷第16頁、第二十六卷第21頁、第二十七卷第15頁。

③ 此處列舉四條，前兩條見於徐藏本《通俗編》第二十八卷第10、17頁，後兩條見於徐藏本《通俗編》第三十卷第19頁。

④ 此處列舉兩條，見於徐藏本《通俗編》第三十一卷第18、19頁。

⑤ 此處列舉兩條，分別見於徐藏本《通俗編》第九卷第18頁、第二十三卷第18頁。

⑥ 徐藏本《通俗編》，第三十卷第7頁。

時也展現了黃侃其人博物多識的風采，對於研究黃侃生平學術具有重要的資料價值。關於這一方面，筆者擬另撰文專門討論。

　　黃侃有些批語生動率直，比如“猷猷”條翟灝引王維誤作裴迪，黃侃批注“此語可笑”①，“生旦净末”引《莊子》“猨”誤作“援”，黃侃批語“引《莊子》文誤，可笑”②，由此可知其讀書治學樂在其中。值得補充的是，《通俗編》收藏者徐行可亦在書中留有墨寶，他在第十一卷末補充“韵府群玉秀才”一條，引文出自《水東日記·卷二》③；又在第十五卷“乖”條書眉處批注《水東日記·卷十》“乖覺乖角”④一條的內容。由這些材料可知兩點：一則可見徐行可彼時或許正在閱讀《水東日記》，遇與《通俗編》有關之處，遂加批注；二則可見徐行可、黃侃兩位學者志趣相投，均以讀書爲樂，并有古人博雅洽聞之遺風。二人均爲《通俗編》增添條目之舉，亦并非偶然。

　　大藏書家徐行可珍藏善本《通俗編》，愛書而不吝書，假以國學大師黃侃，一借一還之間，展現了兩位大師深厚的友誼和高雅的志趣，也爲後世學者留下了極其珍貴的文獻。今又幸得徐行可後裔徐力文女士及湖北省圖書館鼎力相助，有機會得見徐藏本《通俗編》全貌，使《通俗編》黃侃批語始爲全璧。隨着《〈通俗編〉箋語》未録批語的發表，相信《通俗編》及黃侃批語兩方面的研究都有望更進一步的展開。

---

① 徐藏本《通俗編》，第三十五卷，第16頁。

② 徐藏本《通俗編》，第三十一卷，第3頁。

③ （明）葉盛撰，魏中平點校：《水東日記》，北京：中華書局，1980年，第17頁：【趁航船】吳思庵先生談及淺學後進，曰：“此《韵府群玉》，秀才好趁航船爾。”航船，吳中所謂夜航船。接渡往來，船中群坐多人，偶語紛紛。蓋言其破碎摘裂之學，祇足供談笑也。

④ （明）葉盛撰，魏中平點校：《水東日記》，第110頁：【乖覺乖角】世稱警悟有局幹人曰乖覺，於兵部奏内常用之，然未見所出。韓退之云：“親朋頓乖角。”羅隱詩云：“祖龍算事渾乖角。”宋儒語録亦有乖角，似與今用乖覺意相反云。

【參考文獻】

［1］黄侃:《黄季剛詩文鈔》,武漢:湖北人民出版社,1985年。

［2］黄侃:《黄侃日記》,北京:中華書局,2007年。

［3］曾昭聰、劉玉紅:《黄侃〈通俗編〉箋識〉研究》,廣州:暨南大學出版社,2020年。

［4］李婧:《黄侃對民間俗語的研究》,《民俗研究》2015年第3期,第80—85頁。

［5］黄侃箋識,黄焯編次:《量守廬群書箋識》,武漢:武漢大學出版社,1985年。

［6］曾昭聰:《〈通俗編〉黄侃評語訓詁研究》,《安徽理工大學學報(社會科學版)》2014年第5期,第73—78頁。

［7］劉玉紅:《〈通俗編〉黄侃評語"當作某"辨》,《廣東廣播電視大學學報》2014年第4期,第64—68頁。

［8］曾昭聰:《漢語俗語詞詞源研究的方法——以黄侃〈《通俗編》箋識〉爲例》,《語文學刊》2017年第3期,第8—13頁。

［9］(清)翟灝撰,顏春峰點校:《通俗編》(附《直語補證》),北京:中華書局,2013年。

［10］(清)翟灝撰:《通俗編》,湖北省圖書館藏,清乾隆十六年(1751)無不宜齋刻本。

［11］劉玉紅:《〈通俗編〉黄侃評語的内容及其研究價值》,《暨南學報(哲學社會科學版)》2015年第1期,第143—146頁、164頁。

［12］顏春峰:《〈通俗編〉版本考略》,《語言研究》2012年第4期,第117—121頁。

［13］(明)葉盛撰,魏中平點校:《水東日記》,北京:中華書局,1980年。

附録:《〈通俗編〉箋識》未録之黃侃批語（又徐行可批語二條）

凡例

1.本次整理，以徐行可所藏清乾隆十六年（1751）無不宜齋刻本《通俗編》十二冊三十八卷爲底本，録下《量守廬群書箋識》中《〈通俗編〉箋識》未録之黃侃批語139條，并及徐行可朱批評語兩條，共141條。條目各依其卷數分別歸類。

2.底本及黃侃批語中异體字、古今字、俗體字，均保留文字原樣，不做改動；舊字形均改爲新字形。

3.每條批語，先標明其在該卷之頁碼，次用方頭括號標識所批之條目。若黃侃批語針對該條正文某句或某詞，則用引號補充該詞句；若黃侃批語爲校勘條目或正文之錯漏字，則將條目或正文中對應部分以下劃綫形式標出。最後爲黃侃批語。黃侃批語中雙行小字，用圓括號標注。

4.每條前具以序號標明。部分俗語本一條而有數條黃侃批注的，則從第二條批注開始，以次級序號續接於第一條之下，仍用引號補充所批注之詞句。

5.徐行可兩條批語，分別位於"卷十一·品目"和"卷十五·性情"，後文用楷體字以區分。

卷一 天文

1.五【天公篛帽大】:笠。

2.九【東風射馬耳】"李白荅王去一詩:世間聞此皆掉頭，有如東風射馬耳":李詩本於《莊子》注。

3.十四【雪等伴雪怕羞】"子無痕類":了。

4.十六【乾星照濕土來日依舊雨】"夜夜濕星古雨候":占。

5.十七【霧淞打霧淞貧兒備飯__】:甕。

卷二 地理

6.七【海蓋】"今俗有此語，猶云大概，或即因此。":非也。

7.十一【腰帶過浮橋】"捧<u>卯</u>過橋"：卵。

8.十二【轉嚮】：向北出牖，故俗謂內爲向。吳語曰裏向，吾土謂之向陰。

9.十三【傅近】"今俗訛作附近"：附亦非譌。

10.十五【陸種地】：鄉語謂通水者曰田，地面平坦無塍埒不通水曰地。

11.十七【白善】"故白土名惡，後人諱之，呼爲白善。"：白善乃白盛之轉。

卷三　時序

12.二【肥冬瘦年】"《<u>劲</u>隱紀談》"：豹。

13.二【上澣中澣下澣】"九日馳<u>駈</u>一日閒"：驅。

14.五【日子】"此此古文移之式"：衍一此字。

15.八【犁明】"諸言犁明者，將明之時。"：黎，齊也。

16.八【侵早】"賈<u>鳥</u>《新居》詩"：島。

17.十【上頭】"上頭乃指謂其時之辭"：上頭見漢樂府，指處，非指時也。

卷六　政治

18.十四【印窠】"今計印之數曰<u>畿</u>窠"：幾。

卷七　文學

19.十二【夾注書】"杜荀鶴《題王處士書齋》詩：欺春祇愛和醅酒，諱老猶看夾注書"：和醅亦俗語。吾鄉謂公議是非，衆口一致以斷一理曰打和醅。

卷九　儀節

20.十三【坐鞌】"歎啜以鞌乃塗金"：塗即鍍也。

21.十九【設像】"程伊川亦不取影堂，言多一莖髮便是別人。"：今有照相法，可無此慮。

卷十　祝誦

22.八【奔金取寶】"奔字不若畚字近是，而今言畚金者，實作般音。"：

般運之般即以般爲正字。

卷十一　品目

23.十二【差人】：差即措大之措，其正字當作睉，猶畸也。

24.十四【雜種】"邱遲詩：姬漢舊邦，無取雜種"：非詩也。

25.韵府群玉秀才〔水東日記卷二〕吳思庵（訥）先生論及淺學後進，曰："此韵府群玉秀才，好趁航船耳。"航船，吳中所謂夜航船。接渡往來，船中群坐多人，偶語紛紛。蓋言其破碎摘裂之學，祇足供談笑也①。

卷十二　行事

26.七【以逸代勞】：待。

27.十三【走作】：朱子又曰：尹和靖解《論語》守得定不走作。

28.十六【催趲】：趲即儧字。

29.十六【儧那】"聚而計事曰儧，音讀如纂那，猶搓挪之挪"：那、挪皆本作按，推也。

卷十三　交際

30.三【別時容易見時難】"見鄭廷玉《楚昭公》曲"：出南唐後主詞。

31.十二【明輔】"鄭廷玉《楚昭公》劇作盟府"：盟府是也。

32.十二【等】：即待也。

卷十五　性情

33.八【爲善最樂】："民之行已盡用善道"：已。

34.十九【夐㝈】"劣厥僂寠"：厥即屈强之屈。

35.《水東日記卷十》云世偁警悟有局幹人曰乖覺，未見所出。韓退之云："親朋頓乖角。"羅隱詩云："祖龍算事渾乖角。"似與今用乖覺意相反云②。

卷十六　身體

36.十三【脱身】：當身《左氏昭元年傳》疏："國弱齊惡，當身各無患"。

---

① 此爲徐行可增添之條目，朱批於該卷末。

② 此爲徐行可朱批於頁二十【乖】條書眉之文。

37.十三【交手】：欲身上有片光　李觀《與吏部奚員外書》："所以冀願速遂薄名寸禄，以給晨夕之膳也。而今之人所慕，未必爲貧若孝行，但欲身上有片光耳。"①

卷十七　言笑

38.八【話欛】：即把之俗。

39.九【口吧吧】：正作𠴧。

40.十四【咕噥】：漢謡有鼓嚨胡。

41.十五【包彈】"王楙《野客叢書》：包拯爲臺官，嚴毅不恕，朝列有過，必須彈擊。故言事無瑕疵者曰没包彈。按如其説，則作褒彈者非矣。"：似當作裒。

卷十八　稱謂

42.二十三【鼻】：俾之借字。

卷十九　神鬼

43.十七【鬼】"張揖《博雅》：鬼，慧也。揚雄《方言》：儇、黠者，自關而東或謂之鬼。按今不獨關東然矣，《淮南·人間訓》：荆人鬼，越人機。當從此解，彼注云好鬼，未是。"：非也。

卷二十一　藝術

44.七【六神】"《升庵外集》：今之《易》蔔以甲乙起青龍，丙丁起朱雀，戊起勾陳，己起螣蛇，庚辛起白虎，壬癸起元武。蓋不通理者遷就之蔽。戊己同爲土，豈可分爲二？螣蛇爲北方水獸，何以移之中央乎？改定其次，戊己共起勾陳，而壬起螣蛇，癸起元武，方得其當。此誤千餘年矣。蔔之不驗豈不由此？"：繆。

45.十五【牙郎】"彼此好尚，牙有异同"：此牙乃乎之訛。

卷二十二　婦女

46.二【石女】"《維摩詰經》謂之石女兒"：石女兒乃石女之兒，非即

---

① 以上兩條爲黄侃增添之條目，分别批於【脱身】條、【交手】條書眉。

石女。

47.七【韵】"《槁簡贅筆》：王黼撰《明節和文貴妃墓志》云：六宮稱之曰韵。蓋當時以婦人有標致者，俗目之爲韵，何所言之瀆也"：吾州亦有此語。

48.十一【纏足】"唐段成式詩：知君欲作閑情賦，應願將身托繡鞋"：宋人詞手托鞋兒用此詩。

49.十五【行院】：鄉語謂淫舍曰院行。

50.十七【瓦剌國】"洪容齋《俗考》：瓦剌虜人最醜惡，故宿誑婦女之不正曰瓦剌國。汪價《儺雅》：今俗轉其音曰歪賴貨。按《言鯖》云：勢有不便順謂之乖剌，剌音賴。東方朔謂：吾强乖剌而無當。杜欽謂：陛下無乖剌之心。今俗罵人曰歪剌，沿此。此説雖亦有依據，然不如前説直捷。"：後説是。

卷二十三　貨財

51.十四【調自】：白。

52.十六【鈔】"《儼山外集》：鈔字，韵書平、去二聲，爲掠取、録寫之義，無以爲楮幣名者。"：鈔當取録寫之義，謂録其數目於紙也。

1）"俚俗謂富人曰鈔老，佩囊曰鈔袋，費錢財曰破鈔，皆仍宋元明用鈔時語。"：皖南今乃呼銅元曰鈔，云一個鈔、兩個鈔。

卷二十四　居處

53.十【薖座】"《廣韵》《集韵》薖并苦禾切，直讀若科。"：當作窠。

54.十三【謏門】"旁門即謏門，世俗作儀門，訛。"：世俗儀門并不在旁。

55.十四【天井】"今江以南人多稱庭墀際曰天井，或云即本《孫子》，以其四周簷宇高而此獨下也。"：簷溜四周如井韓形，故曰井。

56.十六【烟囪】"張祜詩：鼻似烟窗耳似鐺。窗當是傳刻譌。"：囪即窗古文。

57.十六【雨篨】"篨音踏，蔽雨客扉也。《唐韵》作楉。"：當爲簜之聲轉。

58.十九【修娌】"《唐書》：中和二年修娌"：此惟兩浙有此語。娌字已見《後漢書》。

卷二十五　服飾

59.三【手長衫袖短】"《藝文類聚》：謝禩啓自憐袖短，雖納手而猶寒，用此諺。"：出《善哉行》。

60.十【袼支】"《禮記·深衣》袼之高下可以運肘，鄭注：袼者，衣袂當腋之縫也。按俗謂腋下曰肋袼支，本此。"：非。

61.十二【直掇】"直掇字本當作裰，而督亦可借用。若裰則補破之義，不應聯直字爲名，作掇則更無義矣。"：諦。

62.十四【鬧裝花】：鬧正作撓、嬈。

63.十五【膝褲】"《致虛雜俎》：袴韤，今俗稱膝袴"：今謂之套袴。

卷二十六　器用

64.一【東西】"古有玉東西，乃酒器名"：山谷詩：佳人鬥南北，美酒玉東西。

65.二【關戾子】：《射雉賦》作掙。

66.二【沒把鼻】："東坡詩文往往暗用佛經，後山未深考，但謂其用俗語也。"：佛氏語録、偈陀，大都俗語，後山不誤。

67.四【搭船】"唐廖融《夢仙謠》：擬就張騫搭漢楂。按俗云搭船，搭字見此。"：正作逻，徒合切，凡搭有附誼、及誼，皆同。

68.五【木鐘】"是唐有木鐘之官，今以假借官事欺人曰撞木鐘，或者因此。"：非也，木鐘乃雁器耳。

69.六【老古錐】：此即老皷椎耳。

70.八【開先牌】：方語云頭衙牌。

71.九【羊頭車】：吾鄉謂之鷄公車。

72.十【疲背】"《説文》作庪"：《新附》有庪，然庪正作垝，《爾疋》垝謂之坫。

73.十一【倚卓】"三大賢俱以倚爲椅，則不可斥爲俗矣。"：繆腐。

74.十三【秤】"今人分平、去二聲，指呼其器爲去聲，以量物輕重爲平聲。據《月令》……則雖量物亦讀去也。"：四聲無膠泥之要。

75.十五【骨董】："《霏雪録》：骨董乃方言，初無定字。東坡嘗作骨董羹。《晦菴語録》祇作汩董，今亦稱古董。"：此説繆。

76.十八【喇叭】"《舊唐書·音樂志》：西戎有吹金者，銅角是也，長二尺，形如牛角。"：吾鄉謂之大號、小號。

77.十九【熨斗】：鄉音讀藴。

78.二十一【筅帚】"世亦謂撚耳曰筅"：鄉俗曰取耳。其曰筅（讀辛上聲）者，乃以鵝毛爲小帚也，其名曰筅子。

79.二十一【柳罐】"今江北概以柳罐汲水"：北京至今以柳條編器汲水。

卷二十七　飲食

80.十二【翻燒餅】"俚俗以田産回贖轉售曰翻燒餅，或亦言其易耶？"：此言翻覆取巧善易意。

81.十四【中飯】"王維詩：中飯顧王程，離憂從此始"：王詩"中飯"乃訓半之中。

82.十四【轑飯】"《劍南集》自注：吳人謂飯不炊者曰轑飯，轑音勞。"：今云煮而未蒸者曰撈飯。

83.十四【燒酒】"元人謂之汗酒"：汗酒即乾酒，與燒酒异。

84.十五【白肉】"《都城紀勝》：市食有誤名之者，如呼熟肉爲白肉是也，蓋白肉是以砧壓去油者。"：此今鎮江之肴肉。

85.十五【客食】："據《言鯖》云，恩澤爲克什，凡頒賜之物皆謂克什。"：此建州語也。

86.十六【不托】"予讀束晳《餅賦》，知李氏之有本也。晳曰：火盛湯涌，猛氣烝作，攘衣服，振掌握，麪瀰瀰於指端，手縈迴而交錯。"：此北京之稱麪，非餺飥也。

87.十八【水龍】：此作今之水角。

88.十八【沫餑】"陸羽《茶經》：凡酌置諸盌，令沫餑均。沫餑者，湯之浮華也。華之薄者曰沫，厚者曰餑。"：餑今謂之泡。

卷二十八　獸畜

89.四【馬瘦毛長】"今作鳥瘦毛長，誤"：鄉語仍作馬瘦毛長。

90.九【獟豬頭】"《爾雅·釋獸》：豕奏者獟，注曰：今獟豬短頭，皮理腠縮。按此豬之頭短小而醜，非人意所喜，故俗以市物不稱意曰獟豬頭。"：此乃瘟字，不與《爾雅》相關。

91.十【貓兒頭】"《留青日札》：今言人之幹事不乾净者，曰貓兒頭生活，又呼罵達官家人，亦曰貓兒頭，蓋起於是時。"：貓兒頭乃梟鳥之別名，吾鄉語猶然。

92.十二【搭猱】：猱亦嬈之借也，今云搭要，吳語曰搜白相。

93.十六【五花馬】"杜甫詩：蕭蕭千里馬，箇箇五花文"：五花乃烙印也。

94.十七【歲豬】"《劍南集》自注：蜀人養豬，於歲暮供祭，謂之歲豬。"：吾鄉謂之年豬。

卷二十九　禽魚

95.五【鶯遷】"《尚書故實》：今謂進士登第爲鶯遷者久矣，蓋自《伐木》詩，詩中竝無鶯字。頃歲省試《早鶯求友》詩，又《鶯出穀》詩，別書固無証據，豈非悮歟？"：鶯字雖《説文》所有，其命名當亦取嚶鳴之義。雖鸎鶹亦然。牽合《毛詩》，未爲甚悮。

96.七【筍鴨】"《南史·齊孝宣後傳》：太廟四時祭，詔以筍鴨卵脯薦後，以生平所嗜也。"：《南史》筍鴨乃筍與鴨二物也。

97.十【魚米之地】"唐田澄蜀城詩：地富魚爲米，山芳桂是樵。按俗以土沃爲魚米之地，當作此解。"：魚米對糴麥言，不作此解。

98.十六【金蟬脱殼】"金蟬是前代冠制，若脱殼之蟬，即不應綴以金字，蓋此特俗言。"：非也，蟬有金色者。

99.十八【淡菜】"淡菜乃不典之物"：以其似女陰也。

卷三十　草木

100.三【始花】"《游覽志餘》：杭人以草木穉而初蓿者曰始花，音如試。"：周美成詞"試花桃樹"據此當作始也。

101.七【菖蒲花難見】：予在倭時，歲歲詣東京，延留蒲田觀菖蒲花，連塍接垮，百種千狀，初未知其可貴也。

102.十七【細種花】：此乃橦字之誤。

103.十七【江米】"今北俗通呼白米曰江米"：北京所云江米乃糯米。

104.十九【花紅】"《洛陽草木記》：林檎之別有六……林檎花紅亦林檎一種耳。《咸淳臨安志》：林檎，土人謂之花紅。蓋不問種類，概以花紅呼之，惟杭之土俗然也。"：吾土亦然。

105.十九【鹿梨乾】"儇俗或以鹿梨乾爲戲嫚語，豈知實有鹿梨乾耶"：吾鄉曰臘梨殼，乃以戲頭生瘡者也。

卷三十一　俳優

106.三【生旦凈末】"《莊子》：援猵狙以爲雌"：引《莊子》文誤，可笑。

107.六【連廂】"《西河詞話》：……而復以男名末泥、女名旦兒者，隨唱詞作舉止，如參了菩薩，則末泥作揖；祇將花笑撚，則旦兒撚花之類。"：此似今之大鼓。

108.六【說書】《古杭夢游錄》：說話有四家：……一說經，謂演說佛書。"：說經，今蘇滬謂之宣卷。

109.十二【打輥】：當作混。

110.十三【捉迷藏】"俚俗謂之捉覓躲"：吾土謂之捉貓兒。

111.十三【角觝】"《漢書·武帝紀》：元封三年，作角抵戲。注云：抵者，當也。兩兩相當，以角力、角技藝，非謂抵觸也。"：角觝即相撲，今謂之對打拳。

112.十四【臺閣】"《武林舊事》：迎引新酒，有以木牀鐵擎爲仙佛鬼神之類，駕空飛動，謂之臺閣。"：吾土謂之扎故事。

113.十八【鞬子】"吳氏《字彙補》：毽，拋足之戲具也。"：蓋祇當作建，其物以錢爲底，而建鷄毛於其上。

114.十八【撚錢】：吾土謂之彈錢，亦曰彈間子，以意單雙。雙曰同，單曰間子。

115.十九【擲錢】"世俗謂之攤錢，攤鋪其錢，不使叠映欺惑也。"：今廣東番攤猶以錢爲主，他處則用投子。

卷三十二　數目

116.二【幾所】"所、許聲近，古因互用。"：所幾何亦相轉。

117.四【丨丨丨丨丨丨丨丨丨丨丨丨丨丨丨】"別用西洋五字爲ᒐ。"：ᒐ非西洋字，乃五之省筆也。ᒐ亦非五，彼五作5。

118.七【畫一】：今吳語劃一有原來如是之意。

119.十九【一擔】"《後漢書·韋彪傳》注：江淮人謂一石爲一擔。按今不特江淮爲然。"：吾土人且訛讀一石爲一擔矣。

卷三十三　語辭

120.一【如此如此】：吾土言果底果底。

121.三【甯可】"《説文》：甯，所願也。徐氏注：甯猶寧也，俗言寧可如此爲甯可如此。"：今同。

122.四【豈有此理】：此俗間之文言，質云那有這箇道理。

123.四【大謬不然】：吾土不然曰不是果底。

124.五【然雖】：今俚云雖然。

125.五【底】：底，今常州語丁雅切。吾土曰麼事，即古之麼生也。

126.六【管】"謝肇淛《西吳枝乘》：吳興里語呼誰爲管"：管爲誰，不可知其義。

127.六【看看】：吾土云看到。

128.七【這般那般】：今亦云這樣那樣。

129.八【什麼】"黃庭堅詩：閑情欲被春將去，鳥喚花驚祇麼回"：祇麼乃者麼之轉。

130.十二【走】："又有以㖞爲叱辭者，推論之亦祇當作退。"：㖞即咄也。

131.十五【谷呱呱】：今狀鳩聲曰觚固古。

132.十五【嗾】：吾鄉讀爲些。

133.十五【叱叱】"世俗驅牛羊犬馬有若音詫詫者，即叱叱之轉。"：今語同。

卷三十四　狀貌

134.十二【麻曷剌】：麻曷剌即歡喜佛，雍和宮中今尚有一麻噶剌殿。

1）"今杭人嘲天黥者曰麻曷剌，乃借言之。"：此非借言，乃以形容面目之相似也。

卷三十五　聲音

135.十三【索索】"温庭筠《織錦詞》：蔌蔌金梭萬縷紅"：蔌。

136.十六【猷猷】"又有狎字音乎，亦云犬聲。此則犬將吠未吠之聲，裴迪所云吠聲如豹者也。"：此語可笑。

卷三十六　雜字

137.五【爿】"辨亦讀若判，與周氏左半右半之説最合，而字仍借用。"：繆。

138.五【踼】：見《漢書·儒林傳》。

139.六【觳】"君將觳之"：乃觳也。

140.七【胝】：《説文》作殖。

141.十【圖】：圁。

徐行可舊藏余嘉錫校補《元和姓纂》初探

趙昱（武漢大學）

一、《元和姓纂》的流傳與整理

唐人林寶所撰《元和姓纂》十卷，是對中唐以前各個姓氏、族望、代表性人物的一次系統梳理總結；除了當時的皇族李姓之外，一律依四聲韵類排列。關於是書之編纂及卷數，《新唐書·藝文志》最早著録“林寶《元和姓纂》十卷”[①]。晁公武《郡齋讀書志》（衢本）卷九有云：

> 《元和姓纂》十一卷
> 右唐林寶撰。元和中，封閭某於諸家姓氏爲太原，其人乃言非本郡。憲宗令宰相命寶纂諸家姓氏，自李氏外，各依四聲類集，每韵之内，則以大姓爲首[②]。

陳振孫《直齋書録解題》卷八言之更詳：

---

① （宋）歐陽脩、宋祁：《新唐書》，北京：中華書局，1975年，第5册，第1500頁。

② （宋）晁公武撰，孫猛校證：《郡齋讀書志校證》，上海：上海古籍出版社，1990年，第396頁。其中，“封閭某於諸家姓氏爲太原”之語難解，岑仲勉《元和姓纂四校記自序》認爲：“蓋後一行有‘諸家姓氏’四字，此行之‘諸家姓氏’四字，實是錯複，應正言‘封閭某於太原’。”（唐）林寶撰，岑仲勉校記：《元和姓纂》（附四校記），北京：中華書局，1994年，第1册，第14頁。

《元和姓纂》十卷

唐太常博士三原林寶撰。元和中，朔方別帥天水閻某者，封邑太原以爲言。上謂宰相李吉甫曰："有司之誤，不可再也。宜使儒生條其源系，考其郡望，子孫職任，并總緝之。每加爵邑，則令閱視。"吉甫以命寶，二十旬而成。此書絶無善本，頃在莆田以數本參校，僅得七八，後又得蜀本校之，互有得失，然粗完整矣。^①

《新唐書·藝文志》及陳振孫書皆作十卷，而晁公武書多出一卷，孫星衍認爲，"古人每兼序録爲卷數，不足异也"^②，即將卷首序文合并爲一卷，誠是。

至於林寶爲何會在當時撰成《元和姓纂》這樣一部編排體例、載録内容都十分特殊的著作，岑仲勉條列爲以下六端：（1）《姓纂》係奉旨而作，與私家撰述不同。（2）《姓纂》之綱紀异同，間由李吉甫指授。（3）《姓纂》因邊臣疏辨封乖本郡而作，則各姓原系，自不能不參據一般傳述及私家牒狀，以免將來之爭辨。（4）《姓纂》係專備酬封時省閣參考之用。（5）唐代封爵頗濫，求免有司之再誤，其書不能不速成。（6）憲宗謂子孫職位總緝，則無職位者不必其入録^③。換言之，在仍然注重家族郡望的中唐時期，以邊臣奏言爲契機，《元和姓纂》承載着統治者別姓氏、辨爵邑的政治意圖和現實需要，因而皇族李姓居於最先、各韵之内首列大姓的編次形式，也是這一中古皇權和大族集團在當時享有顯赫身份、崇高地位的最直接反映。

隨着由唐及宋的社會階層變革，中古時期的高門大族退出了歷史統治的舞臺中心，《元和姓纂》這樣的典籍便失去了它本來蘊含的文化旨趣，漸次散佚。南宋時，陳振孫見到的數本《元和姓纂》，已經均非完帙。等到清代

---

① （宋）陳振孫：《直齋書録解題》，徐小蠻、顧美華點校，上海：上海古籍出版社，1987年，第227—228頁。

② （清）孫星衍：《校補〈元和姓纂〉輯本序》，（唐）林寶撰，岑仲勉校記：《元和姓纂》（附四校記），第1冊，第4頁。

③ 岑仲勉：《元和姓纂四校記自序》，（唐）林寶撰，岑仲勉校記：《元和姓纂》（附四校記），第1冊，第11—12頁。

乾隆年間，《元和姓纂》原書久無，四庫館臣祇能從《永樂大典》中重新抄撮、輯編，"仍依《唐韵》，以四聲、二百六部次其後先；又以宋鄧名世《古今姓氏辨證》所引各條，補其闕佚，仍厘爲十卷。其字句之訛謬，則參校諸書，詳加訂正，各附案語於下方"①。《永樂大典》輯本《元和姓纂》於是成爲傳世祖本。其後嘉慶七年（1802），洪瑩有感於"《唐藝文志》'譜牒類'十七家、三十九部、一千六百一十七卷，今均散佚，漢晉以來，譜系一家之學，繫而不墜，實賴此書之存"②，以孫星衍家藏《元和姓纂》鈔本，校而刊之。光緒六年（1880），又有金陵書局翻刻本問世。

誠然，嘉慶七年洪瑩刊本經過了孫、洪二人的校補，價值似更勝，然而其中仍不免删節、改并、新增之失計30條③。有鑒於此，自民國二十五年（1936）見及牟潤孫校勘《元和姓纂》的條目內容開始，岑仲勉又作《元和姓纂四校記》，尤其注意更廣泛地搜求《全唐文》《全唐詩》以及新近出土唐人墓志等材料，致力於芟誤、拾遺、正本、伐僞等四個方面，前修未密，後出轉精，取得了超邁前賢的成就。民國三十七年，其書以《國立中央研究院歷史語言研究所專刊》（之二十九）單行，末附《〈古今萬姓統譜〉之〈姓纂〉引文》《張氏〈四書姓纂〉引文之檢討》《沈濤書〈元和姓纂〉後》《羅輯〈姓纂〉佚文删定補正記》《羅振玉〈唐書·宰相世系表〉補正之采正》等五篇④。而之所以命爲"四校記"，作者的理由是："竊以爲四庫輯自《大典》，清臣所校，一校也。孫、洪録本刊布，始附入輯佚，二校也。羅振玉就局本成校勘記二卷，三校也。"⑤有此三者在前，故以"四校"繼之。

---

① （唐）林寶：《元和姓纂》書前提要，影印文淵閣《四庫全書》本，臺北：臺灣商務印書館，1986年，第890册，第500頁。
② （清）洪瑩：《校補〈元和姓纂〉輯本後序》，（唐）林寶撰，岑仲勉校記：《元和姓纂》（附四校記），第1册，第6頁。
③ 岑仲勉：《元和姓纂四校記自序》，（唐）林寶撰，岑仲勉校記：《元和姓纂》（附四校記），第1册，第31—34頁。
④ 岑仲勉：《元和姓纂四校記》，《國立中央研究院歷史語言研究所專刊》（之二十九），上海：商務印書館，1948年。
⑤ 岑仲勉：《元和姓纂四校記自序》，（唐）林寶撰，岑仲勉校記：《元和姓纂》（附四校記），第1册，第37頁。

岑仲勉《元和姓纂四校記》，作爲清代至民國《元和姓纂》整理研究的集大成之作，意義非同一般："岑氏書出，而後《姓纂》之書，其正其誤，始有繩準可循；其是其非，存疑始得冰釋，信乎其有功學術，良非淺鮮。"[①] 1994年，郁賢皓、陶敏整理的《元和姓纂》（附四校記）由中華書局出版。整理本將林寶之書與岑仲勉之書合爲一編，解決了原書與校記各自別行、不便利用的問題。2015年，遼海出版社又出版了陶敏遺著《元和姓纂新校證》。該書"主要是根據近百年來新出土的石刻史料，輔以傳統文獻所載，校正《姓纂》的誤奪衍倒之文，列出和《姓纂》意義差异較大的异文，辨明他書竄入的僞文，移正來自他處的誤文，考證人物事迹。其中創造性的勞動居多，并沒有大面積地重複岑仲勉、羅振玉、洪瑩和四庫館臣的工作。工作對象主要是岑仲勉當年作《四校記》時限於聞見和資料而未能考正的，雖經指出但未改正的文字誤失，以及陶敏先生一九八〇年代和郁賢皓先生合作整理此書時的未及之處。……進一步提高《姓纂》的學術價值，使其能够更好地爲今人所用，爲唐代文學研究添磚加瓦"[②]，既然仍以伐僞、正本、拾遺、芟誤爲宗旨，岑書的開創性影響可見一斑。

二、余嘉錫校補本《元和姓纂》叙録

其實，早在岑仲勉之前，余嘉錫也做過《元和姓纂》的校補工作。校補本的副本原爲余嘉錫的兒女親家徐恕（字行可）舊藏，今歸湖北省圖書館（索書號：善/1622）。此本書前牌記頁二：前一葉中間爲小篆書名"元和姓纂"，右刻"嘉慶七年刊版《元和姓纂》"，左刻"古歙洪氏校藏"，皆行書；後一葉刻"金陵書局校刊，光緒六年工竣"。顯然，余嘉錫校補所據底本即清光緒六年金陵書局翻刻本。

---

① （唐）林寶撰，岑仲勉校記：《元和姓纂》（附四校記）"前言"，第1冊，第2頁。
② 陶敏遺著，李德輝整理：《元和姓纂新校證·前言》，瀋陽：遼海出版社，2015年，第4頁。

卷首王㳦序文之後，有余嘉錫的兩段題識。其一稱：

壬申正月廿八日假得文津閣《四庫全書》本宋章定《名賢氏族言行類稿》，并檢《古今姓氏書辨證》《通志·氏族略》《姓氏急就篇》及《翰苑新書》（小字注：洪氏原輯所據之《祕笈新書》，乃坊賈取此書之十餘卷，托爲謝枋得作，不足爲據也）以校《元和姓纂》，改正脱誤數千字，補輯佚文四百餘條。凡十四日而畢，漫志之於此。二月十一日狷庵。①

其二稱：

羅文叔言有《姓纂校勘記》二卷、《佚文》一卷，今年三月復手録此書之中，并間附以鄙見。佚文已全録入，校勘記已得十之九，而大病，遂未畢業。又元人洪晏（筆者按：晏當爲景）脩所著《古今姓氏遥華韵》，章定書以藍本，所引《姓纂》，宜可以相參證。今雖病起，而困於教授，亦未暇復校也。余友徐君行可從余借鈔，因命小史録副以贈，并略志數語於簡端，庶觀者有考焉。癸酉冬十有一月廿九日武陵余嘉錫書。（末鈐"季豫"朱方）②

"壬申""癸酉"爲民國二十一、二十二年（1932、1933），當時余嘉錫任輔仁大學國文系教授兼系主任（1932年9月兼任），1933年5月至7月短暫回到湖南常德休養，後又應陳垣之邀北返。這一段經歷，正與第二段題識中的"而大病，遂未畢業""今雖病起，而困於教授"等内容相契合。而20世紀30年代初，因余嘉錫賞識，徐行可亦被引薦任教於輔仁大學、中國大學，

---

① （唐）林寶撰，（清）孫星衍、洪瑩校：《元和姓纂》，湖北省圖書館藏清光緒六年金陵書局刻本，《元和姓纂原序》第2a頁。
② （唐）林寶撰，（清）孫星衍、洪瑩校：《元和姓纂》，湖北省圖書館藏清光緒六年金陵書局刻本，《元和姓纂原序》第2a—2b頁。

1932年後辭職回漢[①]；1933年，經由楊樹達做媒，余嘉錫之子余遜與徐行可長女徐孝婉喜結連理[②]。余、徐兩家的關係更爲密切。是年冬，徐行可向余嘉錫借鈔其所校補之《元和姓纂》，余嘉錫於是"錄副以贈"。

又據第一段題識所述，余嘉錫進行《元和姓纂》的校補工作，祇用了短短十四天，速度極快。具體的校補形式是——有異文者在字旁標△，需增補之處在上句末字之下向外畫一道短綫，校記或他書多出的文字則以蠅頭小楷工整地抄錄於底本的天頭地脚和字裏行間（如圖一所示[③]）。同時，雖然是隨文批校輯補，但是余嘉錫也尤其注重古籍體例的考察總結，并由此出發，形成了校補內容的系統性呈現。例

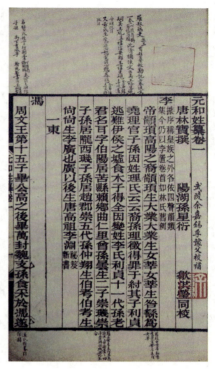

余嘉錫校補《元和姓纂》卷首

如，卷一"一東"的補遺部分，羅列了終、豐、○東、○桐、○融、○戎、○蟲、○充、○功、○風、○公羊、○同官、○公子等十餘個姓氏及其佚

① 葉賢恩：《愛國學者、著名藏書家——徐行可》，杜建國主編《不爲一家之蓄，俟諸三代之英——徐行可先生捐贈古籍文物五十周年紀念集》，武漢：武漢出版社，2010年，第6頁。

② 楊樹達《積微翁回憶錄》"一九三四（民國二十三年甲戌）一月"："三十一日。訪余季豫，……又見元顧仲瑛《雪蓬圖》，有高青邱題咏；讓之世兄新夫人徐氏奩中物也。徐爲行可之女，余爲媒妁。"上海：上海古籍出版社，1986年，第80頁。楊樹達日記更詳言："1933年二月十九日。晨，李振邦、徐孟博來。孟博送行可書，與余及公鐸談余家昏事者"，"1933年三月二日。……午，到徐孟博寓，以余宅庚帖交之，讓之已聘行可之女也"，"1933年十一月廿日。……徐孟博持行可書來，云昏期一切可由余家主之"，"1934年一月三十日。……余讓之自鄂結婚歸，率新婦來謁，行可之長女也。"此日記現由楊逢彬教授整理，浙江古籍出版社待版。

③ 湖北省圖書館編：《徐行可舊藏善本圖錄》，武漢：崇文書局，2019年，第96頁。

文，而在"○東"之後，專門有這樣一段説明："《類稿》之體，每一姓之後，引《姓纂》一條，低一格寫（旁注：亦有無《姓纂》二字者，蓋傳鈔之失），然後引諸史中之名賢言行若干條，每條第一行頂格寫。其希姓無名賢可紀者，則姓後第一行即頂格寫，略叙姓氏源流，或引古姓氏書如《姓苑》之類，或引古傳記如《神仙傳》之類。乍觀之，似出自作者之手，及驗其體制，考其時代，證之於今本《姓纂》及諸書所引，始知實皆《姓纂》之文。今輒取其不見於今本者，抄出之以補遺。凡明引《姓纂》者，注《類稿》某卷引；不出書名者，則只注《類稿》卷幾，不加引字，以資識別焉。聊發其凡於此。凡未明引《姓纂》者，加一圈爲别。"[1]這裏根據章定《名賢氏族言行類稿》的體例規律，判定《元和姓纂》的佚文，并且將明引與暗引做了形式上的區别——後者"加一圈爲别"。因此讀者可以清楚地分辨，終、豐二姓佚文爲《名賢氏族言行類稿》明引《元和姓纂》，東、桐、融等姓的佚文屬於不出書名的暗引。其後各卷各姓皆然，校補者之細緻用心徑自躍明於紙上。

三、余嘉錫校補《元和姓纂》的文獻價值

余嘉錫對於洪瑩、孫星衍校刊本《元和姓纂》的校補，主要是在繼承羅振玉《元和姓纂校勘記》二卷、《元和姓纂佚文》一卷的基礎上，另外選取《名賢氏族言行類稿》《古今姓氏書辨證》和《翰苑新書》等引用《元和姓纂》文字内容的宋代典籍，綜合運用對校、本校、他校、理校諸法，排比異同，兼定是非，言之有據，確然可信。

例如，卷一"一東"宫姓下"虞大夫之奇之後。殿中御史志惲"，余嘉錫校記（以下簡稱"余校"）："《類稿》二引'之奇'上有'宫'字。下句作'唐殿中侍御史宫志惲'。"（第4b頁）以《名賢氏族言行類稿》校補脱文

---

[1]　（唐）林寶撰，（清）孫星衍、洪瑩校：《元和姓纂》卷一，湖北省圖書館藏清光緒六年金陵書局刻本，第6a頁。

公孫複姓下"晋有隱者公孫風，上昌黎九城山"，余校："羅云：'風當作鳳。《晋書》有傳，字子鸞。'"（第7b頁）直接采信羅振玉的校記及判斷依據。"三鍾"封姓"亮生敖"下小字注"案《唐世系表》，敖生望卿，此脱"，余校："羅云：原校甚誤。考舊史敖傳，敖爲元和十年進士，此書成於元和七年。望卿更後於敖，《姓纂》本不得有其名，非脱漏也。"（第12a頁）羅振玉通過科第年代和成書年代的先後關係斷定小字案語當爲後人不明體例而臆補，余嘉錫從其説。卷二"九魚"徐姓下"伯益之後夏時受封於徐"，余校："'後'字，《類稿》六、《新書》六引均作'子'。"（第19a頁）校列他書异文。"十虞"苻姓下"前秦主苻堅，本以，有扈氏之後，爲啓所滅，奔西戎，代爲酋"，余校："'以'字誤，《類稿》七引作'本姒姓'。'酋'上有'氏'字，乃'氏'字誤。"（第29b頁）説明誤字、脱文的情況。卷三"十二齊"鞬姓下"《風俗通》云：'晋銅鞮伯華之後。'氏焉"，余校："《類稿》八首多'姓苑'二字，疑《姓苑》上尚脱一'見'字或'出'字。"（第10a頁）疑而不改，以見其審慎。卷五"十陽"長盧複姓下"《列子》，楚賢者長盧子著書九篇"，余校："《辨證》十四引下有'《藝文志》注曰楚人'七字，當是《姓纂》之文。"（第12a頁）校補原書脱文。卷九"四十一漾"暢姓下"《陳留風俗傳》有暢悦，河東人。狀云：本望魏郡。瓛子當，悦子偃。又詩人暢諸，汝州人，許昌尉"，余校："《類稿》四十六'暢悦'作'暢氏'，其下云：'齊有暢惠明，撰《論語義注》。唐户部尚書暢瓛、尚書左丞暢悦。瓛子常、當，當進士擢第，爲太常博士。悦子偃。并河東人。'本條顛倒錯誤不可解。"（第14b頁）徵引他書文獻，分析本書中的整句倒錯。卷十"五質"悉君姓下"古西掖國人"，余校："《辨證》宋本'悉居氏'下引曰：'西域人姓。'蓋即此條。今本誤'居'爲'君'、'域'爲'掖'耳。羅輯入佚文，誤也。"（第18a頁）既根據早期版本分析字形相近而致誤，又指出羅振玉以不佚爲佚的疏失。

而以余校與岑校相比，不難發現，兩人各自獨立從事校勘，取得的成果往往殊途而同歸。仍以上文悉君姓爲例，岑校云："'掖'應作'夜'，見《漢書》。羅氏引《姓氏書辯證補》云：'悉居，西域人姓。'余謂此實同文也。

居、君字涉相近而訛，一云古西夜國人，一云西域人姓，西夜即西域之國，特引者變文耳。《通志》云：'悉居氏，古西夜國人也。'可證。復次，'君'字誤，應從《辯證》作'居'。悉居即Saka，亦即釋迦，作'居'者譯音較古。"① 既有《通志》引文的旁證，又從對譯的角度入手，指出"君"爲誤字。此外再舉二例，如下表所示：

表 1　余嘉錫、岑仲勉《元和姓纂》校記對比例表

卷次内容	余嘉錫校記	岑仲勉校記
卷五"二十四鹽"詹姓"詹大夫體仁《家譜》曰：'詹姓始於周宣王支子，賜姓曰詹，封爲詹侯。其後有詹父，爲周大夫。詹嘉處瑕以守桃林之塞。'（小字注：據《祕笈新書》增。）又曰：'楚詹尹之後，有詹何善釣。昭公九年有詹桓伯辭於晋。'（小字注：并據增。）"	按宋詹體仁字元善，建寧浦城人，《宋史》三百九十三有列傳。仕至司農卿，故稱爲大卿。作《名賢氏族言行類稿》之章定乃體仁之同鄉，體仁卒於開禧二年，定書作於嘉定己巳，又正同時，二人蓋必有瓜葛，故於詹姓取其家譜載入書中。宋無名氏之《翰苑新書》"類姓"一門，皆鈔自《類稿》，失於删削。《祕笈新書》即改竄《翰苑新書》爲之者，洪氏不察，乃據以輯入《姓纂》矣。（段末又有小字：《類稿》於詹姓，録其官於福州之詹說，以及其子移家建陽之詹豪，其他亦不過有科第、官職，皆無其事迹。其末有識語云：右五公，定得之於詹淵景云，皆豪之後也。由此觀之，定與詹氏，必有姻親故舊之雅，故破例録其家譜也。）②	此姓庫本祇云："楚詹尹之後，有詹何善釣。"餘皆洪氏據謝枋得《祕笈新書》增。余按《宋史》三九三有《詹體仁傳》，登隆興元年第，嘗任太府卿，後除司農卿，開禧二年（1206）卒。枋得生於其卒後二十年（1226），《河東集》三六有《上大理崔大卿啓》。……詹大卿體仁乃南宋人無疑，其家譜雖許徵及《姓纂》，但"詹大卿體仁《家譜》曰"八字，其必爲謝氏之言，非《姓纂》原文，可斷言也。今洪氏竟以宋人言語補作佚文，可爲憒憒。況《翰苑新書》後集七固先引詹大卿體仁《家譜》，後始引"《姓纂》曰"，《類稿》三三及《備要》二四同，尤足見前一段非林氏《姓纂》文矣。……③

---

① （唐）林寶撰，岑仲勉校記：《元和姓纂》（附四校記），第 2 册，第 1507 頁。

② （唐）林寶撰，（清）孫星衍、洪瑩校：《元和姓纂》卷五，湖北省圖書館藏清光緒六年金陵書局刻本，第 44a 頁。

③ （唐）林寶撰，岑仲勉校記：《元和姓纂》（附四校記），第 1 册，第 774 頁。

卷次内容	余嘉錫校記	岑仲勉校記
卷八"九御"恕姓"楚大夫恕金"	此疑是鑢字下注誤入於此，詳見後。 （鑢姓下校記："《類稿》四十三云：楚大夫有鑢全。全，《辨證》作金，是也。）①	按《通志》無恕氏，有鑢氏，云："音慮，又音盧，楚大夫有鑢金。"（亦見《類稿》四三。）由《姓纂》見本冒文之多推之，可決"恕金"爲"鑢金"之誤，此五字應入鑢姓之下。若"恕"姓，則當爲"絮"姓之訛，因兩字同是上從"如"也。《通志略》云："絮氏，女據切，又女居切。《漢書·張敞傳》有京兆捕賊掾絮舜，謂敞爲'五日京兆'，敞殺之。《姓纂》有去聲，非是。"洪氏未細考，故於"十遇"下又據《通志》補絮姓也。參看下文絮姓條。②

前一例，洪瑩校刊本《元和姓纂》誤收宋人，岑仲勉祇是指出洪氏引據宋代典籍，失之精審，"可爲憒憒"，而余嘉錫還從詹體仁與章定的關係入手，着重分析了《名賢氏族言行類稿》緣何采録詹氏《家譜》，繼而輾轉因襲，導致洪瑩誤收。後一例，余嘉錫根據鑢姓人物進行理校，疑有文字冒入，而岑仲勉圍繞《通志》的引用文字，不僅斷定"恕金"當爲"鑢金"之誤，而且梳理出恕姓又爲絮姓之訛，明顯更加全面、細緻。因此，二者的校勘實則各有優長，不可偏廢。

繁複而瑣細的逐卷逐條比勘之外，余嘉錫所做的另一方面重要工作，就是大量地輯補佚文。徐行可舊藏本末卷尾頁，余嘉錫有"凡補佚文四百三十一條"的總數統計。相比之下，岑仲勉《元和姓纂四校記》収録的温廷敬、羅

---

① （唐）林寶撰，（清）孫星衍、洪瑩校：《元和姓纂》卷八，湖北省圖書館藏清光緒六年金陵書局刻本，第11b頁。

② （唐）林寶撰，岑仲勉校記：《元和姓纂》（附四校記），第2册，第1206頁。

振玉、岑仲勉各家新補姓氏176個①，尚不及余嘉錫輯補之半。并且，兩書增補的姓氏條目，也并非簡單的包含關係，而是互有出入。兹舉數例，如下表所示：

表2　余嘉錫、岑仲勉《元和姓纂》補遺比較例表

卷次韵目	余嘉錫輯補	岑仲勉（含温廷敬、羅振玉）輯補
卷一 "二冬"	冬，《前燕録》慕容晃左司馬冬壽。（小字：《類稿》二） 佟，遼西、北燕有佟萬，以文章知名。（小字：同上）	賨，賨子後裔也。（温補） [岑校]温校云："《姓觿》引《姓纂》誤入'宗'下，今改入'賨'，此脱。"
卷四 "二十六桓"	欒，唐叔虞之後。晋靖侯孫賓，食采欒邑，因氏焉。（小字：《類稿》十五引） 冠，《風俗通》鶡冠子之後。（小字：《類稿》十五） 官，見《姓苑》。 瞞，《風俗通》荆蠻之人本姓蠻，音訛，遂爲瞞氏。（小字：并同上）	欒，唐叔虞之後。晋靖侯孫賓，食采欒邑，因氏焉。（温補） [岑校]温校據《類稿》五五引補。按《備要》二三與《類稿》同。 華（岑補） [岑校]《姓觿》二云："華，比潘切，字同'藩'，又音盤，出《姓纂》并《姓氏急就篇》，字與'華'不同。"余按《廣韵》"二十六桓""北潘切"下"華"字云："又姓，出《姓譜》。"《姓觿》之"華"係"華"訛，兹據補，温校漏。
卷五 "十三耕"	訇，《蜀録》關中流人訇琦、訇廣也。（小字：《類稿》二十八） 閎，《史記》周文王四友閎夭之後，漢有廣陵相閎孺。（小字：同上）	——
卷六 "七尾"	鬼，《古今人表》鬼臾區。（小字：《類稿》三十四）	鬼，以國爲氏。（岑補） [岑校]據《姓觿》五引。

① 據《元和姓纂·韵目》各姓之上加△者統計而得。

續表

卷次韵目	余嘉錫輯補	岑仲勉（含温廷敬、羅振玉）輯補
卷八 "七志"	忌，《風俗通》周公忌父之後，以王父字爲氏。（小字：《類稿》四十二） 嗣，《風俗通》魏嗣君之後。（小字：同上）	——
卷十 "三燭"	逯，《風俗通》後漢大司空逯並（小字：並字原脱，據《辯證》補）。石趙有逯明。唐夏官郎中逯仁傑。（小字：《類稿》四十九） 燭，《左傳》大夫燭之武之後。（小字：同上）	蜀，蜀山氏之後。（岑補） ［岑校］據《姓觽》九引。

　　表中列出的六個韵目之下，余嘉錫增補的姓氏内容遠多於岑仲勉的《元和姓纂四校記》。而之所以會有如此顯著的差别，主要原因在於：一是二人據以輯佚的姓氏文獻不同，岑仲勉利用了明人陳士元所編《姓觽》，"補五十三姓"①，余嘉錫主要借助南宋章定《名賢氏族言行類稿》，因而即便同一個鬼姓，兩家的補遺文字也完全不同。二是余嘉錫通過對於《名賢氏族言行類稿》的體例考察，確定其中多有《元和姓纂》佚文，於是將它們一一抄出，最終使得補遺的姓氏條目及文字内容都更多。

　　由是觀之，無論校勘還是輯補，余嘉錫的工作自有其價值特色。在20世紀上半葉的《元和姓纂》整理研究史上，他的這部校補本也不應當就此光華淪没。

四、餘　論

　　岑仲勉撰作《元和姓纂四校記》時，并未得見余嘉錫的校補本，所以

---

①　岑仲勉：《元和姓纂四校記自序》，（唐）林寶撰，岑仲勉校記：《元和姓纂》（附四校記），第1册，第44頁。

《元和姓纂四校記自序》和《元和姓纂四校記再序》都無隻字提及。但是《四校記》既已出版，余嘉錫必然就會關注，他甚至在《四庫提要辨證》卷一六《元和姓纂》條下，除了詳細地考證林寶的生平事迹和《元和姓纂》的體例、流傳，還這樣寫道：

北京大學藏有舊鈔本《古今姓氏遥華韵》一部，從甲至癸，凡九十六卷，係巴陵方氏碧琳琅館所捐，署臨川布衣洪景修進可編，序題至大元年。序中自言參用章定《類稿》，其書爲《四庫》所未收，以校《姓纂》，時有創獲。其所引用頗有出《類稿》外者，即同引《姓纂》，亦有异同出入，足以互相參訂。惟其引書，往往改易原文，⋯⋯然諦審其文，有似全取《姓纂》者，有似取他書屝入者，余嘗再三慎擇而取之，不敢苟也。⋯⋯余於庚申歲，曾取《名賢氏族言行類稿》、《古今姓氏遥華韵》、《古今姓氏書辨證》、《翰苑新書》（小字注：僞本謝枋得《祕笈新書》即純取自此編。）以輯《姓纂》佚文，凡得四百五十餘條。近見今人岑仲勉所校《姓纂》，其所引書與余同，惟未引《遥華韵》耳，然岑氏意在校讎，非爲輯佚耳。⋯⋯余所爲《元和姓纂校補》八卷，自謂用力頗勤，蠅頭細字，行間幾滿，既無力顧鈔胥，別繕清本，又不能覓刻工付之棗木，將來不知何人以之覆醬瓿，抑或以蠟以蔽車頂，則數年心血付諸流水矣。[①]

這裏還有兩個問題需要稍作説明：首先，北京大學所藏《古今姓氏遥華韵》，王重民《中國善本書提要》著録最詳：

【新編古今姓氏遥華韵九十八卷】
二十四册（北大）
鈔本［十行二十五字（21.6×15）］

---

① 余嘉錫：《四庫提要辨證》，北京：中華書局，2007年，第3册，第958—959頁。

原題："臨川布衣洪景修進可編。"下書口刻"碧琳琅館鈔校本"七字。按是書似無刻本，天一閣所藏亦是鈔本，清代藏書家皆從之傳録，如愛日精廬所藏影寫天一閣本是也。《天目》云："内缺乙集卷五至丙集卷十一。"而愛日精廬本乃不缺，何也？《愛日精廬藏書志》卷二十六云："是書以姓繫韵，凡甲集十卷、乙集十卷、丙集十一卷、丁集十卷、戊集十一卷、[卷五以後分卷不明] 己集八卷、庚集十卷、辛集十卷、壬集八卷、癸集十卷。共一千一百八十九姓。忠臣孝子，義夫烈女，相業將略，家法官箴，有益民彝世教者，必加詳録。其名賢詩文，及風流逸事可資談助者，亦間及焉。洪君自題臨川布衣，意者入元不仕，以勝國遺民終歟？其所引《元和姓纂》，多有出今本外者，是亦足資參考也。《文淵閣書目》著録。"[1]

此本原爲晚清方功惠碧琳琅館舊藏，九十八卷，非九十六卷。張金吾在《愛日精廬藏書志》中早已言及是書對於輯補《元和姓纂》的重要作用，余嘉錫也認爲，與岑仲勉《元和姓纂四校記》相較，自己利用了北京大學存藏的《古今姓氏遥華韵》一書，專事輯佚，正是優勝所在。但所謂"岑氏意在校讎，非爲輯佚"一語，正如上文已述，其實并不準確恰當。再核之前引第一段題識，《古今姓氏遥華韵》與《名賢氏族言行類稿》《古今姓氏書辨證》《通志·氏族略》《翰苑新書》等并非同一批對校之書，《四庫提要辨證》在這裏僅僅叙述結果，不足以充分展現過程中的更多翔實細節。

其次，"庚申歲"當爲民國九年（1920），與前引題識中的"壬申"相去十二年，或爲余嘉錫誤記。更何况，徐行可舊藏的這部《元和姓纂》中，余嘉錫校補的文字都是密密麻麻地寫於天頭地脚、字裏行間，還不是"《元和姓纂校補》八卷"的整齊面貌，也未見徵引《古今姓氏遥華韵》一書的明確痕迹。由此推測，余嘉錫校補《元和姓纂》，應當經過了一個由直接在金陵

---

[1]　王重民：《中國善本書提要》，上海：上海古籍出版社，1983年，第366頁。

書局翻刻本上進行批校而至覆校補充之後更將校補內容抄録單行、定爲八卷的過程，祇是最後没有付梓出版。這樣一來，徐氏藏本的文字內容便可視作余嘉錫校補《元和姓纂》的最初樣態。余嘉錫的畢生藏書，在其子余遜身後，由徐孝婉捐贈北京大學歷史系，現藏北京大學中國古代史研究中心圖書館。而這部令他敝帚自珍的《元和姓纂校補》八卷，也尚待進一步地追踪考索、比對研究①。

---

① 周祖謨《余嘉錫先生傳略》稱："又有《元和姓纂校補》八卷手稿本，存否至今不明。……現在雖然已經輾轉尋覓到過録本，但是材料不多，和辨證所言的情況不相符，估計是出自早期的稿本而非定本，那麽'覆醬瓿'、'蔽車頂'之語則不幸而言中！"余嘉錫《余嘉錫論學雜著·附録》，北京：中華書局，2007年，第717—718頁。這裏提到的"過録本"，既然"材料不多"，似乎又不是徐行可舊藏的這一部——以輯補條目數量視之，徐氏舊藏本"凡補佚文四百三十一條"，《四庫提要辨證》云"凡得四百五十餘條"，差异并不巨大。

徐行可舊藏淡生堂抄本《咸平集》流傳述略

李寒光（武漢大學）

《中國古籍善本書目》著錄《咸平集》三十卷，北宋田錫撰，明祁氏淡生堂抄本，清彭元瑞跋①。是此書流傳至今的最早版本，在清代、民國時期歷經多位藏書家收藏，今藏中國國家圖書館，可謂彌足珍貴。2010年北京出版社出版的《四庫提要著錄叢書》收錄此本②，影印行世，爲《咸平集》的版本校勘及宋人別集流傳研究提供了極大便利。諦審此書，曾歸湖北近代著名藏書家徐恕所有，鈐印尤多，可見寶愛之甚。正值徐氏向湖北省圖書館捐贈藏書60周年之際，爲表彰先賢，筆者不揣謭陋，草撰小文，試圖對淡生堂抄本《咸平集》之遞藏流傳作一梳理，以裨於學者對此書做進一步深入研究。

《第三批國家珍貴古籍名録圖録》，北京：國家圖書館出版社，2012年，第6冊，第31頁

---

① 中國古籍善本書目編輯委員會編：《中國古籍善本書目·集部》，上海：上海古籍出版社，1998年，第186頁。

② 收録於《四庫提要著録叢書》，北京：北京出版社，2010年，集部第2冊，第509—692頁。本文引用淡生堂抄本《咸平集》皆據此影印本。

一

　　中國國家圖書館藏明淡生堂抄本《咸平集》三十卷，分裝四冊，每半葉
十行，行二十字，白口，四周單邊。藍格抄寫，版心書書名、卷數、頁數，
下有"淡生堂抄本"印迹，知爲祁氏專用抄書格紙。祁承㸁（1563—1628），
字爾光，一字越凡，號夷度、密士，別署曠翁，浙江山陰人。明代著名藏書
家，有《澹生堂藏書目》傳世。南京圖書館藏《澹生堂藏書目》稿本著録
《田表聖咸平集》三十卷，十冊①；清光緒十八年（1892）徐氏鑄學齋刻本著
録則作"四冊"②。今按此書篇幅并不大，未必有十冊之多，疑稿本誤，當以
四冊爲是。因爲《澹生堂藏書目》中僅有此一部《咸平集》，故而可以斷定，
這就是我們今天所看到的祁氏抄本。此書著録於"續收宋詩文集"部分，據
《澹生堂藏書約》載：

　　丁酉冬夕，小奴不戒於火，先世所遺及半生所購，無片楮存者。③

丁酉爲明萬曆二十五年（1597），此《約》撰於萬曆四十一年（1613），可知
《澹生堂藏書目》首次編纂即著録這十六年間所得圖書。又曰：

　　書目視所益多寡，大較近以五年、遠以十年一編次。④

---

① （明）祁承㸁：《澹生堂藏書目》，鄭誠據南京圖書館藏稿本整理本，上海：上海古籍出版
　　社，2015年，第673頁。
② （明）祁承㸁：《澹生堂藏書目》卷一三，據清光緒十八年（1892）徐氏鑄學齋刻本影印，
　　北京：中華書局，2006年，《宋元明清書目題跋叢刊》第5冊，第267頁。
③ （明）祁承㸁：《澹生堂藏書約》，見《澹生堂藏書目》卷首，清光緒十八年（1892）刻本，
　　第139頁。
④ 同上。

因此，至泰昌元年（1620）重新增補此目，《藏書約》後有《庚申整書小記》曰：“書目每五年一爲編輯，今其期矣。”①田錫《咸平集》見錄於“續收宋詩文集”下，當爲萬曆四十一年（1613）至泰昌元年（1620）期間所得或所抄。

據趙希弁《郡齋讀書後志》著錄，田氏《咸平集》原本五十卷②，陳振孫《直齋書錄解題》著錄五十一卷，曰：

> 端平初，南充游似景仁爲成都漕，奏言朝廷方用端拱、咸平之舊紀元，而臣之部内乃有端拱、咸平之直臣，宜褒表之以示勸，願下有司議謚。博士徐清叟直翁、考功黃朴誠甫議謚曰“獻翼”云。今漢嘉田氏子孫，不知存亡，而文集板之在州者，亦毀於兵燼矣，可爲永慨！③

其後，尤袤《遂初堂書目》、《宋史·藝文志》、馬端臨《文獻通考》所著錄，亦皆五十卷。但由於書版已遭毀，又没有及時重新刊刻，所以此書流傳日稀，逐漸殘缺不全了。《四庫全書總目》曰：

> 《文獻通考》載錫《咸平集》五十卷，此本載奏議一卷、書三卷、賦五卷、論三卷、箴銘二卷、詩六卷、頌策笏記表狀七卷、制誥考詞三卷，以奏議與詩文集合爲一編，僅三十卷，則亦後人重輯之本，非其舊也。④

《咸平集》是在什麽時候亡佚近半的呢？祝尚書教授已有考論：

---

① （明）祁承爜：《庚申整書小記》，見《澹生堂藏書目》卷首，清光緒十八年（1892）刻本，第140頁。
② （宋）晁公武撰，孫猛校證：《郡齋讀書志校證》卷一九，上海：上海古籍出版社，2011年，第969頁。
③ （宋）陳振孫：《直齋書錄解題》卷一七，徐小蠻、顧華美點校本，上海：上海古籍出版社，2015年，第489頁。
④ （清）永瑢等編：《四庫全書總目》卷一五二，北京：中華書局，1965年，第1305—1306頁。

至明代當已殘闕或散佚，明初《文淵閣書目》、明末《内閣書目》皆無其目。朱氏《萬卷堂書目》卷四、祁氏《澹生堂藏書目》卷一三著録《咸平集》三十卷，與宋本卷數不同。唯錢謙益《絳雲樓書目》卷三陳景雲注爲"五十卷"，不知實有其本，抑據史傳所載，且不詳是何版本。錢氏絳雲樓本殆清初已毀於火，即有其本，亦不復可睹。①

《萬卷堂書目》的作者是朱睦㮮（1517—1586），年代要早於祁承㸁，他所見到的《咸平集》已非全本。不過，與祁氏同時的陳第（1541—1617）在《世善堂藏書目録》中還著録了五十卷本②，可見明代中期此書尚有全本存世。從《澹生堂藏書目》的著録來看，祁氏得書、抄書的詳情雖不可考，但可以推知，此書的普遍散佚殘缺，蓋在此時。

二

此本從淡生堂流出後，至明末清初，大概曾被吕留良（1629—1683）收藏。據傅增湘目驗，"原本鈐有祁曠翁、吕晚村家印，爲後人挖毀，然其字迹尚隱隱可辨識也"③。"晚村"即留良别號。雖然這種痕迹在中國國家圖書館公布的數字圖像或《四庫提要著録叢書》影印本上無法體現，但傅氏作爲民國時期享譽盛名的藏書家、版本學家，所言當屬事實。

關於《咸平集》，除祁氏淡生堂本外，清代中期以前尚有其他抄本流傳，乾隆年間纂修《四庫全書》從民間徵書，即得二帙，一著録於《兩江第一次

---

① 祝尚書：《宋人别集叙録》（增訂本），北京：中華書局，2020年，上册第13頁。
② （明）陳第：《世善堂藏書目録》卷下，據清乾隆六十年（1795）刻本（《知不足齋叢書》之一）影印，北京：中華書局，2006年，《宋元明清書目題跋叢刊》第5册，第40頁。據别本（讀秀所見《知不足齋叢書》本《世善堂藏書目録》，未知收藏單位），書前有萬曆四十四年（1616）温麻山農所撰序，則此書目之編成在《澹生堂藏書目》續補之前。
③ 傅增湘：《藏園群書題記》卷一三，上海：上海古籍出版社，1989年，第647頁。

書目》，四本；二著録於《兩淮鹽政李續呈送書目》，八册，均爲三十卷本①。其中，前者當即文淵閣抄寫底本，故《總目》曰"兩江總督採進本"②。遺憾的是，這兩部進呈本均已亡佚，其抄寫情況更是無從考證③。淡生堂抄本之所以能完好無損地流傳至今，主要得益於清中期以來藏書家的世代珍守。

今可考見昌留良之後最早收藏此書的爲彭元瑞（1731—1803）。元瑞，字掌仍，號芸楣，江西南昌人。其藏書處取唐杜兼"清俸購來手自校，子孫讀之知聖道"之語，顔曰"知聖道齋"④。淡生堂抄本《咸平集》鈐"南昌彭氏""知聖道齋藏書""遇者善讀"，均爲元瑞藏書印鑒。羅振玉輯刻《玉簡齋叢書十種》本《知聖道齋書目》著録《咸平集》二本⑤，即此物也。

彭氏得此抄本後，做了哪些工作呢？比較明確的是，他意識到田錫詩文散亡嚴重，乃有輯佚之舉，在書前題寫跋語曰：

開帙十二奏疏伉直危切，自魏鄭公、陸宣公外千古所罕見也。其詞多對舉，文體亦近。范文正公《墓志》謂奏凡五十二上、文集五十卷。然則集外所遺者多矣。壬子清明前一日校竟書。芸楣。

又曰：

《北宋諸臣奏議》中有《上太宗論旱災》《論邊事》兩篇，此集不載，鈔附於末。丁巳嘉平再記。⑥

---

① 吴慰祖：《四庫採進書目》，北京：商務印書館，1960年，第43、59頁。

② （清）永瑢等編：《四庫全書總目》卷一五二，第1305頁。

③ 另外，《中國古籍善本書目》著録一部清初抄本，重慶市圖書館收藏，亦爲三十卷，尚未寓目，俟考。

④ 參考鄭偉章：《文獻家通考》，北京：中華書局，1999年，第369—370頁。

⑤ （清）彭元瑞：《知聖道齋書目》卷四，據清宣統二年（1910）羅振玉刻《玉簡齋叢書十種》本影印，北京：商務印書館，2005年，《中國著名藏書家書目匯刊》第23册，第132頁。

⑥ （清）彭元瑞跋，見祁氏淡生堂抄本《咸平集》卷首，第511頁。

壬子爲清乾隆五十七年（1792），丁巳爲嘉慶二年（1797）。在此期間，彭氏據《北宋名臣奏議》補輯了田氏奏議二篇，附在書後。不過，最晚到民國時期，這兩篇補抄的佚文已經不見了。李之鼎重刊時跋曰：

> 彭文勤識語有《論旱灾》《論邊事》兩篇鈔附於末之語，附後原鈔已佚。[①]

好在《歷代名臣奏議》并非難得之書，後人仍可以彭氏跋語爲綫索重新抄出。2008年巴蜀書社出版羅國威先生點校本《咸平集》，附"集外詩文輯目"，此二篇目即在其中[②]。

除了輯錄佚篇，彭元瑞還曾校勘此書，改正了淡生堂抄本中的部分訛誤。傅增湘云"彭文勤公朱筆校過"，又曰"全書經彭文勤手校"[③]。在這個抄本上，主要有三種校勘方式：一是直接在原字旁改寫，或在原文上標乙；二是在當字、當句的版框下書寫异文或校改意見；三是在書眉上書寫。這三種校記均爲蠅頭小字，頗爲工整。據《第三批國家珍貴古籍名錄》影印彩色圖版，知前二種校記爲朱筆校改[④]。其中，彭元瑞的校語，當爲第一種，即直接在原字旁改正誤字及在原文上標乙倒文的部分，也是這個抄本產生之後最早的批校。彭元瑞的校記雖然總量不多，但通貫全書，對《咸平集》的再次傳抄以及重新刊刻大有裨益[⑤]。

---

① 李之鼎跋，見宋田錫《咸平集》卷末，武漢大學圖書館藏民國十二年（1923）李氏宜秋館刻《宋人集》本。
② 羅國威：《〈咸平集〉集外詩文輯目》，見《咸平集》附錄一，成都：巴蜀書社，2008年，第371頁。
③ 傅增湘：《藏園群書題記》卷一三《明淡生堂鈔本咸平集跋》，第647—648頁。
④ 中國國家圖書館、中國國家古籍保護中心編：《第三批國家珍貴古籍名錄圖錄》，北京：國家圖書館出版社，2012年，第6冊，第31頁。
⑤ 淡生堂抄本《咸平集》上的三種校記均沒有明確的署名，筆者指導學生專門圍繞李之鼎校刊《咸平集》撰文討論，從黑白影印圖像中可知，正文處多彭元瑞校，版框下方多徐恕校，但也有例外。書眉上的是傅增湘校。本文主要考察淡生堂抄本的遞藏源流，對出校者的辨析及李之鼎刊本的校改，直接采用了學生論文的觀點。見周彥義《李之鼎校刊〈咸平集〉考論》未刊稿。

彭元瑞之後，此書曾歸湖州王養度所有，蘇軾《田表聖奏議序》卷端鈐
"曾在荊門王氏處"可證。養度主要收藏書畫作品，藏書之名不顯，所以我
們没有見到關於他收藏此書的文字記載。王養度之後，淡生堂抄本又流入錢
桂森（1827—1902）教經堂。桂森，字辛白，一作馨白，號犀庵，一作稚庵、
辛道人，江蘇泰州人。錢氏藏書以《四庫》進呈本最有名，《藏園群書經眼
録》著録明建文刊本《元音》，即錢氏舊藏《四庫》底本，傅氏曰：

> 此書舊爲翰林院所藏，蓋當日《四庫》發還之書留於院中者也。卷首
> 有浙江巡撫三寶採進朱記可證。昔時翰林前輩充清秘堂差者得觀藏
> 書，然往往私攜官書出。泰州錢辛盦在館最久，精於鑒別，故所携多
> 善本。①

不過，如前所述，本文所討論的淡生堂抄本《咸平集》在乾隆年間已歸彭元
瑞所有。而且這個抄本上也没有任何翰林院木記或館臣粘簽。所以，我們可
以肯定，此書既非《四庫》進呈本，亦非《四庫》底本，僅是錢氏的普通藏
書。錢氏得此書鈐印有"辛道人""錢犀盦藏書印""教經堂錢氏章""犀盦藏
本""錢犀盦珍藏印"等。

另外，目録卷端又有"曾爲綉衣使者"朱文方印，此印十分罕見，《中
國藏書家印鑒》《明清藏書家印鑒》《中國著名藏書家·藏書印》等均未著録。
考《四庫存目標注》著録臺北"中央圖書館"藏清乾隆間于敏中進呈影抄宋
淳熙十三年（1186）婺州原刻本《經子法語》，曰："鈐'翰林院印'滿漢文
大官印。又鈐'柚堂''教經堂錢氏章''辛道人''犀盦藏本''曾爲綉衣使
者''莐圃收藏'等印記。"②"莐圃收藏"爲近代藏書家張鈞衡（1872—1927）
的藏書印鑒，鈞衡，字石銘，別號適園主人，著有《適園藏書志》。《適園

---

① 傅增湘：《藏園群書經眼録》卷一八，北京：中華書局，2009年，第1289頁。
② 杜澤遜：《四庫存目標注》卷四四，上海：上海古籍出版社，2007年，第2014—2015頁。

藏書志》確實著録了一部《咸平集》，但其版本爲“傳抄文瀾閣本”①。所以，“曾爲綉衣使者”，大概也是錢桂森的藏印。“綉衣使者”，即漢武帝時設置的直使之官，《漢書·江充傳》：

> 上以充爲謁者，使匈奴，還，拜爲直指綉衣使者，督三輔盜賊，禁察逾侈。貴戚近臣多奢僭，充皆舉劾，奏請没入車馬，令身待北軍擊匈奴。②

就是皇帝派出的四處巡視督察的便衣使者。《續纂泰州志》：

> 錢桂森，……道光二十八年（1848）舉於鄉，明年成進士，入翰林。……纍遷内閣學士兼禮部侍郎銜。典試貴州、湖南、廣東、浙江，督學安徽，達官名流多出其門，海内奉爲文章宗匠。③

“綉衣使者”，或爲典試諸省之喻？存疑以俟再考。

錢桂森去世於清光緒二十八年（1902），不久，其藏書散出，傅增湘曰：

> 宣統庚戌（1910）津估張蘭亭至泰州，在錢氏家中捆載十餘篋以還，其中鈴院印者十有九，人往往争持以去。④

在這種情況下，這部淡生堂抄寫、彭元瑞校跋過的《咸平集》，就流入了著名藏書家徐行可（1890—1959）的箕志堂。

---

① 張鈞衡：《適園藏書志》卷一一，據1916年刻本影印本，北京：中國書店，2008年，《海王邨古籍書目題跋叢刊》第6册，第380頁。
② （漢）班固撰，（唐）顏師古注：《漢書》卷四五《江充傳》，北京：中華書局，1962年，第2177頁。
③ 轉引自錢存訓《留美雜憶——六十年來美國生活的回顧》附録一“家世淵源”，合肥：黃山書社，2008年，第129頁。
④ 傅增湘：《藏園群書經眼録》卷一八，第1289頁。

三

徐行可，名恕，號彊諓，以字行，湖北武昌人，藏書處名"箕志堂""知論物齋"等。徐氏得此書後，又加以校勘，寫下了許多批校。傅增湘説"惟卷中亦有誤處，經彭元瑞、徐行可校過"①，又説"奏議數首爲友人徐行可以《文鑑》對勘"②。按卷一共收十二篇奏議，僅在《上太宗論軍國要機朝廷大體》一篇下，有七處標明據《文鑑》校勘，校記均書於版框之下。如"蓋以陛下文明，無事可諫；朝廷公正，無事可言"，句下書"《文鑑》作'共'"，謂《宋文鑑》"公正"作"公共"；"況大國視交州謂之瘴海，去者不習風土"，句下書"《文鑑》作'況大國取交州何用'，'風土'作'土風'"（卷一，第529—532頁）等。我們比對了這些校記與徐氏手書字迹，發現顯然出自一手，確爲行可親筆③。同樣書寫在版框下方，與上述校記字迹完全一致的，還有據《歷代名臣奏議》、"庫本"校勘的記語，以及不云所據而徑標某字的校語，這些也由徐氏手自書寫。但"庫本作某"及徑標某字（實際主要亦是校庫本）的部分并非書者校勘，僅是過録李之鼎校勘。據《歷代名臣奏議》某字者，由於文獻闕失，尚且無法斷定是徐行可自校抑或過録他校。

從所鈐印鑒來看，徐行可對此抄本極爲珍愛，共有"彊諓所得善本""江夏徐氏藏本""徐弜諓藏閱書""臣恕之印""徐行可""鄂渚徐氏經籍金石書畫記""徐恕之印""行可""江夏徐生""小字六一""彊諓平生真賞""江夏""徐恕印信""字曰行可""鄂渚徐氏藏本""徐恕""行可"（另一）"徐恕"（另一）"彊諓""徐恕私印"等二十方印鑒，可見此書在徐氏藏品中的重要地位。

---

① 傅增湘：《藏園訂補郘亭知見傳本書目》卷一三上，北京：中華書局，2009年，第1084頁。

② 傅增湘：《藏園群書題記》卷一三《明淡生堂鈔本咸平集跋》，第648頁。

③ 參考湖北省圖書館編《徐行可舊藏善本圖録》，武漢：崇文書局，2019年。

更重要的是，雖然徐氏視此書若珍寶，但他不是秘不示人，而是慷慨任由他人傳抄、翻刻。得益於此，李之鼎纔將《咸平集》刊入《宋人集》，以廣流傳。

李之鼎，字振唐，江西南城人。民國時期藏書家。藏書處爲宜秋館、舒嘯軒等。民國時期，李氏搜訪宋人別集，陸續刊刻，總名《宋人集》，凡甲、乙、丙、丁四編，田錫《咸平集》三十卷首一卷收入丁編，民國十二年（1923）刊刻。據武漢大學圖書館藏本，書前有牌記："據南昌彭氏知聖道齋藏明澹生堂鈔本校刊。"又書前"宋人集丁編"目錄《咸平集》下曰："以鄂中徐氏藏明祁氏澹生堂鈔本校文津閣庫本。"半葉十行，行二十字，行款與淡生堂抄本大略相同，而稍有差異。版心上魚尾下刻"咸幾"、頁數，最下偏右刻"宜秋館"。

書前先刻《四庫提要》，次刻彭元瑞二跋，跋後低一格刻李之鼎識語：

此彭文勤公親筆識語，朱筆所書，字迹秀挺。鄂中徐行可以重價得諸漢上，乃彭氏舊藏祁氏淡生堂鈔本也。行可攜來南昌，假錄一過，以備刊入《宋人集》中。戊午正月二十日振唐書。①

書後亦有跋曰：

此本爲南昌彭文勤知聖道齋中故物，乃明祁氏澹生堂舊鈔，卷首有芸楣親筆識語。鄂中徐行可得之漢上，出以見示。假之迻錄，藏於篋笥，亦既數年矣。兩次至京，就文津閣本悉心詳校，彼此均有脫簡互异之處，亦有館臣爲避諱改易者。《文獻通考》載《咸平集》五十卷，范文正作公墓志亦云五十卷，今本三十卷，其爲後人重編，當無疑義。原編既不復見傳鈔，亦屬希覯。大約此集有無宋刊，尚俟考證。元明以下藏書家錄目所載皆

① 李之鼎識語，見《宋人集》本《咸平集》卷首。

出傳鈔，似無刊本也。繆藝風先生有校本，曾元假校。先生既没，藏書散出，此願不償，良呼負負。《田表聖奏議》凱切敷陳，久有繼軌陸宣公之譽，其他詩文氣象宏博，允爲北宋大家。如表文中有潘美等賀勝表諸文，可以互證史事甚多。彭文勤識語有《論旱災》《論邊事》兩篇鈔附於末之語，附後原鈔已佚，兩篇均在《名臣奏議》中，遲日當由庫本鈔出，并所輯集外詩文編爲輯補焉。癸亥仲夏南城李之鼎識於南昌世業堂。[①]

《宋人集》雖刊刻於民國，但這兩篇跋語未見整理，學者不能隨時翻看，故不憚其煩，抄録於右。并且，由於徐行可没有藏書目録，也没有爲此抄本撰寫題跋，所以，以上二跋的意義，還在於完善我們對徐氏收藏、傳播此書的認識。

由上可知，徐行可購得此書的地點是"漢上"。"漢上"是一個較爲寬泛的區域，主要是在江漢流域一帶。因徐氏爲湖北武昌藏書家，所以這裏可能指的是在當地所得。至於得書的時間，根據首跋所署"戊午正月二十日"，我們知道在民國七年（1918）以前，淡生堂抄本已經歸徐氏所有，并由徐氏帶到了南昌。這一年，徐行可34歲。

徐行可將自己的藏書借給李之鼎，允許録副、刊刻，是有重要意義的。第一，體現了徐氏"不爲一家之蓄，俟諸三代之英"的收藏理念，表現出中國藏書家大公無私的精神風格。據當代學者總結，徐氏藏書，"不自矜秘，以書會友，好成人之美"，"對於稀見古籍，積極謀求付印，以廣流傳"[②]。向李氏出借《咸平集》，正是這種理念的切實踐行。我們甚至可以推測，是徐氏專程將此書帶到南昌，以資助宜秋館《宋人集》的刊刻。第二，將珍本秘笈公諸人世，使學者皆得見其面貌。前文已述，淡生堂抄本是《咸平集》存世的最早版本，特別到了民國時期，即使是清代中期以前的進呈本也已經毀於

---

① 李之鼎跋，見《宋人集》本《咸平集》卷末。
② 馬志立：《不爲一家之蓄，俟諸三代之英——收藏家徐行可掠影》，《收藏家》2010年第7期，第79頁。

戰火，不復存在了。淡生堂抄本不僅年代最古，而且經過名家彭元瑞手校，可謂吉光片羽，彌足珍貴。第三，爲《咸平集》提供了一個可資校勘的新的版本。在版本學上，淡生堂抄本具有唯一性，不可能借給更多學者直接作校勘之用，但李之鼎據以重刻，僅下真本一等，相當於間接提供了淡生堂抄本，就此書而言，是有獨特價值的。因爲當時學者所持有的《咸平集》，幾乎都是據文瀾閣《四庫全書》本傳抄或再次傳抄的本子，而《四庫》本的底本也未必早於淡生堂抄本。傅增湘説：

> 歷覽近世諸家書目，如持静齋丁氏、適園張氏，皆依閣本傳抄，而閣本所從出則兩江採進本也。此外帶經堂陳氏、皕宋樓陸氏、善本書室丁氏所載均爲舊鈔，惟鐵琴銅劍樓瞿氏所藏爲知不足齋藏本，藝風堂繆氏所藏爲孔莊谷傳鈔周書倉《兩江遺書》本，鐵華館蔣氏所藏爲張立人手鈔本，視陳、陸諸家爲有依據。至明代鈔本，乃世所稀覯。①

不難想見，在存世諸版本中，《宋人集》本《咸平集》的地位僅次於其底本淡生堂抄本，此本一出，極爲有力地推動了《咸平集》的流傳與校勘。而這個層面的意義，很大程度上得益於徐行可對自己藏書的慷慨態度。

當然，根據書後跋語及對比二本行款，我們知道，李之鼎并非原樣翻刻，而是做了一定的校勘工作，主要是兩次携至北京，與文津閣本互校。校勘的結果寫在據淡生堂本重抄的副本上，後又被徐行可過録到淡生堂原本上，與自己的校記共同書寫在版框下方。所以，我們對比後發現，徐氏在淡生堂抄本版框之下手寫的未標依據的异文，以及少量標明"庫本作某"的校記，與文津閣《四庫全書》本《咸平集》的文字幾乎完全一致。校文津閣庫本的成果以及之前已經書寫在正文處的校記，李氏分別以不同方式吸收到刻本中。大致而言，彭元瑞的旁校，刻本徑直照改後的文字刊刻；李氏所校文

---

① 傅增湘：《藏園群書題記》卷一三《明淡生堂鈔本咸平集跋》，第648頁。

津閣《四庫》本，則曰"庫本作某"，以雙行小字的形式刻入正文當字、當句之下。所以，李之鼎新刻的《咸平集》，不僅反映了淡生堂抄本及其手校的面貌，改正了原有的許多錯誤，而且又據文津閣本校勘，在品質上更加精善①。

四

不知何時，淡生堂抄本《咸平集》又被蔣祖詒（約1890—1975）傳書堂收藏，序首鈐"烏程蔣祖詒藏書"朱文方印，後來賣給四川書估白堅，數年之後，傅增湘從白堅手中購得，此書乃歸雙鑑樓所有。傅氏喜獲此書，反復勘驗，在《藏園群書經眼錄》《藏園群書題記》《藏園訂補邵亭知見傳本書目》中皆有著錄。

據《題記》所載《明淡生堂鈔本咸平集跋》，傅增湘得此書在民國二十八年（1939），但早在十多年前，當此書尚在徐行可手中時，傅氏已有所耳聞，他説："此書舊爲徐君行可所藏，余聞之已十餘年。"②上文提到李之鼎刻《咸平集》的時間是民國十二年（1923），下距民國二十八年（1939）有十六年之久，與傅氏所言"十餘年"相合，則傅氏知此書在徐行可處，可能正是因爲看到了宜秋館的《宋人集》本的緣故。得知此書消息後，傅增湘遂有收藏之志，一方面是由於此本屬於名家抄校，至爲寶善；另一方面，傅氏與田錫都是四川人，傅氏素有輯刻本鄉先賢遺著的願望。如至吳門觀覽顧麟士所藏宋刻宋印本《龍川略志》（1912年）、從日本靜嘉堂文庫借印宋刻《新雕名臣紀述老蘇先生事實》（1929年）、抄錄明萬曆刻本《金陵梵剎志》（1940年）

---

① 李之鼎宜秋館刻本已成爲此書的一個新的版本，其校勘問題與本文主題略遠，不再贅述。值得説明的是，筆者所見武漢大學藏宜秋館刻本上還有一種特殊現象，即在全書刻印之後，發現尚有誤字，於是又用小活字朱印於誤字之旁，以示改正。這種現象在古書版本上比較少見，可以作爲刻印研究的一個典型範例。

② 傅增湘：《藏園群書題記》卷一三《明淡生堂鈔本咸平集跋》，第648頁。

等①，均是悉心搜訪鄉邦文獻的實踐活動。他先是輯印了《蜀賢叢書》十二種，之後繼續搜訪蜀人遺著，歷時十數年，於1944年輯刻了《宋代蜀文輯存》。在爲本書所作序中，作者詳述纂輯原委，談到：

> 先刊成《蜀賢叢書》，自宋本《揚子方言》迄於元本《道園遺稿》，凡十有二種。嗣有志於蜀文，乃遍收蜀人遺集，舊刻難逢者則別求寫本，寫本不得者則盡力傳鈔。自《咸平集》以下至《則堂集》，通十五家，咸粲然大備。②

《咸平集》是宋代早期蜀地文人的一部別集，傅氏對淡生堂抄本情有獨鍾，理之然也。故曰：

> 重其爲蜀賢遺著，頗欲得而藏之，用爲他年彙刊之本。③

大概書商也知道傅老的此椿心願，所以白堅從蔣氏處得到此書後，很快就告訴了傅增湘，傅氏曰"此集爲鄉人白堅所得，頃索來"④，不過，見到此書之後，却因售價太高，没有立刻買下，他詳述原委曰：

> 其後流轉入於蔣氏密韵樓中，近歲鄉人白堅甫僑居上海，以書畫易得之，持以見示，愛不忍釋，留置几案者經年，終以絀於資力，仍却歸之，然五中縈念，不遑捨也。⑤

---

① 參考《藏園群書經眼録》。
② 傅增湘：《宋代蜀文輯存序》，見傅增湘輯《宋代蜀文輯存》卷首，據1944年刻本影印，北京：北京圖書館出版社，2005年，第1册，第10頁。
③ 傅增湘：《藏園群書題記》卷一三《明淡生堂鈔本咸平集跋》，第648—649頁。
④ 傅增湘：《藏園群書經眼録》卷一三，第933頁。
⑤ 傅增湘：《藏園群書題記》卷一三《明淡生堂鈔本咸平集跋》，第649頁。

到了民國二十七年（1938），傅氏對此書終究難以割捨，"擬收之"①，於是在第二年，即民國二十八年（1939），在變賣了部分藏書後，終於與白堅完成了交易：

> 日前稍斥藏書，易米之外，囊底微有餘儲，就堅甫商讓，慨然見允。從此納之雙鑑樓中，與范太史、唐子西二集并篋而藏，俾子孫世守無失焉。②

以上就是傅增湘收藏淡生堂抄本《咸平集》的經過。

傅增湘收藏《咸平集》，主要是出於輯刻鄉賢遺著的目的，所以，他特別重視此本的鑒定與校勘。本文在考察此本的遞藏源流時，已反復采用其說，如曾經呂留良收藏、對校語作者的判定、對淡生堂抄本與其他傳抄本的價值比較等，此處不再重複。除此之外，還有兩點值得注意，一是根據抄寫的行款樣式鑒定其版本源流，這也是評判版本價值的一項重要内容。《藏園訂補邵亭知見傳本書目》載"卷中提行空格尚存舊式，當有所本"③，《藏園群書題記》亦曰："詳審此本，雖繕寫未精，而格式甚古，卷中如結銜及空格諸事，悉存舊式，所據必從古槧而出。"④由此可以糾正《四庫總目》所謂"後人重輯之本，非其舊也"⑤的錯誤説法。祝尚書教授亦云："輯本當無宋人提行空格舊式可循。宋代既無三十卷本著録，則疑是據宋本五十卷合并，更可能是據殘宋本（或影寫殘本）重編，方較合乎情理。"⑥

第二，傅氏還指出李之鼎刻本仍不够完善，淡生堂抄本在校勘《咸平集》的進程中，仍然具有不可或缺的價值。他説：

---

① 傅增湘：《藏園群書經眼録》卷一三，第933頁。
② 傅增湘：《藏園群書題記》卷一三《明淡生堂鈔本咸平集跋》，第649頁。
③ 傅增湘：《藏園訂補邵亭知見傳本書目》卷一三上，第1084頁。
④ 傅增湘：《藏園群書題記》卷一三《明淡生堂鈔本咸平集跋》，第648頁。
⑤ （清）永瑢等編：《四庫全書總目》卷一五二，第1306頁。
⑥ 祝尚書：《宋人別集叙録》（增訂本），第14頁。

民國四年（1915）李氏宜秋館刊宋人集本，在丁編。從祁氏淡生堂寫本出，余據淡生堂本再校，仍有所匡益。①

又説：

南城李振唐據以刊入《宋人集》丁集中，然鐫工疏率，讎校不精，未爲佳本。表聖爲吾蜀洪雅人，异時倘梓傳鄉里遺著，當據此本，參校群書，糾其奪譌，補其遺逸，縱未能頓還舊觀，或視此差爲充備。爰志此言，以當息壤。②

雖然傅氏没有實現據此本重新校刊《咸平集》的願望，但他也在書眉上留下了少許批校。祝尚書教授説："是本歸傅氏後，又經其手校，批於書眉。雖再以宋本《國朝二百家名賢文粹》所收田氏文校之，傅校仍有誤字。"③

晚年，他深刻意識到私家藏書極易散亡的歷史規律，自己的藏書也已經十去二三，説："文字典籍，天下公器，此殊尤絶异之品，寧終必爲吾有？""物之聚散，速於轉輪。舉吾輩耽玩之資，咸昔賢保藏之力，又焉知今日矜爲帳秘者，他日寧不委之覆瓿耶？"又説：

信知私家之守，不敵公庫之藏矣。近代名家，互相矜詡，然南州方、郁，北地盛、徐，散盡萬籤，不存一目。私心自祕，與古爲仇。④

在這種觀念的驅使下，1947年，傅增湘將善本書籍三百七十三種，四千三百

---

① 傅增湘：《藏園訂補邵亭知見傳本書目》卷一三上，第1084頁。

② 傅增湘：《藏園群書題記》卷一三《明淡生堂鈔本咸平集跋》，第648頁。

③ 祝尚書：《宋人別集叙録》（增訂本），第14頁。

④ 傅增湘：《雙鑑樓藏書續記序》，見《藏園群書題記》附録二，第1049頁。

餘册捐入北平圖書館[①]，祁氏淡生堂抄本《咸平集》就是其中之一。

五

綜上所述，本文粗略梳理了明祁承爜淡生堂抄本《咸平集》的遞藏流傳
情況，由於文獻的闕失，雖然大致勾勒出了這個過程，但其中的若干細節却
無法詳細描繪，許多問題尚不能給出答案。如從淡生堂到彭氏知聖道齋，除
了呂留良之外誰還經手過此書，我們不得而知。從彭元瑞到王養度、錢桂森，
再到徐行可、蔣祖詒，書籍在諸位藏家之間是如何傳遞的，也祇能看到模糊
的影子。這些問題，我們祇好寄希望於博學君子的繼續考索，以及新史料的
發現利用。不過，可以肯定的是，在淡生堂抄本《咸平集》的遞藏流傳過程
中，彭元瑞、徐行可、傅增湘三位藏書家貢獻最大，特別是徐行可，直接推
動了是書的廣泛傳播。也正因如此，纔引起了傅增湘的注意，最終由雙鑑樓
入藏中國國家圖書館，化私爲公，得以永久保存。而化私爲公，也是徐行可
藏書的最主要歸宿。據陽海清先生撰文，徐行可“生前於1956年將其所藏五
分之三捐贈中科院武漢分院；先生辭世後，其子女繼將餘下藏書及全部箱櫃
捐贈湖北省圖書館”，後來在多方協調下，將捐給科學院之書移交湖北省圖
書館[②]，更加堅實了湖北省圖書館作爲私家藏書研究重鎮的地位。我們今天能
夠欣賞、利用到諸多善本，很大程度上受益於徐行可、傅增湘等藏書家的博
大胸懷、慷慨精神。因此，當我們面對這些歷經名家收藏的古籍善本時，應
常懷感激之心，表彰先賢，呵護珍寶，讓他們的偉大精神一代代傳承下去。

---

① 鄭偉章：《文獻家通考》，第1414頁。
② 陽海清：《自標一幟黃汪外　天下英雄獨使君——紀念徐行可先生向湖北省圖書館捐贈古
籍50周年》，《圖書情報論壇》2012年第2期，第63頁。

徐恕與《水經注疏》

李曉傑（復旦大學）

　　徐恕，字行可，是一位令人感到既熟悉又陌生的近代藏書家。説熟悉，是因爲舉凡涉及記載近代藏書名家的著述，如倫明《辛亥以來藏書紀事詩》[①]、王謇《續補藏書紀事詩》[②]及吳則虞《續藏書紀事詩》[③]等，無有不言及其人的——其豐富的私藏更是成爲了今天湖北省圖書館善本收藏的基礎；説陌生，是因爲雖然各種相關書籍中均有所記述，但大多是已知信息的重複，至於全面而翔實地論述其生平者幾乎未見，遑論其與《水經注疏》的關係這樣細節問題的深入討論[④]。這其中的一個主要緣由，應是與徐行可爲人低調，平時做事不喜張揚，留給後人可資研究的生平材料甚少有着密切的關係。

　　筆者從事《水經注》研究有年，在研讀楊守敬、熊會貞師弟合撰《水經注疏》時，注意到了徐恕與他們之間的互動，於是追根尋踪，搜尋到一些細節資料，大體可將這一近代學術史上的佳話更趨豐滿。雖然個中所涉的一些問題，仍難稱完全復原或完美破解，但其中還原的某些細節，庶幾可補史缺。

　　綜觀徐恕與《水經注疏》的關係，可以概括爲找書、抄書、校書等三個方面。下面依次加以論述。

---

① 倫明著，雷夢水校補：《辛亥以來藏書紀事詩》，上海：上海古籍出版社，1990年，第115頁。

② 王謇著，李希泌點注：《續補藏書紀事詩》，北京：書目文獻出版社，1987年，第44頁。

③ 吳則虞撰，吳受琚增補，俞震、曾敏整理：《續藏書紀事詩》，北京：國家圖書館出版社，2016年，第452頁。

④ 唯馬志立在《余嘉錫致徐行可書信考釋》（《圖書情報論壇》2010年第2期）一文中曾旁及徐恕對《水經注疏》的幫助問題。

一、尋訪《水經注》珍本

《水經注》因其流傳的原因，形成了衆多的版本，歷代治酈者均以搜羅各種版本并據以校勘視爲第一要務。然而，《水經注》版本的重要性，似乎最初并沒有引起楊守敬、熊會貞二人的深切關注，這從他們早期研究《水經注》使用的版本即可以看出。

清光緒三年（1877），楊守敬開始了疏證《水經注》（《校正〈水經注·江水篇〉》）的工作，其時依據的衹是戴震主持完成的武英殿本《水經注》（以下簡稱“殿本”）①。其後，在他與熊會貞全面撰寫《水經注疏》的初始階段，對《水經注》版本方面的瞭解依然十分有限。當時他們的工作底本是幾部按天干編號的王先謙《合校水經注》（以下簡稱“《合校》本”），而《合校》本的底本仍是殿本。現在湖北省圖書館内還藏有五部楊、熊二氏當年的工作本②，可以清晰地反映他們當時的工作情況。胡適當年即對《水經注疏》的最初刊本《水經注疏要删》在利用《水經注》版本方面的缺失頗有微詞，認爲楊守敬當時所見版本甚爲“貧乏”③。

---

① 郗志群：《〈水經注疏〉版本考》，《中國史研究》2002年第2期。
② 這五部《合校水經注》的批校本上分別標有“甲”（楊氏的主要批注用本）、“乙”（熊氏的主要批注用本）、“丁”（楊熊二氏早期共用的批注本）、“戊”（楊守敬逝世後，熊會貞主要批注用本之一，也是他録校影鈔宋本和殘宋本《水經注》的最主要的本子）、“壬”（楊、熊共用批注本，同時也是《水經注疏》初稿本謄録前很重要的一個批注本）等字樣。參見郗志群《〈水經注疏〉版本考》。
③ 胡適在1945年看了《水經注疏要删》中楊守敬《自序》與《凡例》之後寫道：“楊氏號稱地理學專家，又號稱版本目録學專家，但他所見《水經注》的版本真是貧乏的可憐！……凡朱謀㙔以前的古本，楊守敬都没有見到。……最可驚異的是楊守敬竟没有見到趙一清的《水經注釋》與《水經注箋刊誤》的原書的《四庫》本或家刻本或翻刻本！……他没有用趙氏書的刻本來做校勘或考證！他所引的趙氏書，都是依據王先謙《合校》本所引的趙書！”參見氏撰《批評楊守敬審判〈水經注〉疑案的考證方法》，《胡適全集》，第15卷，合肥：安徽教育出版社，2003年，第128—130頁。

　　楊守敬辭世後，熊會貞繼續《水經注疏》這項未竟的事業，并在其晚年經徐恕的協助，直接或間接得見諸多《水經注》的刻本、抄本及校本，使得他對《水經注》版本的固有印象大爲改觀①，從而最終大大減少了《水經注疏》在版本校勘方面有可能留給後人的遺憾。

　　徐恕與比他年長五十餘歲的楊守敬是忘年之交，但在楊守敬生前，未聞徐恕與《水經注疏》的編撰有何關聯。待楊守敬去世，熊會貞獨自在楊家繼續撰述《水經注疏》時，徐恕參與其中的史事開始顯現。尤其是他在幫助熊會貞向各方搜求《水經注》諸種版本之事上，用力頗多。

　　熊會貞在其"遺言"第二十七條下，對徐恕的襄助有如下的記録：

> 友人黃陂徐恕行可，博學多聞，嗜書成癖，尤好是編，每得秘笈，必持送以供考證，益我良多，永矢弗諼。②

這也是目前可見總結徐恕爲《水經注疏》所做貢獻時引用最多的一段文字，從中不僅可以看出熊會貞對徐氏的感激之情，同時也可窺見徐恕盡力四處尋訪《水經注》版本的活躍身影。

　　此外，胡適關於徐恕對熊會貞在《水經注》版本方面的引路作用也有獨具隻眼的論述：

① 《水經注疏》起初以殿本爲底本，在熊會貞對《水經注》版本有了新的認識之後，改爲以朱謀㙔《水經注箋》爲底本。他在其"遺言"第八條中講："《合校》本以戴（筆者按，指戴震的殿本）爲主，看甚分明。今變動，則以朱（筆者按，指朱謀㙔《水經注箋》）爲主，而據趙（筆者按，指趙一清《水注注釋》）、戴訂之，或自訂。通體朱是者作正文，非者依趙、戴等改作正文。不能如《合校》本之盡以戴作正文也。此點最關緊要。會貞衰頹，不能再通體修改，全仗鼎力。必如此，全書方有主義。"參見楊守敬、熊會貞撰《楊熊合撰水經注疏》，臺北：臺北中華書局，1971年，第一册，第2a—2b頁。又，此"遺言"，陳橋驛擬標題稱曰："熊會貞親筆《水經注疏》修改意見"，參見氏撰《排印〈水經注疏〉的說明》，楊守敬、熊會貞疏，段熙仲點校、陳橋驛復校：《水經注疏》，南京：江蘇古籍出版社，1989年，第17頁。
② 熊會貞"遺言"，楊守敬、熊會貞撰：《楊熊合撰水經注疏》，第一册，第5b頁。

熊會貞先生晚年始知道整理《水經注》必須搜集《水經注》的古寫本及古刻本來做校勘。這是他的老師楊守敬先生没有教他的校勘方法。指示他的人大概是他的朋友黄陂徐恕，字行可。[①]

胡適寫下上面的文字時不曾與徐恕謀面[②]，但已能判斷出他在《水經注疏》撰寫中所起到的重要作用。倘再結合前述胡適對楊守敬所見《水經注》版本甚少的批評，於此更可看出胡適對徐恕的讚賞。

目前可以確定的，徐恕爲熊會貞提供的《水經注》珍本過録本（影印本）有以下幾種：

（一）南宋刊殘本《水經注》（簡稱"殘宋本"）

殘宋本是現存最早的《水經注》刻本，雖然殘缺甚多，所剩不足原書的三分之一，但其價值不容低估[③]。關於殘宋本，熊會貞曾記録道：

幸見殘宋本，卷五三十二頁至末、卷六至卷八、卷十六至卷十九、卷三

① 胡適《記熊會貞晚年纔用〈水經注〉〈永樂大典〉本殘宋本及明鈔本來校勘他的〈水經注疏〉》，《胡適全集》，第17卷，第111頁。

② 1948年10月胡適與李濟應邀一起去武漢大學演講（胡頌平：《胡適之先生年譜長編初稿》，聯經出版事業公司，1984年，第六册，第2050頁），但此時胡適似未與徐恕見面，這不僅在這篇完成於1948年12月的文章《記熊會貞晚年纔用〈水經注〉〈永樂大典〉本殘宋本及明鈔本來校勘他的〈水經注疏〉》中，他對徐恕協助熊會貞建立《水經注》版本意識用的是猜測語言，而且在1958年他與楊聯陞的書信中，對熊會貞提及的"黄陂徐氏"是指的徐行可，仍然用了"我猜想"這樣的表述，可見胡適并未與徐恕有過直接交流。但是，仍有學者以爲胡適武漢之行時曾訪問過徐恕的藏書樓（參見萬獻初《畢生收藏化私爲公惠學林》，杜建國主編《不爲一家之蓄，俟諸三代之英——徐行可先生捐贈古籍文物五十周年紀念集》，武漢：武漢出版社，2010年，第131—134頁；何艷紅《書爲士所用——徐行可先生藏書生涯記事》，萬群華、胡銀仿主編《圖書館創新服務與可持續發展》，武漢：湖北科學技術出版社，2010年，第1081—1082頁），其説未詳何據。

③ 有關殘宋本詳情，參見李曉傑、楊長玉、王宇海、屈卡樂《〈水經注〉現存主要版本考述》，《歷史地理》第三十一輯，上海：上海人民出版社，2005年。

十四、卷三十八至卷四十，黃陂徐氏藏。①

此處所言的"黃陂徐氏"，自然是徐恕無疑。依照熊氏所言字面含義，似徐恕收藏有一部殘宋本《水經注》。然殘宋本在民國初年自内閣大庫出并重爲世人所知之後，輾轉歸傅增湘（號沅叔）所有，其間似不可能爲徐恕所藏。因此，胡適對熊氏的這一説法，早就提出了質疑：

> 殘宋本《水經注》十一卷有零，民國十二年（一九二三）王静安曾借校有跋，其時此本已在傅沅叔家。我在民國三十五年（一九四六）又從沅叔家借校。熊先生説是"南陂徐氏"②藏，殊不可解。可能祇是徐行可的影寫本。③

胡適的猜測自然極是，不過，尚需加以印證纔更有説服力。現在從披露的徐恕藏書目録中，恰好可以將其中的細節挖掘出來。《湖北省圖書館藏徐氏捐贈古籍珍、善本選目》中記載了這樣一部書：

> 《水經》四十卷，漢桑欽撰，北魏酈道元注，明吳琯校，明萬曆十三年（1585）吳琯刻本，武昌徐氏過録徐鴻寶校宋殘本，8册。④

由此可知，徐恕收藏的所謂殘宋本《水經注》，僅是過録的徐鴻寶校録殘宋本。徐鴻寶（字森玉）是著名的藏書家與學者，那麼他當年又爲何有機會過

---

① 熊會貞"遺言"第三十九條，楊守敬、熊會貞撰：《楊熊合撰水經注疏》，第一册，第7b頁。
② 按，此處"南陂徐氏"當爲"黃陂徐氏"，顯係胡適筆誤。
③ 胡適：《記熊會貞晚年纔用〈水經注〉〈永樂大典〉本殘宋本及明鈔本來校勘他的〈水經注疏〉》，《胡適全集》，第17卷，第112頁。
④ 此目録收入杜建國主編《不爲一家之蓄，俟諸三代之英——徐行可行先生捐贈古籍文物五十周年紀念集》，第58—80頁。

録殘宋本的呢？木犀軒主李盛鐸在其所撰《木犀軒藏書題記》中有如下的記載：

> 《水經注》四十卷漢桑欽撰後魏酈道元注明吳琯《合刻山海經水經本》
> 《水經注》傳世止有校景宋本及《永樂大典》本，其宋槧原帙三百年來不見於藏書家著録，蓋沉霾久矣。丙辰（1916）春間，滬市忽見殘帙六卷，缺損已甚，然實爲北宋原刊，爲全、戴先生所未見，真秘笈也。書歸抱存，森玉因從借校一過，并傳校一本見貽，遂爲麟嘉館中此書善本。抱存同時所得尚有八行本《孟子注疏》殘本四卷，皆内閣大庫書之散出者。端陽前二日記，盛鐸。[1]

又記曰：

> 抱存得殘宋本《水經注》卷十六至十九，又第四十卷，又第三十九卷存五葉，爲乾嘉以來諸老所未見，蓋内閣大庫物也。因屬徐子森玉校存此本，以備插架。森玉校書精細，不減邵郎仙、勞季言矣。去歲沅叔尚續得殘本數卷，候他日補之。癸亥（1923）六月檢書，因記。盛鐸。[2]

李盛鐸亦是著名的藏書家，他與徐鴻寶的關係形同師生[3]，故可囑徐鴻寶去向抱存（即豹岑，民國四公子之一、袁世凱次子克文的字）借校殘宋本的"殘帙六卷"。從李盛鐸的上述記載中，還可知其時徐鴻寶共校録了兩部殘宋本，并將其中一部送給了李盛鐸[4]。另一部李氏雖然未言所屬，但自應是徐鴻寶自

① 李盛鐸著、張玉範整理：《木犀軒藏書題記及書録》，北京：北京大學出版社，1985年，第9頁。
② 李盛鐸著、張玉範整理：《木犀軒藏書題記及書録》，第9頁。
③ 此據徐鴻寶先生的公子文堪先生面告，特此致謝。
④ 此本現藏北京大學圖書館。

藏無疑，上面提及的徐恕捐贈的藏書目録中所説的"過録徐鴻寶校宋殘本"
《水經注》，應該即指此本。巧的是，這部徐鴻寶校録的六卷殘宋本《水經注》
自藏本，現在也能找到其下落所在。《中國科學院圖書館藏中文古籍善本書
目》中記載：

> 《水經注》四十卷，漢桑欽撰，北魏酈道元注，明萬曆十三年吳琯刻
> 本，徐鴻寶據宋本校，四册一函。存十卷，卷十四至二十、三十八至
> 四十。①

據此著録可知，這個在吳琯刻本上徐鴻寶"據宋本校"所作的校録應該涉及
殘宋本的卷十六至十九、卷三十九（部分）及卷四十，共六卷的內容，正與
李盛鐸所提及的相吻合，因此，必是當年徐鴻寶自藏校録本。由是也可進一
步理解後來徐恕過録本所采用的底本亦爲吳琯刻本《水經注》的原因，應該
是爲了與徐鴻寶原校録的殘宋本在底本上完全相同，這樣，也就不會再帶來
二次轉録有可能出現的文字差异，於此亦可見徐恕做事的細心與認真程度。

　　胡適以爲徐恕意識到《水經注》版本的重要性，是在看了1925年王國維
發在《清華學報》上的六篇《水經注》跋文②。倘其猜測不誤，則徐恕從徐鴻
寶處過録的六卷殘宋本時間應該在1925年之後。

　　至於殘宋本所剩的其餘六卷，後爲傅增湘收藏，在徐恕的藏書中未見過
録本，而前引熊會貞又言，他是"幸見"殘宋本所剩的十二卷的內容的，這

---

① 中國科學院圖書館編：《中國科學院圖書館藏中文善本目録》，北京：科學出版社，1994
　　年，第178頁。
② 胡適在致楊聯陞（1958年8月19日）函中説："熊君（筆者按，指熊會貞）與徐行可必都
　　是先見了王靜安先生的《水經注》六跋，然後開始搜求版本的。"胡適紀念館編《談詩論
　　學三十年——胡適楊聯陞往來書札》，聯經出版事業公司，1998年，第353頁。又，王國
　　維《水經注跋尾》刊發於《清華學報》1925年第1期，後又收入氏著《觀堂集林》卷十二
　　《史林四》。

其中的原委又是怎樣的呢？其實，在這裏熊會貞所説可能又是大略言之，他所見的殘宋本的前六卷的内容并不是像後六卷那樣，是從一部直接過録本中得到的，而應該是源自徐恕請人過録的趙萬里影抄的王國維校《水經注》（詳見下文）。换言之，熊會貞看到的殘宋本這部分内容是由間接過録本中得到的，徐恕并未直接讓人從傅增湘處過録。另外，由於在1935年初，徐恕已得到過録的趙萬里影抄王國維校《水經注》，故至遲彼時，熊會貞方得見殘宋本的前六卷内容。

（二）《永樂大典》本水經注（簡稱《大典》本）

《大典》本是現存最完整的官鈔本《水經注》，也是迄今所見保存最完好、最近於殘宋本的古本，故其版本價值極高①。熊會貞曾説過：

> 又見校録《大典》本前二十卷，南林蔣氏藏。②

熊氏所提及的"南林蔣氏"，是湖州南潯藏書家蔣汝藻。蔣氏傳書堂藏書頗豐，王國維曾費時五載，爲其撰寫《傳書堂藏書志》。蔣氏收藏有《大典》本前二十卷。熊氏此處説他見到的是校録本的蔣氏所藏《大典》本前二十卷，而這部校録本也自當是徐恕提供給他的。

徐氏得到此校録本可有兩種渠道：其一，民國二十年（1931）徐恕曾到南潯嘉業堂劉承幹處暫住數月抄書，其間，他從南潯藏書家校鈔得到傳書堂校録《大典》本前二十卷應屬合理之推測③；其二，徐恕曾雇人過録了一部趙

---

① 有關《大典》本詳情，參見李曉傑、楊長玉、王宇海、屈卡樂《〈水經注〉現存主要版本考述》。

② 熊會貞"遺言"第三十八條。參見楊守敬、熊會貞撰《楊熊合撰水經注疏》，第一册，第7b頁。

③ 胡適：《記熊會貞晚年纔用〈水經注〉〈永樂大典〉本殘宋本及明鈔本來校勘他的〈水經注疏〉》，《胡適全集》，第17卷，第112頁。

萬里影抄的王國維校《水經注》（參見下文），熊氏所見《大典》本前二十卷亦可能是由此途徑而得。倘再進一步比較這兩種渠道，似第二種的可能性更大。

　　至於《大典》本的後二十卷，徐恕一直在做着尋機過錄的努力，并最終如願以償。從張元濟與徐恕的往來書信中，可以還原當時的場景。張元濟在民國二十三年（1934）三月十一日致徐恕的信中寫道：

> 《永樂大典·水經注》後二十卷係假自高陽李氏。初照字樣過小，重借改照，書主即托詞拒絕。底片於戰時被毀，現時僅存樣本一分。將來付印之時即須用爲母本。此時未克借出，有違雅命，尚祈鑒宥。頗思提前趕印，或下半年能出版也。①

據此可知徐恕爲儘快看到《大典》本全貌，此前已向張元濟提出借閱《大典》本後二十卷樣本之事，但因商務印書館已將《大典》本影印列入近期出版計劃，故最終未果。

　　雖然如此，徐氏最終還是在第一時間從張元濟處得到了付梓的《大典》本影印本。張元濟在民國廿四年（1935）十一月廿一日致徐恕函中寫道：

> 昨承枉顧失迎，途遇未獲暢談，甚歉甚歉。《大典》本《水經注》比已印成，尚未裝本。熊君急欲先睹，謹取毛樣一部呈上，即乞轉交熊君檢閱，閱後不必見還，此書即請歸鄴架。能請熊君賜一跋文，評定是書聲價，尤爲感幸。②

由上述張元濟信中所述可知，徐恕爲了儘可能快地讓熊會貞看到《大典》本

---

① 張元濟致徐恕，1934 年 3 月 11 日，《張元濟全集（第 3 卷）·書信》，北京：商務印書館，2007 年，第 66 頁。
② 張元濟致徐恕，1935 年 11 月 21 日，《張元濟全集（第 3 卷）·書信》，第 67 頁。

後半部的内容，又親自趕到上海商務印書館，找張元濟索取尚未裝訂成册的影印《大典》本。張元濟瞭解到徐、熊二人的急切心情後，也破例將一部毛樣本交給徐恕，讓他轉交熊會貞，并説明是奉送，不用再歸還。胡適雖然未曾見到張元濟致徐恕此函，但他以爲熊會貞在生前已看到全部《大典》本的推論也頗中肯綮：

> 熊君享高壽，死在民國廿五年（一九三六）。在他死之前，商務印書館已將《大典》本的兩個半部合并影印出來了（廿四年——一九三五——十二月初版）。熊君在病中，可能得見這個全部《大典》本的影印本。[①]

不過，由於熊會貞亡於1936年5月，距《大典》本影印刊行後僅有數月的時間，所以可知他生前雖在徐恕的協助下看到《大典》本全帙，但實際上此書後半部分的文本情況，已令人十分遺憾地無法充分反映在《水經注疏》最後的稿本之中了。胡適業已注意到這一點，他寫道：

> 他（筆者按，指熊會貞）寫"遺言"是在民國二十四年（1935）十二月涵芬樓影印全部《大典》本《水經注》出版之前，故他的"遺言"中提及《大典》本，都祇説是前二十卷。
> 中央圖書館所藏《水經注疏》"校本"四十册，其中有熊先生最後校本，凡引《大典》本作某，都限於前二十卷。[②]

隨後他又發現《水經注疏》全書中僅見熊會貞用《大典》全本校訂了兩處文

---

① 胡適致楊聯陞（1958年8月19日）函的初稿，胡適紀念館編《談詩論學三十年——胡適楊聯陞往來書札》，第364頁。
② 胡適：《記熊會貞晚年纔用〈水經注〉〈永樂大典〉本殘宋本及明鈔本來校勘他的〈水經注疏〉》，《胡適全集》，第17卷，第112頁。

本①。於此亦可透露出熊會貞雖然看到了《大典》全本，但已無力以之用於通校《水經注疏》了。

（三）朱希祖藏明鈔本《水經注》（簡稱"朱藏明鈔本"）

朱藏明鈔本是著名史家朱希祖（字逷先）的私藏，因其内容完整、錯誤相對較少而頗具版本價值②。熊會貞曾説：

> 又見校録明抄本，與殘宋本合，當自宋本出也③，今并采入。④

其中提及的"校録明抄本"，胡適"疑即是朱逷先所藏本的一個校録本"⑤，其説甚是。但他又認爲這個校録明鈔本是1931年徐恕在南潯劉承幹家居住期間校鈔來的⑥，此點則頗有可商之處。嘉業堂主并没有校録過這部明鈔本，熊會貞藉由徐恕看到這部校録明鈔本的内容，最大可能還是由王國維校《水經注》中得知的（詳見下文）。由於王國維校《水經注》時，僅得見《大典》本《水經注》前二十卷的内容，故他對能看到全帙的這部藏於朱希祖家中的

---

① 胡適：《記熊會貞晚年纔用〈水經注〉〈永樂大典〉本殘宋本及明鈔本來校勘他的〈水經注疏〉》，《胡適全集》，第17卷，第112—115頁。

② 有關朱藏明鈔本的詳情，參見李曉傑、楊長玉、王宇海、屈卡樂《〈水經注〉現存主要版本考述》，《歷史地理》第三十一輯。

③ 此處"與殘宋本合，當自宋本出也"一句後，有胡適按語曰："此從改稿，原稿作'與殘宋本行款合，不啻宋本也'。"參見氏著《記熊會貞晚年纔用〈水經注〉〈永樂大典〉本殘宋本及明鈔本來校勘他的〈水經注疏〉》，《胡適全集》，第17卷，第112頁。

④ 熊會貞"遺言"第三十七條。參見楊守敬、熊會貞《楊熊合撰水經注疏》，第一册，第13頁。

⑤ 胡適：《記熊會貞晚年纔用〈水經注〉〈永樂大典〉本殘宋本及明鈔本來校勘他的〈水經注疏〉》，《胡適全集》，第17卷，第112頁。

⑥ 胡適：《記熊會貞晚年纔用〈水經注〉〈永樂大典〉本殘宋本及明鈔本來校勘他的〈水經注疏〉》，《胡適全集》，第17卷，第112頁。

明鈔本評價甚高，認爲在《水經注》版本中可居第一①。熊會貞將這部明鈔本列入其《水經注疏》的參校版本之中，無疑也是受到了王國維的影響。

（四）沈炳巽《水經注集釋訂訛》（簡稱"沈本"）

在清代早期的《水經注》研究中，沈本是一部具有承上啓下性質的著述，在興地、釋源、訂訛上均有所創見②。由於沈本僅見於《四庫全書》，未有刻本，故極不易見，遑論加以研究利用。徐恕爲了獲得此版本的影印本，亦向張元濟求助。民國二十三年（1934）三月廿七日張元濟在致徐恕函中曾寫道：

> 《四庫全書》中沈炳巽《水經注集釋訂訛》已照完，印出樣本祇能寄奉一部（此係手印，祇有兩分）。乞與熊先生合觀之。③

在同年的四月六日，張元濟在給徐恕的另一函中又説：

> 前日奉航空手書，知所呈《水經注集釋訂訛》已邀晒睞，并已轉交熊君。异日《大典》本印成亦必迅郵，藉助熊君名山盛業也。④

由上述張元濟信函所述，徐恕大概在1934年3月底左右收到了商務印書館影印的沈本樣書，并轉交給了熊會貞。

---

① 王國維《明抄本水經注跋》曰："今宋刊本，僅存十一卷有奇，《永樂大典》本，存二十卷，孫潛夫、袁壽階校本，存十五卷；餘柳大中本，歸震川本，趙清常本，陸孟鳧、錢遵王、顧抱沖所藏舊抄本，今已無可踪迹，而此本獨首尾完具。今日覯書舊本，不得不推此本爲第一矣。"參見氏撰《水經注跋尾》，《清華學報》1925年第1期；又收入氏著《觀堂集林》卷十二《史林四》。

② 有關沈本的詳情，參見李曉傑、楊長玉、王宇海、屈卡樂《現存〈水經注〉主要版本考述》，《歷史地理》第三十一輯。

③ 張元濟致徐恕，1934年3月27日，《張元濟全集（第3卷）·書信》，第66頁。

④ 張元濟致徐恕，1934年4月6日，《張元濟全集（第3卷）·書信》，第66頁。

（五）孫星衍《水經注》校本（簡稱"孫校本"）

孫星衍（字伯淵、淵如）是清代著名的藏書家、經學家。他曾將《水經注》加以詳細校訂，清代著名藏書家顧廣圻（字千里）過目後對之稱贊有加：

> 伯淵觀察於此書用功最深，晚年對客，猶能稱引瀾翻，不須持本也。手校丹黄滿紙，中多與戴東原氏异説，尤可資考索。道光四年閏月，觀於桐城汪君均之插架，爲識其後，顧千里。[①]

然而，學者對孫星衍學術成就的關注，大多在經學方面，對他本人在《水經注》方面的着力，則甚少有人提及，其中一個重要的原因應是無緣得見孫氏這部校本的原本。在王先謙（別名葵園先生）《合校水經注》中，雖曾將孫星衍對《水經注》的校訂散附於酈注正文之下，但由於王氏引用孫校的來源恐出自間接，其完備程度亦或存在問題，因而鮮見有人加以利用。徐恕在1935年3月5日致陳乃乾函中即曾説道：

> 孫氏校本除原書藏莫子偲家外，據《敬孚類稿》云，有劉彦清、薛庸庵及蕭氏迻書本，王葵園合刊《水經注》，又取以散附注文下。所慮者王氏所據爲敬孚傳録本，恐有脱落耳！先生倘能假得孫氏原稿，依王本勘對，亦掃落撲塵之功矣。[②]

由上面信函所述，可以明確得知，徐恕擔憂《合校》本中所收孫星衍校訂文

---

① 顧廣圻《思適齋書跋》卷二，"《水經注》四十卷（校本）"，上海：上海古籍出版社，2007年，第31頁。

② 此信寫作年份原整理者虞坤林定爲1933年（參見虞坤林整理《徐恕致陳乃乾信札十八通》之第十通，《文獻》2007年第3期），今從馬志立所定（參見氏撰《〈徐恕致陳乃乾信札十八通〉編年》，《圖書情報論壇》2014年第4期），改爲1935年。

字非爲原貌，"恐有脱落"，并且已經充分意識到要將孫校本的成果用於《水經注》研究，訪求孫氏原稿是非常關鍵與重要的。於是他動用人脉，設法尋找這部校本的原稿。時任上海開明書店編輯的文獻學家陳乃乾是徐恕的好友，自然成爲了他求助的對象之一。因此，在上面的同一封信中徐恕即云：

> 昨年所見孫淵如先生校本，此書今歸何人，乞撥冗教示。

僅僅過了一個月，在1935年4月，徐恕再次致函陳乃乾中又問及上述問題：

> 劉公魯藏孫淵如校《水經注》後歸何人？幸示消息。[①]

其中所提及的"劉公魯"即劉之泗，爲民國收藏家。由徐恕上面兩信中所述可知，孫校本清末曾爲莫子偲所藏，後輾轉爲劉之泗收藏。劉氏晚年曾變賣家藏，孫校本應在其中[②]，故徐恕纔會在1935年的三、四月份兩度向陳乃乾去信并重點加以詢問，其急迫想知道此校本下落的心情，溢於言表。

其後，雖然沒有再見到徐恕如何尋求孫校本的文字信息，但在七十三年之後的2008年上海國際商品拍賣有限公司舉辦的春季藝術品拍賣會古籍善本專場上，徐恕過錄的孫校本赫然在列。可見功夫不負有心人，徐恕最終還是如願以償地將孫校本全部内容過錄到自己收藏的一部清康熙年間的項絪刻本《水經注》（簡稱"項本"）上。

通過拍賣行公布的書影，看到這部項本上有"盱眙王氏十四間書樓藏書印"的印章，知徐恕此部用來過錄孫校本的項本曾是清末盱眙著名藏書家王

---

① 此信寫作年份原整理者虞坤林定爲1932年（參見虞坤林整理《徐恕致陳乃乾信札十八通》之第九通，《文獻》2007年第3期），今從馬志立所定（參見氏撰《〈徐恕致陳乃乾信札十八通〉編年》），改爲1935年4月。

② 通過1935年3月5日徐恕致陳乃乾信中所説的"昨年所見孫淵如先生校本"，可知劉之泗將孫校本轉賣他人應該是在1934年。

錫元的舊藏。而徐恕之所以采用項本作爲孫校本的過録底本，也應該是有過仔細考慮的。這是因爲孫校本原稿使用的底本是黄晟刻本，而黄刻本實爲項刻本的翻刻，故徐恕選擇項本作爲過録底本，可與孫校本完美匹配。換言之，可以起到影録的效果。今天看到的這部過録本書影，亦印證了這一點，其中用朱墨雙色筆臨孫星衍批校，凡字句、前後錯置及衍脱訛誤的勾劃，等等，皆依原稿一一照録①。

孫校本原稿現藏中國國家圖書館，之前爲著名藏書家陳澄中的舊藏②。聯繫到前文提及的徐恕向陳乃乾詢問這部稿本自劉公魯轉售出歸於何人，可以推知那位新收藏主人應該就是陳澄中③。這樣也可進一步知曉，徐恕這部過録本應該是從陳澄中處抄得的。至於最後是由徐恕所托的陳乃乾幫忙，還是另有友人幫忙來完成的這項過録工作，因史料不足，無法最終確定，在此祇能暫付闕如。

前文已提及熊會貞於1936年5月辭世，而徐恕最終得到過録的孫校本不會早於1935年上半年④，加之，熊會貞在其"遺言"中并未提及孫校本，故頗疑其生前未能見到這部稿本的過録本。退一步講，即使熊會貞見到孫校本的

---

① 有關徐恕過録的孫校本的具體情況，參見夏金波《近年來關於徐行可舊藏古籍拍賣述略》，湯旭岩、徐力文主編《圖書館發展的新挑戰、新趨勢、新業態——2016年湖北省圖書館學會年會論文集》，武漢：湖北科學技術出版社，2017年，第165頁。另，該校本的書影參見雅昌拍賣網頁：https://auction.artron.net/paimai-art53030421。

② 孫校本書影參見中國國家圖書館、上海圖書館、中國嘉德國際拍賣有限公司合編《祁陽陳澄中舊藏善本古籍圖録》，圖版311，"《水經注》四十卷，北魏酈道元撰，清乾隆十八年黄晟槐蔭草堂刻本"，上海古籍出版社，2006年，第359頁。

③ 在孫星衍校《水經注》首卷《河水》的首頁，從右下角向上，依鈐章的前後順序有以下諸印："臣星衍印""莫經農字葆農""莫俊農字德保""獨山莫繩孫者葆子讀過""莫繩孫印""莫彝孫印""莫友芝圖書印""之泗點勘""祁陽陳澄中藏書記"及"祁陽陳清華字澄中印"等。據此亦可知此孫校本經莫氏家族收藏後，即歸劉之泗（公魯）所有，之後復歸陳澄中收藏。參見中國國家圖書館、上海圖書館、中國嘉德國際拍賣有限公司合編《祁陽陳澄中舊藏善本古籍圖録》，圖版311，"《水經注》四十卷，北魏酈道元撰，清乾隆十八年黄晟槐蔭草堂刻本"，第359頁。

④ 徐恕與陳乃乾在1935年4月通信時，尚不知孫校本的新收藏者爲何人。

過録本，亦無暇仔細閱讀并加以參考了。

（六）王國維校《水經注》（簡稱"王校本"）

王校本是一部民國初年彙集了若干最重要的《水經注》古本及最前沿之研究成果的校本①，因而頗具參考價值。徐恕自然也深知王校本的重要。但王校本後爲羅振玉所得，借校幾無可能②。於是他便退而求其次，設法讓人過録了趙萬里影抄的王校本。他最初是托他的親家著名文獻學家余嘉錫（徐恕的長女徐孝婉嫁給了余嘉錫之子北京大學歷史系教授余遜）來幫忙。在湖北省圖書館所藏徐恕捐贈的古籍內夾有一封余嘉錫致徐恕的信函，其中寫道：

> 中秋日，孟博世兄來，言令親返里③，當以蔣孟蘋書目四冊（旁加：趙君過録王校《水經注》二函）交令轉付帶呈，屈指此時，當已抵鄂矣。……趙君言静安先生校語，頗爲繁夥，度其應采掇入疏者，當亦無幾。若全部過録，徒爲煩費。故以原書奉假，請轉示熊君（筆者按，指熊會貞），供其摘録，仍將校本寄回可也。

余嘉錫寫此事的時間，當在1933年④。信中所提及的"孟博"爲徐恕長子徐孝

---

① 有關王校本詳情，參見李曉傑、楊長玉、王宇海、屈卡樂《〈水經注〉現存主要版本考述》，《歷史地理》第三十一輯。

② 1941年1月18日，顧廷龍遇趙萬里，談及王國維校《水經注》下落之事，趙氏回復説："有兩部，一部僅以趙一清等諸本校戴，爲張繼借失頭本；一部以朱《箋》校，文義最精密。原本爲羅叔蘊索去，願代整理付印，卒卒未成。故後詢其子，置之不理。"（參見沈津《顧廷龍年譜》，上海：上海古籍出版社，2004年，第159頁）其中所提及的"羅叔蘊"即羅振玉。

③ "孟博世兄來，言令親返里"一句，原整理者作"孟博世兄來言。令親返里"，恐非，今改。

④ 此信的撰寫時間，整理者馬志立推定爲1933年（參見氏撰《余嘉錫致徐行可書信考釋》，《圖書情報論壇》2010年第2期）。然1936年余遜致傅斯年函中説："王觀堂校《水經注》，前生曾爲熊固之先生會貞假趙斐雲先生過録本，實以朱《箋》爲底本。"（原函現存臺北"中央研究院"傅斯年圖書館，此處轉引自劉波《趙萬里先生年譜長編》，北京：中華書局，2018年，第27頁。）其中提及的"前年"應是1934年。或余遜所記時間微誤。

寛的字，其時在北平①。依信中所説，徐孝寬來訪告知余嘉錫，稍後其親戚將由京返鄂，正好順便將蔣孟蘋（即蔣汝藻）的四册書目（筆者按，指王國維爲蔣氏所撰《傳書堂藏書志》，其時當存趙萬里處）及趙萬里過録的王校本二函帶給徐恕，并估測徐恕見信時，應該已經看到二書了。信中還提及，將趙萬里影抄的王校本由徐恕轉給熊會貞，是趙本人的意思，因爲"度其應采掇入疏者，當亦無幾。若全部過録，徒爲煩費"。

倘依上述余嘉錫致徐恕信中所言，熊會貞至遲應該在1933年底即見到了趙萬里影抄的王校本原本。估計該書在熊氏身邊存放的時間應有一年左右，其後又當爲他人借走，因此纔會有徐恕最終決意過録趙萬里影抄王校本全本之舉。其事可由上引1935年3月5日徐恕致陳乃乾的信中得知：

趙斐雲先生臨校其師靜安先生《水經注》校本已得迻書矣漬。

可見這項過録的工作是1935年初在上海完成的。

此外，還需提及的是，因王校本以朱謀㙔《水經注箋》本（以下簡稱"《注箋》本"）爲底本，趙萬里的影抄本亦復如是，故徐恕的過録本依理也應當采用《注箋》本方符合其本人的一貫行事風格。今藏中國科學院圖書館的一部《注箋》本上過録有王校本所有内容，且在最後還過録有王國維給趙萬里過録本寫的跋語，可知此過録本當是出自趙萬里的影抄王校本②。考慮到徐恕藏書大多捐贈給中國科學院，故可斷這部書應即是當年徐恕所藏的趙萬

---

① 馬志立《余嘉錫致徐行可書信考釋》。

② 此書的影印本已收入四庫未收書輯刊編纂委員會編《四庫未收書輯刊》玖集之肆册與伍册，題曰："《水經注箋》四十卷"，并標明"過録王國維校語"，北京出版社，1997年。由該書卷一首頁右下角所鈐"中國科學院圖書館藏"印章，可知這部書現藏於中國科學院圖書館。另，中國科學院圖書館編《中國科學院圖書館藏中文善本目録》（第179頁），史部地理類著録了一部《水經注箋》本，并記曰："過録王國維校語"，應與收入《四庫未收書輯刊》者爲同一部書。

里影抄王校本的過録本。

由於王國維將殘宋本、《大典》本（《水經注》前二十卷）、朱希祖藏明鈔本、孫潜校本等諸本校録於一部《注箋》之上[①]，擁有這樣的一部校本即相當於擁有了上述古本《水經注》，故熊會貞可以説他"幸見"殘宋本（十二卷）、校録《大典》本前二十卷及校録明鈔本全帙。

綜上所述，可將徐恕搜求到的《水經注》數種珍本，以及熊會貞得見的《水經注》版本情況列表如下，并以此作爲本部分的小結。

徐恕襄助熊會貞尋訪到的《水經注》珍本過録本（影印本）一覽表

序號	獲得時間	版本名稱	徐恕過録本底本/影印本	徐恕過録本/影印本來源	熊會貞自述看到的版本情況	熊會貞實際看到的版本情況	徐恕過録本現收藏情況
1	1931年後	殘宋本《水經注》	吳琯刻本《水經注》	過録徐鴻寶校録《水經注》宋殘本	殘宋本卷五之三十二頁至末、卷六至卷八、卷十六至卷十九、卷三十四、卷三十八至卷四十（黄陂徐氏藏）	卷十六至卷十九、卷三十八至卷四十（間接校録）	湖北省圖書館
	1933年底得見，1935年初完成過録		朱謀㙔《水經注箋》	過録趙萬里影抄王國維校《水經注》		卷五之三十二頁至末、卷六至卷八、卷三十四（間接校録）	中國科學院圖書館
2	1933年底得見，1935年初完成過録	《永樂大典》本《水經注》	朱謀㙔《水經注箋》	過録趙萬里影抄王國維校《水經注》	校録《大典》本前二十卷（南林蔣氏藏）	《大典》本前二十卷（間接校録本）	中國科學院圖書館
	1935年12月		商務印書館影印本	張元濟寄贈		《大典》本後二十卷（影印）	
3	1933年底得見，1935年初完成過録	朱希祖藏明鈔本《水經注》	朱謀㙔《水經注箋》	過録趙萬里影抄王國維校《水經注》	校録明鈔本	四十卷（間接校録本）	中國科學院圖書館

---

① 參見李曉傑、楊長玉、王宇海、屈卡樂《〈水經注〉現存主要版本考述》，《歷史地理》第三十一輯。

續表

序號	獲得時間	版本名稱	徐恕過錄本底本/影印本	徐恕過錄本/影印本來源	熊會貞自述看到的版本情況	熊會貞實際看到的版本情況	徐恕過錄本現收藏情況
4	1934年3月	沈炳巽《水經注集釋訂訛》	商務印書館影印本	張元濟寄贈	（未提及）	四十卷（影印）	
5	1935年6月	孫星衍校《水經注》	項絪刻本《水經注》	過錄陳澄中藏孫星衍校《水經注》原稿	（未提及）	（恐未見；或即使看到，亦無暇細觀參考了）	私人收藏
6	1933年底得見，1935年初完成過錄	王國維校《水經注》	朱謀㙔《水經注箋》	過錄趙萬里影抄王國維校《水經注》	（未提及）	四十卷（趙萬里影抄本原本與徐恕間接校錄本）（王校本校語所反映的殘宋本、大典本及明鈔本的信息，已經為熊氏充分利用）	中國科學院圖書館

二、謄抄稿本《水經注疏》

自楊守敬去世後，熊會貞獨自一人繼續修改《水經注疏》二十餘年，但直至去世仍未將這部大書寫定。雖然如此，1935年，《水經注疏》稿本應已大體完成。在這種情形下，基於書稿修改方便與安全的兩方面考慮，熊會貞向徐恕提出了雇人謄抄《水經注疏》副本的請求①。出於收藏家的敏銳眼光，徐恕自然答應，并在開始這項工作之前，做了一定的準備工作，不僅請了兩

---

① 1936年7月，熊會貞之子熊小固在熊會貞逝世後刊登的"啓示"中云："先父在日，深慮兵燹水火，書稿恐遭散失，已由徐君行可另錄副本。"參見《熊會貞先生逝世》，《禹貢》（半月刊）第五卷第八、九合期，1936年7月。

個抄工①，還定製了用於録副的專門紙張印板②。抄録《水經注疏》稿本的工作似乎進行得比較順利，因此徐恕在前文提及的1935年3月5日致陳乃乾的信中云：

> 楊惺老門人熊固之先生理董此書疏稿，已大體完竣，恕從謄鈔，亦成卅餘卷，尚未校。其考文脉水，竭畢生之力，當視前人爲密。③

隨後，徐恕在前文提及的1935年4月致陳乃乾的另一信中又説：

> 恕鈔楊惺吾丈《水經注疏》已完，用銀四百餅。④

由上可見，至1935年3月初，徐恕已令人抄得《水經注疏》的稿本三十多卷，一個月後，將這一謄抄工作最終結束⑤。其中提及"用銀四百餅"，這在當時是一筆不小的開銷，可見徐恕爲保證《水經注疏》在後世得以留存，在財力的投入上，也遠超常人的想像。

其時徐恕出資究竟謄抄了幾部《水經注疏》稿本，學者至今觀點不一。

---

① 郗志群説："猶記1984年2月13日，我跟隨謝承仁師訪問徐恕哲嗣徐孝宓先生，徐先生談到他家另録副本的情況時，曾説：'當時請了兩個人抄，一個叫張和廷……一個叫傅朗西。'"參見氏撰《〈水經注疏〉版本考》。

② 徐孝宓與郗志群交談中曾提到："我家專有一塊印《水經注疏》格紙的版子，一般就叫'水經注的格子'。格紙是蘭色的，現在科學院影印的本子就是這種藍色的格紙。"參見郗志群《〈水經注疏〉版本考》。

③ 虞坤林整理《徐恕致陳乃乾信札十八通》，第十通，《文獻》2007年第3期。按，徐恕信中所説"尚未校。其考文脉水，竭畢生之力"，原整理者斷句爲："尚未校其考文，脉水竭畢生之力"，恐非，今更正。

④ 參見虞坤林整理《徐恕致陳乃乾信札十八通》之第十通；馬志立《〈徐恕致陳乃乾信札十八通〉編年》。

⑤ 郗志群以爲《水經注疏》謄抄工作至遲完成於1935年秋，恐未見徐恕致陳乃乾函之故。另，他在文中還引用徐孝宓的談話（徐説："抄書時間大約是民國十幾年至二十幾年，反正抗日戰爭以前是抄完了。"）作爲佐證，則恐更不足信。參見氏撰《〈水經注疏〉版本考》。

一般認爲他同時抄録了兩部①，一部供熊會貞繼續修訂校勘之用②，即後來藏於臺北"中央研究院"傅斯年圖書館的那部稿本（簡稱"《注疏》臺北本"③），一部歸徐恕自藏，即後爲中國科學院圖書館出資收購的那部抄本（簡稱"《注疏》北京本"④）。

不過，在日本京都大學人文科學研究所圖書室還藏有一部《水經注疏》的抄本⑤。這部抄本是當年在人文研工作的教授、酈學專家森鹿三退休前捐贈的，因此每册卷首之前一頁都鈐有一枚"森鹿三寄贈"的印章。有關森鹿三得到這部抄本的具體經過，日本學者有不同的説法。森鹿三的學生船越昭生有如下的類似表述：

> 森鹿三教授曾於三十年代派他的助手去武昌與當時尚健在的熊會貞協商，獲得《水經注疏》鈔本一部。但彼此之間有一項口頭協議，即在中國未出版此書前，日本絶不出版此書。⑥

---

① 賀昌群《影印〈水經注疏〉的説明》曰："這部稿本是熊會貞生前寫訂的，同一書手，同一時期抄録兩部，一部爲前'中央研究院'所得，曾擬交商務印書館校印，因抗戰停頓，書稿今被國民黨反動派劫運臺灣，另一部即此稿。"參見《水經注疏》，科學出版社，1957年，第6頁。賀氏的這段有關《水經注疏》鈔本的表述，應是從徐恕處得知的，故大體可信，與史實應相去不遠。
② 郗志群以爲這部稿本是熊會貞請抄手謄録的（參見氏撰《〈水經注疏〉版本考》），其説可商。其時熊會貞寄居楊家，應無財力雇人抄録其《水經注疏》手稿。
③ 1971年臺北中華書局影印出版的《楊熊合撰水經注疏》即是此本。現在學界已認爲這部稿本即是楊守敬與熊會貞合撰《水經注疏》的最後定本。
④ 1957年科學出版社影印出版的《水經注疏》即是此本。
⑤ 參見《京都大學人文科學研究所漢籍目録》，京都：京都大學人文科學研究所，1982年。現這部《水經注疏》（四函三十八册，缺第二十七、第二十八卷）已全部掃描上網，可公開查閲。
⑥ 此段船越昭生的觀點表述是由陳橋驛轉述的。參見陳橋驛《評臺北中華書局影印本〈楊熊合撰水經注疏〉》"附記"，《水經注研究》，天津：天津古籍出版社，1985年，第431頁。又，陳橋驛在此前發表的一文中即説："船越先生和我談及，森鹿三曾親口告訴他，熊會貞當年曾允許森録出一部《水經注疏》的副本，當時相互間訂一項君子協定，即在中國未出版此書時，森不得以任何形式在日本出版這部鈔本。"參見氏撰《關於〈水經注疏〉不同版本和來歷的探討》，《中華文史論叢》一九八四年第三輯，上海：上海古籍出版社，1984年。

而另一位日本學者日比野丈夫又説：

> 記得是在1943年（昭和十八年）的夏秋之際，武漢某氏告之，他知道
> 《水經注疏》原稿的下落，如果希望得到一部鈔本的話，他可以從中斡
> 旋聯絡。森先生當然願意，并籌集重金來辦這件事。第二年，鈔本陸續
> 郵寄過來，但其中缺少了第二十七、第二十八兩卷，從當時的郵政狀況
> 祇能認爲，是在郵寄途中散失了。①

如果按照船越昭生的説法，森鹿三在20世紀30年代即已從熊會貞那裏得到了
這部《水經注疏》抄本；然而，若依日比野丈夫的講述，則森鹿三見到這部
抄本要遲至1944年。二者的説法，在時間上頗存差異。

其實，倘若仔細觀察這部抄本，就會發現其版式與徐恕自藏的那本完全
相同，唯紙上的格子由藍色變爲了黑色。換言之，印製這個抄本用紙的印板，
應該就是徐恕家自製的那個。而且在內容上看，除手民之誤外，其他皆與北
京本相同②。加之，從抄手的字迹來看，亦與徐恕所存的那部《水經注疏》副
本相近，甚至可説是相同。因此，如果將森鹿三所得的那部《水經注疏》抄
本認定是徐恕雇人從自藏本中抄出的，應該大體不誤③。甚或更進一步，認爲
這部抄本也在1935年初徐恕出資雇人抄録《水經注疏》之列，即其時徐恕一
共抄録了三部，而非一般認爲的兩部，似也不無可能。如是，上述船越昭生的
説法，當更接近事實④。唯這部抄本最終何時郵寄至日本，則或如日比野丈夫
所説，在1944年，且由於其時的郵政狀況不佳，導致缺失了其中的兩卷内容。

---

① 日比野丈夫《有關〈水經注疏〉稿本的二、三問題》，日本《東方學》第81期，1990年。
　上述譯文轉引自郗志群《〈水經注疏〉版本考》。
② 參見郗志群《〈水經注疏〉版本考》。
③ 郗志群即認爲森鹿三藏本應是徐恕藏本的再録本，參見氏撰《〈水經注疏〉版本考》。
④ 李南暉則以爲日比野丈夫的説法更爲接近。參見氏撰《森鹿三與京都大學藏鈔本〈水經注
　疏〉》，《中山大學學報》社會科學版2012年第4期。

　　此外，還有一事可爲船越昭生的説法提供旁證。當年自稱是可能唯一見過熊會貞本人的日本學者松浦嘉三郎，曾用中文發表了《追憶熊固之翁》一文。其中談到1930年4月他在上海時接到京都研究所（按，應即是後來的日本京都大學的人文研究所）的電報，讓他"到武昌去調查楊守敬生前埋頭編著的《水經注疏》"。隨後又接到日本京都帝國大學教授小川琢治的來信，説近日與内藤湖南見面時提到了《水經注疏》，因此請松浦"到武昌調查一下"。又過了幾日，他輾轉經過熟人的關係，到武昌見到了楊守敬的孫子楊樹千與熊會貞本人，并在楊家老宅熊會貞的房間裏看到了桌上放置的《水經注疏》手稿。翌日，松浦嘉三郎又與熊會貞第二次見面，相談甚歡[1]。

　　松浦嘉三郎雖然在上面的文章中未提及當時從京都研究所給他發電報的爲何人，但除當時在那裏從事《水經注》研究相關工作的森鹿三外，應別無二人。森鹿三與内藤湖南、小川琢治等人幾乎同時讓松浦嘉三郎去武昌調查熊會貞撰述《水經注疏》的情況，説明了當時日本學者對《水經注疏》書稿的關切。雖然松浦文中并未言及當時向熊會貞索取《水經注疏》副本之事，但他此行的目的即是爲此是不言自明的。松浦事後一定會向森鹿三等人告知其親眼所見到的《水經注疏》稿本情況，森鹿三等人也一定會在隨後再請松浦與熊會貞（依理亦應該有徐恕在場）再做溝通，進而達成録副協定，亦未可知。上引船越昭生文中提及的森鹿三"助手"，即指松浦嘉三郎無疑[2]。若有協議在前，待1935年徐恕出資雇人抄録《水經注疏》時，一并也順便幫森鹿三抄録一部，自然是順理成章之事。唯囿於當時日趨緊張的中日兩國關係，

---

[1]　（日）松浦嘉三郎《追憶熊固之翁》，《中國學報》（重慶）1943年第1卷第2期，第109—112頁。

[2]　日比野丈夫以爲松浦嘉三郎比森鹿三年長，是後者的前輩，絶無受命於後者的可能（參見李南暉《森鹿三與京都大學藏鈔本〈水經注疏〉》）。日比野氏之説貌似合理，但仍不無可商之處。其實，前文船越昭生提及的"助手"或許僅是大略言之，并非實指，主要表達的是有人幫森鹿三等打聽《水經注疏》在其時的撰寫狀況。

加之學術成果須强調首創意識，故當事者“彼此之間有一項口頭協議，即在中國未出版此書前，日本絕不出版此書”，以免給熊會貞、徐恕帶來不必要的麻煩或人身攻擊，則是再自然不過的事情了。

　　至於汪辟疆與賀昌群等人所説的熊會貞與徐恕爲保全《水經注疏》原稿與抄本不落於日人之手做出了怎樣的舉措云云①，當係出於愛國之情的臆測，恐與歷史事實大相徑庭。又況且學術無國界，熊會貞、徐恕與松浦嘉三郎、森鹿三等人的來往與代爲録製《水經注疏》副本之舉，皆屬正常的國際學術交流，完全無須上升到愛國與否的層面去加以置評。

三、校訂所藏的《水經注疏》抄本

　　除了訪求《水經注》珍本供熊會貞校勘，謄抄《水經注疏》稿本供熊會貞進一步修訂及自己保存之外，徐恕在《水經注疏》的成書過程中也有過實質性的參與，此點在《水經注疏》卷二十一《汝水》部分，顯現得最爲突出。

　　在《注疏》北京本第二十一卷《汝水篇》，有許多不見於他卷的文字校勘，有的寫於書眉、書根，有的書於正文行間。這些修改與訂補《注疏》的

---

① 汪辟疆在松浦嘉三郎文後按語云：“日寇處心積慮，肆其侵略；世人皆知利吾土地經濟，而不知其侵略文化如此其迫切也。……楊熊二先生以一生精力，成此絕業，不謂寇酋存報復之意，公然攘奪，函電交馳，存必得之心，忘跋涉之苦，陰謀很鷙，紙上如見。脱非熊翁嚴辭拒絕，恐此書早落敵手矣。”（《中國學報》1943年第1卷第2期，第112頁）。他在《楊守敬熊會貞傳》中亦曰：“日人森鹿三極服熊氏以一生精力成此絕業，民國十九年四月，遣松浦嘉三郎走武昌，求其稿，不獲。又兩謁，許以重金，乞寫副。會貞以大夫無域外之交，固拒之，卒不爲奪。”參見氏著《汪辟疆文集》，上海古籍出版社，1988年，第115頁。賀昌群説：“抗戰期中武漢淪陷時，日人多方搜求此稿，向徐氏（筆者按，指徐恕）加以壓力，他百計回避，保全了此稿未落於日人之手，言下感慨係之，不禁泫然。”參見氏撰《影印〈水經注疏〉的説明》，《水經注疏》，科學出版社，1957年，第6頁。賀氏在這裏説的雖貌似是轉述徐恕的話，但其中應加入了其主觀的色彩。而徐恕在當時的形勢下，是否言不由衷，亦未可知。

文字，現在都認爲是徐恕所爲①。其時，徐恕居漢口，熊會貞住武昌，徐恕乘擺渡船渡過長江即可到熊會貞處借閱其最新的《注疏》修訂稿（即《注疏》臺北本），然後再回到住所將熊氏新修訂的文字過録在《注疏》北京本之上②。換言之，徐恕在《汝水篇》這一卷所做的祇是過録熊會貞的最新修訂，與一般的出於自身研究之後所做出的文字校訂與修改不同。胡適最先指出了這一點，他説：

> 徐時〔行〕可硃筆過録熊會貞最後改本一卷。即影印本（筆者按，指《注疏》北京本）第廿一卷上面保存的"徐氏手筆"。在一卷各葉的下方往往蓋有木印小字，或"校异"，或"訂訛"，或"駁舊"，或"存疑"，——共四種小木印。這決不是徐時〔行〕可自己要修改這部大書的計劃。這當然是他用這個鈔本來過録熊先生的一卷修改本。何以知道這是熊先生的"最後改本"呢？此一卷中，引"明鈔本"凡廿二次，又引"大典本"兩次。熊君"遺言"裏明説他見到的《大典》本祇有前二十卷。《汝水》在第二十一卷，不在他所見二十卷之內。而這兩處都作"會貞按"。（一處在二十九葉上，一處在三十四葉下。）所以我疑心熊先生在病中得見剛影印出來的《永樂大典》本《水經注》全部，他忍不住要校勘他原來沒有見過的二十卷，所以從第二十一卷開始。大概他祇校得一卷，就無力校下去了。③

---

① 賀昌群《影印〈水經注疏〉的説明》中説："《水經注疏》稿中應當修改和補正的地方一定是很多的。單看徐行可校勘過的二十一《汝水》一册，便可略知。"鍾鳳年在將《注疏》北京本通校一過之後，也在卷二十一校勘之後寫道："此卷已經售書人徐行可修正，因而抄錯處所遺無多。"參見氏撰《〈水經注疏〉勘誤》，《古籍論叢》，福州：福建人民出版社，1982年，第157頁。
② 陳橋驛《排印〈水經注疏〉的説明》，《水經注疏》，南京：江蘇古籍出版社，1989年，第3頁。
③ 胡適致楊聯陞（1958年8月19日）函初稿，胡適紀念館編《談詩論學三十年——胡適楊聯陞往來書札》，第366頁。

徐恕這樣以簡單的過録代替真正校勘做法，目的顯然是爲了讓他手頭的這部《水經注疏》抄本儘可能與熊會貞正在修改的文稿相同。

另外，徐恕對《水經注疏》的撰寫與修訂，還是有一些實質性的貢獻的。他在1935年12月致陳乃乾信中曾説道：

> 歸來俗務叢脞，熊固之先生覆命理董《水經注疏》稿，恕於水地無所究心，僅能商榷義例、厘正文字而已。①

由此可見在熊會貞晚年，徐恕是他在撰寫《水經注疏》時很重要的一位商討者。《注疏》北京本《汝水篇》在修訂之後體現出的與其他各卷不同的表述與體例差异②，或許其中就有采納徐恕的建議之處。

以上就徐恕與《水經注疏》的關係的幾個方面做了較爲詳細的闡述。從中可以看出，熊會貞在徐恕的引導下，在其晚年接觸到了幾部《水經注》珍本，使他有關《水經注》的"見解大進步，功力也大改變"③。以至他在1935年前與史地學者鄭德坤的一封通信中提到："自楊師下世，會貞繼續編纂，無間寒暑，志在必成（大致就緒，尚須修改）。如告竣，則《要删》（筆者按，指在楊守敬生前刊行的《水經注疏要删》）等可廢也。"④於此可見熊會貞對他在楊守敬身後逐步完善的《水經注疏》所達到的新水準的自信。

徐恕則爲了幫助熊會貞尋找《水經注》珍本，更是竭盡全力。除了前文

---

① 此信寫作年份原整理虞坤林定爲1937年（參見虞坤林整理《徐恕致陳乃乾信札十八通》之第十三通，《文獻》2007年第3期），今從馬志立所定（參見氏撰《〈徐恕致陳乃乾信札十八通〉編年》），改爲1935年12月。

② 陳橋驛《排印〈水經注疏〉的説明》，《水經注疏》，第4頁。

③ 胡適致楊聯陞（1958年8月19日）函，胡適紀念館編《談詩論學三十年——胡適楊聯陞往來書札》，第357頁。

④ 鄭德坤編：《關於〈水經注〉之通信》，第一函，《禹貢》（半月刊）1935年第3卷第6期。

已提及的那幾部珍本外，他還曾應熊會貞之請，利用在嘉業堂主劉承幹家訪書居住的機會，尋訪過林頤山的《水經注》校本。後得知林校本爲朱希祖買去後，復致信朱的同鄉好友陳乃乾，詢問是否可代錄一部。另外，徐恕還請陳乃乾代爲找尋王梓材的酈注《水道表》①。雖然這兩部書徐恕最終是否訪求得到，不得而知，但他在此方面的盡心盡力，熊會貞應當是感觸最爲深切的。

在《水經注疏》大體成稿之際，熊會貞又請徐恕抄錄副本。徐恕不僅出資出力，抄錄了多部副本，而且還在後來，儘可能將熊會貞的最新修訂文字過錄在《注疏》北京本上。徐恕對《水經注疏》傾注的巨大心血，絕非常人可以想像。在某種程度上説，若沒有徐恕的鼎力相助，恐怕熊會貞也無法將《水經注疏》撰寫最終進行到現在大家看到的這一結果。倘稱徐恕爲《水經注疏》之功臣，當屬實至名歸，并不爲過。

---

① 虞坤林整理《徐恕致陳乃乾信札十八通》之第九通。此信寫作年份依馬志立所定爲1935年4月。

徐行可與《慈雲樓藏書志》

陳　誼（浙江圖書館）

崔　欣（《上海文學》社）

在清代私家藏書目録中，上海李筠嘉藏并輯《慈雲樓藏書志》成書與流傳較爲曲折。藏書志自乾隆六十年（1795）着手，道光初編成，訖以稿本傳世，存於顯晦之間，并有多種"變身"。至民國十八年（1929）吴興劉氏嘉業堂刻周中孚《鄭堂讀書記》，世人始知乾嘉間海上李氏藏書不讓於同時汪、鮑諸名家。其後上海商務印書館據嘉業堂本排印《鄭堂讀書記》（《萬有文庫》本，1937年版、1940年版），學術界研究清代藏書者，遂多所取資焉。

一

李筠嘉，一名雲階，字修林，號简香，晚號近翁，上海人。生於清乾隆三十一年（1766）八月十六，卒於道光八年（1828）六月初九，年六十有三。例貢生，敕授徵士郎，候補光禄寺典簿加六級，例晋朝議大夫，生平見《李氏家乘》。據《同治上海縣志》記載，李氏"所居邑治東有朱察卿慈雲樓故宅，購書六千餘種藏諸樓，有藏書目八卷"（筆者注："八卷"疑爲"八十卷"之誤）。慈雲樓原爲明上海太守朱豹之子朱察卿所建（《（嘉慶）上海縣志》），清嘉道間成爲李筠嘉藏書處，不僅藏書衆多，且有園亭花木之勝。龔自珍《上海李氏慈雲樓藏書志序》云："……上海李氏乃藏書至四千七百種，論議臚注至三十九萬言。承平之風烈，與鄞范氏、歙汪氏、杭州吴氏、鮑氏相輝映於八九十年之間。"《李氏家乘》稱李筠嘉"自著有《慈雲樓藏書志》八十卷",《同治上海縣志》則稱李氏"有藏書目八(十)卷"。因此之故,李氏被胡道靜先生推爲清代上海三大藏書家之首。

李氏藏書志之編輯,當時由龔自珍之父龔麗正推薦烏程周中孚參與承擔,周氏後摘録相關内容,成《鄭堂讀書記》。由於慈雲樓藏書多清代著作,周中孚編目時,有意仿照《四庫全書總目提要》,故其書一行世,即被目爲"《四庫提要》續編"。周氏身後,《鄭堂讀書記》稿本有散佚。至民國三年(1914)四月,劉承幹從書商湯志平手中購得其稿本,民國七年(1918)刻入《吳興叢書》。按此處所謂稿本,嘉業堂刻《鄭堂讀書記》劉承幹跋語有云:

> 是編初歸朱椒堂侍郎,藁本百餘册,後歸洪鷺汀觀察,復以歸予,僅存七十一卷。似從椒堂侍郎所藏本傳鈔而有脱佚者,非先生之舊也。本多漫漶,復假王雪岑廉訪廣雅書局本校之。昔張文襄刻《廣雅叢書》,欲入此編未果,原鈔遂留廉訪許,予故假得之。

據此可知,劉承幹所得《鄭堂讀書記》經平湖朱爲弼、華陽洪爾振遞藏,且頗疑非原稿,爲朱爲弼所藏稿本之傳抄本,多有殘損,儘餘七十一卷。日記所云稿本,蓋亦書估傳聞,以昂其值,劉氏當年購書,不論完否,有來畢售,故江南故家藏書得盡歸之。

至民國十九年十二月十一日(1931年1月30日),武昌藏書家徐恕携所得《慈雲樓藏書志》稿本過嘉業堂,并出示首册,勸劉氏石印行世。據劉承幹《求恕齋日記》(上海圖書館藏稿本)載:

> 十一日。徐行可來談(李紫東陪來)。行可,江夏人,頗好學,贈予書三種,并携來《慈雲樓藏書志》首册,勸予石印,謂此書是周中孚所著。予閲其書有"上海李筠嘉筍香編次"字樣,殆中孚館於其家爲之捉刀而名從主人歟。此書有七十餘册,從前李振唐携來求售,予未購,後

歸行可。

其時周子美先生正司業嘉業堂，因獲對校《慈雲樓藏書志》與《鄭堂讀書記》，1932年撰成《〈慈雲樓藏書志〉考》，得出《慈雲樓藏書志》即《鄭堂讀書記》的結論，學界始確知李氏藏書目録之真實情狀。

二

李筠嘉殁後，藏書散落各處，喬重禧《挽故鄉諸親友詩八首》中《李筠香光禄筠嘉上海》詩，注云"君身後藏書已盡散"（見喬重禧《陔南池館遺集》）。其時《藏書志》僅爲稿本，尚未付印，故世人多不知其詳。檢《中國古籍善本書目》史部目録類，著録與李筠嘉相關有《古香閣藏書志》和《慈雲樓藏書志》兩種。

《古香閣藏書志》，清李筠嘉藏，稿本，存二十九卷（一至二十二、二十五至二十六、三十四至三十六），又集部目二卷，共十八册，現藏於南京圖書館。

古香閣之名，清代各種上海縣志中均未見記載，但李筠嘉所輯《春雪集》中，録有吳信中的詩作一首，題爲《七夕前二日訪吾園主人下榻古香閣留連信宿出示春渚曉吟圖賦此題贈兼以志別》。可知古香閣確爲李筠嘉室名之一。

南京圖書館所藏《古香閣藏書志》稿本，前十六册卷端題名"古香閣藏書志"，藍格，每半葉九行二十二字，四周雙邊，白口，單魚尾。版心上書書名，中書卷目。卷端署"上海李筠嘉筠香甫編次"。首有清嘉慶二十三年（1818）三月伍有庸序。《古香閣藏書志》底稿爲工楷大字，上有行草小字塗改痕迹。稿本所存部類如下：

經部，存易、書、詩、禮、春秋、總經、四書、樂、小學諸類；

史部，存正史、編年、紀事本末、別史、雜史、史評、奏議、史鈔、載記、職官、政書、時令、傳記、地理、目録、金石諸類；

子部，存儒家、兵家、法家、農家、醫家、推步、演算法、形家、藝術、譜録、雜家、小説、釋家、道家諸類；

集部，存楚辭、別集之漢、魏、晋、宋、齊、梁、周、陳、隋、唐諸類。

"春秋類"内著録應屬"孝經類"之《古文孝經孔氏傳》一卷，天頭注"另卷"；又《孝經述注》一卷，注"另謄別卷"。但南圖藏本中未見"孝經"類。

《慈雲樓藏書志》稿本，現藏於上海圖書館。六十五册，存經、史、子部。雖標有卷目，但未注明卷次。首有嘉慶二十五年六月龔自珍《李氏藏書志序》，又有乙酉仲春顧千里手跋。綠格，每半葉九行二十二字，四周雙邊，白口，單魚尾。鈐有"徐恕讀過""曾歸徐氏彊諮""武林葉氏藏書印""景葵所得善本""合衆圖書館藏書印"諸印。卷端題"上海李筠嘉筠香編次"。卷中有朱筆圈點，略有墨筆改動，可知其爲謄清稿本。

民國李之鼎《書目舉要》，著録《慈雲樓書目》如下：

慈雲樓書目　李筠嘉

原稿本。書藏武昌徐行可許，宜秋館録有副本，計六十四册。此目仿《四庫提要》，有顧千里跋尾、龔定庵序，乾隆六十年所編，祇存經、史、子三目，闕集部目，大約尚未編成之稿本也。

據《書目舉要》所述，此本《慈雲樓書目》曾藏徐行可處，又有顧千里手跋與龔自珍序，與今藏上海圖書館的《慈雲樓藏書志》吻合。此本所含部類列如下：

經部，分易、書、詩、禮、春秋、孝經、五經總義、四書、樂、小學諸類；

史部，分正史、編年、紀事本末、別史、雜史、詔令、奏議、傳記、史鈔、載記、時令、地理、職官、政事、目録、金石、史評諸類；

子部，分儒家、兵家、法家、農家、醫家、天文演算法、術數、藝術、譜録、雜家、類書、小説、道家、釋家諸類。

南京圖書館又藏《慈雲樓藏書志》集部目二册，含集部楚辭類，別集類之漢魏六朝、唐（不全），其卷端亦題爲"慈雲樓藏書志"，下署"上海李筠嘉筠香編次"，緑格，每半葉九行二十二字，四周雙邊，白口，單魚尾，其稿紙與上圖藏稿本紙同有"雲台"朱紋，因此，其題名、行格及紙張，均與上圖所藏《慈雲樓藏書志》稿本一致。這也就意味着，《慈雲樓藏書志》稿本在流傳過程中多有散佚，導致集部稿本分別流傳。李之鼎在《書目舉要》以"闕集部目"，推斷《慈雲樓藏書志》爲"大約尚未編成之稿本"，此論看來難以成立。

通過對兩種現存稿本的考察，大致可知李筠嘉藏書志的編纂始於乾隆六十年，最初名爲《古香閣藏書志》，據伍有庸序，成稿時間應在嘉慶二十三年（1818）之前。而後《古香閣藏書志》又經大規模修改，對藏書志内容加以篩選補充，調整順序，體例則更多借鑒《四庫全書總目》，在原有基礎上作擴充，謄清稿定名爲《慈雲樓藏書志》。

《古香閣藏書志》首有嘉慶二十三年（1818）三月伍有庸序：

上海李筠香先生少而好古，家有藏書，猶復遐搜廣購，不吝重價，積四十年，得五千餘種，縑帙錦囊，以所居古香閣貯之。其中有宋槧，有鈔本，有文淵閣著録，及僅著目者。至於海内志乘，無不悉備。凡古書奇書，及藏之名山秘書，索而聚之，皆手讎定，洵若葉少藴逾十萬卷，而今日之李書樓者也，淹博之後，義藴貫通，簡編雖繁，瞭若指掌。爰取經史子集，分爲四部，厘爲書目，每種叙姓氏爵里，詳義例奥旨，論而兼議，簡而能該，使覽者不俟披閲而識其大意。其每卷之首，恭列欽定諸書，尊王之義也。其在文淵閣校録之列者，參取《提要》之説，不倍之義也。

據上可知，《古香閣藏書志》完成於嘉慶二十三年，采用的體例，是每種書下都記述着者姓氏爵里，并發掘内容義理，品評其價值。因其内容繁複，有拉雜不愜意處，遂又延聘周中孚增訂删削，成《慈雲樓藏書志》。嘉慶二十五年（1820）六月龔自珍序云：

> 予以嘉慶丙子侍任東海上，海上言文獻舊家，皆推李氏。李君有園亭花竹，數召集文士，爲文酒之樂。兹以所編藏書志□卷屬爲序。予覽之，書凡六千種，論議臚注，凡□萬言，一以《四庫提要》爲宗法，折衷無遺憾。

此後，著名校勘學家顧千里曾披讀此書，道光五年（1825）仲春顧千里跋云：

> 承示大著，鋪陳排比，富哉言乎，真可謂藏書、讀書兩臻其善矣。走雖未窺全部，已不勝贊嘆欽服。但懸計卷帙，未免過於重大，豈獨觀成非易，即將來之刊印，以及日後購藏、流行等類，恐皆較難。莫如變而通之，改從易簡，避去向來書目式樣，用趙明誠《金石録》例，先將六千部之目，每部下祇用細字注時代、撰人及何本一行，分若干卷列於前，復將每書按語擇其精華做成跋體。不必部部有跋，亦不必跋跋自始至末，臚陳衍説，其無甚要緊，及讀者自知，則置而勿論，亦分若干卷列於後。通爲一書，約在百卷内，似於作者、觀者兩得其便，兼又可以徑而寡失也。

周中孚（1768—1831），字信之，號鄭堂，烏程人。嘉慶元年（1796）拔貢生，道光三年（1823）舉副貢，官奉化教諭。旋受龔麗正之薦，客上海李筠嘉宅，爲主人編定《慈雲樓藏書志》。按龔麗正嘉慶二十一年（1816），任江南蘇松太兵備道，署江蘇按察史，駐上海，直到道光五年（1825），辭官返里。又周氏舉業失利，不復仕進，館李氏家，故龔麗正薦周中孚館於李氏，當在嘉慶四年、五年間，龔自珍所見《慈雲樓藏書志》尚非周氏所參與者。而顧千里之道光五年跋在周氏入李氏後，故顧氏所見即周氏參與編纂之《慈雲樓藏書志》。周氏纂《鄭堂讀書志》當在此時。通過以上分析，我們可列出李氏藏書目錄編纂的時間軸：

《古香閣藏書志》，乾隆六十年開始編纂，嘉慶二十三年成書。嘉慶二十五年增損修訂成《慈雲樓藏書志》，嘉慶二十五年爲龔自珍所見并撰序。道光四年或五年周中孚參編補充定本《慈雲樓藏書志》，道光五年爲顧千里所見題跋，龔自珍道光六年爲撰序。同期周氏摘録相關內容成《鄭堂讀書記》稿本。以上《古香閣藏書志》《慈雲樓藏書志》及《鄭堂讀書記》，編成後皆未刊行，僅以寫本流傳。

《古香閣藏書志》殘稿本現藏南京圖書館，由於其中無任何鈐印，查清代及民國間書目亦未見記載，故難以考察其遞藏情況。

《慈雲樓藏書志》稿本現藏於上海圖書館，據李之鼎《書目舉要》記載，除武昌徐行可所藏原稿本外，李之鼎宜秋館尚録有一副本。根據原稿本上的鈐印，可知此稿繼徐行可後爲葉景葵所藏，後歸入合衆圖書館（上海圖書館前身）。

<h2 style="text-align:center">三</h2>

民國李之鼎《書目舉要》著録《慈雲樓書目》云"宜秋館録有副本，計六十四册"。按李之鼎，字振唐，江西南城人。民國初藏書家，其宜秋館藏書甚富，刻書甚多，嘗編《增訂叢書舉要》。據李氏所述，李氏曾從徐行可所藏稿本録副一部，即《慈雲樓書目》宜秋館抄本。李之鼎與劉承幹交往甚密，曾共同參拜退居天津的溥儀，是嘉業堂交往遺老圈裏中堅人物。1925年7月末李之鼎卒，劉承幹云："聞之駭然，振唐年雖六十有一，而身體健於予，從無疾病，十六日尚在此長談，甫隔十日，遽爾永訣。同志又弱一個，書此不覺淚下。"（《求恕齋日記》）。《慈雲樓書目》抄本後入嘉業堂，經歷

戰爭動亂，流傳海外，爲臺灣商人所獲，輾轉歸滕州杜氏槐影樓珍藏。此本經輾轉流傳，已不復完整，現存四十餘册，抄本無欄格，每半葉九行二十二字，卷一缺，卷端鈐有"吳興劉氏嘉業堂藏書印"朱文方印及"張叔平"朱文小方印。有朱筆校改，黏簽墨筆書注語。此本無論版本描述、册數、藏印，都與周子美《嘉業堂鈔校本目録》所著録相符，可知其即民國七至八年南城李氏宜秋館抄本無疑。根據各卷末葉朱筆題記統計，全書抄寫者有：汪仁甫、汪桂森、夏二亭、汪子俊、汪羅朝棟、夏二亭、傅蓮峰等。

此本卷十三"爾雅漢注三卷　問經堂叢書本"行下，黏貼簽條二，一小者，上有墨筆行書"此下直鈔到底"，大者墨筆行書：

鄭堂讀書記補逸卷七（第一行）
　　　　　　　　烏程周中孚撰〇〇〇（第二行，退七字）
經部（次行）
　小學類一訓詁（次行，"訓詁"二字小注）
　　爾雅漢注三卷（次行）

卷二十"聖門志六卷　鹽邑志林本"行下也有黏簽，格式如下：

鄭堂讀書記補佚卷十（第一行）
　　　　　　　　烏程周中孚撰〇〇〇（第二行，退七字）
史部（次行）
　傳記類一　訓詁（次行，"訓詁"二字小注）
　　聖門志六卷（次行）

此正是1919年前後劉氏嘉業堂刊刻《鄭堂讀書記》時，據《慈雲樓藏書志》以輯補之證。王欣夫先生補正葉昌熾《藏書紀事詩》中亦提到："別有《慈雲樓藏書志》全本清稿，由武昌徐氏歸葉丈揆初。商務印書館以劉刻重印，而據葉藏補逸，姑爲全本，惜未用李氏原名。"（《藏書紀事詩附補正》第631、632頁）此處所言，復揭示商務印書館在20世紀40年代據嘉業堂本排印《鄭堂讀書記》時，曾據葉景葵藏徐氏舊藏本增輯補遺，然并未交代所據之底本爲李氏原稿。《鄭堂讀書記》愈出愈備，《慈雲樓藏書志》則越傳越邈，豈不可慨也。

<h1 style="text-align:center">四</h1>

　　徐行可携所藏《慈雲樓藏書志》稿本訪問嘉業堂，借宿藏書樓中，翻檢校對，時與樓內諸君談書論學，劉承幹《求恕齋日記》對此記載甚多，兹排次如下：

民國十年辛丑三月（1921年4月）

十八日。晚至都益處應李振唐之招，同座者鄭蘇戡、朱古微、徐積餘、徐行可、蔣孟蘋、姚虞琴（名景瀛，杭州人，此地公茂鹽棧之經理）、李柯生（振唐胞弟），席間閱吳柳堂吏部可讀之《罔極編》手卷，虞琴得後裝爲手卷，徵求名人題咏。散後即歸。

二十二日。至振華旅館應高欣木、孟蘋之招，同坐者徐行可名恕（武昌人，亦講究收藏書籍之人）、劉佐泉（杭州人，前福建知縣，辛亥後在申行醫）、丁輔之、姚虞琴、王子松（杭州人，銀行業中之人）、金罌伯仲廉、季言昆仲。散後徐行可出示新近在京滬所得各書，十時候返家。

二十五日。晚張孟劬、吳寄荃、金籛孫、吳昌碩、東邁父子、陶拙存、李振唐先後來，談良久入席，首寄荃，次籛孫。散後客遂去。囑醉愚作函致章一山、徐行可、徐曉霞、朱古微。

二十七日。下午校《鄭堂讀書記》。

三十日。晚至陶樂居應徐行可之招，同席者鄭蘇戡、鄔景叔、姚虞琴、丁輔之、高欣木、孟蘋、罌伯仲廉、季言，散後即歸。

民國十九年庚午十二月（1931年1月）

十一日。徐行可來談，李紫東陪來。行可，江夏人，頗好學，贈予書三種，并攜來《慈雲樓藏書志》首冊，勸予石印，謂此書是周中孚所著。予閱其書有"上海李筠嘉筍香編次"字樣，殆中孚館於其家爲之捉刀而名從主人歟。此書有七十餘冊，從前李振唐攜來求售，予未購，後歸行可。

十二日。至四馬路大新街孟淵旅館答徐行可，不值，將送其書四種交出。

十三日。今晚宴徐行可，陪者費恕皆、王福庵（名禔，杭州人，同伯之子，善篆刻，曾在北京金鞏伯處與予相見，先至）、董授經、羅子敬、張芹伯、徐積餘、李紫東、徐孟博（行可長子，年十七，治目録及三傳之學，席間出其所著窗課，皆其師密圈細改）。行可出示王陽明手寫詩稿，字大徑數寸。行可收得時祇百餘元，現在日本人還過千元云。

十四日。囑剛甫寫信致余樾園、朱益明、徐行可。

民國二十年辛未三月（1931年4月）

初六日。施韵秋自滬回，述及徐行可已在滬，準乘立興班於明晨抵潯。

初七日。徐行可來此，爲借校書籍，此來擬長住也。出與略談，即邀其宴於宋四史齋。行可帶一學生來，以供鈔寫，姓成號棣仙，興國州人，亦邀入坐。陪者爲沈醉愚、沈叔筠、王建夫、施韵秋、崔叔榮、君實弟。飯畢略談而散，邀而未至者爲馮季蘇。

辛未年五月（1931年6月）

初十日。至王福庵家，謝徐行可步，見。

十四日。徐行可、程鳳璋來談，行可後日回潯。

二十二日。囑剛甫作書致王福庵、徐行可、孫惠敷。

辛未年七月（1931年8月）

十八日。夜徐行可自潯至，伊明日回鄂轉車北上，因近膺北京輔仁大學之聘也。

壬申年正月（1932年正月）

初五日。徐行可來，未見。

十四日。徐行可來，未見。

壬申年十月（1932年11月）

十七日。張君謀與夢麟來，爲徐行可之親家黃季剛侃説項，向余索嘉業堂全書，以《清史稿》互易……

由上述日記，可知徐行可在嘉業堂校讀書籍的基本情況：

（一）徐行可與嘉業堂主人劉承幹相識於1921年4月李之鼎邀宴上。隨後數日宴集，徐、劉以藏書同好，相交甚悅。此後，李之鼎據徐行可所藏《慈雲樓藏書志》稿本，録副抄本一部，此宜秋館抄本後爲嘉業堂收藏。與此同時，嘉業堂正校刻周中孚《鄭堂讀書記》。

（二）1931年1月底，徐行可再到上海，住四馬路大新街孟淵旅館，此次携帶《慈雲樓藏書志》稿本，公子徐孟博隨行，孟博時年十七，治目録及三傳之學，席間出其所著窗課向老輩請益。行可又出示所藏王陽明手書詩稿，相與欣賞品鑒。

（三）徐行可至嘉業堂校讀書籍在1931年4月，同行有學生成棣仙，爲行可抄書。同年8月，行可受北京輔仁大學之聘，離浙返鄂。於湖州南潯鎮嘉業藏書樓停留約半年時間。

（四）1932年春節，徐行可曾到上海拜訪劉承幹，未獲一面。11月，徐行可之親家黃侃，欲以《清史稿》與劉承幹調換嘉業堂所刻書。

五

李筠嘉後人李曾燿《〈春雪集〉跋》云："《慈雲樓書目》昔年雖有人携來示售，以索價過昂，無力購置爲憾。"（見《春雪集》，復旦大學圖書館藏本，民國二十年李曾燿手跋）。李曾燿嫡孫李銘高於2018年自美返滬探親，曾與筆者一晤。據李銘高言，其祖父自分家後遷居上海紹興路，一樓客廳牆上掛有改琦所繪李筠嘉像，并有張元濟題跋。李曾燿先後服務於中華書局與新聞報館（今《解放日報》前身），一直致力搜羅祖上遺迹，編寫家譜。1949年前曾有人上門兜售《慈雲樓藏書志》，如李曾燿手跋中所述。1959年前後，李銘高尚在讀小學，一日放學回家，見祖父召集許多人細看桌上一紙文書，上面蓋有密密麻麻的圖章，還有手印。祖父説，那是筍香公的破産文書。可知李筠嘉生前就已破産，而破産文書也是因人上門兜售而獲見，因要價太高，未能買下，後亦不知其下落。

李筠嘉慈雲樓藏書雖稱盛一時，身後流散亦速，所幸編有《古香閣藏書志》《慈雲樓藏書志》，雖稿本不全，然今輾轉皆歸公藏，對於李氏兩種書目之整理研究，似可從以下幾方面進行：

（一）影印出版南京圖書館藏稿本《古香閣藏書志》、上海圖書館藏稿本《慈雲樓藏書志》、滕州杜氏槐影樓藏宜秋館抄本《慈雲樓藏書志》。

（二）根據崔欣研究成果，由《古香閣》《慈雲樓》兩藏書志剔除重複，整理出藏書目録，以見李氏當年收藏。

（三）因《古香閣藏書志》《慈雲樓藏書志》及《鄭堂讀書記》三者之間有内容上的聯繫，可整理出完整的藏書書志。

（四）李氏與龔自珍、周中孚因編纂藏書志而交游，其細節有待更深入梳理。

（五）由李氏後人提供家譜等資料，對李筠嘉生平及藏書事迹、藏書志編纂過程等，作更爲詳實之研究。

（六）李氏在清代上海三大藏書家中，藏書最多，書志最富，上海地方文化研究中，當更深入探討其作用與影響。

（七）徐行可、李之鼎等傳藏《藏書志》，對於書志之流傳研究，功不可没，亦亟待表曝。

徐行可與葉德輝

——《書林清話》徐恕藏本批注輯録

宗旨（復旦大學）

武昌徐行可先生爲鄂中藏書名家，倫哲如《辛亥以來藏書紀事詩》第一五〇條，贊先生曰："家有餘財志不紛，宋雕元槧漫云云。自標一幟黃汪外，天下英雄獨使君。"詩下另有小注稱："武昌徐行可恕，所儲皆士用書，大多稿本、精校本。嘗舍南潯劉翰怡家，二歲盡讀其所藏。南北諸書店，每得一善本，争致之。君暇則出游，志不在山水名勝而在訪書。聞某家有一未見書，必展轉録得其副而後已。一切仕宦聲利，悉謝不顧，日汲汲於故紙。版不問宋元，人不問古近，一掃向來藏書家痼習，與余所抱之旨，殆不謀而相合也。"依詩注所言，徐行可積書十萬册，并不以"百宋千元"爲貴，所蓄多明清精品及讀書人珍視之批校稿本，故蘄春黃季剛、枝江熊會貞及德化蔡中睿諸先生，均曾借讀其書；而海鹽張菊生校印《四部叢刊》、吴縣王欣夫輯刊《八年叢編》，亦嘗假其秘笈。20世紀50年代，徐行可及家人又舉其畢生所藏，化私爲公，沾溉士林，啓迪後來，至今猶爲人所樂道。

徐行可居武昌兩湖要衝之地，南望湘江，當有所感。行可與長沙楊遇夫爲平生摯友，於楊氏師葉郋園先生，亦多所瞻望。其曾爲楊遇夫題葉氏手帖云，"石渠書本恣冥搜，紹業無人志未酬。零墨斷箋勤護惜，遺編待續足千秋"，可爲明證。

葉德輝，字奂彬，號郋園，湘潭人，祖籍吴縣東山。光緒壬辰進士，授吏部主事，觀政未一年，拂衣歸隱。郋園家雄於財，少承庭訓，又多先世遺書，朝夕披吟，遂精考據之學；所貯二十萬卷，多爲明清佳本，不佞於宋元古槧，其視舊本輕重，恰與徐行可相契合。郋園名作《書林清話》，詳述宋元明清四代刊本故實，足稱版本學奠基巨著。自民國六年（1917）面世以來，廣布流傳，影響深遠，其刊刻、影印及點校諸本多達二十餘種。後輩習版本目録者，無不視作依傍，或譽或彈，紛紜不一。若黃永年《古籍版本學》、孫欽善《清代考據學》，皆稱其所述詳贍，可爲後法。間或有批注其所引書目誤失，校訂其考斷錯謬者甚多。20世紀30年代，長澤規矩也、李洣先後撰寫《〈書林清話〉糾繆并補遺》《〈書林清話〉校補》，於此書所言細節，多有訂正，亦可謂《清話》功臣。

余生也晚，近十年前，偶於都門肆中幸得徐氏舊藏批校本《書林清話》。其形制爲：民國石印本；五冊；每冊正文首頁鈐“徐恕”，卷十尾頁鈐“武昌徐氏世守”，二印皆朱文。此本另有墨筆眉批、夾注近三百條。所有批字中，寧均寫作“寧”、淳皆書作“渟”，則批者當係清遺老，或與葉、徐二人同時。按諸批注所考，多係據《邵亭知見傳本書目》《欽定天禄琳琅書目》并《後編》《藝風藏書記》三家書目，間及《欽定四庫全書總目提要》《愛日精廬藏書志》所載，訂補《書林清話》所述各條，與長澤氏《糾補》、李氏《校補》所云相仿佛。其所論者，多爲宋元舊刊，偶及明刻精品而絕無清代佳本。

近日，鄂中友人惠寄徐行可親筆批本《書林清話》圖影若干，中有墨、朱二色眉批、夾注六十餘條，書於民國六年初刻本上。按諸批注所云，多據《邵亭知見傳本書目》及何義門、羅蟬隱諸人所言，間及《宋元書影》，糾補郋園《清話》初刻本原文。其所批條目，泰半集於五、九兩卷之中，所述多明清佳槧，正與徐行可自藏所重者相合。

今由余昔年所得徐藏本《清話》全數批注内，采選意義較大，且爲漆永祥新校《書林清話》所録，長澤氏《糾補》、李氏《校補》所未及者四十餘條，略加案語注釋，輯録於下。并於徐氏手批本《清話》批注中，擇選與之關聯者五條，列於其上，以作參照。而本文撰作體例，則訂定如下：首，《書林清話》卷數；次，篇名；三，《清話》正文；四，徐批、徐注、眉批、夾注；五，按語，多係《清話》批注所引諸家書目原文；六、宗注，爲余所作考釋按斷。另因徐行可批、藏兩本《書林清話》，其正文、批注及各家引文書目刊印書寫年代不一，爲便觀覽計，文中所有諱字皆改作本字。

卷二

刻書有圈點之始

1.刻本書之有圈點，始於宋中葉以後……有元以來，遂及經史。如《繆記》元刻葉時《禮經會元》四卷，何焯校《通志堂經解目》程端禮《春秋本義》三十卷，有句讀圈點。

【眉批】檢《繆記》無言圈點語，或葉藏有此書。

【按語】繆荃孫《藝風藏書記》卷一《經學第一》，"《禮經會元》四卷"條下，原文作"元刊本。有至正乙巳潘元明序、至正丙午陳基序，本傳後有六世孫葉廣居識。每半頁十一行、每行二十四字，小黑口。收藏有'吳興李敬仲氏家藏'朱文長印"。

【宗注】此本現藏上海圖書館（書號：814829），原書有句讀圈點，收藏印作"宜興李敬仲氏家藏"。

刻書分宋元體字之始

2.又殘宋刻本《圖畫見聞志》六卷所云"字畫方板"；南宋書棚本，如許丁卯、羅昭諫唐人諸集"字畫方板"，皆如是是也。則南宋時已開今日宋體之風。

【眉批】唐許渾《丁卯集》二卷《續》二卷《續補》一卷《集外詩》一卷。許別業在潤州丁卯橋也。

3.前明中葉以後，於是專有寫匡廓宋字之人。相沿至今，各圖簡易。杭世駿《欣托齋藏書記》云："宋刻《兩漢書》，板縮而行密，字畫活脫。注有遺落，可以補入。此真所謂宋字也，汪文盛猶得其遺意。"

【夾注】明刊《兩漢》，莫云與汲古刻并善。嘉靖廿八年。

【按語】莫友芝《邵亭知見傳本書目》卷四《史部一》，"《漢書》一百二十卷"條下，原文作"汲古閣本無三劉説，與明汪文盛刊本并善""嘉靖己酉，福建按察周采、提學副使周玩、柯喬等同校刊本，即修汪本耳"；"《後漢書》一百二十卷"條下，原文作"明周采、周玩、柯喬等修汪文盛本，而挖去舊刊之名，卷首題以采等刊。《漢書》亦然，極可恨矣"。嘉靖二十八年，歲次己酉。

4.世傳明萬曆戊午（四十六年）趙用賢刻《管子》《韓子》，已用今之所謂宋體字，想其時宋體字刻書已通行。

【夾注】莫云在十年。

【按語】莫友芝《邵亭知見傳本書目》卷七《子部三》，"《管子》二十四卷"條下，原文作"萬曆十年趙用賢刊本"；"《韓子》二十卷"條下，原文作"明萬曆十年趙用賢刊"。

【宗注】《中國古籍善本書目》卷十五《子部・法家類》，"《管韓合刻》四十四卷"條下，原文作"明趙用賢編明萬曆十年自刻本"。莫氏所云甚是。

翻板有例禁始於宋人

5.《楊志》宋槧本祝穆《方輿勝覽》，《前集》四十三卷《後集》七卷《續集》二十卷《拾遺》一卷，自序後有兩浙轉運司録白："奉台判，備榜須至指揮（以下別起提行）。右令出榜衢婺州雕書籍去處張掛曉示，各令知悉。"

【眉批】此所謂台判，必行在國子監判也。觀《張志》所載可知。

【按語】張金吾《愛日精廬藏書志》卷十五《史部・地理類》，"《新編方輿勝覽》七十卷"條下，有"嘉熙己亥良月望日新安呂午序"，原文作"建陽祝穆和父，本新安人，朱文公先生之母黨也。幼從文公諸大賢游"。

【宗注】朱文公云朱熹。祝穆幼從熹游，則爲南宋人無疑。

6.咸平中，初命劉崇超監三館秘閣圖籍。其後因循，與判館連署掌事。時論非之。

【眉批】清文淵閣有領閣事，以大學士充之。次，直閣事。又其下有校理。領閣事與宋判館事相同。

7.紹聖元年六月二十五日（以下提行），敕中書省、尚書省送到禮部狀。

【眉批】中書主制詔，尚書主出納，故云兩省送到。

8.吾藏元陳寀刊黄公紹《古今韵會舉要》三十卷，前有長方木牌記云："寀昨承先師架閣黄公在軒先生委刊《古今韵會舉要》，凡三十卷。古今字畫音義，瞭然在目，誠千百年間未睹之秘也。今繡諸梓，三復讐校，并無譌誤，願與天下士大夫共之。但是編係私著之文，與書肆所刊見成文籍不同。竊恐嗜利之徒，改換名目，節略翻刻，纖毫争差，致誤學者。已經所屬陳告乞行禁約外，收書君子，伏幸藻鑑。後學陳寀謹白。"

【眉批】《繆記》"節略翻刊"下無"纖毫争差"四字。

【夾注】《繆》作"刊"。

【按語】繆荃孫《藝風藏書記》卷一《小學第二》，"《古今韵會舉要》三十卷"條下，原文作"竊恐嗜利之徒，改換名目，節略翻刊，致誤學者"。

宋建安余氏刻書

9.《天禄琳琅後編·二》，《儀禮圖》序後刻"崇化余志安刊於勤有堂"。

【眉批】以年代考之，志安，元順帝時人。則此不得爲宋刻，《天禄》誤也。

【按語】《欽定天禄琳琅書目後編》卷二《宋版經部》，"《儀禮圖》"條下，原文作"是本序後刻'崇化余志安刊於勤有堂'"。

【宗注】《書林清話》本篇載孫星衍仿刻《唐律疏議》，有"至正辛卯十一年重校""崇化余志安刊於勤有堂"字樣。則余志安於元順帝至正時亦有刊本，其不得在宋代刻書，明矣。

10.宋黄倫《尚書精義》五十卷，前有"建安余氏萬卷堂刊行"，小序又有"淳熙庚子（七年）臘月朔旦，建安余氏萬卷堂謹書"，見《張志》《瞿目》《陸志》《陸跋》（文淵閣傳鈔本）。

【眉批】淳熙庚子，下至光宗紹熙癸丑凡十三年，此余氏書最早者。

【宗注】"紹興"當作"紹熙"。

11.《集千家注分類杜工部詩》二十五卷，門類目録後有"皇慶壬子（元

年)"鐘式木記、"勤有堂"鑪式木記，傳序碑銘後有"建安余氏勤有堂刊"篆記，詩題目錄卷二十五後皆別行刊"皇慶壬子余志安刊於勤有堂"，見《天禄琳琅·六》《孫記》《瞿目》。

【眉批】《天·六》尚有《李太白集》，武宗至大四年辛亥，建安于氏勤有堂刊。

【按語】《欽定天禄琳琅書目》卷六《元版集部》，"《分類補注李太白詩集》"條下，原文作"書中有'建安余氏勤有堂刊'篆書木記，目錄末葉板心記'至大辛亥三月刊'。按辛亥爲元武宗至大四年"。

【宗注】"于氏"當作"余氏"。

12.宋葛長庚《瓊琯白玉蟾集》八卷，前題"建安余氏刊於静庵"（静庵與靖庵疑即一人），見《瞿目》《丁志》。此亦元刻無年月者也。吾因悟余氏刻書堂名，各有分别。如萬卷堂則爲余仁仲刊書之記，勤有堂則爲余志安刊書之記。其刻《列女傳》之靖庵，亦題勤有堂，則或爲志安别號也。

【眉批】《列女圖》作"静"，不作"靖"（《天禄目》作"靖"）。既爲一人，則必二書皆非宋刻，明矣。

【眉批】志安元順帝時尚能刻書，安能在宋刻《列女圖》耶？

【按語】《書林清話》本篇前文，有"按宋板《列女傳》載建安余氏靖安刊於勤有堂"；另有"阮文達元仿刻《繪圖古列女傳》……卷二、卷三後有'静庵余氏模刻'一行，卷五後有'余氏勤有堂刊'一行"。《欽定天禄琳琅書目後編》卷二《宋版經部》，"《儀禮圖》"條下，原文作"按宋版《列女傳》載建安余氏靖菴刻於勤有堂"。

【宗注】若靖庵即静庵，且爲余志安别號，而余志安於元順帝至正時尚能刻書，其不得有宋刊本傳世矣。

南宋臨安陳氏刻書之一

13.注：此所謂賣書陳彦才，亦曰陳道人。寶慶初，以"秋雨梧桐皇子府，春風楊柳相公橋"詩，爲史彌遠所黠。詩禍之興，捕敖器之、劉潛夫等下大理獄。時鄭清之在瑣闥，止之。

【眉批】陳起詩禍事，詳《曝書亭集·宋高菊磵遺稿序》中。

【按語】朱彝尊《曝書亭集》卷三十六《序三》，"《信天巢遺稿序》"條下，原文作"宋處士菊磵高先生，嘗以信天巢名其居……當宋嘉定間，東南詩人集於臨安，茶寮酒市，多所題咏。於是書坊取南渡後江湖之士以詩馳譽者，刊爲《江湖集》。至寶慶初，李知孝爲言官，見之彈事。於是劉克莊潛夫、敖陶孫器之、趙師秀紫芝、曾極景建、周文璞晉仙，一時同獲罪。而刊詩陳起，亦不免焉。今宋本先生詩，殆即《江湖集》中之一。而陳解元者，起也"。

14. 又《兩宋名賢小集》三百八十卷云："舊題宋陳思編，元陳世隆補。凡一百五十七家。"

【眉批】《提要》疑此書爲朱彝尊遺稿，後人掇拾他集，合爲一編。

【按語】《欽定四庫全書總目提要》卷一百八十七《集部四十》，"《兩宋名賢小集》三百八十卷"條下，原文作"是彝尊本有宋人小集四十餘種。或舊稿零落，後人得其殘本，更掇拾他集，合爲一帙"。

卷三

宋司庫州軍郡府縣書院刻書

15. 德壽殿本。刻劉球《隸韻》十卷，見《阮外集》（云第十卷末行有"御前應奉沈亨刊"七字，董其昌定爲德壽殿本，似未真確。德輝按：董説是也，沈亨當是御前供奉刻字匠人）。

【眉批】考《宋史·地理志》載四京宮殿綦詳，通無德壽殿，惟行在所有德壽宮。《志》云："重華、慈福、壽慈、壽康四宮，重壽、福寧二殿，隨時異額，實德壽一宮。"據此，則德壽宮即德壽殿也。《志》又云"行宮制度皆從簡省"，故一殿而數名耳。然則德壽殿本，實南宋刻也。

【按語】《宋史》卷八十五《志第三十八·地理一》，原文作"行在所。建炎三年閏八月，高宗自建康如臨安，以州治爲行宮。宮室制度皆從簡省，不尚華飾。垂拱、大慶、文德、紫宸、祥曦、集英六殿，隨事易名，實一殿。

重華、慈福、壽慈、壽康四宮，重壽、寧福二殿，隨時异額，實德壽一宮"。

【宗注】"福寧"當作"寧福"。

16.各州軍郡府縣亦然，故有州軍學本……無年號，衢州州學刻《三國志》六十五卷，見《陸志》；贛州州學張之綱刻《文選》六十卷，見《天禄琳琅·十》，又《後編·七》《瞿目》《朱目》《丁志》（明嘉靖己酉袁褧嘉趣堂仿宋刻本）《陸志》（宋本）。

【眉批】袁褧所仿爲宋蜀裴氏本，此誤也。

【眉批】此必《丁志》之誤，葉偶失檢對。卷六"明刻精品"條，亦誤以袁翻贛州本。獨启崟等校對數月，乃不知改正，可惜。

【宗注】"卷六"當作"卷五"。依《欽定四庫全書總目提要》《欽定天禄琳琅書目》《藝風藏書記》所載，袁褧嘉趣堂本係翻刻宋蜀廣都裴氏本，詳見下文卷五《明人刻書之精品》篇"仿宋張之綱本《文選注》六十卷"條案語。

17.郡齋本……寶祐五年，嚴陵郡齋刻袁樞《通鑑紀事本末》四十二卷，見《瞿目》（云淳熙小字本，編二百九十卷。此大字本，乃汴梁趙與籌重并卷第）。

【眉批】據《天禄目》，四十二卷本即趙汝籌所刊。《邵目》云"趙重刊大字本，每頁二十二行，行十九字"，題"板明初在南監，故印本至今不少"。《邵目·四》。

【眉批】《天禄目·二》云"此書初刻於嚴陵。淳熙元年，楊萬里出守臨漳，過嚴陵，爲之序。理宗寶祐時，宗室趙汝籌以嚴陵版字小且訛，易爲大書，讐校重刊，有趙自序"。見《玉海》，即此本也。

【按語】《欽定天禄琳琅書目》卷二《宋版史部》，"通鑑紀事本末"條下，原文作"宋袁樞編，四十二卷。有楊萬里序……是書初刻於嚴陵。淳熙元年，楊萬里出守臨漳，過嚴陵，爲序行之。理宗寶祐時，宗室趙與籌以嚴陵版字小且訛，易爲大書，讐校重刊，有與籌自序"。莫友芝《邵亭知見傳本書目》卷四《史部三》，"《通鑑紀事本末》四十二卷"條下，原文作"宋袁樞撰……內府及陽湖孫氏并有宋寶祐丁巳趙汝筒（'趙汝筒'，中華書局整理本作'趙與籌')重刊大字本，每頁二十二行、行十九字。是板明初尚在南監，故印本至今不少"。王應麟《玉海》卷四十七《藝文·編年》，"治平資治通鑑"條下，原文作"《紀事本末》四十二卷，袁樞編。淳熙三年十一月二十四日，參政龔茂良言袁樞編《通鑑紀事》有補治道，或取以賜東宮，增益見聞。詔嚴州摹印十部，仍先以卿本上之（淳熙元年三月戊子，楊萬里爲序。始於三家分晉，終於世宗征淮南）"。

【宗注】"題"疑當作"是"。

宋州府縣刻書

18.明州本。紹興十九年，刻徐鉉《騎省集》三十卷，見《陸集》（宋本跋）；廿八年，刻《文選》六十卷，見《彭跋》；無年號，刻《九經排字直音》，《前集》一卷《後集》一卷，見《陸集》（元翻宋本）。

【徐批】《宋元書影》有《徐集》二頁，陽湖董氏藏。

【徐注】已見前公使庫本下，此緟出。

【眉批】《邵目》有宋本《九經直音》十五卷，定爲宋孫奕撰。海寧查氏藏本，與《陸》刻本不同。《陸》刻與《提要》，蓋已并其卷第。元翻本如此，而佚其名耳。

【按語】《書林清話》卷三《宋司庫州軍郡府縣書院刻書》篇，"公使庫本"條下，原文作"紹興十九年，明州公庫刻《騎省徐公集》三十卷，見《張志》《陸志》（校宋鈔本）"。

檢《邵亭知見傳本書目》并無《九經直音》。莫友芝《宋元舊本書經眼錄》卷第一，"《九經直音》十五卷（宋本）"條下，原文作"宋廬陵孫奕撰。海寧查氏藏本……《四庫》又收明州本宋人《排字九經直音》二卷，爲元至元丁亥書隱堂刊者，按之即是奕書……其卷數懸殊者，此十五卷本，百一葉。若爲二卷，卷亦止五十葉，未爲甚大。坊間合并且逸其名，非宋刻僅存，亦烏從識之哉"。《欽定四庫全書總目提要》卷三十三《經部三十三》，"《明本排字九經直音》二卷"條下，原文作"不著撰人名氏……卷首題曰'明本'者，宋時刊版多舉其地之首一字，如建本、杭本之類。此蓋明州所刊本，即今寧波府也。末題'歲次丁亥梅隱書堂新刊',不著年號。考丁亥爲元世祖至元二十四年,是元初刊本矣"。《書林清話》卷四"梅隱書堂"條下,原文作"至元丁亥二十四年,刻明州本《排字九經直音》二卷,見《四庫書目提要》《莫錄》(孫奕《九經直音》十五卷下,誤以梅隱書堂爲書隱堂)"。

19.眉山本。紹興十四年,刻《宋書》一百卷、《魏書》一百十四卷、《梁書》五十六卷、《南齊書》五十九卷、《北齊書》五十卷、《周書》五十卷、《陳書》三十六卷,見《陸續跋》(云每葉十八行、每行十七字,板心有字數、刻工姓名。自元至明,板存南監,遞有修補。按此七史,世謂之"眉山七史",蓋北宋時蜀刻也),《邵注四庫簡明目》(云九行邋邊本)。

【眉批】《邵亭書目》言《宋書》以下,諸家書目不言有宋刻,即元刻亦少。疑《季目》所載宋元板爲不可信,蓋未考耳。

【按語】莫友芝《邵亭知見傳本書目》卷四《史部一》,"《宋書》一百卷"條下,原文作"季滄葦書目,《史記》至宋北('宋北',中華書局整理本作'北宋')俱有宋元板本,且不止一部。按《宋書》以下,各家書目不言有宋本,即元刊本亦少,恐《季目》不可盡信"。

【宗注】此則各家不以三代遞修本爲宋刻耳。

宋私宅家塾刻書

20.廖刻存於今者……又有《韓昌黎集》四十卷《外集》十卷,見《莫錄》《丁目》(明徐氏東雅堂刻本即翻此本);《柳河東集》四十四卷《外集》二卷、《龍城錄》二卷《附錄》二卷,有明郭雲鵬濟美堂翻雕本(此本行字板式與徐氏東雅堂刻《韓集》同。據元周密《志雅堂雜鈔》有韓柳并刻之語,知亦出廖刻)。

【眉批】嘉慶間甯國縣學博沈欽韓小宛,有《韓集補注》,未刻。

【夾注】世綵堂《韓集》,字體在歐虞間。郁泰峰藏,當爲海內集部之冠。宋刻初印,紙墨精審。

【按語】莫友芝《邵亭知見傳本書目》卷十二《集部二》,"東雅堂《韓昌黎集注》四十卷《外集》十卷"條下,原文作"世綵堂《韓昌黎先生集》

四十卷《外集》十卷，豐順丁禹生藏。宋刻初印，紙潔墨精，字體在歐虞間，首尾完善。本上海郁泰峰宜稼堂物，當爲海内集部之冠”；“明蔣之翹《輯注韓柳集》各五十二卷”條下，原文作“嘉慶間甯國縣學博吳門沈欽韓宛（‘宛’，中華書局整理本作‘小宛’），有《韓集補注》，未刻”。

21.其他則有：蜀廣都費氏進修堂。刻大字本《資治通鑑》二百九十四卷（即世稱爲龍爪本者），見《瞿目》《陸跋》。

【眉批】莫云蜀大字本二，無注本，半頁十一行、行二十一字。每頁邊綫左有某王帝字，似元覆宋本。

【按語】莫友芝《邵亭知見傳本書目》卷四《史部二》，“《資治通鑑》二百九十四卷”條下，原文作“蜀板大字本二，無注本，半頁十一行、行二十一字。每頁邊綫左有某王帝字，似元覆宋本”。

宋坊刻書之盛

22.蜀中則有……南劍州雕匠葉昌。紹興三十一年，刻程俱《班左誨蒙》三卷，見《張志》。

【眉批】《宋史·地理志》福建路南劍州，太平興國四年加“南”字。葉以爲蜀，誤也。成都路無劍州，成都本唐劍南節度使治。

【按語】《宋史》卷八十九《志第四十二·地理五》，原文作“福建路。州六：福、建、泉、南劍、漳、汀……南劍州，上，劍浦郡，軍事。太平興國四年，加‘南’字”，“成都府路。府一：成都。州十二：眉、蜀、彭、綿、漢、嘉、邛、簡、黎、雅、茂、威”，“利州路。府一：興元。州九：利、洋、閬、劍、文、興、蓬、政、巴”。

卷四

金時平水刻書之盛

23.晦明軒張宅。泰和甲子（四年，當宋嘉泰四年），刻《經史證類大觀本草》三十卷，見《四庫書目提要》《彭跋》《陸續跋》。

【眉批】《邵目》有金貞祐二年刊本，附《本草衍義》二十卷。又有金泰和六年醫學提舉曹效忠小字本。

【按語】莫友芝《郘亭知見傳本書目》卷八《子部五》，"《證類本草》三十卷"條下，原文作"宋唐慎微撰……金貞祐二年刊本，附《本草衍義》二十卷……金刻有泰和六年提舉醫學曹效忠小字本"。

元監署各路儒學書院醫院刻書

24.又次則各路儒學本。至元己卯（十六年，當宋帝昺祥興二年），中興路儒學刻沈棐《春秋比事》二十卷，見《陸續志》《陸續跋》（影元刊本）。

【眉批】棐始末，無可考。惟書前陳亮序，稱其字文伯，湖州人，嘗爲婺之校官。據陳氏《解題》，宋時又有沈文伯，名長卿、號審齋居士，不名棐。然決無同名而又同著一書之理。且同甫作序，當與世近，聞見豈容有誤？則《清話》之謬，可無疑義矣。

【按語】《欽定四庫全書總目提要》卷二十七《經部二十七》，"《春秋比事》二十卷"條下，原文作"舊本題'宋沈棐撰'。棐始末，無可考。惟是書前有陳亮序，稱其字文伯，湖州人，嘗爲婺之校官。陳振孫《書錄解題》曰：'案湖有沈文伯，名長卿、號審齋居士，爲常州倅。忤秦檜，貶化州，不名棐也。不知同父何以云然。豈別有名棐而字文伯者乎？然則非湖人也'云云，其說與亮迥異……以陳亮去棐世近，姑從所序，仍著棐名"。

25.泰定乙丑（二年），慶元路儒學刻《困學紀聞》二十卷，見《天祿琳琅·六》《孫記》《張志》《瞿目》《陸志》《陸續跋》；南京路轉運使刻《貞觀政要》十卷，見《楊志》。

【眉批】轉運使應另爲一篇，不然亦當附見篇末。

【眉批】按《貞觀政要》有金刊本，見《天祿琳琅·三》。但其序稱金世宗大定己丑，當宋孝宗乾道五年，蓋一版而元時後修補改題也。

【按語】《欽定天祿琳琅書目》卷三《金版史部》，"《貞觀政要》"條下，原文作"唐吳兢撰，十卷……書前有大定己丑八月進士唐公弼序，稱南京路都轉運使梁公，出公府之資命工鏤板"。

26.又有書院本……無年號，茶陵桂山書院刻《孔叢子》七卷，見《天祿琳琅後編·十》；梅隱書院刻《書集傳》六卷，見《楊譜》（序後有"梅隱書院鼎新繡梓"木牌記）。

【眉批】"梅隱書院"疑即下十六頁《坊刻》篇之"梅隱堂"。"鼎新繡梓"，亦非官刻之式。

【宗注】此本《書林清話》卷四第十六頁，《元時書坊刻書之盛》篇下，有"梅隱書堂"條。

元私宅家塾刻書

27.平水曹氏進德齋。大德己亥（三年），刻巾箱本《爾雅郭注》三卷，見《錢日記》《瞿目》《朱志》。

【眉批】曹刻《爾雅》勝於明吳元恭所刻之宋祖本。

元時書坊刻書之盛

28.劉錦文日新堂……無年號，刻宋王宗傳《童溪先生易傳》三十卷，見《天禄琳琅後編·二》（云自序後有墨印記曰"建安劉日新宅梓於三桂堂"）。

【眉批】按《天禄琳琅》載林焞炳叔序有云："開禧更元，劉君日新將以《童溪易傳》膏馥天下後世。"是書纂於孝宗朝，刊於甯宗朝，此其付梓時所序也。然則是書實宋版，故《天禄目》入宋版中。又按開禧元年至至正十六年，凡百四十年。歷宋末，及明初日新堂仍在。蓋錦文之後，世業刻書也。

【按語】《欽定天禄琳琅書目後編》卷二《宋版經部》，"《童溪王先生易傳》"條下，原文作"自序後有墨印三：一曰'大易發明'，一曰'建安劉日新宅鋟梓於三桂堂'，一曰'經學之寶'。又有林焞炳叔序，自稱與童溪生同方，學同學，同及辛丑第；開禧更元，劉君日新將以《童溪易傳》膏馥天下後世。是書纂於孝宗朝，刊於甯宗朝，此其付梓時所序也"。

【宗注】開禧元年至至正十六年，共一百五十餘年。

29.閩德坊周家書肆。元初，刻李心傳《丙子學易編》一卷，見《四庫書目提要》（云元初俞琰所鈔）。

【眉批】琰，至正八年自刻《周易集說》十卷，板心有"存存齋刊"四字（本卷十頁）。

【夾注】按琰至正時自刻所著書，則云“元初所抄”恐未確。

【按語】《書林清話》卷四《元私宅家塾刻書》篇，“存存齋”條（此本在卷四第十頁）下，原文作“至正戊子（八年），俞琰自刻《周易集說》十卷，見《陸續跋》（云板心有‘存存齋刊’四字）”。

【宗注】至正八年距宋末近七十年，云琰元初抄書，當非易事。另有説琰係宋元間人，則云其至正時自刻書恐未確。

卷五

明時諸藩府刻書之盛

30.明時官刻書，推南北京監本爲最盛。南監多存宋監、元路學舊板，其無正德以後修補者，品不亞於宋元。觀《南雍經籍志》所載四部板片，真三朝文獻之所繫矣。北監多據南監本重刻，《十三經》《二十一史》之外，罕見他書。據其時周弘祖《古今書刻》所録，北國子監書僅四十一種，而經史并不著録，《書刻》漏略歟，抑弘祖時板已散逸歟？弘祖書世鮮傳本（吾已影寫重刻）。其臚舉内府部院及直省司府州學所刻書，乃知當時刻書成爲一種例事。

【眉批】《天禄琳琅・一・春秋分紀》下云：“此本卷中多有元時鈐用官印，且於首尾紙背用紅字條記云‘係大德十年浙江等處行中書省奉中書省取備國子監書籍令，儒學副提舉陳公舉校勘申解’。考《元史》世祖至元十二年，括江西諸郡書板，宜春隸江西。蓋至元詔取而大德始上，此書即宋刊元印之本。”

【按語】《欽定天禄琳琅書目》卷一《宋版經部》，“《春秋分記》”條下，原文作“此本卷中多有元時鈐用官印，且於首尾紙背用紅字條記‘係大德十年江浙等處行中書省奉中書省取備國子監書籍令，儒學副提舉陳公舉校勘申解’。考《元史》世祖至元十三年（‘十三年’，光緒甲申長沙王氏刻本作‘十二年’），括江西諸郡書板，宜春隸江西。蓋至元詔取而大德始上，此即宋刊元印之本”。

【宗注】"浙江"當作"江浙"。

31.秦府。嘉靖甲午（十三年），刻黃善夫本《史記》一百三十卷，見《錢稿書跋》《繆記》。

【眉批】《邵》云嘉靖王刻本及汪諒刊柯維熊校本、十三年秦藩刊本，俱翻宋本。每半頁十行，大字十八、小字廿三。柯本《索隱》序後有"紹興三年四月十二日，右修職郎充提舉鹽茶司幹辦公事石公憲發刊，至四年十月二十日畢工"三行，知三本并從紹興本出也。每卷尾總記史若干字、注若干字，爲二行，亦有不具者。三本悉同。

【按語】莫友芝《邵亭知見傳本書目》卷四《史部一》，"《史記正義》一百三十卷"條下，原文作"明嘉靖四年震澤王延喆刊本，是年金臺汪諒先刊柯維熊校本，十三年秦藩刊本，俱翻宋板。每半頁十行，行大字十八、小字二十三。柯本《索隱》序後有'紹興三年四月十二日，右修職郎充提舉茶鹽司幹辦公事石公憲發刊，至四年十月二十日畢工'三行，知三本并從紹興本出也。每卷尾總計史若干字、注若干字，爲二行，亦有不具者。三本悉同"。

【宗注】"提舉鹽茶司"當作"提舉茶鹽司"。

明人刻書之精品

32.震澤王延喆恩褒四世之堂。嘉靖丁亥（六年），刻《史記集解索隱正義》一百三十卷，見《朱目》《丁志》《陸志》《繆續記》（據云後序目後有"震澤王氏刻梓"篆文木記；《集解》序後有"震澤王氏刻於恩褒四世之堂"隸文木記；《索隱》後序有延喆跋，末云"工始嘉靖乙酉臘月，迄丁亥之三月，林屋山人王延喆識於七十二峰深處"）。

【眉批】《邵》云王板所據《周本紀》脱第廿七頁，柯本《秦本紀》脱第卅一頁，各以意補綴。各有不全，然可以互補。秦藩本則兩頁并全，所以爲勝。

【按語】莫友芝《邵亭知見傳本書目》卷四《史部一》，"《史記正義》一百三十卷"條下，原文作"王板所據本《周本紀》脱第二十七頁，柯板《秦本紀》脱第三十一頁，各以意補綴。注各有不全，然可以互補。秦藩本則兩頁并全，所爲勝（'所爲勝'，中華書局整理本作'所以爲勝'）"。

33.吳郡袁褧嘉趣堂。嘉靖癸巳十二年，仿宋刻《大戴禮記》十三卷，見《天禄琳琅·九》《孫記》。

【徐批】《彙刻書目》有袁刻《四十家小説》。

【夾注】半頁十行、行廿字，孔廣森云宋本即此。《邵》云此本最善。《天禄·九》無此書，《七》有，亦非袁刊，《清話》誤也。

【按語】顧修《彙刻書目》第三册，"《四十家小説》""《後四十家小説》""《廣四十家小説》"三條下，原文均作"明袁褧編輯"。

莫友芝《邵亭知見傳本書目》卷二《經部四》，"《大戴禮記》十三卷"條下，原文作"明袁褧翻刻宋本爲最善。每半頁十行、行二十字，後有'嘉靖癸巳袁氏嘉趣堂重雕'一行。孔廣森云宋本即此"。《欽定天禄琳琅書目》卷九所列爲"明版子部"，《欽定天禄琳琅書目後編》卷九所列爲"元版史部"，俱無此書；《欽定天禄琳琅書目》卷七《明版經部》，"《大戴禮記》"條下，原文作"漢戴德著，十三卷。前宋韓元吉序。此書係明仿宋刊"，并無其他版本記叙，未知確係袁氏嘉趣堂刻本否。

34.吳郡袁褧嘉趣堂……嘉靖己酉（二十八年），仿宋張之綱本《文選注》六十卷，見《天禄琳琅·十》《朱目》《丁志》《繆記》。

【眉批】考《總目》及《天禄琳琅》《繆記》，均云袁刻係仿宋崇寧五年廣都裴氏本。此云張本，不知何據。

【按語】《欽定四庫全書總目提要》卷一百八十六《集部三十九》，"《六臣注文選》六十卷"條下，原文作"此本爲明袁褧所刊。朱彝尊《跋》，謂從宋崇寧五年廣都裴氏本翻雕，諱字闕筆尚仍其舊，頗足亂真"。《欽定天禄琳琅書目》卷十《明版集部》，"六家文選"條下，原文作"此書橅刻甚精，校勘亦審，實與宋槧同工。序後標'此集精加校正，絶無舛誤，見在廣都縣北門裴宅印賣'……其六十卷末葉，有'吳郡袁氏善本新雕'隸書木記，則袁褧所自標也"。繆荃孫《藝風藏書記》卷六《詩文第八上》，"《六家文選》六十卷"條下，原文作"第四十卷後有'此蜀郡廣都縣裴氏善本，今重雕於汝郡袁氏之嘉趣堂'"。

【宗注】袁褧爲袁裘之弟，《提要》以刻《六臣注文選》者屬褧。

35.澶淵晁瑮寶文堂。嘉靖甲午（十三年），刻《昭德新編》三卷、晁冲之《具茨集》一卷，見《丁志》。

【眉批】瑮，字君石，宋晁迥之後。撰《寶文堂分類書目》，見《四庫存目》，云"父子皆喜儲藏，刊行諸書有飲月圃、百忍堂諸版。此書每書下間爲注明某刻，亦足考見明人版本源流"。

【按語】《欽定四庫全書總目提要》卷八十七《史部四十三》，"目錄類存目"，"《寶文堂分類書目》三卷"條下，原文作"明晁瑮撰。瑮字君石、號春陵，開州人，宋太子太傅迥之後……父子皆喜儲藏，嘗刊行諸書，有飲月圃、百忍堂諸版。此本……其著錄極富，雖不能盡屬古本，而每書下間爲注明某刻，亦足以考見明人版本源流"。

36.餘姚聞人詮。嘉靖己亥（十八年），刻《舊唐書》二百卷，見《天禄琳琅·九》《孫記》《丁志》。

【徐批】《莫目》有聞人刊《儀禮正義注疏》十七卷、《藝文類聚》一百卷、《周禮注疏》四十二卷。

【夾注】自序云"肇工於嘉靖乙未，卒刻於嘉靖戊戌"。

【按語】莫友芝《邵亭知見傳本書目》卷二《經部四》，"《周禮注疏》四十二卷"條下，原文作"有一明本，聞人詮刻，與《天一閣目·儀禮》同種"；"《儀禮注疏》十七卷"條下，原文作"聞人詮刊於常州本"；卷十《子部十一》，"《藝文類聚》一百卷"條下，原文作"明聞人詮刊本"。

【宗注】上海圖書館藏《唐書》（書號：善785566），有餘姚聞人詮自序云"肇工於嘉靖乙未，卒刻於嘉靖戊戌"；又有嘉靖己亥長洲文徵明序及嘉靖十八年蘇州府學訓導沈桐所記惠借藏書、捐俸助膳、分番校對、出資經費諸人名錄。

37.馬元調寶儉堂。萬曆甲辰（三十二年），刻元稹《長慶集》六十卷、白居易《長慶集》七十一卷，見《森志》《繆記》。

【徐批】《莫目》有馬刻崇禎庚午（三年）《容齋五筆》七十四卷，崇禎辛未（四年）刻《夢溪筆談》廿六卷并《補》一卷《續》一卷。

【夾注】《繆記》又有《夢溪筆談》二十六卷《補》三卷，云"明崇禎辛未嘉定馬調元刊本，有序云'悉遵乾道揚州本繕寫翻刻'"。

【按語】莫友芝《郘亭知見傳本書目》卷十《子部十》，"《容齋隨筆》十六卷《續筆》十六卷《三筆》十六卷《四筆》十六卷《五筆》十卷"條下，原文作"崇禎庚午馬元調刊"；"《夢溪筆談》二十六卷《補筆談》二卷《續筆談》一卷"條下，原文作"此書明崇禎辛未馬元調仿宋刊本足"。

繆荃孫《藝風藏書記》卷二《諸子第三》，"《夢溪筆談》二十六卷《補》三卷"條下，原文作"明崇禎辛未嘉定馬調元刊本，有前後序云'悉遵乾道揚州本繕寫翻刻'"。

【宗注】《中國古籍善本書目》卷十八《子部·雜家類》，"《夢溪筆談》二十六卷《補筆談》三卷《續筆談》一卷"條下，原文作"明崇禎四年馬元調刻本"。此則《繆記》所云"馬調元"，當作"馬元調"。

卷十

《天禄琳琅》宋元刻本之僞

38.《天禄琳琅後編》所載宋版書，不如《前編》之可據。

【眉批】《天禄後目》有宋紹興十年刊本《吳越春秋》，云《總目》但見元大德丙午重刊本，未窺中祕之藏也。《郘》云《後目》所收，亦徐天祐音注。所謂"紹興十年歲在丙"，蓋書估以大德本作僞，非宋本也。今按紹興無丙午，十年歲在庚申。《天禄》諸臣受欺，乃譏《四庫》諸臣未窺中祕，何耶？又天祐元人，宋時刻書，安得有其音注？《後目》之陋若此。

【按語】《欽定天禄琳琅書目後編》卷四《宋版史部》，"《吳越春秋》"條下，原文作"前有徐天祐序……末記'紹興十年，歲在丙午。三月音注，越六月書成刊版，十二月畢工'……蓋《總目》據元大德十年丙子重刊本，未窺中祕宋槧也"。莫友芝《郘亭知見傳本書目》卷五《史部九》，"《吳越春秋》十卷"條下，原文作"《天禄後目》有宋紹興十年刊本，云《總目》但見元大德丙午重刊本，未窺中祕之藏也。《後目》所收，亦徐天祐音注。所謂'紹興十年，歲在丙午'，蓋書賈元大德本（'元大德本'，中華書局整理本作'以大德本'）作偽，非宋本也"。元大德十年，歲次丙午。

坊估宋元刻之作偽

39.合計內府所藏《文選》十部，而作偽居八九。此可見袁本雕刻之精，而書估狡獪之奇，亦層見疊出而未有已也。

【眉批】坊估作偽，尚空墨印法。將書後標題年月、元號之印記，刷印時以紙隔之，止留印記注焉。以便填宋時年月，贋充宋本。見《後目·十一·分類集注李太白集》下。

【按語】《欽定天禄琳琅書目後編》卷十一《元版集部》，"《分類補注李太白詩》"條下，原文作"目錄後有空墨印一。按下一部係'至元五年萬玉堂刊'八字，蓋市賈故爲漏印，以贋宋本耳"。此條"下一部"亦爲"《分類補注李太白詩》"，原文作"同上係一版摹印"。

前錄徐行可先生舊藏本批注若干，書於《清話》卷二、三、四、五、十原文三十九條之間，或爲先生當日所覽及者。今恰逢徐行可先生誕辰一百三十周年，又先生及家人捐獻圖書逾六十年，謹撰此文，以爲緬懷和致敬。

庚子冬月江都後學宗旨寫於滬西龍柏雙舍利塔齋

【參考文獻】

［1］《欽定四庫全書總目提要》，清乾隆刻本，上海圖書館藏長41325號。

［2］《欽定天禄琳琅書目》，《文淵閣四庫全書》影印本，臺北：臺北商務印書館，1986年影印。

［3］《欽定天禄琳琅書目後編》，清光緒十年刻本，上海圖書館藏512373號。

〔4〕《彙刻書目》，清嘉慶四年刻本，上海圖書館藏長006335號。

〔5〕《愛日精廬藏書志》，清道光七年刻本，上海圖書館藏長271532號。

〔6〕《宋元舊本書經眼録》，清同治十二年刻本，上海圖書館藏長337092號。

〔7〕《邵亭知見傳本書目》，清宣統元年鉛印本，上海圖書館藏長279745號。

〔8〕《藝風藏書記》，清光緒二十七年刻本，上海圖書館藏302399號。

〔9〕《曝書亭集》，清康熙五十三年刻本，上海圖書館藏T03988號。

〔10〕《宋史》，中華書局整理本，1977年。

〔11〕《玉海》，元至元六年刻本，上海圖書館藏長016403號。

從《黃鶴樓集》談古籍的校勘與整理

孫玉文（北京大學）

　　湖北省圖書館藏有明武昌府知府孫承榮編、任家相補編，於明萬曆年間刊行的《黃鶴樓集》。此書記載了南朝宋到明萬曆年間二百餘人吟咏黃鶴樓的詩文四百多篇，按五言古詩、七言古詩、五言律詩、七言律詩、五言排律、七言排律、五言絕句、七言絕句、雜體詩、賦、記、序、雜記次序排列，每一體裁作品依時代先後編排，多明代作品。可能當時主要用來宣傳地方名勝，刻印數量有限，流傳未廣，湖北省圖書館現藏的這本古籍曾被鑒定爲"孤本"。最近有朋友見告，國家圖書館可能也有一個藏本，但有待確定。

　　本書由湖北武昌徐恕先生捐贈給湖北省圖書館。近代以降，湖北文化事業頗爲發達，湖北藏書家們與有功焉。除了宜城人楊守敬（1839—1915）早已譽滿學林，還有一批杰出的藏書家廣搜海内外圖書，服務於荆楚大地乃至中華各地。這其中，不能不提到湖北先賢徐恕先生（1890—1959）。徐恕，字行可，武昌（今武漢市武昌區）人，是湖北著名藏書家，窮一生之力，收藏近千箱古書及其异本，總計10萬册，多學術價值極高者。徐氏十分慷慨，堅持"不爲一家之蓄，俟諸三代之英"，"願孤傳種子化作千百萬身，惠及天下學人"的藏書理念，以其藏書惠及天下學人。湖北省内外，像楊守敬、張元濟、蔡元培、章炳麟、徐森玉、馬一浮、沈祖榮、余嘉錫、熊十力、楊樹達、黃侃、胡適、梁漱溟、袁同禮等，無不從徐氏收藏中獲益。徐恕於1956年將其所藏500箱6萬册古書捐贈給中科院武漢分院；1959年去世以後，其家屬遵其遺願，將收藏的其餘4萬册古籍捐贈給湖北省圖書館。現在這兩批捐贈都收藏在湖北省圖書館，其中就有這本《黃鶴樓集》。

黃鶴樓是武漢最有歷史穿透性的標志性建築。我在湖北大學工作時，很早就聽説省圖藏有《黃鶴樓集》。1993年，爲瞭解湖北省音韵學書籍的館藏，我曾在湖北省圖書館、武漢市圖書館、湖北大學圖書館等處核查音韵學古籍，閱讀、瀏覽了不少音韵學書籍。尤其是在湖北省圖書館讀了大約一個月的書，多屬音韵學古籍，其中一大部分來自徐恕先生及其家人所捐，這些書籍對我一生的治學幫助甚巨。當時省圖在閱馬場一帶，我幾乎每天坐公交，從車輛廠出發，展轉漢陽門，在胭脂路或民主路下車，穿過蛇山下的古樓洞，到省圖觀書，風雨無阻。回想起來，往事如昨；可惜當時着迷於閱讀音韵學古籍，跟《黃鶴樓集》擦肩而過。

現在到了徐恕先生130周年誕辰，湖北文化界決定開展紀念活動。應湖北省圖書館之邀，希望撰文緬懷徐恕先生的功業，於是我想起《黃鶴樓集》，想以《黃鶴樓集》在古書校勘上的價值做切入點來揭示徐恕先生在收藏古籍方面的重要貢獻。《黃鶴樓集》可能是孤本，或者是收藏不多的古籍，但"孤本"是很抽象的概念，我們應利用這孤本，發掘它在文化建設上的具體價值。如果比較《黃鶴樓集》所收詩文跟今傳其他古書相同詩文，就可以知道，它所收歷代詩文跟今傳其他古書有不少不同之處，《黃鶴樓集》對古書校勘很有幫助。這一點，學術界重視得還不夠，可能因爲是一部地方文獻，一般人不太關注。現在看來，我們很有必要利用本書在相關古籍的校勘方面做一些具體工作，也很有必要對《黃鶴樓集》做一些整理工作。

篇幅有限，本文祇選取唐代以前的詩文作比較，希望通過异文比較，探討如何利用异文材料研究歷代語言和欣賞歷代文學作品的一些原則問題。分三個部分：

（一）可據《黃鶴樓集》等古書校改今某些重要詩文傳本之訛誤、漏略；

（二）可據今某些重要詩文傳本校改《黃鶴樓集》之訛誤；

（三）《黃鶴樓集》跟今某些重要詩文傳本文字或内容有异，無法從語言文字和内容上斷定孰是孰非，它們各有來歷，《黃鶴樓集》提供了跟其他傳世文獻不同的异文形式，很珍貴。

有時候，一篇詩文的不同异文涉及上面三部分中的兩部分甚至全部三個部分，爲避免重複、囉嗦，我放到同一處來討論。所以，本文對同一篇詩文各部分的校勘價值的劃分祇有側重點的不同，裏面有的异文涉及其他部分，我在相應部分下加以説明。

一、可據《黃鶴樓集》等古書校改今某些重要詩文傳本之訛漏者

《黃鶴樓集》跟今傳古籍所題詩文有异文，可據《黃鶴樓集》校今傳本之非。這是非常重要的價值，有人執今傳本之訛文以爲正，校《黃鶴樓集》之非，這是不盡正確的認識，應具體問題具體分析。

（一）卷上"五言古"收鮑照詩，詩題作"登黃鵠磯"，今傳作"登黃鶴磯"，當以《黃鶴樓集》爲是。"黃鶴"和"黃鵠"古人多以爲是同一種鳥，也就是黃鶴，黃色羽毛的鶴。這有充分的根據，可從。戰國以前，可能有人將"黃鶴"讀成"黃鵠"，《商君書》《楚辭》都有"黃鵠"。劉向《新序·雜事五》："黃鵠白鶴，一舉千里。""黃鵠"應理解爲黃鶴。"黃鶴"上古讀［ₑɣuaŋɣăkₒ］，連讀音變時，讀成［ₑɣuaŋɣŭkₒ］，受"黃"合口介音的同化，"鶴"聲母和韵尾都是牙喉音，造成"鶴"主元音［ă］後高化，變成［ŭ］。於是"黃鶴"變成"黃鵠"。所以，《齊諧記》説仙人王子安駕黃鵠經此地，《太平寰宇記》説費禕駕黃鶴憩此，都是乘坐黃鶴。明郭正域《仙棗亭記》："夫'鵠'之於'鶴'爲一類，則樓當以磯得名，是'黃鶴'，'黃鵠'訛也。"

黃鶴磯，本作黃鵠磯，"黃鵠"二字，記録了"黃鵠磯"中"鵠"字的讀音。就文獻早晚看，先有"黃鵠磯"，後來可能受"鶴"字文讀影響，又讀作"黃鶴磯"。作"黃鵠磯"在前，作"黃鶴磯"在後，歷史綫索較清晰。《水經注·江水三》："江之右岸有船官浦，歷黃鵠磯西而南矣，直鸚鵡洲之下尾……船官浦東即黃鵠山。林澗甚美，譙郡戴仲若野服居之。山下謂之黃

鵠岸，岸下有灣，目之爲黄鵠灣。"《南齊書·州郡志下》："夏口城據黄鵠磯，世傳仙人子安乘黄鵠過此上也。"可能到南北朝後期，纔將"黄鵠磯"叫"黄鶴磯"，唐李延壽《南史·鮑泉傳》："後景攻王僧辯於巴陵，不剋，敗還，乃殺泉於江夏，沈其屍於黄鶴磯。"不過，《南史》也用"黄鵠磯"，《梁武帝本紀》："己未夜，郢城有數百毛人踴堞且泣，因投黄鵠磯，蓋城之精也。"唐以後，作"黄鶴磯"者多起來了，李華《故中岳越禪師塔記》："乃沿漢至黄鶴磯，州長候途，四輩瞻繞，請主大雲寺。"《資治通鑑·梁紀二十》："丁和以大石磕殺鮑泉及虞預，沈於黄鶴磯。"胡三省注："祝穆曰：黄鶴山，一名黄鵠山，在江夏縣東九里，近縣西北二里有黄鶴磯。"因"黄鵠磯"又叫"黄鶴磯"，所以後人引南北朝以前的古籍，不排除有改"黄鵠磯"爲"黄鶴磯"者，《太平御覽·地部三十四》："《荆州記》曰：江夏郡城西臨江有黄鶴磯，又有鸚鵡洲。"《荆州記》是南朝宋盛弘之所撰，久佚，後人有輯佚本，然非《荆州記》之舊，所引《荆州記》作"鶴"，不排除後人改動的可能。

現在，《黄鶴樓集》既然收鮑照詩題作"登黄鵠磯"，這不太可能是《黄鶴樓集》的編者將明代時大家熟稔的"黄鶴磯"改成較生僻的"黄鵠磯"，應承認《黄鶴樓集》前有所承，保留了原題。

（二）卷上"五言古"收孟浩然詩，詩題《江夏送客》，《唐百家詩選》《全唐詩》《孟浩然集》《永樂大典》均作"江上別流人"。流人，即被朝廷謫官流放的人。這個詩題跟《黄鶴樓集》不同，無法斷定《黄鶴樓集》的詩題是後人所改。

開頭兩句"以我越鄉人，逢知謫官者"，《唐百家詩選》《全唐詩》《孟浩然集》《永樂大典》均作"以我越鄉客，逢君謫居者"，《黄鶴樓集》的"人"，其他幾部書作"客"。有人將《黄鶴樓集》的"人"改爲"客"，將"越"理解爲指越地，沒有可靠依據。"越鄉人"唐詩還有他例，都是指遠離家鄉的人。王勃《他鄉叙興》："邊城琴酒處，俱是越鄉人。"曹松《客中立春》："梅花將柳色，偏思越鄉人。"無論作"越鄉客"還是"越鄉人"，都是指孟浩然自己。如果原文作"越鄉人"，更可見得"越"不能作"越地"講，因孟浩然非越人。"越鄉客"指遠離家鄉客居他鄉的人，不是指外地客居越地的人，孟浩然此時在武昌，不在越地。"客"如果用在地名之後做中心語，那麼這個"客"是指來自這個地方而客居在外的人，賀知章自號"四明狂客"，那是因爲他是生於古四明一帶而客居他鄉的人。"海客"，指航海者，不是指來自海上客居陸地的人，而是指住在海邊而客居陸地的人。明何喬新《寄懷黃鶴樓》："我本芙蓉城裏客，謫在塵寰歸未得。"芙蓉城，傳說中的仙境，何氏是江西廣昌人，所以"芙蓉城"不是指成都。這是説，我本來自仙居。孟浩然如果作"越鄉客"，"越"指越地，那麼他是説自己是來自越地而客居他鄉的人，這是不可能的，"越"一定不能作"越地"講。所以《黃鶴樓集》的這個異文對釋讀"以我越鄉客"有大幫助。

　　《黃鶴樓集》的"知"，好幾部古書作"君"，"官"作"居"。《全唐詩》"客"下注："一作'里'。"如果依《黃鶴樓集》"逢君"作"逢知"，則"逢知"是動詞，指見賞，被人賞識，句謂見賞於謫官者。這在古書中有例證，南北朝周弘讓《山蘭賦》："獨見識於琴臺，竊逢知於綺季。"綺季，即漢初商山四晧的綺里季。唐韓偓《個儂》："老大逢知少，襟懷暗喜多。"前一句指一直到老都很少被人賞識。《余寓汀州沙縣病中聞前鄭左丞璘隨外鎮舉薦赴洛兼云繼有急徵旋見脂轄因作七言四韵戲以贈之或冀其感悟也（己巳年）》："莫恨當年入用遲，通材何處不逢知。"不逢知，不被人賞識。杜荀鶴《途中春》："一生看却老，五字未逢知。"五字，形容好文章，有文采的文章，句謂自己的文章不被人賞識。晋郭頒《魏晋世語》（已佚）："司馬景王命中書郎虞松作表，再呈，不可意，令松更定之，經時竭思不能改，心有形色。中書郎鍾會察有憂色，問松，松以實對。會取草視，爲定五字。松悦服，以呈景王。景王曰：'不當爾耶？'松曰：'鍾會也。'王曰：'如此，可大用，真王佐才也。'"後因以"五字"指好的表章。未逢知，還没有被人賞識。宋陸游用"逢知"較多，《獨立思故山》："詩緣遇興玲瓏和，酒爲逢知爛熳傾。"《南窗》："流落逢知少，疏慵徇俗多。"《驛舍海棠已過有感》："盛時不遇誠可傷，零落逢知更斷腸。"

回到孟浩然這首詩上。孟浩然跟這位流放到蒼梧去的貶官者惺惺相惜，他自己是“越鄉客”，帶着鄉愁；而遇到賞識自己的官吏是一個“謫官者”，都是失意之人。兩句詩是説，我本人是一個離鄉外出游歷的讀書人，祇是被一位到蒼梧去任職的貶官者賞識，最終還是在進入仕途方面没有什麼用處。

總之，“逢知”有“被賞識”的詞義，這是比較生僻的詞，如果《黄鶴樓集》的編者將“奉君”改爲“逢知”，就需要非常高的修養，改動難度大，不太可能。《黄鶴樓集》保留原文的可能性極大，《唐百家詩選》《全唐詩》《孟浩然集》《永樂大典》可能是後人改動過的表達，比較容易懂。由此看來，《黄鶴樓集》的校勘價值就很大了。

最後兩句“不知從此分，别袂何時把”，《唐百家詩選》《全唐詩》《孟浩然集》《永樂大典》“别”作“還”。古書中，“還袂、别袂、去袂”的用法都有，因此，孟浩然此詩原文作“還袂”還是“别袂”，難以斷定。不過，“别袂”一詞古書中遠多於“還袂”，原文作“别袂”的可能性要大一些，《黄鶴樓集》就是作“别袂”。

（三）卷上“七言古”收劉禹錫《武昌老人説笛歌》，“武昌老人七十餘，手把庾令相聞書”，《全唐詩》同，注“人”：“一作‘將’。”《劉賓客文集》《文苑英華》以及宋何汶《竹莊詩話》作“將”。原文是“人”還是“將”，無法論定。

最值得注意的是《黄鶴樓集》如下的异文。“聞”，《劉賓客文集》《全唐詩》《石倉歷代詩選》作“問”，《唐文粹》《方輿勝覽》同於《黄鶴樓集》。“相問”和“相聞”都可以使用，指互通信息，“聞、問”是同義詞，《三國志·吳書·孫輔傳》：“遣使與曹公相聞，事覺，權幽繫之。”唐楊憑《送别》：“相聞不必因來雁，雲裏飛軿落素書。”張懷瓘《書斷》：“覬子瓘，爲晋太保，采芝法，以覬法參之，更爲草稿，稿是相聞書也。”相聞書，也叫“相問書”，宋王庭珪《夜郎歸日答葛令惠詩》：“七載投荒萬里餘，交游半作曉星疏。門前梅柳換新葉，忽得故人相問書。”古人還可以“聞問”連用，指溝通信息，唐韓愈《故江南西道觀察使贈左散騎常侍太原王公墓志銘》：“日日語人，丞相聞問，語驗，即除江南西道觀察使，兼御史中丞。"因此無法斷定原文作"相問"還是"相聞"。不過，將"相聞"改爲"相問"的可能性更大，因爲拿"相問"一語指互通信息的用法多一些。

"往來征鎮戍蘄州"，《全唐詩》作"往年鎮戍到蘄州"，注："一作'征鎮戍'。"《黃鶴樓集》作"征鎮"，有根據。魏晋以來，稱將軍、大將軍有征東、鎮東、征西、鎮西之類的名號，他們監臨軍事，守衛地方，稱征鎮；後來引申指征鎮統領的地方。因此，《黃鶴樓集》是很有來歷的異文。

"當時買林恣搜索，典却身上烏貂裘"，《方輿勝覽》《唐文粹》《竹莊詩話》跟《黃鶴樓集》相同，《文苑英華》《全唐詩》"林"作"材"。依《文苑英華》《全唐詩》，"買材"指采買做笛子的好竹材。依《黃鶴樓集》等，"買林"指買下竹林，好從中選取做笛子的好竹材。宋韓維《答公懿以屢游薛園見詒》："買林接婆娑，鑿潤分激瀲。"蘇籀《與可墨竹二十韵》："買林自虧蔽，折檻縈叢攢。"蘇洞《奉謝唐子耆及兩馮君載酒寵臨借屋》："食飲所不忘，歸焉買林丘。"元王惲《野春亭》："韋杜城南尺五天，千金不惜買林泉。""恣搜索"指任憑搜索竹材。如果采用《黃鶴樓集》的異文，更能表現武昌老人愛笛的情狀，而且"買林"比較生僻，改成"買材"的可能性很大。

"如今老去興猶遲，音韵高低耳不知"，《文苑英華》《詩話總龜》《竹莊詩話》"興"作"語"。《全唐詩》"猶"作"尤"，"興"作"語"，注："一作'興猶'。"《古今事文類聚》《方輿勝覽》《唐詩品彙》《山堂肆考》《劉賓客文集》《唐文粹》跟《黃鶴樓集》相同。興猶遲，指興趣仍然長久保留，"遲"指長久。如果作"語尤遲"，則是指說話更加遲緩，暗含武昌老人原來説話就不太利索。作"興猶遲"好一些，這首詩本來是談武昌老人酷愛竹笛，"語尤遲"與此關係不大。當然是《黃鶴樓集》更好，保留原文的可能性很大。

"氣力已無心尚切，時時一曲夢中吹"，《文苑英華》《詩話總龜前集》《竹莊詩話》《劉賓客文集》《方輿勝覽》《唐詩品彙》《全唐詩》"無"作"微"，"切"作"在"。按照《黃鶴樓集》異文，"氣力已無"有誇飾色彩，用以襯托武昌老人酷愛吹笛；"心尚切"的"切"指急迫，比"心尚在"更能表現武昌老人酷愛吹笛之老而彌篤。因此，無論是從异文的來源還是從內容表達方面講，我們不能據其他古籍所引多相同，跟《黃鶴樓集》有不同，就説《黃鶴樓集》是編者的改動，《黃鶴樓集》有它的來源，其异文值得重視，可能更符合原詩。

（四）卷上"五言律"收王貞白詩《曉泊漢陽渡》，"貞"作"真"。"貞、禎"同音，這是避宋仁宗趙禎諱而改，説明編者收録王貞白的詩，用的是宋代的本子。

"雲向蒼梧去，水從嶓冢來"，《文苑英華》《全唐詩》《唐詩品彙》《石倉歷代詩選》"向"作"自"；《方輿勝覽》作"向"，同於《黃鶴樓集》。蒼梧郡在南，漢陽渡在北。如果原文是"雲向蒼梧去"，那麼"向"指朝着；作"雲自蒼梧去"，"自"也當指朝着，或類似的字義。"自"没有"朝着"之類的意義，原作應作"向"。

《全唐詩》《全宋詞》中，"介詞'自'＋地名或方位名＋'去'"者，"自"後面的地名或方位名都是起點，不是終點。唐劉長卿《上湖田館南樓憶朱宴》："風波自此去，桂水空離憂。"李華《仙游寺》："靈溪自兹去，紆直互紛糾。"崔曙《早發交崖山還太室作》："吾亦自兹去，北山歸草堂。"李白《送友人》："揮手自兹去，蕭蕭班馬鳴。"杜甫《曉發公安》："舟楫眇然自此去，江湖遠適無前期。"靈澈《奉和郎中題仙岩瀑布十四韵》："軒皇自兹去，喬木空依然。"周賀《旅懷》："何年自此去，舊國復爲鄰。"李群玉《湘陰江亭却寄友人》："烟波自此扁舟去，小酌文園杳未期。"賈島《夕思》："會自東浮去，將何欲致君。"杜荀鶴《亂後旅中遇友人》："不如自此同歸去，帆掛秋風一信程。"許棠《送省玄上人歸江東》："瓶盂自此去，應不更還秦。"宋黃裳《神宗皇帝挽辭》之五："忽自明庭去，風高帝所寒。"周紫芝《次韵次卿林下行歌》之七："扁舟定自桃源去，斜日紅飛兩岸花。"李曾伯《摸魚兒·送竇制幹赴漕趁班》："看精淬龍泉，厚培鵬背，自此要津去。"

因此，王貞白此詩原文應作"向"，不是"自"。"向"大概是字形跟"自"相近；而且後文"水從嶓冢來"，與"雲向蒼梧去"對仗，"自、從"

之間有同義關係，因此訛作"自"。《黃鶴樓集》可能采用了早期"向"沒有訛誤的本子，保留了原文"向"字，可校多個傳本之訛。

（五）卷上"七言律"收賈島《黃鶴樓》詩，賈島《長江集》未見，《全唐詩續補遺》卷五據《古今圖書集成·職方典》卷一一二五《武昌府部》收入此詩。《黃鶴樓集》編者注得很清楚，這是一首七律，原詩是："高檻危檐勢若飛，孤雲野水共依依。青山萬古長如舊，黃鶴何年去不歸。岸映西川城半出，烟生南浦樹將微。定知羽客無因見，空使含情對落暉。"《全唐詩續補遺》"西川"作"西山"，注："一作'州'。"這裏"山、州"當爲"川"之形近而訛。"岸映西川城半出"是寫作者賈島傍晚時分從黃鶴樓向下、向西俯瞰。在唐代，蛇山在黃鶴樓之東，因此，賈島在黃鶴樓上西瞰，祇能看見長江，不能看見蛇山。蛇山遠高於江岸，如果原詩作"岸映西山"，則原文講不通。"岸"無疑指江岸，江岸的倒影不可能"映"在西山上，所以原文不可能是"山"字。

如果作"西州"，那麼"州"祇能理解爲通"洲"，"西洲"祇能指西邊的沙洲，即鸚鵡洲。長江在武漢一帶，江面寬闊，有的地方河道彎曲，有巡司河在鮎魚套一帶北入長江，水流平緩；江的北岸，漢水改道之前，多挾帶泥沙南流入江。這幾條河流，都或多或少挾帶泥沙和石礫，需要衝向下游。但武漢長江大橋一帶江面，龜山和蛇山夾岸，江面狹窄，是武漢段最狹窄處，祇有1100多米。上下江面形成瓶頸狀，勢必導致水流受阻，泥沙和石礫淤積，在龜、蛇二山一帶江水上游或下游形成沙洲，因此武漢一帶有沙洲是典型的自然現象，遠在漢代之前。鸚鵡洲是江中形成的一片長洲，有人考證，鸚鵡洲首起鮎魚套，尾直黃鵠磯，長約七里多，寬約二里，逶迤蜿蜒；在黃鶴樓的西南邊，靠近武昌，在江南，不在江北。鸚鵡洲宋時猶存，洲勢不平坦，高低不一，陸游《入蜀記》卷五說，"洲上有茂林神祠，遠望如小山"。游似《登黃鶴樓》："黃鶴樓高人不見，却隨鸚鵡過汀洲。"元朝末期、明朝早期，鸚鵡洲的南邊可能開始接岸，隨着江水漲落，原來洲北邊的凸起部分有時突出江面，有時隱於江中，明方孝孺《黃鶴樓雜記》："鸚鵡洲以禰衡顯，顧江水渺漫，往不恒見……今水落沙明，州蟺蜿如偃月。"徐中行《宴黃鶴樓賦得襧衡二首贈吳生虎臣》之一："每懷鸚鵡賦，千古氣難平。江漲洲長沒，春來草不生。"劉燁《黃鶴樓眺望》："鸚鵡恨埋芳草綠，闌干醉倚夕陽紅。"據清初顧景星（蘄春人）《白茅堂集》，直到明崇禎十二年（1639），鸚鵡洲的殘存部分有時還露出水面，"土圮，露唐西川節度使韋皋妾墓志"，清初猶然。正因爲鸚鵡洲時隱時現，有些游客就没有辦法見到它，因此産生誤解，將漢陽一帶的沙洲誤會爲鸚鵡洲，例如元末明初葉子奇，浙江龍泉人，其《黃鶴樓眺望》之一："黃鶴樓前江水流，隔江遙見漢陽洲。洲邊草色回鸚鵡，客裏年華付白鷗。"

很多人以爲武昌鸚鵡洲湮滅於江中，這是根據部分史料做出的推測，對瞭解鸚鵡洲的歷史變遷具有一定作用，但是論證有缺環，説服力不强。我擬提出一種假設：唐宋以後，武昌鸚鵡洲一帶的洲上和江岸上，商旅輻輳，武昌江岸一帶出現一些人爲的填塞，這必然會導致江岸外移，逐步侵蝕寬闊的江面。到明朝天啓、崇禎年間，隨着漢水改道，漢水對鸚鵡洲的衝刷力驟減，於是完全連岸。原來的鸚鵡洲并不是被江水衝走了，而是經過不斷淤塞，明洪武年間跟武昌這邊的江岸連成一片，原來的鸚鵡洲南岸應在今平湖門一帶，是一片長洲，鸚鵡洲的北岸可能被江水衝走了一部分。很顯然，鸚鵡洲并没有完全被江流衝走，而是逐步跟江岸淤積成一片。

長江水域武漢段，江水是西南到東北的流向。武昌一帶早期的江堤不知在今何處，今天武昌的花堤街，據説是宋代武昌一帶的江堤，始建於北宋政和年間，位於今平湖門和彭劉楊路一綫，在蛇山下，北近平湖門和武漢生物製品研究所，南臨解放路和彭劉楊路，西北瀕臨武漢音樂學院，西邊爲紫陽路和武昌造船廠，東邊爲大成路。也就是説，花堤街以北，原來就是長江武昌一帶的西南岸；西南岸不遠處，原是鸚鵡洲。推測起來，在修建花堤之前更早的年代，甚至到鸚鵡洲形成的時候，武昌一帶更會是向花堤西南岸凹進，形成急彎和寬闊的江面，抑制了地球的偏轉力。於是泥沙和石礫一方面向武昌一帶江堤堆積，一方面形成鸚鵡洲。

明正德年間，鸚鵡洲沒有連岸的北邊那部分可能已經沒有了，或者祇是原來凸起處偶爾露出來，凹陷的部分被水淹沒，明朱琉《登黃鶴樓識興》："漢陽有樹春仍綠，鸚鵡無洲水自流。"清胡渭《禹貢錐指》說："江夏鸚鵡洲，爲東漢以來著名之古迹，而崇禎中蕩決無存。"鸚鵡洲并非完全"蕩決無存"，而是完全被泥沙和石礫淤塞了，跟原來的南岸連成一體，祇有洲北邊被衝走的一部分"蕩決無存"。我們祇要仔細比對一下宋元以來人們繪製的各種黃鶴樓的圖畫，就可以看出：原來黃鶴樓西南邊，江岸就朝西南曲折形成急彎，原來的急彎處今天已是陸地，現在陸地過後纔開始朝西南形成急彎，急彎處在武昌造船廠鐘樓的西南方，跟以前的地理格局不同。這是由於漢水在武漢一帶入江處非一，漢陽龜山南邊的入江口被龜山北邊的入江口取代，導致原來的夏口水流衝刷力驟減，以致淤塞，於是原來的鸚鵡洲逐步跟武昌這邊的陸地連成一片。清馬徵麟《長江津要十三則·長江圖說》說："江夏鸚鵡洲，舊在江中，洪武時連屬北岸。"

在唐代，鸚鵡洲距武昌江岸有一定距離，江岸在這裏拐了急彎，所以有"黃鵠灣"，祇是鸚鵡洲迤邐至長江拐彎處的黃鵠磯那裏，洲尾跟黃鵠磯相近。這時候，夕陽西下，賈島從黃鶴樓上往西俯瞰，很難看見"岸映西州"的景致。祇有按照《黃鶴樓集》作"岸映西川城半出"，此詩纔能文從字順，指武昌一帶的江岸倒影映照在長江西邊的水上。

《全唐詩續補遺》"半出"之"出"，訛作"山"，這是一首七律，作"山"則爲平聲字，不合律詩規則，祇有作"出"字纔妥當，"出"是入聲字，屬仄聲。"出、山"形近，"山"顯爲"出"字之訛。有了《黃鶴樓集》，我們完全可以確定，原詩作"出"，不是"山"。

（六）卷上"七言律"收了南唐盧郢詩《黃鶴樓》，《全唐詩續補遺》卷五據清陳夢雷輯、蔣廷錫重編的《古今圖書集成·職方典》卷一一二五《武昌府部》，也收了此詩，但《全唐詩續補遺》抄録時有錯訛。《黃鶴樓集》的"黃鶴何年去杳冥，高樓千載倚江城"，《全唐詩續補遺》"樓"作"城"，《古今圖書集成》"高城"也跟《黃鶴樓集》一樣，作"高樓"。這裏"城"當係誤抄，應寫作“樓”，不僅有更早的《黃鶴樓集》可證，而且“高樓”作“高城”，跟“江城”之“城”重複，整句話意思不通。黃鶴樓非“城”，《全唐詩續補遺》作“城”，顯爲抄寫之訛。

（七）卷中“七言絕”收呂岩詩，原缺詩題，但《全唐詩》作《題黃鶴樓石照》。我們不知道《全唐詩》的這個詩題是後人加上的，還是原來就有的，而且還不能確定此詩是否呂岩所作。《黃鶴樓集》沒有詩題，應該反映了原作沒有詩題，《全唐詩》詩題是後人所加。

據宋張栻《南軒集》卷十八《黃鶴樓説》：“樓旁有石照亭，不知何妄男子題詩窗間，遂相傳曰：‘此唐仙人呂洞賓所書也。’文人才士又爲之誇大其事……嗟乎！寧有是理哉？甚矣，世俗之好怪也！”吳曾《能改齋漫録》卷十八《神仙鬼怪》“呂先生字元圭”條：“世所傳呂先生詩：‘黃鶴樓邊吹笛時，白蘋紅蓼對江湄。衷情欲訴誰能會，惟有清風明月知。’此呂先生非洞賓，乃名元圭者也。其詩元題於石照亭窗上，仍記歲月云：‘乙丑七月二十六日’，當元豐間。喻陟爲湖北提刑，題詩其後云：‘黃鶴樓邊橫笛吹，石亭窗上更題詩。世人不識還歸去，江水雲山空渺彌。’或曰：‘元圭，乃先生之別字也。’”石照亭北宋見諸記録，在黃鶴樓下的西邊山崖處，此處有一塊石頭，朝江的一面像鏡子，陽光照在上面，閃閃發光。宋王鞏《聞見近録》：“鄂州黃鶴樓下有石，光徹，名曰石照。其右巨石，世傳以爲仙人洞也。”所以，《題黃鶴樓石照》的作者早先有人説是宋代呂元圭，題目很可能是後人自擬的。《黃鶴樓集》沒有詩題，但冠以作者名“呂岩”，反映了過渡階段的處理意見。《全唐詩》將此詩收進去，是有疑問的。

《黃鶴樓集》的原文跟這裏面不一樣，《全唐詩》“無人”作“誰能”，“祇有”作“惟有”。現在難以斷定原文作什麽。

（八）卷中“記”收唐閻伯理《黃鶴樓記》：“洲城西南隅，有黃鶴樓者。《圖經》云：‘費禕登仙，嘗駕黃鶴返憩於此，遂以名樓。’事列《神仙》之傳，迹存《述異》之志。觀其聳構巍峨，高標巃嵸，上倚河漢，下臨江流；重檐翼舒，四闥霞敞；坐窺井邑，俯拍雲烟，亦荆吳形勝之最也。何必瀨鄉九柱、東陽八咏，乃可賞觀時物、會集靈仙者哉。刺使兼侍御史、淮西租庸使、荆岳沔等州都團練使，河南穆公，下車而亂繩皆理，發號而庶政其凝。或逶迤退公，或登車送遠，游必於是，宴必於是。極長沙之浩，見衆山之纍。王室載懷，思仲宣之能賦；仙踪可揖，嘉叔偉之芳塵。乃喟然曰：'黃鶴來時，歌城郭之并是；浮雲一去，惜人世之俱非。'有命抽毫，紀兹貞石。時皇唐永泰元年，歲次大荒落，月孟夏，日庚寅也。"

此文駢散相間，多有駢偶，可以算一篇駢文。《全唐文》與《黃鶴樓集》所收有不小差別：

（1）卷中"記"收唐閻伯理《黃鶴樓記》，《全唐文》"理"作"瑾"。"理"和"瑾"字形比較相近，原文應以《黃鶴樓集》的"閻伯理"爲是。宋祝穆《方輿勝覽》卷二十八、李廷忠《橘山四六》卷十五，明陳耀文《天中記》卷五十八，清黃宗羲《明文海》卷三百六十二、王琦《李太白詩集注》注李白《醉後答丁十八以詩譏予搥碎黃鶴樓》均作"閻伯理"。誤作"瑾"，可能始於宋趙明誠《金石録》卷七，清倪濤《六藝之一録》承之。

（2）《方輿勝覽》《全唐文》"洲"作"州"。這是用字的區別，指唐朝的鄂州城，後來的武昌城。作"州"符合習慣。

（3）"舒"，《全唐文》作"館"。有人以爲應據《全唐文》作"館"，并釋"翼館"爲黃鶴樓左右的房舍，則"翼館"衹能是一個名詞性成分，不是寫黃鶴樓本身。這是不正確的。"重檐翼舒，四闥霞敞"前後都是四字駢偶，"重檐"和"四闥"對仗，作四字格的大主語；"霞敞"和"翼舒"對仗，"霞敞"衹能是主謂結構，指雲霞很開朗，不能做別的解釋，那麽"翼舒"也應是主謂結構，指屋檐那裏的飛檐很舒展。"霞、翼"相對，都是名詞；"舒、敞"相對，是同義詞，都是謂詞。"舒"如果寫作"館"，不但上下文意思講不通，而且不符合上下文的對仗要求。"舒"可能跟"館"寫得比較相近，於是訛作"館"了。衹有按照《黃鶴樓集》所録作"舒"，纔能使上下文文從字順。另，《方輿勝覽》卷二十八也寫作"舒"，不作"館"。因此，《黃鶴樓集》必有能校《全唐文》訛文之效。

（4）“荆岳沔等州”《全唐文》《方輿勝覽》“荆”作“鄂”，很難斷定孰是孰非。如果是寫作“荆”，那就是作者有意將“鄂”改作“荆”，一般是説“鄂岳沔”。

（5）“河南穆公”《方輿勝覽》《全唐文》作“河南穆公名寧”，多出“名寧”二字，“名寧”二字可能是後人加上去的注釋性的話，指穆寧，穆寧《舊唐書》《新唐書》均有傳。

（6）“或登車送遠，游必於是，宴必於是”《全唐文》作“或登車遠游，必於是”，則“必於是”是一個散句。“或逶迤退公，或登車送遠，游必於是，宴必於是”，如果依《全唐文》，“退公”動賓結構，“遠游”狀中結構，對起來不嚴整，而且“必於是”就成了散句。雖説在這篇《記》中，用一個散句也可以，但是“或逶迤退公，或登車送遠”相駢偶，“游必於是，宴必於是”相駢偶，再看這幾句的前後文，也都是講究駢偶的。因此，《黄鶴樓集》所收的《黄鶴樓記》更符合上下文的都用駢句的語脈。考慮到《黄鶴樓集》所收《黄鶴樓記》能在多處有糾正《全唐文》之效，更接近原作，而且《方輿勝覽》所引同於《黄鶴樓集》，因此可以説《黄鶴樓集》更好地保留了原文，《全唐文》實有脱文。

（7）“極長沙之浩，見衆山之纍”《方輿勝覽》《全唐文》作“極長川之浩浩，見衆山之纍纍”。這裏很難斷言孰是孰非，可能作重言更符合一般用詞習慣。

（8）“乃喟然曰”《方輿勝覽》《全唐文》作“乃喟然嘆曰”。這裏也很難斷言孰是孰非，可能原文有“嘆”的可能性大一些。

（九）卷下《黄鶴樓集補》“七言絶”收杜牧詩《寄牛相公》，其中“六年仁政謳歌去，柳遠春堤處處聞”《全唐詩》同，《樊川詩集》“遠”作“遶”。應該作“遶”，“遶”形近而訛爲“遠”。如果作“遠”，那麽“柳遠春堤”不是指柳樹在春堤之上，而是指遠離春堤。“遠+表示處所的詞語”不能理解爲在某地延伸得很遠。這樣看來，作“遠”是不確的，“遠”應作“遶”。

這些材料，應能體現出《黄鶴樓集》在校勘上的重要價值：能幫助校勘古書。由於《黃鶴樓集》原封不動地保留了明朝萬曆以前部分古詩文原貌，其中一些詩文在今天其他傳世古書中或多或少跟它的文字和語句，有時候是詩題、作者等其他方面的信息不同。這些不同的地方，有一些是《黃鶴樓集》保留了詩文原作的面貌，有些不是。祇要有效利用《黃鶴樓集》，就能幫助我們恢復有些古詩文的原貌。

二、可據今某些重要詩文傳本校改《黃鶴樓集》之訛誤者

《黃鶴樓集》跟今傳古籍所題詩文有异文，他書可以改正《黃鶴樓集》的一些錯訛，彌補《黃鶴樓集》之不足。

（一）卷上"五言古"收李白詩，詩題《望黃鶴樓》，《李太白集》同；《李太白全集》"樓"作"山"，注："蕭本作'樓'，誤。"明郎瑛《七修類稿》卷二十八《辯證類》"黃鶴樓"條："嘗言李白因崔灝《題黃鶴樓》詩既工，遂有恨不捶碎之說，故不再題而去，遂《題鳳凰臺》以擬之。今集中以有《望黃鶴樓》古詩一首，意前聞訛矣。然細讀之，乃是題黃鶴山者，樓固因山而得名，不應無一句到樓字上，此必刊題之訛。不然，何有'崔灝題詩在上頭'之句耶？"就詩的內容看，當作"山"，整首詩是望黃鶴山。因爲黃鶴樓名氣遠大於黃鶴山，於是誤寫爲"樓"字。

（二）卷上"七言古"收李白《江夏贈韋南陵冰》，"君爲張掖近酒泉，我竄二巴九千里"，《錦繡萬花谷》、《李太白全集》、《全唐詩》揚州詩局本作"三巴"，《黃鶴樓集》"三"訛作"二"，這可能是刻印時的失誤。《全唐詩》中華書局點校本"巴"訛作"色"，當由形近而訛。三巴，是古地名，不可能寫作"二巴"。

"玉簫金管喧四筵，苦心不得申一句"，《全唐詩》《古今圖書集成》《李太白詩集注》《李太白集注》"一"作"長"，《李太白集注》注："一作'一'。"《李太白文集》作"一"，注："一作'長'。"《黃鶴樓集》正是作"一"。當以作"長"爲是。長句，七言古詩。

　　"昨日繡衣傾渌尊"，"渌"《全唐詩》《李太白集》作"綠"。當以"綠尊"爲是，這由近體詩對仗可以看出來。唐杜甫《九日五首》之四："爲客裁烏帽，從兒具綠尊。"《奉陪鄭駙馬韋曲二首》之一："綠尊雖盡日，白髮好禁春。"唐扶《使南海道長沙，題道林岳麓寺》："遲回雖得上白舫，羈泄不敢言綠尊。"裴夷直《席上夜別張主簿》："紅燭剪還明，綠尊添又滿。"宋陸游《對酒》："綠尊有味能消日，白髮無情不貸人。"《和范待制秋興》："名姓已甘黃紙外，光陰全付綠尊中。"元釋了慧《春日田園雜興》："倦眠芳草閑黃犢，靜對幽花倒綠尊。"丁復《送周士德還北》："綠尊空盡客當發，白門惜別花無言。""渌"應是"綠"形近而訛。

　　"賴遇南平豁方寸，復兼王子持清論"，《全唐詩》《李太白集》等"王"均作"夫"。這首詩是寫給好友韋冰的，韋冰擔任南陵縣令，他不是王子。"王"應是"夫"形近而訛。

　　"不然鳴箾按鼓戲滄流，呼取江南兒女歌棹謳"，《全唐詩》《李太白集》等"兒女"均作"女兒"。原文可能作"女兒"，金李汾《古月一篇爲裕之賦》："憶昔放逐江南州，金陵女兒歌棹謳。"這是化用李白詩，作"女兒"。

　　（三）卷上"五言律"收李白詩，詩題《送元公歸鄂渚》，《全唐詩》《孟浩然集》《石倉歷代詩選》作"送元公之鄂渚，尋觀主張駿鸞"，以爲是孟浩然詩作，當以《全唐詩》等爲是，《黃鶴樓集》作李白詩，有誤。

　　"桃花春水漲，之子思乘流"，《全唐詩》《石倉歷代詩選》《孟浩然集》"思"作"忽"。這是一首五言律詩，"思"應作"忽"，不然就成了三平調，不合律。

　　"峴首臨蛟浦，江邊問鶴樓"，"臨"《孟浩然集》《全唐詩》作"辭"，《全唐詩》原注，"一作'下離'"，《石倉歷代詩選》正是作"峴下離蛟浦"；"邊"《孟浩然集》《全唐詩》作"中"，《全唐詩》注："一作'邊'。"《黃鶴樓集》提供了新的異文。"蛟浦"，指潛藏着傳說中蛟龍的江海邊人烟輻輳之處，這裏指峴山下漢水的渡口。唐楊炯《大唐益州大都督府新都縣學先聖廟堂碑文》："龜城藹藹，煥繁霞於百尺之樓；蛟浦澄澄，洗明月於千秋之水。"

崔湜《襄陽作》："蛟浦菱荷净，漁舟橘柚香。"沈佺期《少游荆湘因有是題》："峴北焚蛟浦，巴東射雉田。"段公路《禱孟公祝詞》："對蛟浦而烹牢，當鹿床而命爵。"宋釋惠崇《送遷客》："浪經蛟浦闊，出入鬼門寒。"因此，原文作"臨、辭、離"，都能講通上下文。

"應是神仙輩，相期汗漫游"，《全唐詩》"輩"作"子"，注："一作'輩'。"《孟浩然集》同於《黃鶴樓集》。作"輩、子"都有來歷。

（四）卷上"七言律"收白居易詩，詩題《赴黃鶴樓崔侍御宴》，《全唐詩》作"盧侍御與崔評事爲予於黃鶴樓置宴，宴罷同望"，《白香山集》同，祇是"置"作"致"。《黃鶴樓集》當爲後人所改。兩處所作詩題內容不一樣，據《黃鶴樓集》，是崔侍御設宴；據其他幾部書，姓崔的是評事，姓盧的是侍御，是兩人一起設宴。詩中內容没有涉及是誰設宴，因此其他幾本書詩題的信息不可能是後人根據此詩內容修改出來的，而是保留了白居易詩的原貌；《黃鶴樓集》應是後人抄錄時做的改動，不是原貌，所改不符合白居易原意。

"江邊黃鶴古時樓，勞致華筵待我游"。《全唐詩》"致"作"置"，古書"置宴"和"致宴"都有用例，因此無法斷定白居易原作爲何。"盡是平生未行處，醉來堪賞醒堪愁"，《全唐詩》《白居易集》"盡"作"總"，也都有來歷，無法取捨。

（五）卷中"七言絶"收李白詩，詩題作《聽黃鶴樓吹笛》，《文苑英華》《李白詩全集》《李太白集》《萬首唐人絶句》《山堂肆考》《古今詩删》《古詩鏡》《唐詩品彙》《湖廣通志》《石倉歷代詩選》《全唐詩》等作"與史郎中欽（一作'飲'）聽黃鶴樓上吹笛"。《全唐詩》多"與史郎中欽"諸字，這是《黃鶴樓集》的詩題没有的信息，很難説是後人添加的，當是保留了原貌。

（六）卷中"雜體"收顧况詩《黃鵠樓歌送獨孤助》，"故人西去黃鵠樓，西江之水上天流，黃鵠杳杳江悠悠。黃鵠徘徊故人離，别壺酒盡清弦絶。緑嶼没餘烟，白沙連夜月"，連同詩題的四個"鵠"，《華陽集》《文苑英華》《全唐詩》均作"鵠"。"黃鶴樓"的叫名後代常見，"黃鵠樓"不常見。因此，後人改"黃鵠樓"爲"黃鶴樓"的可能性是有的，改"黃鶴樓"爲"黃鵠樓"的可能性幾乎是没有的。因此,《全唐詩》當保存原文,《黄鶴樓集》反映了後人有改動。

"黄鶴徘徊故人離,别壺酒盡清弦絶","離"《華陽集》《全唐詩》作"别",《文苑英華》跟《黄鶴樓集》相同。《黄鶴樓集》的"離"和"别"應互易位置。如果這樣,那麼這首詩除了"緑嶼没餘烟",其他各句都是句句用韵,"别、絶、月"相押,而且"黄鶴徘徊故人别,别壺酒盡清弦絶"用了兩個"别",采用了頂針的修辭手法;寫作"離","黄鶴徘徊故人離"就不能跟後面押韵,頂針的修辭手法也没有了。因此,《黄鶴樓集》可能是因爲"離、别"同義而作的改動。

"弦"《華陽集》《文苑英華》《全唐詩》作"絲",整句作"離壺酒盡清絲絶",可能應以這幾部書爲準,《黄鶴樓集》是後人的改動,不過很難論定。

"夜"《華陽集》《文苑英華》《全唐詩》作"曉"。當作"曉",是指顧況一大早爲獨孤助送别。"離壺酒盡清弦絶"是説,頭天晚上喝分别的酒時將酒都喝完了,因爲天色晚,黄鶴樓上的音樂活動早已停止。"緑嶼没餘烟"是指鸚鵡洲籠罩在夜霧當中了;"白沙連夜月"是説,送行時,天色尚早,江邊的白沙和殘留的月光連成一片。如果作"夜",那就是深夜送獨孤助乘船遠行,這種可能性不大,因爲不太符合常情。

(七)卷中"雜體"收孟郊詩《送王九游江左》,據《孟浩然集》《全唐詩》,作者是孟浩然,可能是《黄鶴樓集》編者臨時誤置。詩題《古詩鏡》《全唐詩》作"鸚鵡洲送王九之江左",《全唐詩》注"之":"一作'游'。"《孟浩然集》作"鸚鵡洲送王九游江左"。《古詩鏡》《全唐詩》多"鸚鵡洲"諸字,當以《古詩鏡》《全唐詩》爲是。

"昔登江上黄鶴樓,遥愛江邊鸚武洲。洲勢逶迤繞碧流,鴛鴦鸂鶒滿沙頭。沙頭日落沙磧長,金沙耀耀動飆光。舟中牽錦纜,兒女結羅裳。月明全見蘆花白,風起遥聞杜若香。君行采采莫相忘。"其中"邊"《全唐詩》作"中";"洲勢逶迤繞碧流,鴛鴦鸂鶒滿沙頭",《全唐詩》"沙"作"灘",注:

"一作'沙'"；"沙頭日落沙磧長，金沙耀耀動颰光"，《全唐詩》"沙"作"灘"，注："一作'沙'"，"耀耀"作"熠熠"，注："一作'耀耀'。"這些目前無法斷定孰爲原作，孰爲後人所改，孰優孰劣。

"舟中牽錦纜，兒女結羅裳"，《全唐詩》"中"作"人"，"兒女"作"浣女"。這兩句有意對仗，"中"當作"人"，"兒女"當作"浣女"。

可見《黃鶴樓集》有一些錯訛，可以利用其他的別集、總集等，根據語言文字學、文獻學的知識校訂出來。假定我們要校訂《黃鶴樓集》中的這些錯訛，最好是在校訂的文字中加以說明，不要徑直改動《黃鶴樓集》正文。

三、《黃鶴樓集》與其他傳本有异文而難定孰爲原本之舊者

《黃鶴樓集》跟今傳古籍所題詩文有异文，但很多异文我們今天無法確定孰是孰非，《黃鶴樓集》提供了古書的异文，顯得可貴。有的异文祇是古人同一個詞的用字之异，對此不能根據今人的用字規範説古代某個异文是訛字，例如《黃鶴樓集》卷上"五言律"收王貞白詩《曉泊漢陽渡》，有"芳洲號鸚武，用記禰生才"，《全唐詩》"武"作"鵡"，有人說，將"鸚鵡"寫作"鸚武"，是錯誤的。但古書中，將"鸚鵡"寫作"鸚武"者甚多，因此，《黃鶴樓集》也可以寫作"鸚武"，這沒有錯訛。

有的异文不是用字的不同，而是用了不同的詞，這不同的用詞，除了個別地方有可能是詩文原作者做的修改，因此有不同外，按道理，一般不會都是原作者的修改，更多的是後人所做的改動。由於時代久遠，今天沒有辦法斷定哪一個用詞是原作，哪一個是後人改動。也許有人會各持一端，找出一大堆理由表明原文應作什麼，但其實無法坐實。對此，除非我們有絕對把握做出取捨，否則不能強作解人。有人試圖按照某種异文在不同古籍中出現的多寡來定取捨，以爲出現得多的就保留了原文，這種做法并非處處管用。碰到這種情況，應該不要隨意改動各書原文，祇是客觀注明有某某异文就可以了。

（一）卷上"五言古"收鮑照詩《登黃鵠磯》，"木落江渡寒，雁橫風送秋"，"橫"今傳各書皆作"還"。"雁還"和"雁橫"都有根據。例如"雁橫"，唐顧況《小孤山》："古廟楓林江水邊，寒鴉接飯雁橫天。"釋棲一《武昌懷古》："蟬響夕陽風滿樹，雁橫秋島雨漫天。"趙嘏《長安晚秋》："殘星幾點雁橫塞，長笛一聲人倚樓。"宋陸游《橫塘》："農事漸興人滿野，霜寒初重雁橫空。"吳錫疇《秋來》："斜日半溪人喚渡，斷雲千里雁橫空。"《黃鶴樓集》保留了這個異文，很珍貴。

（二）卷上"五言古"收李白詩，詩題"江上送友人"，《李太白全集》《全唐詩》《李太白集注》等"上"作"夏"。就詩的內容看，無法論定。"江上"可以指江邊，不一定都是指江水之上。唐于良史也有"江上送友人"詩，張喬有"江上送友人南游"詩，都是在江邊爲友人送行。"上"有"側畔"義，上古已然，《論語·子罕》："子在川上曰：'逝者如斯夫！不舍晝夜。'"其中"川上"即水流邊。唐錢起《省試湘靈鼓瑟》："曲終人不見，江上數峰青。"宋司馬槱《黃金縷》："家在錢塘江上住。花落花開，不管年華度。"因此，《黃鶴樓集》作"江上"，有它的來歷。如果《黃鶴樓集》編者所見作"江上送友人"，那麼他就不會將此詩收進《黃鶴樓集》。

（三）卷上"五言古"收王維詩《送康太守》，"城下滄江水，高高黃鶴樓"，《王右丞集》《全唐詩》《古今圖書集成》"高高"均作"江邊"，"江邊"跟"城下"可以對仗。但五言古詩不一定要對仗，因此《黃鶴樓集》作"高高"，也有它的來歷，我們無法斷定原文應該是"江邊"還是"高高"。

（四）卷上"五言古"收沈如筠詩，詩題作《望黃鶴山張君》，《文苑英華》《唐詩品彙》《全唐詩》均作"寄張徵古"。兩處提供的信息不一致。原詩《黃鶴樓集》作："寂歷遠山意，微杳半空碧。綠蘿無春冬，彩烟照朝夕。張子海內奇，文爲岩廊客。聖君多夢想，安得老松石。"從詩的內容看，無法知道是寫黃鶴山。《黃鶴樓集》的編者之所以收入集子中，一定是他們所見的詩題作"望黃鶴山張君"，而根據今所見《文苑英華》《唐詩品彙》《全唐詩》諸古籍，則沒有黃鶴樓的信息；但是它們將《黃鶴樓集》的"張君"坐實爲

"張徵古",這又是《黃鶴樓集》所没有的信息。根據這些材料,無法斷定沈如筠詩原題爲何。

此詩異文不少,表明多經後人改動,非沈詩之舊。開頭兩句"寂歷遠山意,微杳半空碧","杳"《全唐詩》作"冥";"緑蘿無春冬,彩烟照朝夕","春冬"《全唐詩》作"冬春","彩烟照"《全唐詩》作"彩雲竟";"文爲岩廊客"《全唐詩》作"久爲岩中客";"聖君多夢想"《全唐詩》作"聖君當夢想",注:"一作'勞'。"都各有所據,難以判斷哪種異文是沈詩之舊。即如"文爲岩廊客","岩廊"借指朝廷,句意是説,張君的文在經世濟用的文字中都是上乘的,足以躋身朝廷賢達。難以斷定"文爲岩廊客"是"久爲岩中客"之改動,或者相反。

(五)卷上"七言古"收李白《江夏贈韋南陵冰》,跟《全唐詩》所收有些不同。《黃鶴樓集》所收有幾處錯訛,詳下。"天地再造法令寬,夜郎遷客帶霜寒",《全唐詩》《李太白集》"造"作"新",《錦綉萬花谷》《方輿勝覽》跟《黃鶴樓集》同。作"造"字唐代已有例子,釋德宣《隋司徒陳公舍宅造寺碑》:"洎我大唐之有天下也,日月懸而天地再造,歷數在而車書一統。"所以原詩作"造"還是"新",無法斷定。

"赤壁争雄如夢裏,且須歌舞寬離愁",《全唐詩》《李太白集》《古今圖書集成》《唐詩品彙》等"愁"均作"憂"。"離愁"和"離憂"古書中都多次出現,"愁、憂"都能押韵,無法斷定原來是作"愁"還是"憂"。

(六)卷上"五言律"收宋之問詩,詩題《漢口宴別》,《文苑英華》《全唐詩》《古詩鏡》《石倉歷代詩選》《古儷府》均作"漢江宴別"。如果《黃鶴樓集》編者所見作"漢江宴別",那麽他將此詩收入《黃鶴樓集》,就很勉强。他在編寫時,所見的古籍一定是作"漢口宴別"。南北朝已有"漢口"的説法,《北史·陸法和傳》:"及魏舉兵,法和自郢入漢口,將赴江陵。"李白《贈漢陽輔録事二首》之二:"漢口雙魚白錦鱗,令傳尺素報情人。"因此,原題作"漢口宴別"的可能性很大。

"水廣不分天,舟移杳若仙",《文苑英華》《初學記》《識小録》《全唐詩》《古詩鏡》《石倉歷代詩選》《古儷府》《宋之問集》"水"均作"漢"。但是這都不能證明《黃鶴樓集》作"水"是後人改動的。周履靖《錦箋記》第二十一出《泛月》："水廣不分天，舟行杳若仙。游縱不可極，遺恨此山川。"顯然是化用宋之問詩而來，作"水廣"。

"清江浮暖日，黃鶴弄晴烟"，《初學記》《文苑英華》《全唐詩》《古詩鏡》《石倉歷代詩選》《古儷府》作"秋虹映晚日，江鶴弄晴烟"，"黃"《全唐詩》作"江"，注"秋"："一作'林'。"就對仗看，可能《黃鶴樓集》爲優，"清"諧音"青"，跟"黃"對仗，是顏色對。有人從詩作意境上說"江鶴弄晴烟"比"秋虹映晚日"好，清賀裳《載酒園詩話》卷一"一聯工力不均"："宋延清初唐名家，然如'秋虹映晚日'，固不及下句'江鶴弄晴烟'之妙。"但《黃鶴樓集》保留了另外的異文，跟其他古籍展現的意境不一樣。

"積水移冠蓋，搖風逐管弦"，"移"《全唐詩》作"浮"；"搖"，《古儷府》同，《全唐詩》《古詩鏡》《石倉歷代詩選》作"遥"。《黃鶴樓集》用"移"不用"浮"，前面已出現"浮"字，所以不可能再用"浮"。"搖風"和"遥風"古籍都有，無法斷定原詩是作"搖"還是"遥"。

"嬉游不知極，留恨此長川"，《文苑英華》《初學記》《全唐詩》《古儷府》《古詩鏡》《石倉歷代詩選》"知"都作"可"，"長"都作"山"。"知"改作"可"也符合五言律詩的格律。這也無法判斷原詩爲何，但是《黃鶴樓集》提供了异文。

（七）卷上"五言律"收孟浩然詩，詩題《溯江過》，《全唐詩》作"溯江至武昌"，無法斷定其原文爲何。

"家本洞庭上，歲時歸思催"，《孟浩然集》同於《黃鶴樓集》。《全唐詩》"庭"作"湖"，注："一作'庭'。"作"洞庭"，意思是廣闊的庭院。《莊子·天運》："帝張《咸池》之樂於洞庭之野。"成玄英疏："洞庭之野，天池之間，非太湖之洞庭也。"三國魏曹植《七啓》："爾乃御文軒，臨洞庭。"宋蘇軾《坤成節集英殿教坊詞·教坊致語》："洞庭九奏，始識《咸池》之音；靈岳三呼，共獻後天之祝。"孟浩然是湖北襄陽人，他說"家本洞庭上"

是指自己四處漂泊，以四海爲家，所以後文説“歲時歸思催”。因此，原文作“洞庭”沒有任何問題。有人以爲“洞庭”祇能做“洞庭湖”講，從而斷定“庭”是“湖”之訛，這是有問題的，是將“洞庭”理解爲洞庭湖，這就有偏狹了。事實上，作“洞庭”和作“洞湖”都有根據，考慮到“洞庭”作“廣闊的庭院”講比較生，可能原作爲“洞庭”，後人改爲“洞湖”的可能性更大。

“客心徒欲速，江路共邅回”，《孟浩然集》《石倉歷代詩選》《全唐詩》“共”作“苦”，都有來歷。

“殘凍因風解，新芳度臘開”，《全唐詩》“芳”作“正”，“度”下注：“一作‘梅變’”，《孟浩然集》作“新梅變臘開”。這裏“正”是平聲，不同的異文都符合唐代語言、詩歌格律以及作品思想内容，無法判斷原詩爲何。

（八）卷上“七言律”收白居易《上江夏主人》詩，《白居易集》《白氏長慶集》《白香山詩集》《全唐詩》詩題均作“行次夏口，先寄李大夫”。《黃鶴樓集》和後面幾部書所録詩題都有不同的信息，當各有來歷。

“連山斷處大江流，紅旆逶迤鎮上游。幕下翺翔秦御史，軍前奔走漢諸侯。曾陪劍履升鸞殿，每謁旌幢入鶴樓。假著緋袍君莫笑，恩深方得向忠州”，《全唐詩》“每”作“欲”，《白居易集》《全唐詩》“方”作“始”。這些也都各有來歷，無法斷定原作爲何。

（九）卷上“七言律”收羅隱詩，詩題《黃鶴驛寓題》，《全唐詩》、四部叢刊《甲乙集》同，《全唐詩》注“寓”：“一作‘偶’。”中華書局1983年版《羅隱集》據清張瓚瑠榴堂本《羅昭諫集》改爲“偶”。原詩題爲何，很難斷定。

“驛雲芳草繞籬邊，勿向東流倚少年”，《羅隱集》《全唐詩》作“野雲芳草繞離鞭，敢對青樓倚少年”，“驛”作“野”，難定孰爲詩作原文。張本《羅昭諫集》“離鞭”作“籬邊”。《佩文韵府》下平聲一先韵“鞭”字下，收有“離鞭”一詞，舉例正好是羅隱此詩。籬邊，比較好懂。離鞭，則是用典，字面指離別上馬時所持皮鞭，借指仕途失意而又即將離開故人的士子。據説春秋時寧戚曾用牛鞭擊撞牛角，希望引起齊桓公注意，得到重用。《淮南子·道應訓》："寧越欲干齊桓公，困窮無以自達，於是爲商旅，將任車，以商於齊，暮宿於郭門之外。桓公郊迎客，夜開門，闢任車，爝火甚盛，從者甚衆，寧越飯牛車下，望見桓公而悲，擊牛角而疾商歌。桓公聞之，撫其僕之手曰：'異哉！歌者非常人也。'……當是舉也，桓公得之矣。"南唐湯悦《咏卧牛》："曾遭寧戚鞭敲角，又被田單火燎身。"將"離鞭"改爲"籬邊"容易解釋，反過來就不好解釋，"離鞭"之典比較生，所以《羅隱集》《全唐詩》可能保留了原貌。"勿向東流"《羅隱集》《全唐詩》作"敢對青樓"，相差甚遠。"倚少年"指仰仗着年輕，作"敢對青樓倚少年"意思是面對着豪華的樓房，我豈敢自恃年輕而不想去出仕呢；作"勿向東流倚少年"意思是面對着豪華的樓房，我不要自恃年輕而向東漂泊。羅隱是浙江富陽人，所以這樣說。無法斷定原詩是作"勿向東流"還是作"敢對青樓"。

"秋色未催榆塞雁，客心先下洞庭船"，《全唐詩》"未"下注："一作'來'"，《甲乙集》作"來催"，按：作"未"是，跟"先"對仗。"客"《全唐詩》《羅隱集》作"人"，難定原詩爲何。"高歌酒市非狂者，大爵屠門亦偶然"，《羅隱集》《全唐詩》"爵"作"嚼"，當爲"嚼"。"車馬同歸莫同恨，昔人頭白盡林泉"，《羅昭諫集》《全唐詩》"昔"作"古"，都有來歷。

（十）卷中"五言排律"收李白詩《送儲邕之武昌》："黃鶴西樓月，長江萬里情。春風三十度，空憶武昌城。送爾難爲別，銜杯惜未傾。湖連張樂地，山逐泛舟行。諾謂楚人重，詩傳謝朓清。滄浪吾有意，寄入棹歌聲"，"意"《詩人玉屑》《鞏溪詩話》《詩話總龜》《李太白詩集》《李太白文集》《全唐詩》《唐宋詩醇》等均作"曲"，"寄入"《詩人玉屑》《鞏溪詩話》《詩話總龜》作"相子"。金代李汾《雲溪曉汎圖》有"滄浪吾有約，寄謝同盟鷗"，顯然化用了李白的詩，"意"或"曲"的位置上作"約"。這些不同之處難定孰爲原作，孰爲後人所改。

（十一）卷中"七言絶"收李白詩，詩題後可能在刻印時漏掉了作者"李白"二字。詩題作《送孟浩然之廣陵》，《唐人萬首絶句選》《方輿勝覽》《唐文粹》同之。《李太白集》《湖廣通志》《古今詩删》《古詩鏡》《石倉歷代詩選》《古今圖書集成》《全唐詩》《唐宋詩醇》《唐詩品彙》等作"黄鶴樓送孟浩然之廣陵"。由於詩中有"故人西辭黄鶴樓"之句，因此詩題中即使不出現"黄鶴樓"三字，也可知道是在黄鶴樓那裏餞行，原詩題有無"黄鶴樓"三字，很難斷定。

（十二）卷中"七言絶"收李群玉詩，詩題作《黄鶴樓》，《文苑英華》《唐人萬首絶句選》《李群玉詩集》《湖廣通志》《全唐詩》作"漢陽太白樓"。據詩作内容"江上層樓灝氣間，滿簾春景見群山。青嵐緑水將愁去，深入吴雲遂不還"，這是寫長江，但是黄鶴樓在長江邊，如果當時漢陽有太白樓，也一定在長江邊，可惜無可考。所以原詩題作什麼，很難斷定，《黄鶴樓集》既然作"黄鶴樓"，收入《黄鶴樓集》，應該有編者的依據。

"江上花樓灝氣間，滿簾春景見群山"，《全唐詩》"花樓"作"層樓"，"層"下注："一作'晴'"，"灝氣"作"翠靄"，"春景"作"春水"，"滿群山"作"滿窗山"，這大多很難斷定原文是什麼。不過，"灝氣"在唐宋時期應該指秋天彌漫於天地間之氣，跟後面的"春水"不協調，作"翠靄"更符合原文。作"灝氣"，應是後人所改。

"青嵐緑水將愁去，深入吴雲遂不還"《全唐詩》"青嵐"作"青楓"，"緑水"作"緑草"，"深入"作"遠人"，"遂"作"暝"。這也很難斷定原文爲何。

（十三）卷下《黄鶴樓集補》"五言古"收李白《江夏寄漢陽輔録事》詩，"誰道此水廣，復如一匹練"，《全唐詩》《李白集》《李太白文集》《唐宋詩醇》等"復"均作"狹"。作"復"作"狹"都能講通，古書中"復如"之類的説法甚多，唐張説《新都南亭送郭元振盧崇道》："長懷賞心愛，如玉復如珪。"王涯《閨人贈遠五首》之五："洞房今夜月，如練復如霜。"謝偃《樂府新歌應教》："青樓綺閣已含春，凝妝艷粉復如神。"蘇頲《夜發三泉》："宛若銀磺橫，復如瑶臺結。"因此，我們無法將《黄鶴樓集》中的"復"坐實爲後人所改。"長籲結浮雲，埋没顧榮扇"，"籲"《全唐詩》作"呼"，都有來歷。

"他日觀軍容，投壺接高晏"的"晏"，當爲"宴"之訛。"晏"，《全唐詩》《李太白全集》《李白詩集注》《白孔六帖》《石倉歷代詩選》等作"宴"。按：作"宴"是，可能是刻印時形近、音近而訛。此詩"練、縣、見、箭、眷、填、戰、遍、扇、宴"全是霰、綫二韵的字押韵，"晏"是諫韵字，唐詩先、仙（舉平以賅上去。下同）二韵是一組，删、山二韵是一組，二組很少押韵。"投壺接高晏"作"高晏"講不通，"高晏"指樂曲的激越與舒緩；祇有作"高宴"，取"盛大的宴會"義，纔能講通。

（十四）卷下《黄鶴樓集補》"七言律"收武元衡詩《送田端公還鄂渚使府》，《石倉歷代詩選》《全唐詩》作"送田三端公還鄂州"，二者可互補。《全唐詩》的"三"顯然不可能是隨便能加上去的，一定有根據。

頸聯"清油幕裏人皆玉，黄鶴樓中月并鈎"，"清油"，《石倉歷代詩選》《全唐詩》作"青油"。有人以爲應校爲"青油"，作"清油"誤，可商。這兩句是對仗，如果是寫作"清"，就可以借對來解釋，"清"音同"青"，借爲"青"，跟"黄"對仗。嚴羽《滄浪詩話》有"借對"："孟浩然'廚人具雞黍，稚子摘楊梅'，太白'水春雲母碓，風掃石楠花'，少陵'竹葉於人既無分，菊花從此不須開'是也。""楊"借爲"羊"，跟"雞"對仗；"楠"借爲"男"，跟"母"對仗，這是借音兼借義。"竹葉"指竹葉青，酒名，借爲竹子葉，跟"菊花"對仗，這是借義。"清油幕、青油幕"唐代都可以用，意思是一樣的。青油幕，青油塗飾的帳幕，《南史·蕭韶傳》："韶接信甚薄，坐青油幕下，引信入宴，坐信別榻，有自矜色。"唐裴度《竇七中丞見示初至夏口獻元戎詩，輒戲和之》："出佐青油幕，來吟白雪篇。"也寫作"清油幕"，唐李端《送王副使還并州》："想到清油幕，長謀出左車。"元鄭元祐《壽春官達郎中》："清油幕下紫薇開，身總群綱擬上臺。"因此，"清油幕"不必看作"青油幕"之訛。

"皆"《全唐詩》作"如"，各有根據，很難判斷孰是孰非，都符合對仗要求。《全唐詩》作"青油幕裏人如玉，黄鶴樓中月并鈎"，按《全唐詩》，

"如、并"同義，都是動詞，因爲"如"衹能是動詞，作"如同"講，"并"跟"如"同義，也有動詞用法，指如同。宋蘇軾《次韵参寥同前》："總是爛銀并白玉，不知奇貨有誰居。"明梁辰魚《攤破金字令·遇張月容於虎丘殿階》曲："芳容并月，皎潔如明鏡。"可見原詩寫作"如"，文從字順。依《黃鶴樓集》，原詩作"清油幕裏人皆玉，黃鶴樓中月并鈎"，也文從字順，"皆、并"都是副詞，指都。"并"指都，《漢書·趙充國傳》："虜并出絶轉道，卬以聞。"顔師古注："并猶俱也。"晋陶潛《桃花源記》："黃髮垂髫，并怡然自樂。"

尾聯作"君去庾公應獨在，馳心千里大江流"，《全唐詩》作"君去庾公應借問，馳心千里大江流"，"獨在"作"借問"，這也很難定其是非。

（十五）卷下《黃鶴樓集補》"七言絶"收杜牧詩，詩題《夏口》，《樊川詩集》《全唐詩》均作"漢江"。原詩："溶溶漾漾白鷗飛，綠净春深好染衣。南去北來人自老，夕陽長送釣船歸。"從詩作内容看，無法斷定原作詩題是"夏口"還是"漢江"。《黃鶴樓集》既然爲"夏口"，并且收入本集，則編者所見詩題一定是"夏口"，而且詩作所寫的是長江和漢水交匯處的江景；如果是作"漢江"，那麼該詩一定不是寫長江的景色，而是寫漢江一帶的景色。現在無法對原作詩題是"夏口"還是"漢江"做出選擇。

這些材料，都有力表明，《黃鶴樓集》和其他古籍相關語句都經過改動。《黃鶴樓集》給我們提供了跟今天其他載有這些詩文的傳世古籍不一樣的異文形式，很珍貴。從理論上説，可能有個别異文是原詩文作者自己的改動，但是大部分應是後人的改動。

由於這些詩文經過了後人改動，我們無法斷定這些異文哪一個符合詩文原作，因此在利用它們研究歷代語言時，一定不能在没有充分論證的前提下，匆忙將其中的一種异文形式當作原文，去探討當時的語言現象。

前人在研究一篇詩文時，常常從謀篇布局和措辭好不好的角度去做評價，進行鑒賞。如果他們感到一篇詩文遣詞用句采用另外一種表達可能更好，有時候就會去動手改原文，例如賀知章《回鄉偶書》、李白《將進酒》，都經過了後人改動。後人改動前人詩文，這似乎成爲一個傳統，唐宋以後成爲風氣。這些改動，有不少比原詩文更有趣味，這是導致有些古詩文有不同异文的一個重要方面，決不可忽視。因此，碰到某詩文有异文而又無法定某種异文形式是作品原文時，如果我們從詩文賞析的角度，選擇其中一種做出分析，説某處用某字、某詞怎麽好，這應該是無可厚非的。但是，如果我們是要分析原詩文作者用某字、某詞怎麽好，某詩文反映了原詩文作者什麽樣的思想感情及藝術表現手法，這就有問題了，因爲這個"某字、某詞"等不一定是詩文作者的原文。不少研究者常常以改動之後的作品代替原作，采取這樣的研究策略，去分析當時的語言現象，或者對原作進行文學欣賞，我認爲這是不太合適的。從這個角度説，《黄鶴樓集》提供的一些詩文的异文形式，對我們正確認識某些遣詞造句是否作品原文，從而真正理解詩文作者的思想感情和藝術表現手法，是很有用處的。

上面我選取了《黄鶴樓集》所收唐代及唐代以前的詩文，比照其他收録這些詩文的傳本，想得出這樣的結論：今傳古詩文，有相當多的异文。有些异文透露出不少後人改動之處；各書之間的异文相當複雜，有些就今天的知識來説，難定取捨，有些是可以恢復原作之貌的。我想，之所以出現這麽多的异文，原因是多方面的，可能跟科舉考試和古人對文章做法的探討、雕版印刷的出現等都有關係，詳情還可繼續討論。

由於有些古詩文經過了後人的改動，因此，我們在研究歷代語言和文本時，必須充分注意异文。在古詩文的注釋中，除了字詞句的釋讀，如何處理异文現象，值得今後從理論和實踐上繼續研究。隨着時間推移，學術界對《黄鶴樓集》所收明代以前的詩文的校注有新的進展，知識有新積澱，對《黄鶴樓集》所收詩文的認識取得了一些重要突破。因此，充分吸收既有的研究，特別是近三十年來的研究成果，給《黄鶴樓集》做出新校注，以適應時代需要，這應該提到日程上來。從這個角度説，徐恕先生捐贈給湖北省圖書館的這部善本《黄鶴樓集》對於我們傳承文化、發展湖北的文化建設事業，具有積極意義，必須引起重視。正因如此，值此徐恕先生130周年誕辰之際，我們更加深切地緬懷他爲湖北、爲中國文化事業立下的功德，希望《黃鶴樓集》在傳承文化過程中發揮更大作用。

【 參考文獻 】

［1］郭錫良編著，雷瑭洵參訂：《漢字古音表稿》，北京：中華書局，2020年。

［2］（明）孫承榮等：《明刻黃鶴樓集》，武漢：湖北人民出版社，1984年影印。

［3］王啓興、張虹、張金海、陳順智：《明刻黃鶴樓集校注》，武漢：湖北人民出版社，1992年。

徐行可校跋本《醉翁談録》略考

羅恰　張曉冲（湖北省博物館）

　　傳世名"醉翁談録"的著作有兩種，一爲宋人羅燁所編，其中收有不少通俗傳奇作品而備受小説研究者重視。此書國内久佚，在日本發現有南宋刻本①。另一種爲宋人金盈之撰，内容記唐代遺事、宋人詩文和宋代京城風俗等，與羅燁所著《醉翁談録》有很小的一部分相同②，著録於黄虞稷《千頃堂書目》、阮元《擥經室外集》及傅增湘《藏園群書經眼録》等書。

　　金盈之《醉翁談録》先後收於阮元主持編纂之《宛委别藏》、方功惠輯刻之《碧琳瑯館叢書》、黄肇沂彙印之《芋園叢書》以及張鈞衡輯刻之《適園叢書》等。《宛委别藏》本（以下簡稱宛委本）僅存前五卷，此本後影印收入《續修四庫全書》。《碧琳瑯館叢書》本（下文簡稱方本）與《芋園叢書》本實同，《芋園叢書》爲民國二十四年（1935）廣東黄肇沂據舊板彙印，所收《醉翁談録》乃以《碧琳瑯館叢書》板片刷印。《適園叢書》本（下文簡稱張本）之底本爲拜經樓抄足本，題作《新編醉翁談録》。另國家圖書館藏明抄本一部③、清蔣維基茹古精舍抄本一部④，廈門大學圖書館藏黄裳跋舊抄本

---

①　嚴紹璗：《日本藏漢籍珍本追踪紀實——嚴紹璗海外訪書志》，上海：上海古籍出版社，2005年，第361頁。

②　戴望舒：《跋〈醉翁談録〉》，《小説戲曲論集》，北京：作家出版社，1958年，第56頁。

③　此即明汲古閣影宋抄本，爲八卷本，存五至八卷，有毛扆校，文字内容近宛委本、方本，索書號：善本10395。潘景鄭有《毛鈔本新編醉翁談録》專文談及，可參看。見潘景鄭：《著硯樓書跋》，上海：古典文學出版社，1957年，第215—216頁。

④　此爲八卷本，九行二十字，緑格，緑口，左右雙邊，文字内容近宛委本、方本，索書號：善本12256。

一部①，南京圖書館藏有莫友芝跋清劉履芬抄本一部②、清抄本兩部③，北京大學圖書館藏有清抄本一部④等。

這些版本可分爲五卷本與八卷本兩個系統。五卷本即宛委本，餘皆屬於八卷本。宛委本爲何僅存五卷，莫友芝在《宋元舊本書經眼録》中曾有提及："阮文達公撫浙時進呈遺書，金録事《醉翁談録》是其一種。然《外集》提要所述才五卷，相傳文達裁去後三卷，蓋如《直齋書録》斥唐人《教坊記》猥褻之意。今令欽所録固不廢也。己巳仲春江山洴生氏以親録八卷相示，漫識。邵亭眡叟。"⑤據此，則八卷本實爲足本，五卷本乃阮元進呈時有意删汰者。

湖北省博物館藏有金盈之《醉翁談録》清抄本一册，八卷，半葉八行，行二十一字。據譚獻《復堂日記》及周星詒《周氏傳忠堂書目》《書鈔閣行篋書目》各書著録信息，知湖北省博藏此抄本乃周星詒托譚獻購自福州陳徵芝處⑥，後歸柯逢時。柯歿後，家人將之捐獻武漢文管會。武漢文管會後又將其調撥湖北省博物館收藏。則此抄本曾經陳徵芝、周星詒、柯逢時收藏，也算流傳有序。書中尚鈐有"鄭齋校讀之本""讀書東觀"藏書印。"鄭齋"或爲沈樹鏞别號。沈樹鏞生平收藏書畫、古籍甚豐，則此抄本曾爲其插架之物。

---

① 此爲八卷本，一册，半葉八行二十字，墨筆抄寫，間有硃筆校改。據黄裳跋，此抄本是他1953年在杭州清河坊匯古齋中購得，係照宋板抄出，卷中有缺文皆宋板原缺，與國圖藏明汲古閣影宋抄本是同一部書。參見王志雙：《廈門大學圖書館藏未刊古籍題跋輯録》，程焕文、沈津、王蕾、張琦主編：《2016年中文古籍整理與版本目録學國際學術研討會論文集（下）》，桂林：廣西師範大學出版社，2018年，第880—883頁。

② 此本即莫友芝在《宋元舊本書經眼録》中提及之本，索書號：GJ/顧0441。

③ 均爲八卷本，索書號：GJ/KB2142、GJ/EB/113041。丁丙八千卷樓舊藏一部《醉翁談録》抄本，亦是八卷本。見（清）丁丙藏，丁立中編：《八千卷樓書目》卷十四《子部·小説家類》，民國十二年（1923）錢塘丁氏聚珍倣宋本，頁5a。因八千卷樓藏書全部售予江南圖書館（現歸南京圖書館），故此抄本應在南圖，不知是哪一部。

④ 此本爲八卷本，一册，版本内容不詳，索書號：LSB/281。

⑤ （清）莫友芝撰，邱麗玟、李淑燕點校：《宋元舊本書經眼録　持静齋藏書記要》，《中國歷代書目題跋叢書（第三輯）》，上海：上海古籍出版社，2009年，第86頁。

⑥ 參見吳安根：《譚獻代周星詒購藏陳氏帶經堂書籍考——兼及周、譚二人的交游與交惡》，《文獻》2019年第3期，第141頁。

名家遞藏，於古籍而言，亦爲其價值增色不少。

此抄本有徐恕（行可）先生硃校及跋語，精勘細校，從中可見徐氏扎實之文獻功底及嚴謹之治學態度。今略作考釋，以就正於大雅方家。

一、校訂部分

徐行可先生精版本之學，曾任武昌文華圖書館學專科學校目錄學教授，時人稱其一學期中所講者不過《四庫總目》中第一條《子夏易傳》而已，可反證其對於古書版本研究之精到①。其於版本之論著今不多傳，曾見《題明程君房〈墨苑圖〉後》一文②，考論切肯，頗見治版本學之功力。

此抄本中徐氏硃校頗爲細緻，除訛、脱、倒、衍之處均予是正外，异體、俗體之別，亦予規範。由校改情形來看，主要據張本校改，其次是方本。從校改內容來看，主要有以下幾個方面：

（一）正誤

有訛誤處，據他本一一訂正，如：

卷一"資中令敬清龜卜"，"清"，方本、張本俱作"請"，據改。《竹奴文》"簾失臺輿"，"失"，方本、張本俱作"夫"，據改。《司馬公聯句》"小頃"，"小"，方本、張本俱作"少"，據改。

卷二《戊辰親恩游御園録》"趙善恭作蕭"，"蕭"，方本、張本俱作"蕭"，據改。"調官較蓺中都者"，"蓺"，方本、張本俱作"藝"，據改。

卷三《二月》"幼女輒工夫"，"輒"，方本、張本俱作"輟"，據改。

卷四《六月》"六月開封府"，"月"，方本、張本俱作"日"，據改。

① 見蓮只（汪應文）：《憶獵書家徐行可氏》，《今文月刊》第二卷第一期，重慶：文信書局，1943年，第50頁。

② 徐行可：《題明程君房〈墨苑圖〉後》，《文華圖書科季刊》第二卷第三、四期，1930年，第297—304頁。

卷五《神仙術》"僅成羸疾","羸",方本、張本俱作"贏",據改。《元藏幾滄洲遇仙》"去國以數萬里","以",方本、張本俱作"已",據改。"蕭韶之樂","蕭",方本同,張本作"簫",據張本改,"簫韶"爲成辭。《羅浮先生》"鷄皮紿背","紿",方本、張本俱作"鮐",據改。《爾雅·釋詁上》:"鮐背、耇老,壽也。"

卷六《賀葉僧下山娶尼疏》"難得畫圖中猫這變相","猫",方本、張本俱作"描",據改。《弃吏爲僧疏》"還卯西","卯",方本、張本俱作"卵",據改。《僧與妓弟下火》"死後誰伶一點恩","伶",方本、張本俱作"憐",據改。又"更欄人静照幽魂","欄",方本、張本俱作"闌",據改。《撒土》"在地則爲方物之主","方",方本、張本俱作"萬",據改。

卷七《平康總序》"平衡人物應到","到",方本、張本俱作"對",據改。《舉舉善譏辯》"體充博兒","兒",方本、張本俱作"貌",據改。"兒"應是"皃"之誤字,"皃"爲"貌"古字。又"舉士雖一時清貴","舉",方本、張本俱作"學",據改。

卷八《令賓能詩筆》"我不久矣若受我","受",方本、張本俱作"愛",據改。《妓因得詩增重》"門前獨有樗樹子未幾遇雨","子",方本同,張本作"予",據張本改。

(二)補闕

抄本中脱漏之處均據他本補足,以張本爲主,如:

卷一《約朋友結課檄書》"多益辦","益"前脱一"多"字,方本、張本均不脱,據補。

卷二《同昌公主》"明薄鑒","薄"字後據方本、張本補"可"字。

卷七《舉舉善譏辯》"分管諸妓名籍名當時","籍"字後據方本、張本補"追"字。

卷八脱簡最多,如:

《德奴家燭有異香》"座間忽聞香人盈室","香"與"人"之間原有闕文，方本同，據張本補"氣逼"二字。又"不識其香之所自來因詰發自燭中"，"詰"與"發"之間原有闕文，方本同，據張本補"德奴始知其香"六字。

《令賓能詩筆》"皆哀挽之詞於地"，"詞"與"於"之間原有闕文，方本同，據張本補"擲之"二字。

又《蘇蘇和詩譏進土》脫文較多（以【】標出，標點爲筆者所加。下同）："因謂之曰：'阿誰留郎君？【莫亂】道。'取筆繼之於後，詩曰：'【怪得犬驚鷄】亂飛，贏童瘦馬老麻衣。【阿誰亂引閑人到，留住青蚨熱趕歸。】'標性褊，【頭面通赤，命駕先歸。後蘇蘇見王家郎君，】即戲詢曰：'熱趕歸漢【在否？】'""阿誰亂引閑人到，留住青蚨熱趕歸"一句，徐氏墨筆注云："方本此二句以下闕文與此鈔本同。"

《妓因得詩增重》脫文亦多："劉泰娘，南曲之北巷小【家女也。彼曲素無高遠者，】人不知之。春日上巳，忽於【慈恩寺前見曲中諸妓】同游曲江，集宴寺側，下輦而行。【年齒甚妙，容色】不凡。一時游人甚重，爭往譃之。問其妓，【詰之以居，】乃知其爲泰娘，門前獨有樗樹。予未幾遇雨，諸妓分散。至暮，予有事北去，因經泰娘之門。適遇泰娘返【舍，】予因過之。舉筆題其舍窗，詩曰"。脫文據張本補。

《潘瓊兒家繁盛》"曲江之游"，據張本補作"曲江金明池之游"。

（三）訂异

遇有异文，徐氏大率據張本校訂。

每卷之標題，抄本均以首條條目爲之，如卷一標題作"名公佳製卷之一"，卷五標題作"瑣闥异聞卷之五"，徐氏皆以硃筆改作"新編醉翁談錄卷之×"。

另如卷一《史丞相上梁文》"莫成脅天之殊勳"，"脅"，方本、張本俱作"協"，改作"協"。"疇韙"，方本同，張本作"酬偉"，據張本改。"萬里狼鋒"，"鋒"，方本作"烟"，張本作"烽"，據張本改。《約朋友結課檄書》

"欲跨烏錐馬"，"錐"，方本同，張本作"騅"，據張本改。

卷二"戊辰親恩游御園録"，"親"，張本同，方本作"新"。"合風殿"，"合"，方本同，張本作"含"，據張本改。"曲江之晏"，"晏"，方本、張本作"宴"，據方本、張本改。

卷三《二月》"以綵絲繫蒜"，"絲"，方本同，張本作"線"，據張本改。"則多外生三宜也"，"生"，方本同，張本作"甥"，據張本改。《三月》"而御賣者甚衆"，"御"，方本、張本均作"衒"，據改。"士庶蒲搏其中"，"蒲"，方本同，張本作"蒱"，據張本改。"名曰鬭花會"，"鬭"，方本作"鬥"，張本作"鬪"，據張本改。"笑曰安旡"，方本同，張本"安"後有"得"字，據張本補。

卷五《奉天之讖》"以頭載日"，"載"，方本同，張本作"戴"，據張本改。《神仙術》"前焚鳳腦香"，"前"，方本同，張本作"并"，據張本改。"金玉屑化爲蝴蝶"，"蝴"，方本同，張本作"胡"，據張本改。"必嘉嘆曰"，"嘆"，方本同，張本作"歎"，據張本改，文中他處皆如此。"雕木爲則劇術"，方本"則劇術"作"技術"，張本"則"作"技"，據張本改。"丹砂唊之"，"唊"，方本、張本均作"啗"，據方本、張本改。《元藏幾滄洲遇仙》"即語曰不戴金蓮花"，"即"，方本同，張本作"則"據張本改。《羅浮先生》"縝髮絳唇"，"唇"，方本、張本作"脣"，據方本、張本改。

卷六《賀葉僧下山娶尼疏》"墮鵲外孫"，"墮"，方本同，張本作"墜"，據張本改。"後隨師姓包"，"包"，方本同，張本作"也"，據張本改。"兩花徒爾幻陽臺"，"兩"，方本同，張本作"雨"，據張本改。《弃吏爲僧疏》"急抛妻等閑"，"閑"，方本同，張本作"閒"，據張本改。《僧化結路建橋疏》"顧我發心"，"顧"，方本同，張本作"願"，據張本改。

卷七《平康總序》"不吝所費則下居"，"居"，方本同，張本作"車"，據張本改。"設闌雇吏"，"闌"，方本作"圍"，張本作"團"，據張本改。《序妓子母所自》"亦妓色蒼"，"亦"，方本同，張本作"以"，據張本改。又"爲廣客不知"，"廣"，方本同，張本作"廟"，據改。《常兒詩筆》"登科得任"，"任"，方本同，張本作"仕"，據張本改。

卷八《德奴家燭有异香》"及其方筵一啓"，"方"，方本同，張本作"芳"，據張本改。又"徹夜清芬"，"芬"，方本同，張本作"芳"，據張本改。《令賓能詩筆》"其三挽詩"，"詩"，方本同，張本作"章"，據張本改。《潘瓊兒家繁盛》"娣妹則必釀金來賀"，"娣"，方本同，張本作"姊，據張本改"。又"期集慈恩寺"，"慈恩"，方本同，張本作"相國"，據張本改。

徐氏也并非全依張本校改，亦有存异之處。如卷五《金玉屑化爲蝴蝶》"追捉以爲娛繼遲明視之"，"繼"，方本同，張本無"繼"字。此處即未删"繼"字，僅旁注："張本無'繼'字。"卷六《撒土》"當擁護"，"當"，方本同，旁注："張本作'常'。"存异未改。卷七《詩贈團兒二女》"仙子曳羅裳"，"羅"字，旁注："方本、張本均作'霓'。"未作校改。"羅裳""霓裳"均通，故可兩存。

（四）正字

抄本中俗體、异體用字多與宛委本同，徐氏往往以硃筆改作規範寫法，如：

卷一《史丞相上梁文》"嘉定己巳勅賜府第"，方本、張本"勅"均作"敕"。《竹奴文》"予以畏日霍晝"，改"霍"爲"虐"。"須凴肱據服"，改"服"作"股"。"旡沮作"，改"旡"作"無"。"庸迪陋"，改"陋"作"陋"。《御書扇銘》"屬厶爲之銘曰"，改"厶"作"某"。《司馬公聯句》"丹吟兩句"，改"丹"作"再"。

卷二《同昌公主》"奇花异菓"，改"菓"作"果"。

卷三《正月》"棘盆燈"，改"棘"作"棘"。"大如棗栗"，改"棗"作"棗"。《二月》"則是其驗"，改"驗"作"驗"。

卷四《七月》"其寔此針不可用也"，改"寔"作"實"。

卷六《賀葉僧下山娶尼疏》"晉取得箇中三昧"，改"晉"作"管"。《僧化結路建橋疏》"這一叚話"，改"叚"作"段"。

（五）校記

一些异文，徐氏認爲某本有誤，則出校記言明，如：

卷一《竹奴文》"无沮作"，"作"，方本作"詐"，張本作"怍"，據張本改。徐氏校記："方本誤'詐'。"

卷三《正月》"又插雪柳凡雪梅皆繒楮爲之"，"柳凡"，方本作"柳及"，張本作"梅凡"，據張本改。"繒楮"，張本同，方本作"繪綵"。徐氏校記："方本作'柳及'誤。方本作'繪綵'誤。"

卷四《十月》"開爐向火乃沃酒"，"乃"，張本同，方本作"及"。徐氏校記："方本作'及'誤。"

卷五《神仙術》"海上常種靈草"，"靈"，張本同，方本作"神"。徐氏校記："方本作'神'誤。"《九花虬》"頭頸宗鬣"，"宗"，方本作"騌"，張本作"騣"，據張本改。徐氏校記："'宗'乃'騣'之誤，俗字也。"《元藏幾滄洲遇仙》"可方數千里"，"千"，張本同，方本作"十"。徐氏校記："方本作'十'，當從之。"

另一些有疑問之處，徐氏亦予以説明，如：

卷四《七月》"車馬嗔咽"，"嗔"，方本、張本皆同。徐氏云："當作'闐'。'嗔'，《玉篇》：'盛聲也。'有'田'音。"

卷五《奉天之讖》"知星者語上"，周星詒眉批："'知'疑'如'。"徐氏云："此不誤。'知星者'三字連讀，上文有之，言其名材字與知星者語相應也。"《聞步輦香》"非龍腦耶"，"耶"，方本、張本俱同。徐氏硃筆改作"邪"，并旁注："方本作'耶'。"

卷六《了禪師與覺和尚下火》"只解恁麼去下解恁麼來"，"下"，方本、張本均同。徐氏云："'下'字疑'不'字壞闕。"

卷八《妓因得詩增重》標題未提行，接在《令賓能詩筆》文末。徐氏硃筆注云："此標目。"又首句"劉泰娘南曲之北巷"一句未頂格。徐氏亦用硃筆注云："'劉泰娘'云云頂格寫，乃本文也。"又"游人甚重"，"重"，方本、張本均同。徐氏硃筆旁注："疑當作'衆'。"

另抄本中尚有倒文、衍文，爲數不多，徐氏均予以糾正。乙正倒文，如卷一《約朋友結課檄書》"須還扛鼎之人"，"須還"二字，張本同，方本作"還須"，據方本乙。刪衍文，如卷三《三月》"僧思振俛首"，方本同，張本無"僧"字，徐氏據張本刪。

（六）疏漏

徐氏校訂雖極爲細緻，亦難免有疏漏之處。

漏校之處如卷六目録中標題"吏人下火"，正文作"永長老與吏人下火"；又標題"下火六事"，正文分別作"醉僧溺死與下火""崇薦龔老與傅磨下火姓吳""僧與妓弟下火""崇和尚與妓下火""僧贊子母遭焚偈""居士夏月舉火""與女人舉棺"，徐氏皆未出校。

另如卷一《史丞相上梁文》"紫宸咫尺之遥"，"宸"與"咫"之間有脱文，方本、張本同，宛委本有一"隔"字，可據宛委本補，徐氏未出校。卷六《撒土》"朝吉耀善神"，"耀"，方本、張本均作"曜"，徐氏未出校。卷七"舉舉善讖辯"，方本同，張本作"舉舉善辯"，脱一"讖"字，徐氏未出校。又"每妓一席四環"，"環"，方本同，張本作"鐶"，徐氏未出校。

疏誤之處如卷八《妓因得詩增重》末句"聲名獨是增重"，"獨"，方本同，張本作"由"，徐氏據張本改，而旁注云："方本作'由'。"顯係誤植。

除方本、張本外，徐氏似另有參校本。如卷七《舉舉善讖辯》"又倍其數故"，"故"後原有脱文未補，方本、明汲古閣影宋抄本、蔣維基茹古精舍抄本同，徐氏據張本補作"云復分錢"，而旁注云："一本作'至十六環'。"《舉舉善讖辯》内容出自《北里志》"鄭舉舉"條，内容有刪改。《北里志》版本較多，但此處均作"云復分錢"，未見异文。徐氏此處所稱"一本"未知所據何本。

另需説明者，徐氏用以校勘之本僅有方本與張本，而其他諸本或因不曾

寓目而未用以參校①。從校勘情況來看，此抄本文字内容與宛委本、方本、汲
古閣抄本及茹古精舍抄本略同，質量遜於張本（張本實出繆荃孫手②，於此可
見名家水準），然亦有可正張本之處。

二、題跋、眉批與夾簽部分

此抄本收録於周星詒《周氏傳忠堂書目》及《書鈔閣行篋書目》，云
"趙晋齋鈔本"③。卷前尚有周氏題跋一則，今迻録於下：

> 《醉翁談録》八卷，裝二册。
>
> 《談録》著録盧學士《補四史藝文志》，注曰不知姓。此爲趙晋齋④寫校
> 本，題曰"金盈之"。知學士未得見書，但據黄、倪《書目》耳。盈之
> 籍貫無考，詳卷中記載，當是嘉定以後人。其書多輯録唐宋人小説及當
> 時文之俳者，頗不足觀。特以宋人舊帙，寫本僅傳，存之篋衍，以供好
> 事者旁求也。辛未立秋後三日巳公識。

---

① 承馬志立先生告知，湖北省圖書館藏有徐氏校《適園叢書》本《醉翁談録》，其卷前迻録
  湖北省博物館藏此抄本之周星詒題跋與夾簽文字，内容稍有不同，書中有徐氏硃筆校改。
  因未目驗全書，不知是否以湖北省博物館藏此抄本參校。
② 繆荃孫《適園叢書序》云："適園主人以名孝廉生吳興山水之區，熟聞鄉先輩魚計亭、眠
  琴山館、芳椒堂之風，手聚舊刻名鈔，以數萬計，擇罕見而可傳者付諸削氏，以永其傳，
  以嘉惠於斯世。又以荃孫颲知目録校讐之學，命以監造，時及兩載，先成十有六種，分爲
  四集，先以問世。"據此，《適園叢書》實爲繆荃孫代張鈞衡校刻。見《適園叢書》卷首，
  民國二年至六年（1913—1917）烏程張氏刻本。
③ （清）周星詒藏并編：《周氏傳忠堂書目四卷附録一卷》，林夕主編：《中國著名藏書家書目
  匯刊·近代卷⑨》，商務印書館影印民國二十五年（1936）上海羅氏蟫隱廬石印本，2005
  年，第140頁；（清）周星詒藏并編：《書鈔閣行篋書目》，林夕主編：《中國著名藏書家書
  目匯刊·近代卷⑨》，商務印書館影印民國元年（1912）海寧費寅復齋抄本，2005年，第
  328頁。
④ 趙魏（1746—1825），字恪生，號晋齋，浙江仁和（今浙江杭州）人，貢生。考證碑版有
  獨識，收藏金石甚富。兼善畫，人稱鬼工。有《竹崦盦金石目録》《竹崦盦傳抄書目》等。

盧學士指盧文弨，號抱經，人稱抱經先生，以校書稱名於世，著有《群書拾補》，又彙刻《抱經堂叢書》。所謂"補四史藝文志"者，指《宋史藝文志補》與《補遼金元藝文志》兩書。"黃"指黃虞稷（1629—1691），字俞邰，號楮園，明末清初福建晉江人，著名藏書家，與修《明史》。著有《千頃堂書目》《楮園雜志》等。"倪"指倪燦（1626—1687），字闇公，號雁園，江蘇江寧（今江蘇南京）人，史志目錄學家，曾充《明史》纂修官，所撰《藝文志序》，窮流溯源，與姜宸英《刑法志序》并推杰搆[①]，著有《雁園集》等。

　　《宋史藝文志補》與《補遼金元藝文志》二書的作者，一般認爲是倪燦，實際上應是黃虞稷，王重民先生在《〈千頃堂書目〉考》一文中已有辨正[②]。黃氏所撰《千頃堂書目》，後來被王鴻緒采用，成爲《明史藝文志》的底稿。周中孚說《千頃堂書目》乃黃虞稷竊取倪燦底本增訂而成，云："虞邰蓋佐闇公修《藝文志》者，後知史館不用倪藁，因取底本加以增訂，別改其標題爲一書。"[③]不知何據，恐未必然[④]。周跋此處提及《千頃堂書目》而將黃、倪并稱，不知是否受周中孚影響。"辛未"乃同治十年（1871），"已公"爲周星詒別號。

　　《千頃堂書目》子部云："盈之《醉翁談錄》八卷，不知姓，官從政郎衡州錄事參軍。"[⑤]《宋史藝文志補》子部云："盈之《醉翁談錄》八卷，不知姓，衡州錄事參軍。"[⑥]金盈之之生平今已不可詳考。

---

①　趙爾巽等撰：《清史稿》卷四百八十四《文苑一》，北京：中華書局，1977年，第13344頁；王鍾翰點校：《清史列傳》卷七十《文苑傳一》，北京：中華書局，1987年，第5727頁。

②　見王重民：《中國目錄學史論叢》，北京：中華書局，1984年，第195、209頁。

③　（清）周中孚撰：《鄭堂讀書記附補逸》卷三十二《元史藝文志四卷》，北京：商務印書館，1959年重印第一版，第599頁。

④　梁啓超：《圖書大辭典簿錄之部》，《梁啓超全集》第九冊第十七卷《古書真偽及其年代》，北京：北京出版社，1999年，第5148頁。

⑤　（清）黃虞稷撰，瞿鳳起、潘景鄭整理：《千頃堂數目（附索引）》卷十二，上海：上海古籍出版社，2001年，第348頁。

⑥　（清）盧文弨撰：《群書拾補》收錄《宋史藝文志補》子部，《續修四庫全書》第1149冊，上海：上海古籍出版社，2002年，第588頁。

此抄本卷前尚有徐行可跋語一則，述及此抄本之版本、遞藏及牽涉學人軼事等，其内容有裨學林，謹迻録於下：

此書《四庫目》未著録，阮伯元氏始校寫奏進，所譔提要見《揅經室外集》卷一。光緒中，巴陵方柳橋功惠始刊入《碧琳琅館叢書》，乃多傳本。壬子丕變後一年，癸巳歲，烏程張石銘鈞衡復刻之《適園叢書》中，所據爲拜經樓鈔本，可補正方本脱誤。兩本均八卷，視阮氏寫進五卷多卷六《禪林叢録》、卷七卷八之《平康巷陌記》，爲完帙也。此册脱誤略同方本，亦有足正張本處，亦舊鈔之佳者。沈疇春同志爲文物會購得此書。卷首坿葉題字及卷五前題“書鈔閣秘極”等字，均爲祥符周季貺星詒手迹。季貺曾得舊鈔《北堂書鈔》，爲孫伯淵、嚴鐵橋手校者，故以名閣。葉鞠裳昌熾《藏書紀事詩》云，同邑蔣香生鳳藻得季貺藏舊本虞秘監書，築書鈔閣貯之。昧厥由來矣。季貺以服官絓誤遣戍，受蔣氏重金，以書歸之。其人寔無行。李恁伯慈銘與潘伯寅書云，庚申冬，老母鬻田得四百金，將謀寄都，而季尫（尫，貺音轉）公肆無良，劫攷以去。正謂其人。友儕居五倫之一，季貺所爲，寧復有交道邪？校斟此書，爲特記之，以著滿珠季末仕途之濫，彝倫之斁，其亡徵之先見也有如此者。秉國之人宜知所取鑒矣。癸巳孟冬，武昌徐恕。（鈐“徐恕”朱方印）

文中所提及之周季貺星詒、孫伯淵（星衍）、嚴鐵橋（可均）、葉鞠裳昌熾、蔣香生鳳藻、李恁伯慈銘、潘伯寅（祖蔭）等人，皆爲藏書界名人。李慈銘曾托周星詒之兄周星譽捐官，而周星譽以部分款項移爲周星詒捐外官用，李氏因此與二周構怨，乃至痛罵二周爲“鬼蜮”[1]。跋文所説周星詒劫奪李慈銘

---

[1] （清）李慈銘著，劉再華校點：《越縵堂詩文集》，上海：上海古籍出版社，2012年，第823頁。

母親鬻田金事，即指此。

跋文中提及巴陵方柳橋功惠刊印《碧琳琅館叢書》、烏程張石銘鈞衡刊印《適園叢書》。方功惠（1829—1897），字慶齡，號柳橋，湖南巴陵（今湖南岳陽）人。曾官廣東番禺、南海、順德知縣、潮州知府，爲清末著名藏書家，輯有《碧琳琅館叢書》四十四種，金盈之《醉翁談錄》爲是書丙部所收[1]。張鈞衡（1872—1927），字石銘，號適園主人，浙江南潯（今浙江湖州）人。清光緒二十年（1894）舉人，授兵部車駕司郎中。家爲南潯巨富，築適園，藏書十餘萬卷。民國二年（1913）至六年（1917）刻《適園叢書》十二集七十二種，金盈之《醉翁談錄》爲是書第七集所收[2]。此二本亦徐氏硃校之主要依據。

跋文中所謂“壬子丕變後一年，癸巳歲”之“癸巳”當是“癸丑”之誤，“癸丑”即公元1913年。文末“癸巳”是公元1953年。

另跋文中提及之“文物會沈疇春”，乃湖北文博界前輩，其事迹今已不彰，也不妨略作勾稽。

沈疇春（1890—1973），字仁榮、別名西農，江蘇吳縣（今江蘇蘇州）人。年輕時，經同學介紹到安徽青陽，先後在“省立七師”“青陽中學”“陵陽簡師”“十二臨中”“池州師範”等校執教三十二年。教學之餘，以作畫爲業。1950年10月離開青陽去武漢[3]。後曾任武漢市圖書館館長、武漢市文化局、武漢市文物管理委員會幹部，1954年入武漢市文史研究館[4]，撰有《書目答問清

---

[1] 吳格等整理：《續修四庫全書總目提要·叢書部》，北京：北京圖書館出版社，2010年，第380頁。

[2] 吳格等整理：《續修四庫全書總目提要·叢書部》，第412頁。

[3] 孫逸夫：《長期任教我縣的沈疇春先生》，《青陽史話》第五輯《民國時期史料（1912—1949）》，中國人民政治協商會議青陽縣委員會文史資料委員會編印，1991年，第137—139頁。

[4] 政協武漢市委員會文史資料研究委員會編：《武漢文史資料》第53輯《紀念武漢市文史研究館建館四十周年專輯》，武漢市政協文史資料委員會，1993年，第171頁。

代著述家姓氏韵編》一卷[①]，編有《湖北金石志目》十四卷，《歷代畫史彙傳索引》等[②]。跋文中所説"文物會"指武漢市文物管理委員會。

此抄本中另有若干眉批以及夾簽四張，其字迹與周星詒題跋字迹相同，當是周氏手筆。眉批内容如下：

卷三《正月》"以不异時"，"不"，宛委本、方本、張本俱作"卜"，徐氏硃筆改作"卜"，周氏眉批："不"疑"卜"。"開封府主牛"，"主"，宛委本、方本、張本俱作"土"，徐氏硃筆改作"土"，周氏眉批："主"疑"土"。

卷四《四月》"或見佛子"，周氏眉批："或"疑"咸"。又於卷四末眉批："或脱五月題目。"按，文中確無"五月"事。《十二月》"唐明唐"，後一"唐"字，宛委本、方本、張本俱作"皇"，徐氏硃筆改作"皇"，周氏眉批："唐"疑"皇"。

卷五《雕木爲則劇術》"後復詔志和"，周氏眉批："詔"疑"召"。

卷七《常兒詩筆》"喜于能文之士談論"，"于"，方本作"於"，張本作"與"，徐氏硃筆改作"與"，周氏眉批："于"疑"與"。

從眉批内容來看，周氏或未據他本，而是以理校之法校之，然多切中。

夾簽内容如下：

（一）卷二《同昌公主》條有夾簽一張云："同昌宫〈公〉主條應查《廣記》及《杜陽編》，卷四似録《夢華録》，俟檢對。"

按，《廣記》即《太平廣記》，是宋代李昉等纂編的一部文言紀實小説總集。《杜陽編》即《杜陽雜編》，爲唐代蘇鶚所撰筆記小説集，分上中下三卷，多關於海外珍奇寶物的叙述，對於瞭解當時的政治、社會情況，有一定價值。《夢華録》即《東京夢華録》，乃宋代孟元老所撰筆記體散記文，其内容

---

① 陽海清主編：《中南、西南地區省、市圖書館館藏古籍稿本提要（附鈔本聯合目録）》，武漢：華中理工大學出版社，1998年，第84頁。

② 二書均爲抄本，今藏湖北省博物館。

主要是追述北宋都城東京開封府的風俗人情。《醉翁談録》卷二《同昌公主》之内容抄録自《太平廣記》卷二百三十七《奢侈》、《杜陽雜編》卷下。而卷五《瑣闈异聞》則全是抄録自《杜陽雜編》。卷三、卷四《京城風俗記》直接抄録自宋人吕希哲《歲時雜記》，并非陳元靚《歲時廣記》所輯録之《歲時雜記》，對此，學者已有辨正①。由於《歲時雜記》原本已佚，故《京城風俗記》具有較高的輯佚價值。

（二）卷三《正月》有夾簽一張云："據卷二《戊辰新園録》，盈之或爲是科進士，而隸籍昭武建安者耶？俟考。此條當檢《武林舊事》勘之。"

按，阮元説金盈之家世汴京，見聞汴京風物繁華之盛，後來南渡②。實則就書中所記年代可知，金盈之生活於南宋寧宗嘉定（1208—1224）前後，并非如阮元所説是目睹過北宋汴京之盛的南渡遺老③。"戊辰"或爲嘉定元年。

（三）卷八有夾簽兩張，其一云："《談録》第七、八皆録唐人《北里志》，不知是全録抑節抄。此是宋人舊帙，可據以校唐代叢書，汝可檢勘之。又《板橋雜記》□□□已得否？可訊。"（似爲寫給某人之手札）其二云："七、八卷皆出唐人粧樓記，俟檢對，可相勘校也。卷二、五多出《杜陽編》及《太平廣記》。《記》成時藏板太清樓，世不甚傳，故盈之因此傳録之歟？"

按，唐人孫棨的《北里志》是一部記録唐末長安城北平康里見聞的文言筆記小説，書中描述了歌妓的生活狀況以及與文人、舉子交往的過程，記載了大量文人、歌妓的詩歌作品，是一部重要的風俗資料。

《醉翁談録》卷七、卷八爲《平康巷陌記》，其中有大量内容即抄録自《北里志》。楊復吉在跋拜經樓抄本《醉翁談録》中早已指出："《平康巷陌記》，摏揰唐孫棨《北里志》。原文'予''我'諸字，皆率行襲用，幾乎不

---

① 董德英：《金盈之〈醉翁談録·京城風俗記〉抄録吕希哲〈歲時雜記〉考辨》，《古籍整理研究學刊》2016年第3期，第6—13頁。

② （清）阮元撰，鄧經元點校：《揅經室集》，北京：中華書局，1993年，第1207—1208頁。

③ 黄永年：《學苑零拾》，上海：華東師範大學出版社，2001年，第90頁。

去葛龔矣。"①卷七《平康總序》《序妓子母所自》《妓期遇保唐寺》出自《北里志》"海論三曲諸事"條，内容有所補充。《詩贈團兒二女》則出自《北里志》"王團兒"條，有删減。其他如《詩贈趙降真》《島仙少有詩名》《舉舉善譏辯》《因娘輕率》《常兒詩筆》以及卷八《令賓能詩筆》《蘇蘇和詩譏進士》《妓因得詩增重》亦皆抄録自《北里志》②，文字均有所删減改動。

夾籤内容涉及《醉翁談録》一書内容來源。實際上，學者們也早已發現《醉翁談録》的内容多是抄録自唐宋人筆記、文集。除上述内容外，另如卷一《竹奴文》出自洪适《盤洲文集》卷二十九《賦銘贊謁雜文》，《容膝齋致語》則出自《盤洲文集》卷六十七《上梁文》。《約朋友結課檄書》和《清醇酒頌》都是黄庭堅的作品，前者收録於《聖宋名賢五百家播芳大全文粹》卷九十一，原題爲《檄朋友結課》，後者收録於同書卷一百一十。《御書扇銘》爲孫覿所作，收録於同書卷一百零九。卷二則多抄録自《太平廣記》與《杜陽雜編》，其中《含元殿》《曲江之宴》則抄録自唐代筆記《劇談録》③。這些篇章文字或有删節改動，而内容則基本一致。

《醉翁談録》雖是抄撮而成，但由於所抄之書或已亡佚，或爲罕覯之本，其保存文獻之功亦不容小視。

---

① 見《適園叢書》本《醉翁談録》卷末所附楊復吉跋文。
② 參見譚正璧：《緑窗新話與醉翁談録》，譚正璧、譚尋補正：《話本與古劇》，上海：上海古籍出版社，2012年，第113—114頁；（日）齋藤茂：《關於〈北里志〉——唐代文學與妓館》，《唐代文學研究》第三輯，桂林：廣西師範大學出版社，1992年，第606—607頁。
③ 蔡際青：《以金盈之〈醉翁談録〉爲個案的筆記小説研究》，黑龍江大學碩士學位論文，2012年，第3—6頁。

復旦大學圖書館藏彊邨抄校本略述

眭駿（復旦大學）

武昌徐行可先生，名恕，號彊邨，爲近代知名學者與藏書家。其一生行實及藏書治學之績，前賢已有多篇專文予以闡揚，故不贅述。茲就復旦大學圖書館所藏彊邨抄校本數種，略作介紹。

一、《詩古音》三卷

清楊峒撰。峒，字書巖，山東益都人，回族。乾隆三十九年（1774）舉人。平生淹貫經史，工古文詞，尤精韵學。除此書外尚有《律服考古録》《楊書巖先生古文鈔》《師經堂存詩》等行於世。

是書大旨以顧炎武《音學五書》、江永《古韵標準》爲主，謂顧氏始以偏旁求聲，就二百六韵部分，考古音之離合。江氏精於等韵，所作《四聲切韵表》，析二百六部爲百有四類，至噴而不可亂。所以能循末會本，使三代遺音不墜於地。故就三百篇入韵之字，分條標列。取其與今异讀者，合二家之音爲之注，而證其得失。於二家之外，亦間下己見，補所未備。

此清抄本，一册。鈔録甚工。黑格，每半頁八行十八字，小字雙行同。版心下印"唫梅書屋"四字。首有楊峒序。卷分上中下。此本原爲南潯劉氏嘉業堂所藏，民國間彊邨曾館於嘉業堂，遍讀樓中佳藏，因其精於經學，故劉氏委其校勘。此中朱筆校文，皆彊邨手迹。於鈔本致誤之處，多有勘正。

《中國古籍善本書目‧經部‧詩類》著録。鈐有"南林劉氏求恕齋藏"

"劉承幹印""徐恕""彊邨點勘"諸印。

二、《群經冠服圖考》三卷

清黃世發撰。世發,字弱中,號耦賓,乾嘉間福建晉安人。除此書外,尚有《春臺贅筆》五卷。其餘事迹待考。

是書分元服、衰服、雜服三卷,附圖三十有一。前有自序,末署"乾隆四十七年歲在壬寅秋望後三日,晉安黃世發書於寧陽之雲龍講院",則其成書,蓋在是年。是書略以鄭氏《釋禮》,於弁服皆有通例,散在諸注,讀之茫無端緒,故仿宋李如圭《釋宮》之意,以類相比,使成條貫。

此吳興劉氏嘉業堂鈔本。三冊。每半頁十一行二十三字,無格。書末朱筆題:"南潯人吳南琛迻書,都五萬二千一百八十三字,用銀幣十三員。"中有彊邨及吳承仕校。彊邨之校,悉用朱筆,字裏行間,點勘甚勤。每卷之末,彊邨皆録校勘時日,如卷一末書"辛未仲夏月二十七日,斠於嘉業書廑左廂之東牖",卷二末書"二十年夏五月晦日黽旦,校畢此卷。彊邨",卷三末書"六月二日校畢"。據此,則彊邨時寓嘉業堂,於此書之校,蓋歷時一周也。承仕(1884—1939),字檢齋,歙縣人。嘗受業於章太炎,精於經學。民國間任北京師範大學中文系教授。承仕之校,多用墨筆,間以夾籤,黏於書中。凡其所作校語,皆冠"承仕案"。承仕曾撰提要,稱是書體例未善,雖不守師法,而亦有可取之處。

是書向無刊本,至民國二十七年(1938),吳縣王大隆纂輯《戊寅叢編》,始將其收入,且有跋謂:"歙吳君檢齋承仕、武昌徐君行可恕,爲之詳校。百五十年後,始得印行,庶可慰士之寂寞身後者已。"亦可謂黃氏之知己矣。

《續修四庫全書總目提要·經部》《中國古籍總目·經部》著録。鈐有"徐恕""徐恕定""徐恕讀過""彊邨校定""彊邨閒業""彊邨眼學""彊邨點勘"諸印。

三、《春臺贅筆》五卷

清黄世發撰。世發小傳見前。

是書凡五卷，乃世發嘉慶十三年（1808）客游袁州時所作。前有自識云："嘉慶戊辰，薄游袁州，寓齋直宜春臺之右。居停雅好積書，日就繙閱，有郡志所未收者，隨手寫出，積久成帙，略爲詮次，得五卷。大概無關典要，不特人以爲贅，即心亦自以爲贅也。"末有名鋌者跋云："右《春臺贅筆》五卷，購自小曹倉陳君。據陳君云，乃黄世發所纂者也。世發，字耦賓。生平嗜學，著述頗多，其後嗣弗能守。余嘗得其手鈔閻潛邱《古文尚書疏證》一帙、《禮説稿》三帙。他日當出此書編纂，俾有力者爲之刻焉，亦表揚先賢一本事也。是書所記雖無關緊要，然亦前人所費心力者，不可忽也。叔蘭《消寒録》曾記耦賓一事，當檢以備考。更當尋其履歷行事，作一小傳可也。"觀其所録，多記江西袁州歷代瑣聞，兼加考證。體仿前人筆記，乃一己之讀書心得而已。

此册係彊邨所校録。用藍格稿紙，框外鎸"知論物齋書鈔"。每半頁十行十八字。卷二末書"一二兩卷，共一萬二千七百五十字"，卷三末書"第三卷，共九千九百四十字"，卷五末書"四五兩卷，共一萬三千一百六十字。謝跋六十五字。全書共三萬五千九百一十五字，用銀餅八元九角八分"。鈐有"徐恕""彊邨閟業""曾歸徐氏彊邨"印。

四、《過夏雜録》六卷《續録》一卷

清周廣業撰，清周勳懋校。廣業，字勤補，號耕崖，海寧人。乾隆四十八年（1783）舉人，曾長廣德書院講席。少通訓詁，深研古學。又家富藏書，精於校勘。平生著述甚夥，除此書外，尚有《孟子四考》《經史避名彙考》《目治偶鈔》《季漢官爵考》《四部寓眼録》《兩浙地志録》《蓬廬詩鈔》

《蓬廬文鈔》等行於世。勳懋，字虞階，廣業長子，能世其學，著有《小蓬廬札記》。

是書凡六卷，又《續錄》一卷，乃廣業乾隆四十九年（1784）春官下第後所撰。前有嘉慶辛未（1811）宗叔周春序，《續錄》之首有廣業乾隆丙午（1786）自識。綜觀所錄，於經史故實，考訂精詳，間及時事，亦頗可誦。成稿後，未曾付梓。今據《中國古籍總目》，有浙江博物館所藏周氏稿本，國家圖書館所藏清種松書塾鈔本，上海圖書館藏清抄本，及本館所藏民國間彊邨鈔本。

本館所藏，凡八冊。每半頁十行二十一字，無格。每卷之末，皆計字數。而書末題“《過夏雜錄》六卷竝《續錄》一卷，共十萬八千二百七十三字”，則彊邨於是書之錄，可謂一絲不苟矣。鈐有“徐恕”“徐恕印信”“徐行可鈢”“行可”“徐彊邨藏閱書”“彊邨寓賞”“彊邨眼學”“江夏徐氏文房”“江夏徐氏藏本”諸印。

五、《日知録札記》一卷

丁國鈞撰。國鈞，字秉衡，清末民初常熟人。精研目録版本之學。著有《補晉書藝文志》《晉書校證》《荷香館瑣言》等。

是書乃丁氏讀顧炎武《日知録》所作札記，凡一卷。據《蛾術軒篋存善本書録》云：“余既印秉衡先生《荷香館瑣言》入《丙子叢編》，徐君行可見之，謂有先生手校《日知録》在。因乞借讀，則録其校語爲一卷見寄。”則知丁氏札記，原批於《日知録》上，後彊邨摘録成卷，親加批校，而寄送王欣夫先生。按，俞樾嘗撰《日知録小箋》。今觀丁氏所作，多取本於俞説。蓋爲其讀顧氏書時，參俞説而録成者。

本館藏本一冊，每半頁十一行二十四字，藍格。丁氏札記用墨筆，彊邨校語用朱筆。鈔校頗工，於此知彊邨於先賢心得，極爲重視。鈐有“彊邨閒業”朱文小印。

六、《日知録校正》一卷

清丁晏撰。晏，字儉卿，一字柘堂，江蘇山陽人。道光元年（1821）舉人。性嗜典籍，勤學不輟。平生篤好高密鄭氏之學，於《詩箋》《禮注》，研討尤深。手校書籍甚多，必徹終始。著述亦富，凡四十七種一百三十六卷。事迹詳《清史列傳》本傳。

是書爲儉卿晚年重讀顧炎武《日知録》後所作。前有其同治六年自序，云年僅十七，即購得顧氏此書，昕夕讀之，遂服膺其學。迨乎衰老多暇，覆讀是書，乃遴取鄉賢閻潜邱、吳山夫、汪春園諸説，并係以己見，且附其子壽昌校。儉卿著述，多刊入《頤志齋叢書》，而此書未經刊行，故而知之者甚鮮。

是本爲藍格鈔本。每半頁十一行二十四字。卷末有“光緒丁酉夏四月梁溪後學鄧志霖録於鍾山講舍”一行。文中及天頭處有朱筆圈點及校語，審係彊邨手筆。此本後爲王欣夫先生所得，《蛾術軒篋存善本書録》著録。鈐有“徐恕”“王欣夫藏書印”。

美國所見徐恕藏書一種

李國慶（美國俄亥俄州立大學）
鄒秀英（美國克萊蒙特學院）

　　北美徐恕藏書，筆者孤陋，所見僅一種，爲明萬曆四十八年（1620）凌啓康刻三色套印本《蘇長公合作》，庋藏於美國克萊蒙特大學聯盟圖書館，有朱印"曾歸徐氏彊邨"一方。

朱印"曾歸徐氏彊邨"　　　蘇長公合作八卷　（宋）蘇軾撰　（明）高啓等批點　明萬曆四十八年（1620）凌啓康刻三色套印本

　　是書爲明代三色套印本之佳作，收入《中國古籍善本總目》集部宋別集類，《祁陽陳澄中舊藏善本古籍圖録》《第一批國家珍貴古籍名録》《第二批國家珍貴古籍名録》《明代閔凌刻套印本圖録》等都有著録。據臺灣《東海大學館館藏善本書簡明目録》著録：

明萬曆四十八年本《蘇長公合作》，宋蘇軾撰，明高啓、李贄批點，明鄭之惠評選，凌啓康考釋，錢一宵、凌弘憲、凌惸德參訂，屠國華、嚴啓隆、施宸賓、錢一元、張兆隆、吳士成、凌茂成校閱。八卷，附《補》二卷、《附錄》一卷。十二冊。第一冊題"首冊""序引""凡例""目錄"，第二冊題"卷一""賦""詞""記"，第三冊題"卷二""記""叙"，第四冊題"卷三""上書""批荅""詔""札子"，第五冊題"卷四""表""啓""書""疏""策略""策"，第六冊題"卷五""策""策斷"，第七冊題"卷六""論"，第八冊題"卷七""論""贊""頌""偈""碑"，第九冊題"卷八""碑""銘""書後""雜文""祭文"，第十冊題"合作補上""記""敕""表""啓""上書""策問""策引"，第十一冊題"合作補下""策""論""贊""偈""銘""書後""雜文""傳""書牘"，第十二冊題"長公傳""孝宗賜贊""孝宗賜誥""評詞""姓氏"。

以書、目相對照，克萊蒙特大學聯盟圖書館藏本僅八冊，爲卷一至卷五，及"《補》下"和"《附錄》"，分裝兩函，是爲殘本，且無扉頁、牌記，首冊序引亦有缺葉。鈐印不在通常的扉頁或卷端，而在"小引"卷端。

卷端　　　　　　　　　第一函題簽

　　第一函題簽題"蘇長公合作"，函内有二紙題識，一手寫，一打字，皆是解題性質。值得注意的是，手寫一紙書寫於函套的内封底，未署名，指此書十卷，當是合并計算了正文八卷和《補》上下二卷，同時也注明第一函共六册，含卷一至卷四；列印一紙的信息比較豐富，一是指明此書是套色印刷的代表作（也可翻譯爲套色印刷的樣本），二是標注了全書當有12册，此函爲前半部分，共6册，含首册（序、引、凡例、目録）、附録（長公傳、贊、評、考釋參訂校閲姓氏）、卷一至卷四，三是指出此書來自裴德士的贈送，四是署名：來會理。遺憾的是二紙都没有署日期。

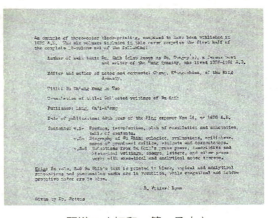

題識一（手寫，第一函函套内封）　　　　　　題識二（打印，第一函内）

　　好在圖書館保留了兩張目録卡片。一張標明作於1946年4月24日，迻録了上述二紙的版本和來源信息，并且明確標注，此爲殘本，僅存12册中的6册，同時也注明有《補》下一册一函。另一張識於1978年3月，置於卷五册内，注明卷五，後有英文單詞only，incomplete，表明全書不齊，衹有卷五。卡片下方標注"SY Chen"，表明此爲陳受頤先生的贈書。陳受頤先生於1978年2月7日因病去世。一個月之後，其家屬將其平生所藏古籍善本數千册以及與胡適、蔣夢麟、傅斯年、林語堂等文化名人通信手稿數百封全部捐贈給克萊蒙特大學聯盟亞洲研究圖書館。此卡片爲圖書館登録其藏書時所建，卡片格式基本一致，右上角注明1978年3月，右下角注SY Chen。

目録卡二（第五册内）

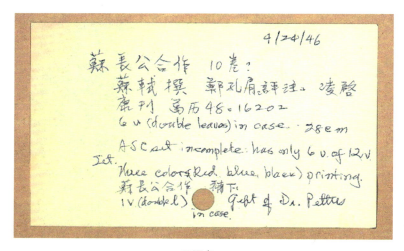

目録卡一

考來會理（一名李衛樓，David Willard Lyon，1870—1949），美國人，生於浙江省餘姚縣的一個基督教長老會傳教士家庭，10歲時隨其父母回到美國。1891年畢業於芝加哥伍斯特學院，并於1894和1916年分別獲得該校的碩士和博士學位。1895年來華傳教，創辦天津第一個基督教青年會，後赴上海、北京等地組織基督教青年會。在國內以中國近代體育史上著名的外籍體育專家而知名，特別是他把籃球運動引進了中國。他1934年回國，在克萊蒙特大學聯盟圖書館所在的南加利福尼亞州克萊蒙特市度過晚年，并積極參與創建"東方研究學會（Soceity of Oriental Studies）"，著書立説，介紹中國傳統文化，普及中國歷史知識，促進東西方文化理解和交流。有關來會理在華傳教及組建基督教青年會等工作情況，明尼蘇達大學特藏部與哥倫比亞大學特藏部有專檔記録①。

　　裴德士（William Beacon Pettus，1880—1959）是美國基督教青年會教士。1906年奉基督教青年會北美協會派遣來華服務，曾任中韓基督教青年合會總委辦學生幹事，北京基督教青年會西幹事。1916年出任華北協和華語學校（North China Union Language School）校長。1925年該校與燕京大學聯辦，稱燕京華文學校（Yenching School of Chinese Studies），裴氏仍掌校政。1928年聯辦終止，改稱華文學校。1930年學校與加州各大學合作，更西名爲"College of Chinese Studies Cooperating with California College in China"，簡作"College of Chinese Studies"，成爲加州各大學派遣師生來華學習、考察、研究中國語言文化的基地。抗日戰爭期間，該校撤至加州，在加州大學伯克利分校重開華語教學，以配合太平洋戰區之需，直至1946年結束。裴德士在華35年，與胡適、林語堂、張伯苓、蔣夢麟和賽珍珠、司徒雷登等文化名人時相過從，對北京華文學校的發展貢獻尤多。裴德士的通信與華文學校的檔案資料現存於克萊蒙特大學聯盟圖書館特藏部②。

　　我們目前没有發現材料可證徐行可跟裴德士有任何交集，雖然據説徐行

---

① D. Willard Lyon Papers. Kautz Family YMCA Archives. University of Minnesota；David Willard Lyon Papers，1904—1950，David Willard Lyon Papers，1904—1950，The Burke Library at Union Theological Seminary，Columbia University in the City of New York.

② California College in China Papers，Special Collections，The Claremont Colleges Library，Claremont，CA.

可曾在輔仁大學任教，也與北平許多文化名人有交往。吳格先生告知，楊樹達1932年日記中，不止一次説及徐氏在京賣書事。本書未必是直接出售給裴德士的，但與徐氏客居北平似有關係①。

裴、來二人的經歷相似，二人都擔任過基督教青年會幹事。克萊蒙特大學聯盟圖書館特藏部的裴德士檔案裏有來會理專檔，有關1930至1932年期間二人之間的通信往來②。故他們在華時應該已經相識。

克萊蒙特大學聯盟由五所文理學院和兩所研究生院組成，其亞洲特藏館的前身是東方圖書館。該館始建於1935年，源於克萊蒙特東方研究學會（Society of Oriental Studies）的需求。這個研究學會是由克萊蒙特大學聯盟的創始學校波莫納學院（Pomona College）的第四任校長貝拉思德（James A. Blaisdell）等發起組建的，來會理也是主要創始人之一。學會的主要研究對象爲中國和日本。聯盟成員之一的波莫納學院和中國的淵源更早，清末學者鄺富灼於1897至1902年在該校學習。1917至1918年，燕京大學教育系主任兼教授高厚德（Howard S. Galt）在該校教學。1922年，學者陳翰笙在此本科畢業。1926年，原嶺南大學教授鄧勤（Kenneth Duncan）入職該校。1928年，原嶺南大學校長晏文士（Charles K. Edmunds）成爲波莫納學院第五任校長，在其任内，於1930年授予梅蘭芳榮譽博士學位。1941年，波莫納學院的法賀（Charles B. Fahs）到達北京，協助裴德士從華文學校圖書館藏書中挑選出五千多冊運至加州以避兵燹。這批書於1941年末到達美國，首先在加州大學伯克利分校存放，以支援語言培訓項目。1946年該項目結束後，基於與東方研究學會多年的緊密關係和克萊蒙特在西海岸亞太研究中的重要影響，裴德士決定將這批書籍運往克萊蒙特，入藏克萊蒙特大學聯盟東方圖書館。

陳受頤（1899—1978），廣東番禺人，中國現代比較文化和中西文化交

---

① 楊樹達《積微居日記》民國二十一年（1932）："一月十七日（十二月初十日）。晨，看《後漢書·張奐傳》。容廷璋、劉汝霖來，周勺泉來。……午後，李惠錕來。三時，出門訪叔雅，爲行可賣書事。"

② California College in China Papers，Box 2，Folder 4. Special Collections，The Claremont Colleges Library.

流史研究的先驅者。他畢業於嶺南大學，1925年留學美國芝加哥大學，獲比較文學博士學位。歷任嶺南大學中文系教授兼系主任、北京大學史學系教授兼系主任、美國夏威夷州立大學東西文化研究所教授。1941年秋受聘加州波莫納學院，同時擔任克萊蒙特大學聯盟研究生導師。他爲在學校創立亞洲研究專案發揮了重要作用，并最終促成中國語言與文學系的成立，該系後擴展爲亞洲語言與文學系。陳教授一生致力於培養研究中國歷史文化的美國學生，充分運用洛克菲勒基金會的贈款，幫助擴充東方圖書館的收藏，并積極邀請如胡適等知名學者到波莫納學院講學，充實大學及研究生所學有關亞洲研究課程。1967年，陳教授從任教長達26年的波莫納學院退休後，每日仍照常去辦公室上班。1978年2月7日，陳教授因病去世。隨後其家人將其所藏個人檔案、往來書信，收藏文書及相片、書稿、手稿、學術論文抽印本、工作筆記、學習筆記、個人藏書等數千冊/件悉數捐贈克萊蒙特學院聯盟圖書館（Claremont Colleges Library），保存在亞洲研究圖書館特藏室，供研究者使用。2013—2014年，克萊蒙特學院聯盟圖書館與臺北"中央研究院"數位文化中心及臺北史研究所檔案館合作，將陳受頤檔案中的個人檔案、往來書信，以及收藏文書與相片進行數位掃描、目錄整編及著錄，并構建數位平臺。檔案文書原件收藏於克萊蒙特學院聯盟亞洲研究圖書館特藏室。中英對照的檔案檢索指南已經發布到加州數位檔案系統（Online Archive of California）①。

據以上種種綫索推測，這部三色套印本《蘇長公合作》，第一函卷一至卷四共六冊曾爲徐行可所有，是裴德士得於北京，作爲中國明代套色刻本的杰作而珍藏，先跟隨他到伯克利，後於他結束華文學校項目退休時，贈與克萊蒙特大學聯盟圖書館。1946年4月，來會理先生會同圖書管理員製作了一份英文題識和一張目錄卡片。陳受頤教授個人收藏了該書的卷五共一冊，去世後該卷連同陳教授平生所藏其他資料一起捐贈與圖書館。筆者在整理館藏古籍時，也是在不同的書架上發現它們的。如今，本館館藏尚缺此書此版本

---

① Ch'en Shou-yi Papers（H.Mss.0176）. Special Collections，The Claremont Colleges Library，Claremont，CA.

的卷六至卷八，以及《補》上，不知它們現在散落何處。希望有朝一日能發現，使其書得以合璧。

附記：

李國慶 2022 年 6 月 10 日補注：美國南加州大學東亞圖書館正在做古籍書目，剛發現一本《苗氏説文四種》，清苗夔撰，清道光二十一年（1841）至咸豐元年（1851）壽陽祁氏漢專亭刻本，七冊一函。上有鈐印"徐彊諯藏閱書"。據此，美国徐恕藏書已發現兩種。

鈐印

徐行可先生研究綜述

馬志立（湖北省圖書館）

一、紀念活動及研究成果回顧

1959年，徐行可先生逝世，其子女秉承遺訓，將其畢生收藏之古籍文物悉數捐贈國家，古籍入藏湖北省圖書館，文物入藏湖北省博物館。稍後，先生生前捐贈中國科學院武漢分院的古籍亦劃撥湖北省圖書館。自此，兩家公藏單位以整理和研究徐行可舊藏爲己任，積極服務社會，社會各界亦從未忘記徐行可及其後人的慷慨義舉。

1982年5月，湖北省政協文史資料研究委員會辦公室面向全社會發布《徵集〈湖北文史資料〉參考題目》，列舉湖北人物75位，徐行可即居其一。1984年，《湖北省志·文藝志》編輯室編印《文藝志資料選輯》之四《圖書館專輯》，收入徐孝宓撰《湖北省藏書家紀事》，徐行可即爲湖北省著名藏書家之一。《圖書館專輯》同時刊發爲捐贈古籍事，徐氏子女、湖北省圖書館和湖北省文化局之間往來函件。

1988年，湖北省圖書館影印出版《南宋四家律選》，此書珍貴之處在於黄侃批校，而黄侃之所以批校，即應徐行可之請。

2008年第5期《書法叢刊》推出《湖北省博物館藏品專輯》，其中不乏徐行可舊藏。

2010年1月，杜建國主編《不爲一家之蓄，俟諸三代之英——徐行可先生捐贈古籍文物五十周年紀念集》出版。

2010年2月，湖北省文化廳主持開展了徐行可先生捐贈古籍文物五十周年系列活動，相關領導、專家和徐氏後人出席座談會，徐氏舊藏文物和古籍分別在湖北省博物館和湖北省圖書館隆重展出，同時發布《不爲一家之蓄，俟諸三代之英——徐行可先生捐贈古籍文物五十周年紀念集》。

2016年5月，湖北省圖書館建成徐行可紀念圖書館并開放。

2016年第3期《書法叢刊》推出《湖北省博物館藏徐行可捐贈法書專輯》。

2016年12月，湖北省圖書館委托華寶齋公司影印出版與徐行可關係密切的典籍三種：舊藏《方元長印譜》《南宋四家律選》以及手稿《童蒙訓輯佚》。

2019年10月，湖北省圖書館編纂《徐行可舊藏善本圖録》出版。

以上舉措，離不開社會各界對徐行可研究的關注。每一小步，都是建立於前人研究成果基礎之上。多年以來，管見所及徐行可相關研究成果如下：

徐孝宓《陳詩與湖北舊聞録》，《檔案資料》1982年第3期。

徐孝宓《印行〈黄侃批點南宋四家律詩選〉後記》，《南宋四家律選》影印本，湖北省圖書館，1988年。

徐孝宓《不爲一家之蓄，俟諸三代之英——記藏書家徐行可藏書事》，《書刊導報》1988年5月26日。

徐孝宓《〈湖北舊聞録〉前言》，《湖北舊聞録》，武漢出版社，1989年。

徐孝宓《楊守敬與徐行可》，收入吳丈蜀主編、湖北省文史研究館編《楚天筆薈》，上海書店出版社，1993年。

徐孝宓《武昌徐氏藏書及其特點》，《武漢春秋》1994年第2期。

徐孝定《大藏書家徐行可傳略》，《武漢文史資料》1994年第2期。

魏小虎《一部稀見〈洛陽伽藍記〉箋注本小識》，《上海博物館集刊》第10期，2005年。

徐力田《徐氏收藏記事》，《圖書情報論壇》2006年第4期。

虞坤林《徐恕致陳乃乾信札十八通》，《文獻》2007年第3期。

馬志立《徐行可舊藏鈔本兩種考略》，《圖書情報論壇》2009年第4期。

陽海清《自標一幟汪黃外，天下英雄獨使君——紀念徐行可先生向湖北省圖書館捐贈古籍50周年》，收入《不爲一家之蓄，俟諸三代之英——徐行可先生捐贈古籍文物五十周年紀念集》，武漢出版社，2010年。

湖北省博物館《慷慨捐贈，惠澤流長——記半個世紀前的徐氏捐贈》，同上。

彭斐章《不爲一家之蓄，俟諸三代之英——書於徐行可先生捐贈藏書五十周年之際》，同上。

馮天瑜《徐行可先生捐藏祭》，同上。

萬獻初《畢生收藏，化公爲私惠學林》，同上。

童恩翼《徐行可學行述略》，同上。

舒懷《文獻學家、藏書家徐行可先生學術思想管窺》，同上。

李玉安《高風亮節藏家風範　芸編飄香後世景仰——著名藏書家徐恕逝世50周年紀念》，同上。

徐孝寔《懷念我的父親徐行可》，同上。

徐力文《追憶與思念——記一家與湖北省圖書館的情緣》，同上。

馬志立《余嘉錫致徐行可書信考釋》，《圖書情報論壇》2010年第2期。

馬志立《徐行可舊藏浙籍先賢著述兩種雜識》，《圖書館研究與工作》2010年第2期。

陳于全《徐恕藏唐集五種叙錄》，《古典文學知識》2011年第1期。

羅恰《〈明夷待訪録〉兩種抄本比較研究》，國家古籍保護中心編《古籍保護研究》第一輯，大象出版社，2015年。

夏金波《徐行可致楊樹達函稿一件考略》，《圖書館情報論壇》2015年第5期。

徐力文、柳巍、李露《烽火連天家國難，丹心一片護文脉——抗戰時期徐行可先生在武漢搶救保護古籍事迹》，《圖書情報論壇》2015年第5期。

劉松餘《劉鳳章與徐行可之間的師生情誼》，《湖北文史》2017年第1期。

張蕾《徐行可校訂〈玉臺新咏校正〉》考述》，《文獻》2018年第2期。

羅恰《徐恕校書題跋輯釋》，收入沈乃文主編《版本目錄學研究》，復旦大學出版社，2022年。

二、相關研究成果評述

徐孝定《大藏書家徐行可傳略》，對徐行可生平、交游、重點收藏，捐贈義舉，一一綜述，高屋建瓴，要言不煩。作爲徐行可之子，該文客觀而公正，可謂蓋棺定論之作。

徐孝宓長期工作於湖北省圖書館，筆耕不輟，不僅能從宏觀立論，更能挖掘徐氏舊藏之精華，積極推動公之於衆，點校本《湖北舊聞錄》序言，影印本《南宋四家律選》後記，均娓娓道來相關典籍之學術價值何在。其《楊守敬與徐行可》，寥寥數語，但將二人之交往事迹幾乎一網打盡，既有文獻之勾稽，又有經眼文物之佐證。

徐孝寉《懷念我的父親徐行可》，感情真摯，展示了兒子眼中飽含溫情的父親形象。總體而言，以上三位作爲徐行可之子，對於乃父及其藏書理解最爲深刻。

《不爲一家之蓄，俟諸三代之英——徐行可先生捐贈古籍文物五十周年紀念集》由湖北省博物館和湖北省圖書館共同編寫，對徐行可舊藏文物和古籍進行了空前的展示，無論是圖錄還是目錄。這既是兩館同仁的努力，也體現了時代的進步。當年邀請衆位名家，從多個角度撰文紀念徐行可，今一一介紹如下。

陽海清《自標一幟汪黃外，天下英雄獨使君——紀念徐行可先生向湖北省圖書館捐贈古籍50周年》從四個方面立論：因革兼備的藏書的理念，自標一幟的藏書特色，愈益寬廣的施展空間，任重道遠的開發整理。前兩部分針對徐行可及其舊藏，既有恰如其分的概括，更有精準的數據統計，立論之處，無不信手拈來徐氏舊藏。第三部分則現身説法，娓娓道來湖北省圖書館圍繞徐氏舊藏所作的大量工作，第四部分則爲研究和整理徐氏舊藏指明未來的方向，寄托了對典藏者的殷切希望。這篇文章雖署個人之名，但一般認定是代表湖北省圖書館立言，體現了該館對徐行可及其藏書認識的最高水平。十年之後，《徐行可舊藏善本圖録》仍然以此文代序，足以説明其水平之高和影響之遠。湖北省博物館《慷慨捐贈，惠澤流長——記半個世紀前的徐氏捐贈》，着重介紹徐行可捐贈文物部分，聚焦書畫和碑帖以及徐行可私人印鑒，有總括，有實例，可謂徐氏舊藏文物的綜合解説。

彭斐章《不爲一家之蓄，俟諸三代之英——書於徐行可先生捐贈藏書五十周年之際》一文，以晚生後輩的姿態，指出徐行可矻矻以求收藏圖書，慷慨捐贈古籍，都是其一以貫之的藏書理念使然。馮天瑜《徐行可先生捐藏祭》，羅列湖北藏書家的奉獻，指出獻書數量巨大，品質上乘的，莫過武昌徐恕。萬獻初《畢生收藏，化公爲私惠學林》，以徐氏捐藏使用者、受益者的身份，揭示徐氏舊藏以清人文集和清代學者小學研究著作爲特色，斷言徐氏捐贈在全國私藏捐贈中列位前茅的地位。童恩翼《徐行可學行述略》，舉例説明徐行可藏書理念是自身條件和時代學術風氣的完美結合。舒懷《文獻學家、藏書家徐行可先生學術思想管窺》認爲僅從藏書、校書、刻書、獻書四個方面無法概括徐行可，認爲徐行可是一位文獻學家兼藏書家。李玉安《高風亮節藏家風範　芸編飄香後世景仰——著名藏書家徐恕逝世50周年紀念》，首先歷數湖北藏書大家的藏書流向與結局，再次勾稽徐行可藏書治學和捐書始末，最終表彰徐行可及其後人的愛國情愫。

正如舒懷《文獻學家、藏書家徐行可先生學術思想管窺》一文坦言，其所看到的材料主要限於《制言》和虞坤林整理《徐恕致陳乃乾信札十八通》，僅據有限的材料無法全面評價徐氏文獻學成就。這是舒教授的謙虛，但同時指明基本研究資料搜集的重要性。

虞坤林整理《徐恕致陳乃乾信札十八通》，在披露未見資料方面，是極佳的典範。馬志立《余嘉錫致徐行可書信考釋》，目標也是披露文獻。夏金波《徐行可致楊樹達函稿一件考略》將目光投向拍賣市場，拓寬了利用資料的渠道和視野。

羅怡《〈明夷待訪録〉兩種抄本比較研究》所揭示兩部鈔本均係徐行可借校并跋，校勘對象是今藏湖北省圖書館的清光緒五年（1879）黃氏五桂樓刻本《明夷待訪録》，後者未説明校勘所用鈔本來自何處，該文恰好提供了答案。羅怡又完成《徐恕校書題跋輯釋》，對湖北省博物館藏書之中徐行可校跋悉數輯釋，用力甚勤。

劉松餘《劉鳳章與徐行可之間的師生情誼》，確是從塵封的史料之中，檢出徐行可和恩師之間的交往事迹，重現蘊藏其中的深情。以我之孤陋寡聞，徐行可交往的達人粗略統計不下八十位，目前研究僅是開端。

湖北省圖書館編纂《徐行可舊藏善本圖録》，歷時數年，我亦忝列編者。我們力圖展示，徐行可舊藏四部兼備而又重點突出，以學者常用書爲宗而又不乏稀見之本。徐行可個人，既廣事搜求又勤事丹鉛，既什襲珍藏又慷慨外借。該圖録出現劉家立、章太炎、黃侃、倫明、王禔、丁仁、羅振常、徐乃昌、吴承仕、姚景瀛、謝善詒、易忠籙、劉承幹、余嘉錫、徐森玉、潘承弼、陳遵默、杜本倫、何澤翰、張舜徽等人，即爲展現徐行可以書會友的佳話。特别的，我們看重徐行可題跋的時間性，如《珊網一隅》題跋於一·二八事變時期的上海，《山滿樓箋注唐詩七言律》題跋署時"己亥孟春三日"，半年之後先生即溘然長逝。總體而言，該書尚有小小瑕疵，但依然較好地實現了編纂目標，即請徐行可及其藏書説話，當然祇是初步。

魏小虎《一部稀見〈洛陽伽藍記〉箋注本小識》揭示上海博物館藏兩部《洛陽伽藍記》，其批校均過録自徐海鐸（振五）於武漢淪陷時從徐行可處所借之本。張蕾《徐行可校訂〈玉臺新咏校正〉考述》，更是直接探討徐行可批校本的個案研究。這代表了徐行可研究的另一個方面，即轉入精緻的個案研究，陳于全《徐恕藏唐集五種叙録》亦爲此類。

三、對未來徐行可研究的思索

倫明《辛亥以來藏書紀事詩》，王謇《續補藏書紀事詩》，吴則虞《續藏書紀事詩》，均歌咏徐行可其人其書。對於這樣一位公認的藏書家，目前研究成果却少之又少，這和其原始資料少而難得密切相關。徐行可公開發表的作品甚少，而其信札、題跋、批校等短篇文字散見各處，搜索彙編確實不易。

個人以爲，現有研究成果其實分爲三個層面，一是已發布基本資料的鈎沈彙編和公私藏家未刊資料的發布，二是徐行可藏書個案的研究，三是相關領域方家高屋建瓴的總體把握。原始資料刊布太少，個案研究不足，嚴重阻礙了徐行可研究的深入開展。近年我一直從事徐行可年譜的編纂及其文集的勾稽，對此感受尤深。今以徐行可往來信札爲例略加說明。當日徐行可友朋往來信札極多，今日所見錄文或圖片者數約半百，僅爲冰山一角而已，列舉如下：

胡思敬致徐恕一通。見《退廬箋牘》（民國十三年退廬南昌刻本）。

黃侃致徐恕四通。見《黃季剛詩文集》（湖北人民出版社，1985年）。

致金毓黻五通（三通全文，兩通摘要），**金毓黻致徐恕七通**（全文），見《靜晤室日記》（遼瀋書社，1993年）。近日吳格先生示以《靜晤室日記鈔（徐恕與金毓黻）》，已爲輯出。

致陳乃乾十九通。虞坤林《徐恕致陳乃乾信札十八通》（《文獻》2007年第3期）披露十八通錄文及部分圖片。中國嘉德國際拍賣有限公司嘉德四季第42期拍賣會《共讀樓存札——陳乃乾友朋書信》公開十九通（包含《徐恕致陳乃乾信札十八通》，1959年一通）。《徐恕致陳乃乾信札十八通》之第一、二、四、五、十、十一、十二、十三、十五、十六、十七、十八共計十二通，1959年一通，原件今藏湖北省圖書館。

楊樹達一通。楊逢彬整理《積微居友朋書札》（湖南教育出版社，1986年）僅收入楊樹達部分友朋手札，但不含徐行可。上海鴻海商品拍賣有限公司2008冬季藝術品拍賣會發布徐行可致楊樹達書，編號：0668。拍賣品共十七葉，拍賣圖片僅展示三葉，錄文見夏金波《徐行可致楊樹達函稿一件略考》。

徐恕致張元濟兩通。張元濟致徐恕十二通。録文見《張元濟全集》卷三《書信》之《致徐恕》（商務印書館，2007年）。

余嘉錫致徐恕一通。湖北省圖書館藏。録文見馬志立《余嘉錫致徐行可書信考釋》。

致孫毓修兩通。録文見馬驥整理《宗舜年、徐乃昌、徐恕致孫毓修信札》（《歷史文獻》第18輯，上海古籍出版社，2014年），近收入馬驥編《孫毓修友朋手札》（國家圖書館出版社，2020年）。

陳漢章復徐恕四通。見《陳漢章全集》（浙江古籍出版社，2014年），一通1929年，三通1936年。案：陳漢章手稿藏浙江圖書館，徐恕致陳漢章札或尚存其間。

徐乃昌致徐恕二十四通，徐恕致徐乃昌六通。均爲摘要，具見《徐乃昌日記》（國家圖書館出版社，2015年）。

徐恕致王秉恩一通。中國書店2014年春季書刊資料文物拍賣會，651號。

徐恕致馮德清一通。圖片見《書法叢刊》2016年第3期封三。收信人乃馮天瑜之尊人，原件曾藏馮天瑜處，2018年12月已捐贈武漢大學圖書館。

徐恕致甘鵬雲一通。2016年泰和嘉成秋季藝術品拍賣會·中國書畫Ⅱ，1292號。

徐恕致盧弼十通。最早均來自拍賣圖片，後來五通入藏湖北省圖書館。具體如下：

民國二十九年（1940）七月十日徐恕覆盧弼一通。北京泰和嘉成拍賣有限公司2019年春季藝術品拍賣會《聽墨·近代名人手札——影像·手迹·文獻專場》，2111號。

民國二十九年八月廿四日徐恕覆盧弼一通。北京匡時國際拍賣有限公司2017迎春拍賣會《見字如面——盧弼友朋信札專場》，1109號。

一九五一年（農曆，下同）徐恕致盧弼一通。2018年泰和嘉成秋季藝術品拍賣會《字裏相逢——盧弼友朋信札專場》，2226號，原題《徐恕爲不任日寇僞職不入民黨官場及武漢大學欲借書事致盧弼手札》。現藏湖北省圖書館。

一九五一年六月十九日徐恕覆盧弼一通。北京泰和嘉成拍賣有限公司2018年秋季藝術品拍賣會《字裏相逢——盧弼友朋信札專場》，2227號，原題《徐恕爲免費寄存藏書四百櫥予武漢大學等事致盧弼手札》。現藏湖北省圖書館。

一九五一年七月十三日徐恕致盧弼一通。2018年泰和嘉成秋季藝術品拍賣會《字裏相逢——盧弼友朋信札專場》，2226號附。現藏湖北省圖書館。

一九五一年七月十四日徐恕致盧弼一通。北京海王村拍賣公司2017年秋季書刊資料文物拍賣會《彩箋尺素——近代名人書札專場》，1118號。北京泰和嘉成拍賣有限公司2019年春季藝術品拍賣會《聽墨·近代名人手札——影像·手迹·文獻專場》，2112號。

一九五一年八月初二徐恕致盧弼一通。北京海王村拍賣公司2017年秋季書刊資料文物拍賣會《彩箋尺素——近代名人書札專場》，1119號。一紙。

一九五一年九月四日徐恕致盧弼一通。北京海王村拍賣公司2017年秋季書刊資料文物拍賣會《彩箋尺素——近代名人書札專場》，1117號。五紙，局部可見。

一九五四年七月廿五日徐恕致盧弼一通。2018年泰和嘉成秋季藝術品拍賣會《字裏相逢——盧弼友朋信札專場》，2228號。原題《徐恕因王大隆托余嘉錫借書廿年不還事致盧弼手札》，一紙，帶封。現藏湖北省圖書館。

一九五四年十二月八日徐恕致盧弼一通。2018年泰和嘉成秋季藝術品拍賣會《字裏相逢——盧弼友朋信札專場》，2225號。原題《徐恕爲王大隆借書不還等事致盧弼手札》，一通兩頁帶封。案：非此信之封。現藏湖北省圖書館。

盧弼致徐行可兩通。一九五一年四月十三日盧弼覆徐恕一通，見《慎園啓事》卷下《覆徐行可》。一九五一年盧弼致徐行可一通之片段，徐孝宓《陳詩和〈湖北舊聞録〉》引用。

馬一浮致徐恕二通。一通僅見信封，一通鈔示詩作，帶封，徐行可紀念圖書館藏複製品。

徐恕致歐陽蟾園二通。某收藏家以圖片和錄文見惠。

徐恕致劉承幹一通。收入《求恕齋友朋往來書札》，上海圖書館藏稿本。

徐恕致劉承幹、施韵秋、周子美等三人一通。收入《求恕齋友朋往來書札》，上海圖書館藏稿本。

徐恕致徐乃昌一通。收入《徐乃昌友朋手札》，上海圖書館藏稿本。

徐恕致文禄堂主人王文進八通。北京師範大學圖書館藏，承蒙楊健先生提供八篇錄文。其中一通圖片見楊健編著《民國藏書家手札圖鑒》（大象出版社，2019年）。

徐恕致陳漢第四通。收入《伏廬藏札》，上海圖書館藏稿本。湖北省圖書館劉水清見示。

我一直固執地以爲，表彰徐行可最基本的工作之一，莫過於勾稽編纂《徐行可文集》，内容包括專著、詩、文、信札、批校題跋，聯語，輯佚等。瞭解徐行可一生，莫過於編輯《徐行可年譜》。年譜以見行事，文集以觀學養，二者相輔相成。數年以來，我一直從事於斯，却深感力不從心，一個重要的原因是坐井觀天。徐行可和出版家、收藏家（收藏對象包括但不限定於古籍、文物）、教授學者、書畫名家、骨董商以及古籍書店主人，交往定然不少，而我個人知之甚少。

各收藏單位乃至私人藏家刊布文獻進度不一，所以館際合作和同行交流尤爲重要。徐行可舊藏散布世界各地，部分非常重要的舊藏，早已不在湖北。同時，徐行可交友廣泛，朋友之間互通有無，典籍往來頻繁。如《續世説》，徐行可自言以一鈔本及《粵雅堂叢書》本校於《守山閣叢書》本，其所校鈔本今藏蘇州圖書館，所校《守山閣叢書》本則存湖北省圖書館。如影宋鈔本《世説新語》，徐行可得之田吳炤，張宗祥於1922年影鈔者今存浙江圖書館，而徐行可舊藏現藏上海圖書館。張宗祥《冷僧自編年譜》（《張宗祥文集》附，上海古籍出版社，2013年）1932年條云"時漢上書友則有徐行可（恕），相聚頗樂，手抄之書亦日富"，張宗祥究竟和徐行可互鈔何種書籍，今日近乎爲謎。《唐書藝文志注》，《鐵如意館手鈔書目》并未提及鈔自何處，但檢浙江圖書館藏鈔本則有張宗祥親筆"予從行可處轉録"。熊會貞《水經注所出兩漢侯國名韵編》，張宗祥亦鈔得一部，該書湖北省圖書館藏鈔本留有張宗祥墨迹，雖無法斷定張宗祥鈔自徐行可，但可以認爲曾經借閱。挖掘此類材料，對於明瞭特定典籍的傳播，把握老輩之間的交往，揭示前輩批校所展示的卓識，均有裨益。《徐乃昌日記》所載二人書信往來，多是伴隨特定書籍往還。羅恰之文亦揭示，1949 年後行可先生與武漢文管會多有來往，常自彼處借書閱校。

欣慰的是，得益於吳格先生的主持和全國各地學人的鼎力支持，徐行可研究即將進入新時代。深挖沉睡文獻，可謂集衆人之智慧，發潛德之幽光。衆人拾柴火焰高，不僅徐行可未刊資料會蜂擁而出，更精深的宏論必然隨之而來。每一通徐行可的往來信札，每一位朋友關於徐行可的點滴記録，每一部徐行可舊藏的背後，定然有一段引人入勝的故事。

必須説明的是，對於徐行可而言，古籍收藏衹是部分事業。其收藏文物，據悉湖北省博物館的編目工作即將完成。對於徐氏舊藏文物，省博物館王曉鍾、王倚平等人不僅從文物角度立論，更是有意識地輯録相關題跋，這些題跋對於徐氏舊藏文物本身、研究徐行可行事以及友朋往來，同樣具有不可替代的價值。

總之，對於徐行可研究而言，一方面積極刊發未曾公布的材料，一方面從前人著述勾稽相關資料，二者并行不悖。對徐行可舊藏古籍開展個案研究，尤其是稀見的刻本、鈔稿本、批校本，包括徐行可本人的批校，都有一一深入檢視之必要，如能集腋成裘，徐氏舊藏的洋洋大觀，方可露出真容。

後 記

吴 格

　　武昌徐行可先生（1890—1959）以藏書名家，"不爲一家之蓄，俟諸三代之英"，凝聚其藏書理念，又爲其高風峻節之寫照。先生不僅爲20世紀私人藏書大家，又因有功文獻、澤溥鄉邦而爲人緬懷。2009年值先生逝世五十周年，湖北省文化廳舉辦紀念活動，表彰先生及其子女對鄂省圖書館、博物館之重大貢獻，出版《徐行可先生捐贈古籍文物五十周年紀念集》。圖書館爲此又特設"徐行可紀念圖書館"，選印先生捐贈之善本及圖録，并開展館藏徐氏藏書編目。越十載，湖北省圖書館又聯合省博物館，召開"徐行可捐贈圖書文物六十周年紀念會"，會前邀約各方人士撰稿。筆者承先生文孫力文女士之托，徇命徵集省外同道文章。受先生風範及鄂館尊賢精神之感召，南北學人各展所學，踴躍賜稿，未久彙爲《徐行可研究論集》初稿。歲篇再更，鄂館王濤副館長組織潘泠、馬志立兩博士等編定文稿，交付國家圖書館出版社出版，忝爲同道，謹致賀忱，并略述感想如次。

　　徐氏藏書研究，關乎鄂館館藏溯源及館史追踪。先生飽經憂患之餘，篤志故國文獻收集，自少訖老，黽勉從事，終其一生，持志不懈，故能銖積寸纍，蓄書至數十萬卷近十萬册，徐氏彊邨藏書，屹然雄視漢上，歷亂猶存，實稱幸事。先生藏書，四部略備，鼎革以還，先後歸公，初雖分庋，終仍合流，今已成爲鄂館古籍藏書之基礎，其精粹則入選《國家珍貴古籍名録》。近年來，隨着國家古籍普查工作之推進，各館對館藏古籍之來源及内容，莫不加意回溯，史料陳迹大量呈現，相關史實隨之還原。前修未密，後出轉精，有識之士，諒不等閑視此。中國圖書館事業發展已逾百年，各館所藏古籍之歷史則更爲悠久，保存至今之歷代古籍，莫不凝聚先民心血精神，其書之流傳經歷，入藏各館之原委，後來之整理利用，目前之保護現狀等，有待關注研討之課題甚多。竊意厘清徐氏藏書之數量、品種及内容，編製徐氏捐贈書目，不僅可增加鄂館館藏整理之新成果，亦可成爲圖書館古籍同行從事專藏研究之表率。

徐氏藏書研究，又關乎近代藏書史及學術研究。先生身際離亂，自學成名，雖曾短暫任教南北學校，訖以民間學者身份，獨力承擔古籍尋訪、收集、傳鈔、校訂、刊布之責，爲之窮其精神，傾其貲財，孜孜矻矻，不遺餘力。由此次徵集之論文可知，先生之交游及學問養成，其藏書之積聚及特色形成，與20世紀前期中國學術史及藏書史關係密切。先生於前賢遺著之收集尋訪，於重要典籍之傳鈔校勘，於稀見古籍之推介刊布，與并世學人及藏書家之交游往還等，經各家鈎稽爬梳，已多可信之表述。先生之學行事迹，不僅見於徐氏藏書及所遺文獻，又散見於同時學人及藏書家之日記、書札、書目等著述，現經鄂館後勁辛勤搜討，已輯成《徐行可先生年譜》（附錄題跋等文字），足供同道采擷。現隨學術研究重心下移，新見史料層出不窮，補苴罅漏，張皇幽眇，可用力處猶夥。

鄂館同道所編《徐行可研究論集》，利用本地及各方資源，倡導實證研究之風，不事空論而勝義迭出，爲紀念近代藏書家與學者徐行可先生，奉獻一份厚禮。欣慶之餘，賡續有盼，與事諸君，良深感念。此集雖聚焦徐氏藏書研究，而論述及於近代藏書史、圖書館史及學術史，嘗鼎一臠，全豹待窺，跨界合作，勢在必行。衷心祝願以此爲發軔，鄂館乃至各館館藏資源之揭示與研究，層見迭出，更多成績。

壬寅孟秋吳格謹識於滬東小吉浦